Transition and Transformation in Higher Education

Studienreihe
Hochschulforschung Österreich

herausgegeben vom
Netzwerk Hochschulforschung Österreich

Band 6

Erna Nairz-Wirth, Karl Ledermüller, Sabine Weiss,
Bianca Thaler, Franziska Lessky,
Martin Unger, Magdalena Fellner (Hrsg.)

Transition and Transformation in Higher Education

Waxmann 2025
Münster • New York

Bibliografische Informationen der Deutschen Nationalbibliothek
Die Deutsche Nationalbibliothek verzeichnet diese Publikation in der Deutschen Nationalbibliografie; detaillierte bibliografische Daten sind im Internet über http://dnb.dnb.de abrufbar.

Studienreihe Hochschulforschung Österreich, Band 6

ISSN 2628-6432
Print-ISBN 978-3-8309-4986-2
E-Book-ISBN 978-3-8309-9986-7
https://doi.org/10.31244/9783830999867

Steinfurter Straße 555, 48159 Münster

www.waxmann.com
info@waxmann.com

Umschlaggestaltung: Anne Breitenbach, Münster
Satz: MTS. Satz & Layout, Münster
Druck: CPI Books GmbH, Leck

Gedruckt auf alterungsbeständigem Papier, säurefrei gemäß ISO 9706

MIX
Papier aus verantwortungsvollen Quellen
FSC® C083411

Printed in Germany

Inhalt

Einleitung

Sowohl mittelfristige Trends als auch tagesaktuelle Geschehnisse zeigen, dass das 21. Jahrhundert von rasanten Veränderungen sowie Strukturbrüchen gezeichnet ist. Unterschiedliche externe „Schocks", wie beispielsweise die globale Wirtschaftskrise 2009, die Migrationskrise 2015, die COVID-19-Krise ab 2020 oder die Eskalation des ab 2014 anhaltenden Krieges in der Ukraine haben Auswirkungen auf unterschiedliche Teilsysteme unserer Gesellschaft. Die angeführten externen Schocks in Kombination mit den damit einhergehenden bzw. parallel dazu stattfindenden globalen gesundheitlichen, ökologischen und politischen Krisen lösen in weiterer Folge tiefgehende Transitions- und Transformationsprozesse in vielen gesellschaftlichen Teilbereichen aus.

Die Transformationsprozesse, die durch Strukturbrüche, aber auch durch bildungspolitische Maßnahmen ausgelöst werden, stellen die Hochschulforschung vor neue Herausforderungen und eröffnen gleichzeitig neue Perspektiven. Unter diesen Gesichtspunkten hat am 6. und 7. Juli 2023 die 4. Konferenz des österreichischen Netzwerks für Hochschulforschung an der Wirtschaftsuniversität Wien stattgefunden. Der vorliegende Sammelband dient als Ergebnisbericht der im Rahmen der Konferenz diskutierten Beiträge rund um „Transformation and Transition in Higher Education" und geben einen Überblick über die österreichische Hochschulforschung.

Im Sinne von Lessons Learned aus den publizierten Artikeln und den Diskussionen rund um die Konferenz zeigt sich sehr deutlich, dass, um Transition und Transformation in Hochschulen vollumfänglich zu beschreiben bzw. fassen zu können, unterschiedliche Subthemen, aber auch unterschiedliche Flughöhen betrachtet werden sollten, nämlich die Makro- (politisches und ökonomisches System), Meso- (Organisationen und ihre Gliederung) und Mikroebene (Akteure, Personal, Studierende, Lehrveranstaltungen). Wichtige exemplarische Rahmenthemen, die quer zu allen drei Ebenen liegen, sind neben der sozialen Dimension exemplarisch auch Digitalisierungsprozesse, lebenslanges Lernen und Nachhaltigkeit.

Transformation & Prädiktion: In den hochschulpolitischen Diskursen und Debatten besteht Einigkeit darüber, dass Vorhersagen über die zukünftige Entwicklung der politischen und ökonomischen Strukturen und damit die Anforderungen an Absolvent*innen von Studiengängen von großer Unsicherheit geprägt sind. Einerseits wird angenommen, dass soziale Systeme träge sind, sodass viele Berufsfelder und regionale und nationale Systemgegebenheiten erhalten bleiben. Andererseits werden sich, trotz aller Stabilität sozialer Systeme, die Herausforderungen und somit die geforderten Kompetenzen in vielen professionellen Bereichen drastisch ändern. Ebenso zu berücksichtigen ist die demografische Lage, die Einfluss auf die Zahl der Studienanfänger*innen hat. Zudem wird die Digitalisierung, unter anderem aufgrund von Innovationen im Bereich künstlicher Intelligenz, immer mehr Bereiche erfassen, wobei sowohl die Formationen als auch die erforderlichen Positions- und Kompetenznetzwerkstrukturen schwer vorhersagbar sind.

Transformation & Co-opetition: Die in den Artikeln diskutierten transformatorischen Herausforderungen betreffen alle System- und Akteursebenen: politische Entscheidungsträger*innen, Hochschulmanagement, Hochschulpersonal, Studierende und ihre „Abnehmer*innen". Konkurrenz und gleichzeitig Kooperation – Stichwort: „Co-opetition" – zwischen Institutionen gewinnen an Bedeutung. Die zunehmende „Co-opetition" unter Hochschulen ist ein globales Phänomen. Beispielsweise in den USA, wo private Hochschulen traditionell eine starke Rolle spielen, hat sich dieser Trend bereits seit längerem etabliert. Auch in deutschen und österreichischen Hochschulsystemen deuten aktuelle Entwicklungen wie Privatisierungen, rückläufige Studierendenzahlen und die wachsende Internationalisierung darauf hin, dass kompetitive Dynamiken zunehmen. Eine Sonderstellung in Europa ist die interuniversitäre Vernetzung.

Transformation & Technologie: Ebenso erfordert die technologische Entwicklung und Steigerung der Anschlussfähigkeit hohe Investitionen in Kompetenzen und Infrastruktur an Hochschulen. Staatliche und private Investitionen in den Hochschulbereich werden in den OECD-Staaten sowohl quantitativ als auch qualitativ unterschiedlich durchgeführt. Das für Hochschulen zur Verfügung stehende Budget hängt von politischen Entscheidungen und der ökonomischen nationalen Situation ab. Allerdings werden in Europa bildungspolitische Entscheidungen nicht nur national gesteuert, sondern auch innerhalb der EU gibt es gemeinsame Planungen und Maßnahmen. Außerdem findet in einigen Staaten Konzentration und Clusterbildung statt (Beispiel Deutschland: Exzellenzuniversitäten, interinstitutionelle und multidisziplinäre Graduiertenkollegs). Entscheidend sind Prioritätensetzungen, z. B. für bestimmte Wissenschaftsbereiche, deren Entwicklung an bestimmten Standorten besonders gefördert wird.

Transformation & externe Schocks: Die Transformation innerhalb der Hochschulen wird vor allem durch nationale und globale ökonomische, soziale und politische hochschulexterne Faktoren bestimmt: Dynamik der Kompetenzentwicklung, Anzahl der benötigten Spezialist*innen und Fachkräfte, Karriereformen, Standortverlagerungen, unerwartete Produktionsausfälle und Nachfrageschwankungen, z. B. ausgelöst durch Umweltveränderungen (Dürre, Überschwemmungen, Temperaturschwankungen und Stürme etc.). Die Coronapandemie hat exemplarisch gezeigt, dass Hochschulen von externen Schocks und damit einhergehenden Transformationen schwerwiegend mitbetroffen sind. Es ist anzunehmen, dass aufgrund sich verändernder Rahmenbedingungen Ereignisse mit schwerwiegenden negativen Folgen für die Bevölkerung häufiger auftreten werden, sodass sich auch die gesellschaftlichen Erwartungsstrukturen, die auf stärkere Vernetzung aller sozialen Bereiche und Organisationen gerichtet sind, verändern werden.

Transformation & Studienangebot: Während einige Studien stärker nachgefragt werden, verschlechtert sich die Attraktivität für andere Studiengänge, vor allem wenn Studierendenzahlen sinken. Deshalb gewinnt inter- und multidisziplinäre Zusammenarbeit hier nochmals mehr an Bedeutung. Dies rückt den Kooperationsgedanken innerhalb und zwischen den Hochschulen in den Fokus.

Transformation & Resilienz: Der Elefant im Raum ist ein bildungspolitisch und ökonomisch umkämpfter Bereich, nämlich die Gestaltung einer nachhaltigen, umweltschonenden und klimaneutralen Gesellschaft. Die Erreichung von Nachhaltigkeitszielen fordern Studiengänge, Lehr- sowie Forschungseinheiten (inklusive institutionelle Kulturen) heraus. In diesem Zusammenhang ist auch das inzwischen breiter diskutierte Konzept der Resilienz zu nennen: d.h. sowohl individuelle als auch institutionelle Resilienz-Strategien. Hierbei bieten sich internationale Kooperation und Best-Practice-Forschung an, die im jeweiligen nationalen Feld zu entwickeln und zu erproben wären.

Das System im Blick (Systemebene)

Maria Keplinger und Helga Posset skizzieren und reflektieren *Fortschritte in der Implementierung der Nationalen Strategie zur sozialen Dimension in der Hochschulbildung in Österreich* vor dem Hintergrund der Parameter der österreichischen „Nationalen Strategie zur sozialen Dimension in der Hochschulbildung“ sowie der Fortschrittsberichte zur Umsetzung (Monitoring, Zwischenevaluierung 2021/22), welche Faktoren in der *Zielverfolgung* und insbesondere der Zielerreichung förderlich wirken und welche Entwicklungen herausfordernd sind. Sie diskutieren, dass die Implementierung der Strategie mit drei querliegenden Herausforderungen konfrontiert wird und stellen Überlegungen an, wie die Implementierung der Nationalen Strategie zu optimieren und wie sie im Hinblick auf eine etwaige Neuauflage nach 2025 weiterzuentwickeln wäre.

Die Institution im Blick (Institutionsebene)

Der von Verena Régent verfasste Beitrag beobachtet die (Weiter-)Entwicklung einer Transferkultur an ausgewählten Hochschulen, welche durch die deutsche Bund-Länder-Initiative „Innovative Hochschule“ in ihren Transferbestrebungen gefördert wurden. Die verwendeten Daten stammen aus der Begleitevaluation der „Innovativen Hochschule“ und wurden durch eine quantitative Kurzabfrage (2020) sowie eine qualitative Fokusgruppe (2021/22) generiert. Die Ergebnisse des Artikels: „*Die Etablierung einer Transferkultur als Grundlage für die Professionalisierung des hochschulischen Transfergeschehens – Herausforderungen, Potenziale und Erfolgsfaktoren*“ zeigen, dass die Entwicklung einer Transferkultur ein langfristiger Prozess ist, der nicht ausschließlich von den Transferstellen getragen werden kann. Vielmehr stehen eine Unterstützung durch die Hochschulleitung sowie eine Verankerung auf hochschulstrategischer Ebene im Vordergrund. Während die Transferstellen gefordert sind, Hochschulangehörige für den Transfer zu sensibilisieren und zu motivieren, stehen diese gleichzeitig angesichts umfassender Unterstützungsmaßnahmen vor dem Risiko der Überlastung; sie können die Kommunikation „in die Hochschule hinein" anleiten; eine solche muss jedoch durch Multiplikator*innen sowie Transferfürsprecher*innen unterstützt werden.

Sonja Berger und Larissa Neuburger beleuchten in ihrem Beitrag: *Die Rolle des Third Space zwischen Governance und Hochschulmanagement am Beispiel des österreichischen Fachhochschulsektors* auf individueller und organisationaler Ebene die Rolle des Third Space für das Hochschulmanagement und für eine innovative Hochschulentwicklung am österreichischen Fachhochschulsektor. Des Weiteren erheben sie den aktuellen Status quo der beruflichen Identität sowie die organisationale Einbettung von Third Space Professionals. Die empirische Untersuchung zeigt ein sehr heterogenes Berufsverständnis sowie eine unscharfe Abgrenzung im Organisationsgefüge. Auch wenn eine Ausdifferenzierung des Third Space als eigenständige Ebene kritisch betrachtet wird, ist ein steigender Bedarf an Third Space Professionals zu konstatieren. Vor diesem Hintergrund steht der Professionalisierungsprozess an österreichischen Fachhochschulen am Anfang.

Elke Gornik und Daniela Nömeyer konzentrieren sich in ihrem Beitrag: *Die Bedeutung von Alumni-Befragungen zu Bedarfen und Motiven in der wissenschaftlichen/hochschulischen Weiterbildung – Eine Erhebung an der Fachhochschule Oberösterreich* auf Hochschulabsolvent*innen. Um die Bedarfe und Motivlagen sowie sozioökonomischen Rahmenbedingungen dieser Zielgruppe zu eruieren, sind quantitative Alumni-Befragungen ein wichtiges Instrument für Hochschulen. Die Ergebnisse solcher Befragungen ermöglichen es Hochschulen, die Bildungsbedarfe zu erheben und darauf aufbauend gezielte Weiterbildungsprogramme zu entwickeln. 2022 wurde an der FH OÖ eine Vollerhebung als quantitative Online-Befragung durchgeführt, die sich an 19.699 Absolvent*innen der Fachhochschule richtete. Die Ergebnisse und gewonnenen Erkenntnisse dieser Erhebung enthalten wertvolle Hinweise für die zukünftige Gestaltung von Weiterbildungsprogrammen und eine strategische Positionierung von Hochschulen im Weiterbildungsfeld.

Susanna Boldrino, Sandra Dohr und Karl-Heinz Leitner zeigen in ihrem Artikel *Umfeldanalysen und Zukunftsszenarien. Kreative Denkprozesse als Einstieg in neue Denkmuster für die Hochschulentwicklung* auf, wie ein Department der FH Campus Wien Zukunftsszenarien auf Basis einer Umfeldanalyse entwickelt. Umfeldanalysen an der FH Campus Wien geben seit 2014 Impulse für strategische Überlegungen. Eine Umfeldanalyse auf Department-Ebene kam erstmalig im Studienjahr 2021/22 zum Einsatz. Bei der Analyse steht die Organisation selbst im Zentrum und wird von der Branche bzw. der Mikroebene und in Folge vom generellen Umfeld bzw. der Makroebene umgeben, welche die Gesellschaft, Wirtschaft, Technologie und Politik umfasst. Die Umfeldanalyse auf Department-Ebene zeigte zahlreiche zukünftige Herausforderungen auf, die zur Entscheidung der Hochschulleitung führten, einen Organisationsentwicklungsprozess (OE-Prozess) als Ausgangspunkt für die Weiterentwicklung des Departments zu starten. Unter den entwickelten Szenarien wurde ein Szenario als erstrebenswerte Zukunft ausgewählt und diente in Folge als Grundlage für die strategische Weiterentwicklung der Studiengänge des Departments.

Die Lehrveranstaltung im Blick

Innerhalb einer digitalen, interdisziplinären und internationalen Lehrveranstaltung wurde von Anett Hermann im Beitrag: *Lernen über Teameffektivität in digitalen, interdisziplinären und internationalen Studierendenteams* die Forschungsfrage verfolgt, wie sich Lernen im Vergleich von inneruniversitären und hochschulübergreifenden Studierendenteams gestaltet. Dazu wurden Texte von 31 Studierenden inhaltsanalytisch ausgewertet. Die Ergebnisse zeigen, dass der Kontext und das Teamdesign zentral für die Entwicklung teamspezifischer Strategien zur Aufgabenbearbeitung sind. Unterschiedliche Hochschulformen, ungleiche Studiensysteme und Studienkulturen, differente Leistungsanforderungen sowie Bewertungssysteme führen zu Irritationen innerhalb der Teamarbeit und letztendlich über kategoriale Zuschreibungen und Bearbeitung dieser zum Aufbrechen homogener Lernstrukturen.

Der vorliegende Beitrag von Miriam Voigt und Inka Engel *Citizen Science, Quintuple Helix und Netzwerkanalyse* ist ein theoretisch fundierter Werkstattbericht, der als institutionelles Fallbeispiel Hochschulentwicklung im Bereich der Third Mission reflektiert. Dabei wird mit dem zugrundeliegenden Forschungsansatz des vorgestellten Praxisbeispiels, Citizen Science als eine innovative Kooperationsform von universitären und außeruniversitären Stakeholdern reflektiert. Das Projekt erzeugt einen Lernprozess, der bei Bürgerwissenschaftler*innen durch ihr Mitwirken zu einem vertieften Verständnis von Wissenschaft führt. Somit wird nicht nur für den jeweiligen Forschungsgegenstand wissenschaftliches Denken und verantwortungsvolles Handeln erzeugt, welches wieder in die Hochschulentwicklung rückgespiegelt werden kann. Ausgangspunkt des Werkstattberichts ist die Bundesgartenschau 2029 (BUGA 2029) im Oberen Mittelrheintal.

Lisa Scheer zeigt in ihrem Artikel *Transformationen beforschen. Ein Design-Based Research-Projekt zur Professionalisierung der Hochschuldidaktik* anhand erster Erkenntnisse aus einem Design-Based-Research-Projekt einerseits, wie der Lehrportfolio-Prozess verändert wurde, um Resonanz und damit auch Transformation (Rosa, 2018a) zu ermöglichen. Andererseits wird das Potential von Design-Based Research für die Hochschul(bildungs)forschung und den Third Space ausgelotet.

Paul Reinbacher interpretiert in seinem Beitrag *Krise als Katalysator? Wechselwirkungen zwischen „Digitaler Lehre“ und gesellschaftlichen Entwicklungen – ein theoretisch informierter Werkstattbericht* die Tendenzen der Digitalisierung im Bereich hochschulischer Lehre (kurz: „Digitale Lehre“) nicht wie verbreitet üblich als Folge hochschulpolitischer Strategien oder hochschuldidaktischer Anstrengungen, sondern als Ausdruck gesellschaftlicher Entwicklungen mit der „Coronakrise“ als wesentlichem Katalysator. Dies führt auf der einen Seite zu Effizienz- und Effektivitätssteigerungen (kurz: „adaptive upgrading“ mit Talcott Parsons), auf der anderen

Seite zu systemischen Spannungen („integrative strains“). Als anschauliches Beispiel für damit einhergehende Veränderungen in der Gesellschaft und an Hochschulen dient darüber hinaus der bekannte Online-Versandhändler, sodass wir außerdem von einem Prozess der „Amazonisierung“ sprechen können.

In dem Beitrag *Erwartungen an die Hochschullehre post COVID. Eine qualitative Befragung der Studierenden im Masterprogramm Wirtschaftspädagogik an der Wirtschaftsuniversität Wien* von Christiane Schopf und Bianca Lehrner wird der Frage nachgegangen, wie die Hochschullehre und insbesondere das Masterprogramm Wirtschaftspädagogik an der Wirtschaftsuniversität Wien aus Sicht der Studierenden vor dem Hintergrund der Erfahrungen aus der COVID-19-Pandemie zukünftig gestaltet werden sollte. Hierzu werden Vor- und Nachteile der Distanzlehre sowie Qualitätskriterien für Lehrveranstaltungen und Prüfungen im Distanzmodus herausgearbeitet und Erwartungen an eine moderne Hochschullehre thematisiert. Zunächst wird ein Überblick über aktuelle Studienergebnisse aus dem deutschsprachigen Raum gegeben. Anschließend werden die Befunde aus Fokusgruppen- und Einzelinterviews mit insgesamt 48 Wirtschaftspädagogik-Studierenden im Sommersemester 2021 vorgestellt. Als zentrale Schlussfolgerung kann festgehalten werden, dass sich der Großteil der Studierenden ein inhaltlich und methodisch sinnvoll gestaltetes sowie zeitlich gut abgestimmtes Blended-Learning-Konzept, eine verstärkte Integration digitaler Tools in der Lehre sowie innovative, kompetenzorientierte Prüfungsformate wünscht. Diese Idealvorstellung kann als Ausgangspunkt für eine Reflexion dieses, aber auch anderer Studienprogramme dienen.

Akteure im Blick: nicht-traditionelle Studierende

Judith Kohlenberger, Theresa Herzog-Abusaeeda und Tobias Schnitzler zeigen auf der Grundlage qualitativer Daten aus fünf Fokusgruppendiskussionen (N = 23) mit Studierenden mit Migrationshintergrund und Geflüchteten aus dem Globalen Süden Leitlinien für Beteiligte, die fördernde und hemmende Faktoren für den Erfolg und das Wohlbefinden der Studierenden auf. Ihr Beitrag *Migrant and Refugee Students from the Global South at Austrian Universities: Insights into well-being and educational success* macht deutlich, dass je nach den strukturellen (z. B. digitaler Zugang, Studierendenvertretung, Betreuung durch Professor*innen, Arbeitsbelastung) und persönlichen Bereichen (soziales Kapital der Befragten, Sprachkenntnisse und andere Qualifikationen, persönliche Belastbarkeit und Ambitionen sowie psychische Gesundheit u. a.) der Befragten unterschiedliche Anpassungen und Unterstützungen erforderlich sind. Es werden Leitlinien entwickelt, die insbesondere auf die Faktoren abzielen, die die Qualität der Erfahrungen von Studierenden mit Migrationshintergrund und Geflüchteten an einer österreichischen Universität und ihr allgemeines Wohlbefinden beeinflussen, was sich wiederum auf ihren Studienerfolg auswirkt.

Franziska Lessky untersucht in ihrem Artikel: *„Wer entscheidet sich schon gern bewusst gegen die Familie?“* Passungsprozesse und familiale Distanzerfahrungen von First-in-Family-Studierenden. Sie kommt auf Basis einer Re-Analyse zweier

Forschungsprojekte zu Studienerfahrungen von First-in-Family-Studierenden der Forderung nach, Passungsprobleme von Bildungsaufsteiger*innen und familiale Distanzierungsprozesse im Laufe der universitären Sozialisation nicht als gegeben anzunehmen, sondern empirisch offen zu rekonstruieren. Ihre Ergebnisse, welche auf Basis narrativer Interviews und mittels hermeneutischer Analyseverfahren generiert wurden, zeigen, dass die Art und Weise, inwiefern Distanz zur Herkunftsfamilie wahrgenommen wird, mit der subjektiven Bedeutung des Studiums zusammenhängt und maßgeblich von familialen Dynamiken geprägt ist. Lessky gibt in ihrem Artikel Einblicke dahingehend, in welchen Kontexten Passung und Zugehörigkeit herzustellen sind. Damit leistet diese Forschungsarbeit einen wichtigen Beitrag zum Verständnis der Entstehung von familialen Distanzerfahrungen im Kontext von Bildungsaufstieg und verweist auf die aktive Rolle der Studierenden hinsichtlich der Bearbeitung dieses Prozesses.

Sabine Weiss und Erna Nairz-Wirth fokussieren in *Zugehörigkeitsgefühl von nicht-traditionellen Studierenden an österreichischen Universitäten* auf die Gruppe nicht-traditioneller Studierenden (kurz: NTS), deren Merkmale u. a. den universitären Zugang durch Studienberechtigungsprüfungen, fortgeschrittenes Alter, Erwerbstätigkeit, Betreuungsverpflichtungen sowie Herkunft aus Arbeiter*innenfamilien umfassen können (Gillen-O'Neel, 2021; Kurantowicz & Nizinska, 2016; Nairz-Wirth & Feldmann, 2018b). Insbesondere soll untersucht werden, wie NTS an österreichischen Universitäten ein Zugehörigkeitsgefühl aufbauen.

Akteure im Blick: Studienabbruch

Christian Gehart fokussiert in seiner Studie *Übergangserfahrungen und Studienabbruchsneigung* auf Ursachen des Studienabbruchs und möglichen präventiven Maßnahmen, insbesondere dem Zusammenspiel von Übergangserfahrung und Studienabbruchsneigung (als Frühwarnindikator für Studienabbruch). Der Beitrag präsentiert erste Teilergebnisse einer Panelbefragung, bei welcher Bachelorstudierende einer österreichischen Universität mit wirtschafts- und sozialwissenschaftlichem Schwerpunkt (n = 1.000) zu ihren Übergangserfahrungen sowie möglichen Studienabbruchsgedanken befragt wurden. Die Ergebnisse der logistischen Regressionsanalyse zeigen, dass positive Übergangserfahrungen eine präventive Wirkung gegenüber einer Studienabbruchsneigung haben. In Bezugnahme auf „nicht-traditionelle" Studierende (NTS) zeigen die Modellergebnisse, dass eine verlängerte Studiendauer Abbruchsintentionen wahrscheinlicher macht, während ein gutes finanzielles Auskommen Abbruchsintentionen unwahrscheinlicher macht. Im Anschluss an bisherige Erkenntnisse in der Hochschulforschung legen die Ergebnisse nahe, dass eine frühzeitige Vorbereitung auf das Studium, eine aktive Gestaltung des Transitionsprozesses vonseiten der Bildungseinrichtungen sowie finanzielle Unterstützungsprogramme Studienabbruchsintentionen vorbeugen können.

Erna Nairz-Wirth und Christian Gehart untersuchen im Beitrag *STOP DROPOUT: Internationale Best Practices zur Verbesserung der Übergangsphase an die*

Universität den Übergang zwischen Schule und Hochschule. Es wird ein internationales Best-Practice-Beispiel einer öffentlichen Universität vorgestellt, welches vor allem darauf abzielt, die Transitionsphase an die Hochschule für NTS zu verbessern und potenziellen Dropouts entgegenzuwirken. Die Beschreibung erfolgt anhand eines einheitlichen Templates, welches auf wissenschaftlichen Erkenntnissen zu Knowledge Management und Wissenstransfer im Hochschulraum basiert. In diesem Zusammenhang fungieren Best Practices als evidenzbasierte Orientierungshilfen, welche Möglichkeiten aufzeigen, wie Universitäten ihre Studienstrukturen nachhaltig verbessern können, um letzten Endes einen Studienerfolg für alle Studierenden wahrscheinlicher zu machen. In einem kompetitiven europäischen Hochschulsektor können Best Practices daher als unerlässlich angesehen werden, um aus Sicht der Universität wettbewerbsfähig zu bleiben.

Akteure im Blick: Informationskaptial

Erna Nairz-Wirth und Maria Pöschl untersuchen in ihrem Beitrag *Informationskapital und Resilienz* den Zugang zu Informationskapital in Form von hot knowledge in drei unterschiedlichen universitären Feldern. Dabei wurde ein im Rahmen eines drittmittelfinanzierten Forschungsprojektes erhobenes qualitatives Datenmaterial analysiert. Die Ergebnisse verdeutlichen die Bedeutung von Sozialkapital für den Zugang zu Informationskapital. Darüber hinaus zeigt sich die Bedeutung digitaler Gruppen für den Informationsaustausch unter Studierenden. Bemerkenswert ist der unterschiedliche Grad der Institutionalisierung des Zugangs zu Informationskapital in den drei untersuchten universitären Feldern.

Akteure im Blick: individuelle Resilienz

Soziale Integration, Achtsamkeit, Selbst-Mitgefühl und selbstregulatorische Fähigkeiten – von Selbst-/Zeitmanagement bis hin zu Stressabbau – spielen nicht nur für physische und psychische Gesundheit eine Rolle. Sie gelten auch als aussagekräftige Prädiktoren für Studienerfolg. Von diesen Befunden ausgehend wurde von Silke Preymann, Carrie Kovacs und Julia Mayr im Rahmen des von Erasmus+ finanzierten ENTRANTS-Projekts ein Self-Assessment Tool entwickelt, das Studierende bei der Reflexion über ihr eigenes Erleben und Verhalten unterstützt und auf mögliche Strategien zur Verbesserung der persönlichen Resilienz und des eigenen Wohlbefindens aufmerksam macht. Das Online-Tool erfasst das selbstberichtete Ausmaß an Achtsamkeit (mindfulness), Selbst-Mitgefühl (self-compassion), Prokrastination (pro-crastination), Zugehörigkeitsgefühl an der Hochschule (college belongingness), Resilienz (resilience) und Wohlbefinden (well-being). Die Autorinnen beschreiben und reflektieren dieses Instrument sowie seine Grenzen und Reichweiten in ihrem Beitrag *Self-Assessment zur Förderung der Selbstreflexion und Resilienz von Studienanfänger*innen.*

Die Bedeutung von Alumni-Befragungen zu Bedarfen und Motiven in der wissenschaftlichen/hochschulischen Weiterbildung

Eine Erhebung an der Fachhochschule Oberösterreich

Elke Gornik & Daniela Nömeyer

Abstract: Der Beitrag konzentriert sich im Rahmen der Adressat*innen- bzw. Zielgruppen-Forschung auf die Hauptzielgruppe der wissenschaftlichen/hochschulischen Weiterbildung, nämlich auf die Hochschulabsolvent*innen. Um die Bedarfe und Motivlagen sowie sozioökonomischen Rahmenbedingungen dieser Zielgruppe zu eruieren, sind quantitative Alumni-Befragungen ein wichtiges Instrument für Hochschulen. Die Ergebnisse solcher Befragungen ermöglichen es Hochschulen, die Bildungsbedarfe zu erheben und darauf aufbauend, gezielte Weiterbildungsprogramme zu entwickeln. Dies war auch Ausgangsbasis für die Fachhochschule Oberösterreich (FH OÖ), an der bisher noch keine empirischen Daten zu Bedarfen, Motiven, Erwartungen und Wünschen der eigenen Hochschulabsolvent*innen in Bezug auf (hochschulische) Weiterbildung vorhanden waren. 2022 wurde an der FH OÖ eine Vollerhebung als quantitative Online-Befragung durchgeführt, die sich an 19.699 Absolvent*innen der Fachhochschule richtete. Die Ergebnisse und gewonnenen Erkenntnisse dieser Erhebung enthalten wertvolle Hinweise für die zukünftige Gestaltung von Weiterbildungsprogrammen und eine strategische Positionierung von Hochschulen im Weiterbildungsfeld.

Keywords: Hochschulische Weiterbildung, Zielgruppenforschung, Absolvent*innenbefragung, University Continuing Education, Target group research, Alumni Survey

1. Einleitung

Vielfältige Transformationsprozesse, ausgelöst durch technische Innovationen, gesellschaftlichen Wandel, ökologische Veränderungen, gesundheitliche Krisen und die neuen Anforderungen an die Arbeitswelt, haben auf den gesamten Hochschulsektor und seine Aus- und Weiterbildungsprogramme enorme Auswirkungen. Insbesondere die Aufgabe, Lehr- und Lernsettings in der Weiterbildung zu digitalisieren und damit zielgruppenangepasste Lehr-Lernräume (Stang & Becker, 2022, S. 1 ff.) zu schaffen, stellt Hochschulen vor strukturelle, strategische, organisatorische und personelle Herausforderungen. Gleichzeitig professionalisieren sich die österreichischen Hochschulen zunehmend im Feld der wissenschaftlichen Weiterbildung (Gornik, 2020, S. 590) und haben sich von Ausbildungsanbieter*innen zu lebensbegleitenden (Weiter-)Bildungsinstitutionen entwickelt. Dabei sind im Sinne des Lifelong Learning verstärkt die (eigenen) Hochschulabsolvent*innen als bedeutende Zielgruppe für hochschulische Weiterbildungsangebote (Kopper, 2017, S. 53) in den Vordergrund gerückt. Dies zeigt sich auch darin, dass die Weiterbildung der (eigenen) Absolvent*innen expliziter gesetzlicher Auftrag (und Aufgabe) der österreichischen Universitäten ist (UG 2002, § 2 Abs. 4). In den vergangenen zehn Jahren haben auch die österreichischen Fachhochschulen ihr Angebot in der Weiterbildung kontinuierlich ausgebaut und nehmen am gesamten hochschulischen Weiterbildungssektor (im Bereich der formalen Lehrgänge) mittlerweile mehr als ein Viertel aller Angebote ein (vgl. Kulhanek et al., 2019, S. 6).

Die strategische Neupositionierung der Fachhochschule Oberösterreich im Bereich Weiterbildung & Lifelong Learning (vertiefend in Kapitel 3) im Jahr 2019 und damit verbunden das Interesse die (möglichen) Beweggründe und Motivlagen der eigenen FH-OÖ-Absolvent*innen in diesem Bereich zu kennen, war Ausgangssituation für die in diesem Artikel beschriebene Alumni-Erhebung. Da die (meist) berufstätige Zielgruppe der Alumni neue/andere Bedürfnisse und Erwartungen an Weiterbildungsangebote hat, war es im Sinne einer gezielten Adressant*innen-Forschung für die FH OÖ erforderlich, diese zu erheben. Primäres Ziel der durchgeführten Alumni-Erhebung war es, Einblicke in die Bedürfnisse und Präferenzen in Hinblick auf Weiterbildung der eigenen Alumni zu gewinnen, um so zukünftige Weiterbildungsangebote optimal auf die Anforderungen der Zielgruppe abstimmen zu können.

Im vorliegenden Beitrag wird einleitend ausgeführt, welche strategischen Motive und Vorteile Alumni-Befragungen gerade im Kontext der Weiterbildung für Hochschulen bieten. Kern des Beitrages bildet die Beschreibung der erstmalig durchgeführten Alumni-Befragung mit dem Schwerpunkt auf Weiterbildung an der FH OÖ. Die Ausführungen zur Methodik und dem Fragebogen-Design sowie der zentralen Ergebnisse bilden das Kapitel 3. Am Ende des Artikels erfolgt ein kritischer Ausblick zur Umsetzung der Ergebnisse dieser Erhebung sowie Empfehlungen, die bei der Durchführung von Alumni-Befragungen zu berücksichtigen sind.

2. Alumni-Befragungen als Planungs- und Steuerungsinstrument für die Weiterbildung

In der Studie von Kulhanek et al. (2019, S. 94) zeigt sich für die österreichischen Hochschulen, dass die eigenen Absolvent*innen die primäre Zielgruppe von wissenschaftlichen Weiterbildungsangeboten (insbesondere von curricularen Lehrgängen) sind. Hochschulen sind aufgrund ihres Lehrangebotes und Forschungsbereiches in der Lage, inhaltlich maßgeschneiderte Inhalte zu gestalten, die auf die Bedürfnisse von Hochschulabsolvent*innen zugeschnitten sind (Wolter, 2005, S. 111).

Um jedoch Bedarfe der Alumni im Bezug auf Weiterbildung zu erkennen, stellen Absolvent*innenbefragungen ein regelmäßig genutztes Instrument im Rahmen der Qualitätssicherung der Hochschulen dar. Aus der retrospektiven Selbsteinschätzung der Absolvent*innen soll die Deckung der im Studium erworbenen Kenntnisse und

Kompetenzen mit jenen, die in der Arbeitswelt gefordert sind, abgeglichen werden. Bei gravierenden Abweichungen ist die Hochschule gefordert, die entsprechenden Curricula zu adaptieren oder neu zu konzipieren. Absolvent*innen bilden eine wesentliche Stakeholdergruppe, aus deren Feedback sich wertvolle Informationen zu verschiedenen Handlungsfeldern der Hochschulentwicklung (Stichwort Nutzungspotentiale, Jaeger & Kerst, 2010, S. 15) ableiten lassen. Die Befragungen von Absolvent*innen stellen dabei sicher, dass auch die Sichtweisen und Meinungen von ehemaligen Studierenden ausreichend einbezogen werden. Für den Bereich des Lebenslangen Lernens und insbesondere für die Entwicklung von neuen Angeboten im Bereich der hochschulischen Weiterbildung stellen Absolvent*innen eine wichtige Adressat*innengruppe dar.

Die Durchführung von Befragungen von Absolvent*innen, insbesondere der eigenen Alumni, bietet für Hochschulen strategische Vorteile (u.a. Kulhanek et al., 2019; Jaeger & Kerst, 2010; Pohlmann, Vierzigmann & Winterhalder 2017; Wassmer & Probst, 2019). Durch das Verständnis der Motive der Teilnehmer*innen können die Hochschulen *gezielt Weiterbildungsangebote* entwickeln, die den Bedürfnissen und Interessen der Zielgruppen entsprechen. Dies trägt dazu bei, die Attraktivität der Hochschule als Weiterbildungsanbieter zu steigern und die Teilnehmer*innenzufriedenheit zu erhöhen und gleichzeitig damit auch kund*innenorientierte Weiterbildungsprogramme zu entwickeln. Immer häufiger werden Alumni-Studien von Hochschulen auch dafür genutzt, um sich besser von den anderen Wettbewerbsakteuren zu unterscheiden (Wassmer & Probst, 2019, S. 185). Befragungen sollen insbesondere auch darüber Aufschluss geben, wie andere hochschulische Weiterbildungsanbieter eingeschätzt werden. Dies ist gerade in der hochschulischen, frei finanzierten Weiterbildung – wo sich die Programme auf einem Wettbewerbsmarkt befinden – eine essentielle Information. Dieser Punkt hängt eng mit der *zielgerichteten Angebots- und Programmentwicklung* zusammen. Denn durch die Kenntnis und Berücksichtigung der Bedarfe und Motive der Zielgruppe „Hochschulabsolvent*innen" kann sich die Hochschule als bedarfsgerechter und kundenorientierter Weiterbildungsanbieter positionieren. Dies kann dazu beitragen, die Attraktivität der Hochschule im Vergleich zu anderen Bildungsanbietern zu steigern und durch eine entsprechende *Marktpositionierung* auch einen *Wettbewerbsvorteil* zu generieren. Gleichzeitig wird die Hochschule auch am Arbeitsmarkt als attraktiver Weiterbildungsanbieter wahrgenommen, der Trends und Entwicklungen in den unterschiedlichen Berufsgruppen identifiziert und gezielte neue Qualifikationen und Kompetenzen im Rahmen der Weiterbildungsprogramme vermittelt.

Zielgerechte Konzeption von Weiterbildungsprogrammen bedeutet gleichzeitig eine *effektive Ressourcennutzung*: Die Kenntnis der Motive ermöglicht es den Hochschulen, ihre Ressourcen effizienter einzusetzen, indem sie Programme und Maßnahmen gezielt auf die Bedürfnisse der Teilnehmer*innen ausrichten. Dadurch können sie ihre Kapazitäten optimal nutzen und eine höhere Wirksamkeit ihrer Weiterbildungsaktivitäten erzielen. Gleichzeitig sind die Ergebnisse von Alumni-Befragungen ein zentraler Baustein im Rahmen des *Qualitätsmanagements und der Hochschul-*

steuerung (Jaeger & Kerst, 2010, S. 9 f.). Die Rückmeldungen aus diesen Befragungen ermöglichen es Hochschulen, langfristige Strategien im Bereich der Weiterbildung zu entwickeln, die gleichzeitig die Ziele und Visionen der Hochschule unterstützen.

Die Durchführung von Absolvent*innenbefragungen ist auch ein deutliches Signal zur *Stärkung der Bindung* zu den eigenen Absolvent*innen: Befragungen von Absolvent*innen sind ein wichtiges Instrument im Rahmen des Alumni-Managements (Jaeger & Kerst, 2010, S. 15 f.) und zur Aufrechterhaltung des Kontaktes seitens der Hochschule mit ihren Absolvent*innen. Die Beziehung mit Alumni wird dadurch gestärkt, dass sich diese – durch das aktive Einbeziehen – wertgeschätzt und unterstützt fühlen.

Die Besonderheit von Alumni-Befragungen zeigt sich an einigen Punkten im Vergleich zu Studierendenbefragungen: Im Gegensatz zu Studierenden haben Alumni bereits konkrete berufliche (meist langjährige) Erfahrungen und können ihren Weiterbildungsbedarf aus dieser Perspektive heraus formulieren. Außerdem ergeben sich, durch die berufliche Praxis, die ständig wandelnden Herausforderungen in den Berufsfeldern (Stichwort Future Skills) Anforderungen, die Studierende während des Studiums (soweit es sich nicht um berufsbegleitende Studiengänge handelt) meist noch nicht formulieren können. Es geht vor allem darum, die eigene Beschäftigungsfähigkeit und Weiterentwicklung nicht nur zu sichern, sondern sich für neue Herausforderungen zu qualifizieren.

Bei der Gestaltung und Durchführung von Absolvent*innenstudien sind jedoch auch Herausforderungen zu berücksichtigen. Diese liegen vor allem in der Erreichbarkeit der Absolvent*innen und der zur Verfügung stehenden Daten. Zumeist verfügen die Hochschulen (unter Berücksichtigung der jeweils geltenden Datenschutzrichtlinien) über die (Kontakt-)Daten, um diese Befragungen durchzuführen. Falls diese Daten vorhanden und zugänglich sind, sind diese meist in hoher Datenqualität und ermöglichen dadurch eine zeitlich relativ rasche Durchführung von Befragungen. Doch mit zunehmendem zeitlichem Abstand zum Studienabschluss nehmen die Datenqualität und Erreichbarkeit ab und können damit die Rücklaufquoten beeinflussen. Damit ist nicht immer gewährleistet, dass eine repräsentative Stichprobe aller Absolvent*innen einer Hochschule erhalten werden kann, was zu Verzerrungen in den Ergebnissen führen kann. Beeinträchtigt können die Ergebnisse auch durch eine niedrige Rücklaufquote werden. Auf organisatorischer Ebene sind Alumni-Befragungen zeit-, ressourcen- und personalintensiv, um diese qualitätsgesichert planen, durchführen und auswerten zu können. Insbesondere bedarf es Expert*innen an der Hochschule, die die Daten angemessen analysieren und interpretieren können.

3. Die Absolvent*innen-Befragung zur Weiterbildung an der FH OÖ – Hintergrund, Methodik und Ergebnisse

Die Fachhochschule Oberösterreich hat in ihrer Vision und Strategie 2030 (2019, S. 20 ff.) den Ausbau ihres Weiterbildungsportfolios festgehalten und mit diesem Auftrag auch ein neues Kompetenzzentrum für Lifelong Learning und Weiterbildung (Center of Lifelong Learning, CoL³)[1] 2019 gegründet. Eine der zentralen Aufgaben ist es, unterschiedliche gegenwärtige und zukünftige Bildungsbedarfe zu erkennen und neue Angebote zu entwickeln (S. 21). Strategisch wird festgehalten, dass eine der zentralen Zielgruppen der FH OÖ, die eigenen Alumni, durch angewandte und hoch praxisorientierte Weiterbildungsangebote noch stärker an die Hochschule gebunden werden sollen. Um diesem Auftrag zu entsprechen, sind jedoch Daten (wie Motivlagen, Interessenslagen, Produkteinschätzungen aber auch soziodemografische Merkmale) über diese Zielgruppe erforderlich. Da an der FH OÖ bisher keine eigene, explizit auf „Weiterbildung & Lifelong Learning" ausgerichtete Umfrage durchgeführt wurde, war es das Ziel, 2022 erstmals Daten zu diesem Themengebiet zu erheben. Dazu wurde ein Projekt der Abteilungen Hochschulforschung und -entwicklung sowie Qualitätsmanagement initiiert.

3.1 Methodik und Design

Begründet auf der beschriebenen Ausgangslage und der dominierenden Zielperspektive, die darin besteht, die Weiterbildung den Interessen und Erwartungen der Absolvent*innen der FH OÖ entsprechend weiterzuentwickeln, ergaben sich drei zentrale Forschungsfragen:

- Besteht ein generelles Interesse an hochschulischer Weiterbildung und wenn ja, welche Beweggründe und Motive liegen diesem zugrunde?
- Welche Weiterbildungsformate (Umfang, Dauer, ECTS, Abschluss etc.) werden bevorzugt und in welchem didaktischen und zeitlichen Setting sollten diese angeboten werden?
- Welche fachlichen Inhalte und allgemeinen Themen werden von der Zielgruppe als besonders weiterbildungsrelevant eingeschätzt?

Um diese Fragen adäquat beantworten zu können, wurde eine Online-Befragung aller bisherigen Absolvent*innen der Fachhochschule Oberösterreich gewählt. Die Befragung wurde als Vollerhebung durchgeführt, die Grundgesamtheit bestand aus 19.699 Absolvent*innen. Das sind alle Absolvent*innen der FH OÖ seit ihrer Gründung im Jahr 1994, von denen (noch) private Mail-Adressen vorlagen.[2] Die ersten 58 Absolvent*innen verzeichnete die FH OÖ drei Jahre später im Jahr 1997. Von allen Absolvent*innen seit 1997 konnten 17.399 Personen mit der Einladung zur Befragung erreicht werden, und die Differenz ergab sich durch ungültige oder geänderte E-Mail-Adressen. Um eine hohe Beteiligung an der Befragung zu sichern, wurde nach dem ersten Aufruf zur Teilnahme ein Reminder verschickt. Von den erreichten Absol-

1 www.fh-ooe.at/col3 [04.06.2024]

2 Wenn Studierende die FH OÖ verlassen und somit ihre FH-Mail-Adresse verlieren, können diese freiwillig ihre private E-Mail-Adresse hinterlassen, um für künftige Befragungen oder zu Info- und Marketingzwecken erreichbar zu sein.

vent*innen gaben 2.028 Personen einen vollständig ausgefüllten Fragebogen ab, das entspricht 11,7% und kann als repräsentativ angesehen werden.

Als Erhebungsinstrument diente ein standardisierter Online-Fragebogen, bestehend aus 12 geschlossenen und 15 offenen Fragen. Als Umfragetool wurde die Software Tivian (auch bekannt unter Questback bzw. Unipark) verwendet. Der Fragebogen wurde im Sommer 2022 entwickelt und getestet, die anschließende Feldzeit betrug drei Wochen (5.9. bis 26.9.2022). Folgender Aufbau liegt dem Fragebogen zugrunde:

01. Art des Abschlusses und fachliche Zuordnung
02. Bezug zur Weiterbildung an der FH OÖ
03. Interesse an Weiterbildung generell und möglichen Weiterbildungsanbietern
04. Motivation und Beweggründe für Weiterbildung
05. Relevanz von inhaltlichen Themenbereichen
06. Relevanz von Kompetenzen und Future Skills
07. Gewünschte Weiterbildungsformate (Umfang, Dauer, Art der Abschlüsse)
08. Kosten für Weiterbildung, ev. Unterstützung des Arbeitgebers
09. Aufbau von Weiterbildungsangeboten
10. Anregungen
11. Statistische Angaben

Die 2.028 befragten Absolvent*innen setzen sich statistisch folgendermaßen zusammen:

- 58% männlich, 41% weiblich und 1% divers
- 87% sind in einem Angestelltenverhältnis tätig, 5% sind selbständig (Rest: karenziert, nicht erwerbstätig, sonstiges)
- 39% können einen Bachelor- und 40% einen Master-Abschluss vorweisen (Rest: Mag (FH), Dipl.-Ing (FH), sonstiges)
- 89% haben ihren Arbeitsmittelpunkt in Oberösterreich

3.2 Ausgewählte Ergebnisse der Befragung

Dieser Artikel konzentriert sich auf die Hauptthemen und Schlüsselerkenntnisse der Umfrage. Die Auswahl der präsentierten Ergebnisse erfolgte unter Berücksichtigung ihrer Relevanz für die Forschungsfragen und Ziele des Beitrages bzw. unter Anbetracht einer Marktkonkurrenz zwischen den hochschulischen Weiterbildungseinrichtungen.

3.2.1 Interesse an Weiterbildung

Auf die Frage „Haben Sie grundsätzlich Interesse an einer Weiterbildung an einer Hochschule oder Universität?" antwortete ein knappes Drittel (32%) mit einem grundsätzlichen *Ja*, war aber noch unschlüssig, an welcher Institution dies sein sollte. Knapp die Hälfte (49%) antwortete mit *Ja,* und konnte sich vorstellen, diese an einer

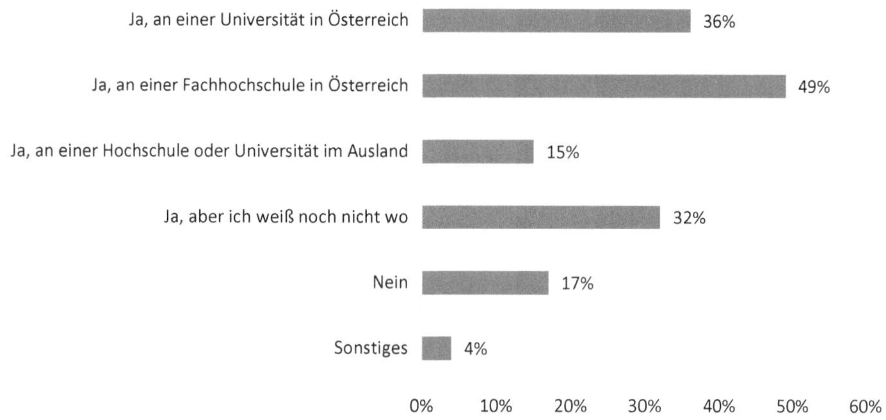

Abb. 1: Interesse an Weiterbildung (Mehrfachnennungen möglich; n = 2028)

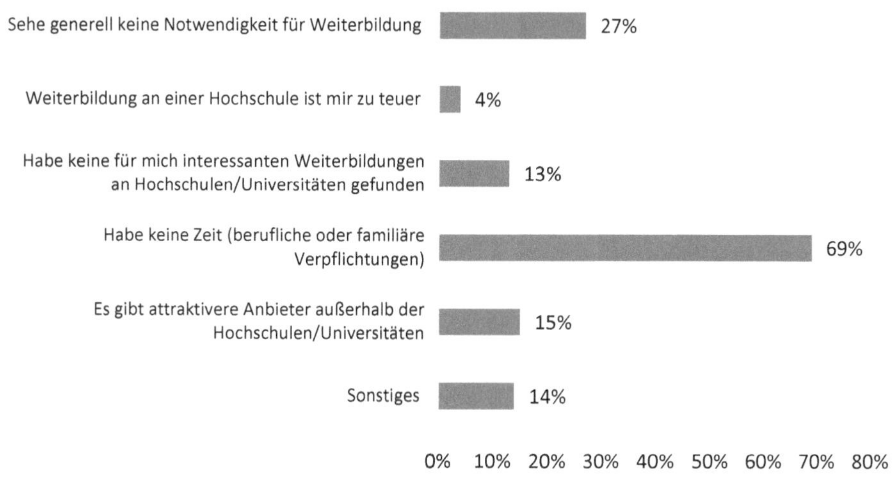

Abb. 2: Kein Interesse an Weiterbildung (Mehrfachnennungen möglich; n = 344)

Fachhochschule in Österreich zu absolvieren. Ein gutes Drittel (36%) antwortete mit *Ja* und zog eine Universität in Österreich in Betracht. Nur 15% der Befragten konnten sich vorstellen, für ihre Weiterbildung ins Ausland zu gehen (Abb. 1).

17% hatten (aktuell) kein Interesse an Weiterbildung an einer Hochschule. Befragt nach dem Grund, antworteten mehr als zwei Drittel (69%), aufgrund von anderweitigen Verpflichtungen keine Zeit dafür zu haben. 27% meinten, sie sähen keine Notwendigkeit für eine Weiterbildung (Abb. 2).

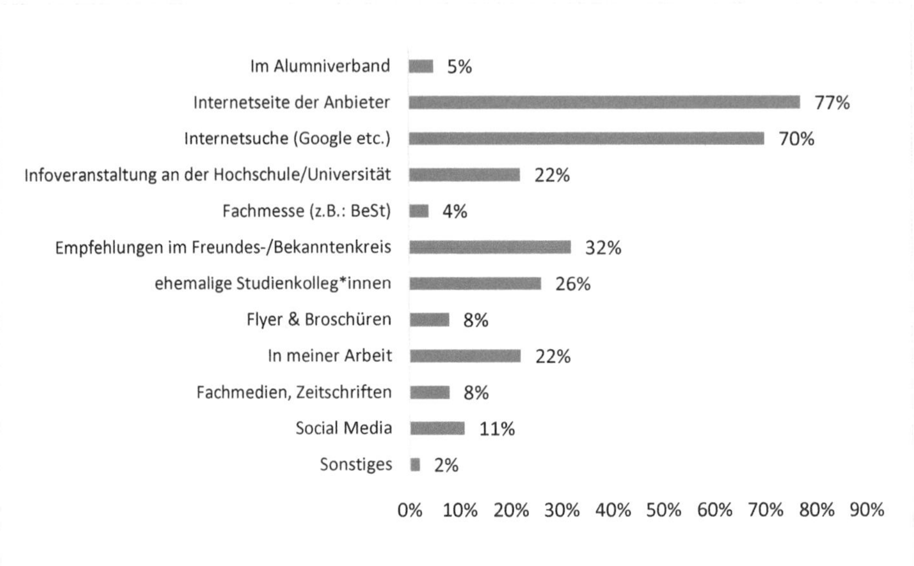

Abb. 3: Informationsquellen für Weiterbildung (Mehrfachnennungen möglich; n = 927)

Bei denjenigen Personen, die angaben, sich grundsätzlich für eine Weiterbildung zu interessieren und die sich auch bereits Informationen zu möglichen Weiterbildungen gesucht hatten (das waren 46% der Interessierten), wurde nach den Informationsquellen gefragt. Der überwiegende Teil gab an, dies entweder auf der Homepage von Anbietern zu tun (77%) bzw. über eine Internetsuche zu Informationen zu gelangen (70%) (Abb. 3.) Für Weiterbildungsanbieter ist es daher von enormer Wichtigkeit, einerseits im Netz gefunden zu werden und andererseits relevante und übersichtliche Informationen auf ihren eigenen Homepages zur Verfügung zu stellen. Eine große Rolle für Informationen spielen auch persönliche Beziehungen und Mundpropaganda. So gaben 32% der Befragten an, sich Informationen bei Freunden und Bekannten zu holen, ein Viertel (26%) gab an, sich bei ehemaligen Studienkolleg*innen zu informieren (Abb. 3).

3.2.2 *Beweggründe und Motive für Weiterbildung*

Auf die Frage „Welche Beweggründe haben Sie für eine Weiterbildung an einer Hochschule oder Universität?" gaben zwei Drittel der Befragten (66%) an, ihre fachlichen Fähigkeiten verbessern zu wollen und 60% wollten mit einer Weiterbildung ihre persönlichen Qualifikationen erhöhen. Gefolgt von diesen beiden Hauptmotiven gaben 35% der Befragten an, ein (neues) interessantes Fachgebiet erlernen zu wollen. 27% verfolgen mit einer Weiterbildung einen beruflichen Aufstieg und ein weiteres Viertel (25%) möchte durch Weiterbildung auf dem Wissenstand bleiben. Eine eher geringe Motivation liegt auf dem Erwerb eines akademischen Grades (10%), was vermutlich darauf gründet, dass alle Befragten bereits über einen akademischen Abschluss ver-

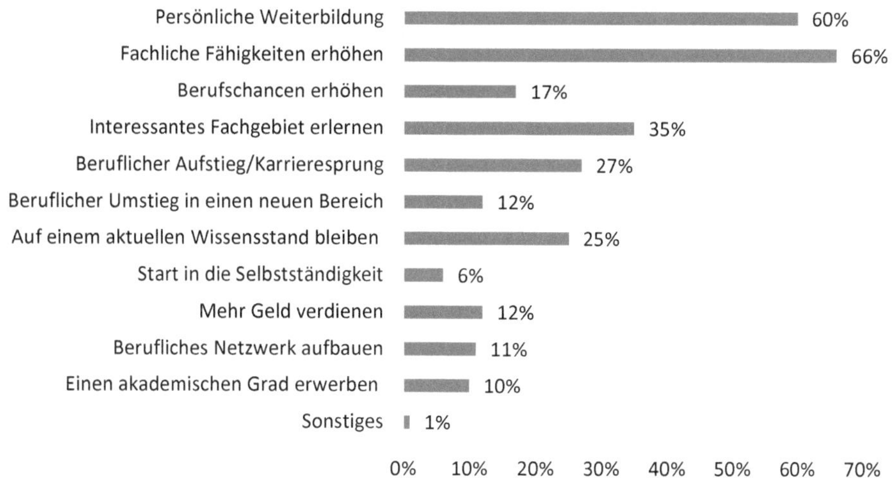

Abb. 4: Beweggründe für Weiterbildung (max. 3 Nennungen möglich; n = 2028)

fügen. Somit ist ein weiterer akademischer Grad nicht der Hauptbeweggrund für eine Weiterbildung (Abb. 4.)

3.2.3 *Inhaltliche Themenbereiche*

Von besonderem Interesse war die Frage nach den möglichen Inhalten, die eine Weiterbildung abdecken sollte. Auf die Frage „Welche Themenbereiche würden Sie für Ihre Weiterbildung am wahrscheinlichsten wählen?“ kristallisierten sich drei große Themenblöcke heraus: Fast die Hälfte nannte je den Bereich Technik (49%) bzw. den Bereich Wirtschaft und Unternehmensführung (48%) als wahrscheinlichsten Bereich für eine künftige Weiterbildung. Etwas weniger oft, aber immerhin noch zu 44%, wurde der Bereich Digitalisierung genannt. Ein Viertel (25%) würde sich für den Themenbereich Medien und Kommunikation entscheiden und knapp ein Viertel (24%) würde ein Thema aus dem Sozialbereich wählen. Die Bereiche Umwelt und Internationales liegen mit 19% bzw. 12% etwas abgeschlagen (Abb. 5).

3.2.4 *Skills und Kompetenzen*

Weiters wurden die Befragten gebeten zu beurteilen, welche Skills und Kompetenzen sie für sich persönlich als besonders relevant einschätzen. Hier zeigte sich in den Antworten ein breites Interesse an Skills und Kompetenzen. Mit 53% am häufigsten wurden dabei fachliche Kompetenzen genannt. Kommunikationskompetenz und kritisches Denken wurden zu je 45% bzw. 43% genannt. Am wenigsten wichtig wurden

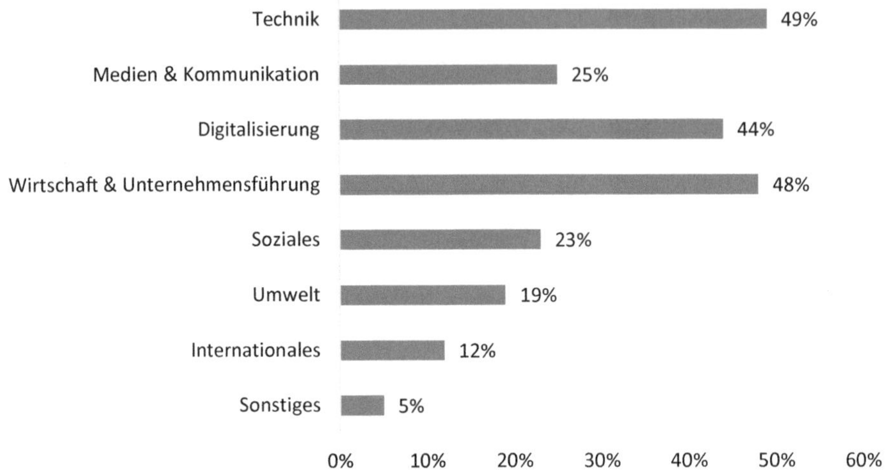

Abb. 5: Inhaltliche Themenbereiche (Mehrfachnennungen möglich; n = 2028)

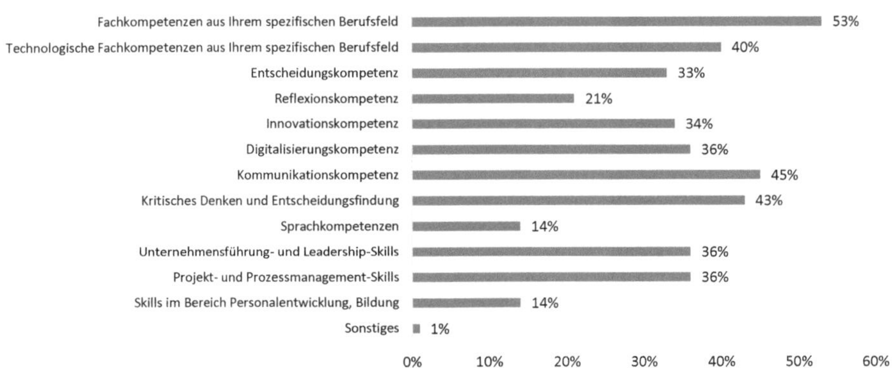

Abb. 6: Wesentliche Skills und Kompetenzen (max. 5 Nennungen möglich; n = 2028)

Sprachkompetenzen bzw. Skills im Bereich Personalentwicklung von den Befragten eingeschätzt (Abb. 6).

3.2.5 *Weiterbildungsformate*

Von den Befragten am meisten gewünscht (53%) war das Format von kostenlosen Vortragsreihen am Abend bzw. am Wochenende. Nachdem die überwiegende Mehrheit (87%) der Befragten in einem Angestelltenverhältnis tätig ist, überrascht es we-

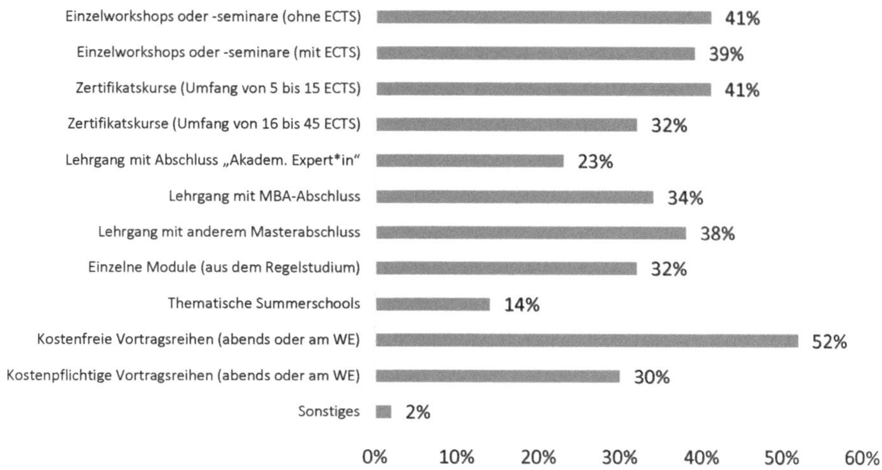

Abb. 7: Weiterbildungsformate (Mehrfachnennungen möglich; n = 2028)

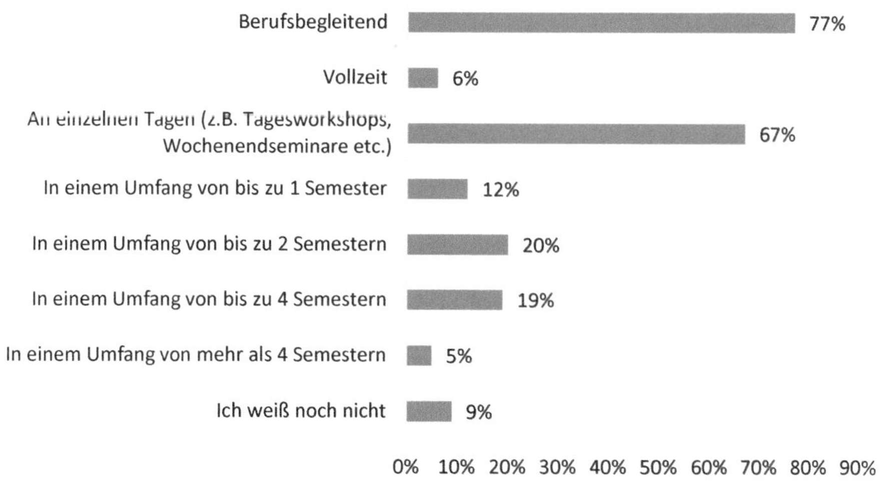

Abb. 8: Zeitlicher Umfang von Weiterbildung (Mehrfachnennungen möglich; n = 2028)

nig, dass Weiterbildung gut mit den beruflichen Verpflichtungen vereinbar sein soll und daher Formate außerhalb der Arbeitszeit gewählt wurden (Abb. 7).

Gefragt nach dem zeitlichen Umfang der Weiterbildung, zeigt sich auch hier das gleiche Bild: Mehr als drei Viertel (77%) würden sich für eine berufsbegleitende Weiterbildung entscheiden. 67% der Befragten gab an, Tagesworkshops bzw. Wochenendseminare zu wählen. Am wenigsten oft wurden langfristige Weiterbildungen gewählt.

So würden sich nur 5% für eine Weiterbildung mit einer Dauer von bis zu vier Semestern entscheiden (Abb. 8).

Ergänzend wurde eine weitere Frage gestellt, die auf das Interesse an ausschließlich online durchgeführten Weiterbildungsprogrammen abzielte. 73% der Befragten gaben an sich vorstellen zu können, ein reines Onlineformat für ihre Weiterbildung zu wählen.

3.2.6 Offene Antwortkategorie – Anregungen

Eine offene Antwortkategorie galt der Frage, welche Anregungen die befragten Absolvent*innen für das Weiterbildungszentrum der FH OÖ, dem Center of Lifelong Learning (CoL[3]) hätten. Die Beteiligung der Rückmeldungen (da es sich um eine freie/optionale Antwortkategorie handelte), war mit 356 Antworten hoch. Dies entspricht einer Beteiligung in dieser offenen Kategorie von 17,6% (n = 2028).

Es erfolgte eine manuelle Auswertung mit Verwendung von Text-Mining zur Identifizierung von Schlüsselwörtern, die nicht aus der Theorie begründet waren, sondern sich durch die Antworten der Befragten ergeben haben. Darauf aufbauend wurden diese herausgearbeiteten Schlüsselworte in zentrale Schlüsselbegriffe ein- bzw. zugordnet. Im Ergebnis wurden die herausgearbeiteten 505 Stichwort-Zuordnungen aus den 356 Antworten 25 abgeleiteten Kategorien zugeordnet. An dieser Stelle der Hinweis, dass die Ergebnisse – da es sich um konkrete Hinweise zur strategischen Positionierung der FH OÖ handelt – nicht vollumfänglich ausgeführt werden können.

Um diese dennoch in diesem Artikel darstellen zu können, wurden die oben abgeleiteten Kategorien nochmals in fünf Kontext-Kategorien zusammengefasst. Dabei ergab sich folgendes Bild: Mit 48,12% kamen die meisten Anregungen zum Kontext „Zugang & Gestaltung". Am häufigsten wurden hier mit 15,84% zusammengefasst Hinweise zur praxisorientierten Gestaltung sowie zeitlichen Vereinbarkeit mit dem Beruf genannt. Weitere 14,26% in dieser Kontext-Kategorie waren konkrete Hinweise und Wünsche zum Durchführungsformat. 31,68% wurden der Kontext-Kategorie „Themen & Inhalte" zugeordnet, in der mit 11,29% ganz konkrete Inhalts- und Themenvorschläge für Weiterbildungsprogramme genannt wurden. Die dritte Kontext-Kategorie „Marketing & Werbung" ergab 10,10% und enthielt vor allem konkrete Empfehlungen für Werbe- und Kommunikationsmaßnahmen. Die vierte Kontext-Kategorie „Service" (2,97%) enthält Anregungen in Hinblick auf Betreuungs- und Beratungsleistungen, die sich Alumni von einem Weiterbildungszentrum wünschen. Die fünfte Kontext-Kategorie wurde unter „Allgemeine Anregungen" (7,13%) zusammengefasst. Diese enthielt Anmerkungen, Kommentare oder persönliche Aussagen, die keiner der anderen Kategorien zugeordnet werden konnten.

Die Möglichkeit dieser offenen Antwortkategorie war nach Auswertung für die FH OÖ besonders relevant, da die Einzelantworten ganz konkrete Empfehlungshandlungen für die FH OÖ ergeben haben und gleichzeitig damit die anderen Fragekategorien verstärkt und spezifiziert haben.

3.3 Zusammenfassende Ergebnisse

Die in diesem Beitrag exemplarisch herausgezogenen Ergebnisse zeigen, dass bei den befragten Alumni Interesse an einer Weiterbildung an einer Hochschule in Österreich besteht (36% würden eine Universität und 49% eine Fachhochschule wählen) und lediglich 17% antworteten (aktuell) kein Interesse zu haben. Insbesondere zeigte sich auch, dass die eigene Fachhochschule dafür in Frage kommen würde (83% würden (wieder) die FH OÖ wählen). Dies kann als Indiz dafür gewertet werden, dass die eigene „Alma Mater" als Weiterbildungsanbieter von Interesse ist (vorausgesetzt es bestehen entsprechende Angebote). Als zentrale Informationsquellen bei der Suche nach Weiterbildungen wurden von den Befragten die Homepage der jeweiligen Hochschulen und Suchmaschinen angegeben. Überraschender war bei dieser Kategorie hingegen, dass Empfehlungen im Freundes/Bekanntenkreis oder über Studienkolleg*innen („Mundpropaganda") eine wichtige Rolle als Informationsquelle spielen.

Bei der Frage nach den Beweggründen zeigten sich zwei Hauptmotive bei den befragten Personen: die Erhöhung/Vertiefung der fachlichen Fähigkeiten und die persönliche Weiterbildung. Dies deutet darauf hin, dass Weiterbildung als ständiges „fachlich am Ball bleiben" gesehen wird und eine hohe intrinsische Motivation vorhanden ist aber ein Karrieresprung oder ein höherer Verdienst keine vorrangigen Motive sind.

Bei den Antworten zu den gewünschten inhaltlichen Themenbereichen, zeigte sich ein breites Spektrum, wobei insbesondere drei Themencluster genannt wurden: Technik, Wirtschaft & Unternehmensführung und Digitalisierung. Dies spiegelt von der Themenvielfalt auch die Schwerpunkte bzw. das Studienangebot der Fachhochschule Oberösterreich wider. Die Frage zu den am relevantesten einzuschätzenden Skills und Kompetenzen (die durch Weiterbildungsprogramme entwickelt bzw. ausgebaut werden sollen) ist im direkten Zusammenhang mit der Frage nach den Beweggründen zu sehen. Die Erhöhung der Fachkompetenzen aus dem eigenen spezifischen Berufsfeld ist für die befragten Personen von besonderer Bedeutung. Aber auch die Nennung von sogenannten Zukunftskompetenzen, wie der Kommunikationskompetenz oder Digitalisierungskompetenz zeigen, dass Weiterbildungsangebote auf diese Kompetenzen abzielen sollten.

Zur Gestaltung der Weiterbildungsformate war der Wunsch hoch, dass diese berufsbegleitend, an einzelnen Tagen (oder am Wochenende) und in einem kürzeren Durchführungsformat angeboten werden sollten. Aber auch kostenpflichtige Weiterbildungsprogramme (Lehrgänge mit einer Dauer von mindestens 15 ECTS-Punkten) bis hin zu Masterlehrgängen würden als Weiterbildungsformat (v.a. in einem Online- oder Blended-Learning-Setting) in Frage kommen. Daraus lassen sich zumindest zwei zentrale (wenn auch scheinbar widersprüchliche) Präferenzen ableiten: einerseits der formulierte Bedarf an kürzeren Formaten (v.a. Einzelworkshops und Wochenendseminaren), aber andererseits dennoch (wenngleich für eine deutliche kleinere Zielgruppe) ein Angebot an ECTS-basierten, mehrsemestrigen, vertiefenden Lehrgängen.

4. Schlussfolgerungen

Die Ergebnisse der Alumni-Befragung geben, neben statistischen Daten, vor allem Aufschluss über Entwicklungstendenzen, Erwartungen und Motivlagen. Doch wie werden diese Ergebnisse an Hochschulen umgesetzt und welche Faktoren hemmen eine Umsetzung? Auch wenn Hochschulen diese Befragungen gezielt strategisch planen und einsetzen möchten, hängt die Umsetzung der Ergebnisse (in diesem Fall in Form von neuen Weiterbildungsangeboten) mit den zur Verfügung gestellten Ressourcen zusammen. Eine gezielte Kommunikation der Ergebnisse bei relevanten Stakeholdern innerhalb der Hochschule (u.a. Leitungsgremien, Marketingabteilungen, Alumni-Einrichtungen) nach Projektabschluss ermöglicht es, weiterhin das Thema breit innerhalb der Hochschule zu positionieren. Fehlende Verbindlichkeiten und Priorisierung sowie die Komplexität der Maßnahmen und der hohe Ressourcenaufwand zur Implementierung neuer Programme sind weitere Hemmnisse bei der Umsetzung. Durch eine gezielte Maßnahmenplanung (sowohl vor als auch nach der Alumni-Erhebung) sollte sichergestellt werden, dass die Ergebnisse effektiv genutzt und in konkrete Maßnahmen umgesetzt werden. Dennoch zeigte sich in der Nachbereitung, dass formulierte Interessenslagen (seitens der befragten Alumni) und darauf gezielt entwickelter Programme nicht immer mit einer konkreten Nachfrage (Bewerbungen und Buchungen) kostenpflichtiger Weiterbildungsprogramme korrelieren.

Die Ergebnisse der Alumni-Erhebung haben nicht nur für die FH OÖ besondere Bedeutung, sondern können auch für andere Hochschulen wichtige Erkenntnisse liefern, da davon auszugehen ist, dass Alumni generell an wissenschaftlicher/hochschulischer Weiterbildung hoch interessiert sind. Offen bleibt zum jetzigen Zeitpunkt jedoch, ob die Hochschulen (auch die FH OÖ) überhaupt in der Lage sind (personell, finanziell, inhaltlich) die erhobenen Erwartungen und Bedürfnisse dieser Zielgruppe „Alumni" mit entsprechenden zukunftsorientierten Weiterbildungsprogrammen zu bedienen. Die curriculare Entwicklung und anschließende Vermarktung sind mit (finanziellen) Risiken und einem erforderlichen, hohen strategischen Commitment der Hochschulleitung verbunden. Hochschulen werden untereinander zu „Wettbewerbs-Anbieter*innen" – ein Aspekt, der Risiko aber gleichzeitig Chance zur Positionierung sein kann.

Literatur

Baur, N. & Blasius, J. (2022). *Handbuch Methoden der empirischen Sozialforschung*. Wiesbaden: Springer. https://doi.org/10.1007/978-3-658-37985-8

Fachhochschule Oberösterreich (2019). *Vision und Strategie 2030. Auf den Weg in eine neue Dimension*. Abzurufen unter: https://www.fh-ooe.at/fileadmin/user_upload/fhooe/ueber-uns/vision-leitbild/docs/fhooe-vision-und-strategie-2030.pdf [20.05.2024].

Gornik, E. (2020). Wissenschaftliche Weiterbildung in Österreich. In W. Jütte & M. Rohs (Hrsg.). *Handbuch Wissenschaftliche Weiterbildung* (S. 589–608). Wiesbaden: Springer. https://doi.org/10.1007/978-3-658-17643-3_32.

Jaeger, M. & Kerst, C. (2010). Potentiale und Nutzen von Absolventenbefragungen für das Hochschulmanagement. *Beiträge zur Hochschulforschung*, 32(4), 8–22.

Kopper, J. (2017). Alumni von Hochschulen als heterogene Zielgruppe wissenschaftlicher Weiterbildung. *Zeitschrift Hochschule und Weiterbildung*. 2017–01, 53–62.

Kulhanek, A. et al. (2019). *Stand wissenschaftlicher Weiterbildung in Österreich. Eine Studie des IHS im Auftrag des Bundesministeriums Bildung, Wissenschaft, Forschung*. Abzurufen unter: https://irihs.ihs.ac.at/id/eprint/5266/ [14.04.2024].

Pohlmann, S., Vierzigmann, G. & Winterhalder, S. (2017). Ziele verfolgen. In S. Pohlmann et al. (Hrsg.). *Weiter denken durch wissenschaftliche Weiterbildung* (S. 583–615). Wiesbaden: Springer. https://doi.org/10.1007/978-3-658-15470-7_17

Stang, R. & Becker, A. (Hrsg.) (2022). *Lernwelt Hochschule 2030. Konzepte und Strategien für eine zukünftige Entwicklung*. Berlin/Boston: Walter de Gruyter.

Wassmer, C. & Probst, C. (2019). Wettbewerb und Kooperation in der Nutzung von Absolventenstudien in der Schweiz. *ZFHE*, 14(4), 171–190. https://doi.org/10.3217/zfhe-14-04/11

Wolter, A. (2005). Profilbildung und universitäre Weiterbildung. In W. Jütte & K. Weber (Hrsg.). *Kontexte wissenschaftlicher Weiterbildung. Entstehung und Dynamik von Weiterbildung im universitären Raum* (S. 93–111). Münster: Waxmann.

Transformationen beforschen

Ein Design-Based-Research-Projekt zur Professionalisierung der Hochschuldidaktik

Lisa Scheer

Abstract: Neoliberale und New-Public-Management-Entwicklungen ließen Universitäten in den letzten Jahrzehnten zu Unternehmen werden, in denen marktwirtschaftliche Prinzipien wie Wettbewerb, Evaluierung und Profit in den Vordergrund rücken und sich Druck und Erwartungshaltungen auf die (lehrenden) Wissenschafter*innen intensivieren (z. B. Münch, 2011; Costas & Michalczyk, 2018; Gill, 2018). Die Akkumulation ökonomischen Kapitals, hart umkämpfter Drittmittel, Fördergelder und politischen Kapitals sowie das Mitwirken in Uni-Gremien, Stiftungen und Förderorganisationen haben deutlich an Bedeutung gewonnen (Fröhlich, 2003, S. 125; Braun, 2001), während Lehrtätigkeiten und Lehrengagement keine Vorteile im Feld bringen. Und gleichzeitig gibt es beispielsweise digitale Entwicklungen wie frei verfügbare textgenerierende KI, die stark in die Lehre wirken und hochschul- und mediendidaktische Reflexionen, Diskussionen und Professionalisierung erfordern. Zu fragen ist, inwiefern an der Managerial University (Anderson, 2008) Gelegenheiten für Reflexion, Austausch und Zusammenarbeit unter Lehrenden institutionell verankert und ermöglicht werden können. Näher betrachtet als ein solches Beispiel wird in diesem Beitrag der Lehrportfolio-Prozess an der Universität Graz. Dabei wird anhand erster Erkenntnisse aus einem Design-Based-Research-Projekt einerseits gezeigt, wie der Lehrportfolio-Prozess verändert wurde, um Resonanz und damit auch Transformation (Rosa, 2018a) zu ermöglichen. Andererseits wird das Potential von Design-Based Research für die Hochschul(bildungs)forschung und den Third Space ausgelotet.

Keywords: Lehrportfolio, Resonanz, Design-Based Research; teaching portfolio, resonance, design-based research

1. Transformationen in der Hochschuldidaktik

Seit Beginn der Bologna-Reform 1999 sind Wissenschafter*innen fortlaufend mit hochschulbezogenen und globalen Entwicklungen und Herausforderungen konfrontiert, die auch in den Bereich der Lehre hineinwirken. Dazu gehören massiv steigende Studierendenzahlen, kennzahlenbasierte Hochschulfinanzierung, zunehmende Verfügbarkeit von künstlicher Intelligenz nutzender Software, Digitalität, globale Krisen und Kriege, antidemokratische Bewegungen sowie Pandemien. In der Folge tragen diese sich wandelnden gesellschaftlichen, ökonomischen, (bildungs-)politischen und hochschulischen Anforderungen zur Veränderung des Professionsprofils von Hochschullehrenden bei (Auferkorte-Michaelis & Szczyrba, 2004, S. 4). Lehrende stehen somit laufend vor der Herausforderung, „in komplexen, dynamischen und von Unsicherheit geprägten lehrebezogenen Situationen angemessen und verantwortungsvoll zu handeln" (Trautwein & Merkt, 2013, S. 3). Um auf die alltäglichen und besonderen Herausforderungen in der Hochschullehre angemessen reagieren zu können, sind also eine entsprechende Haltung, die nötigen Lehrkompetenzen und die Bereitschaft zur regelmäßigen Reflexion vonnöten. Für eine universitäre, hochschuldidaktische Einrichtung, deren Aufgabe es ist, Lehrende bei der Lehrkompetenzentwicklung zu unterstützen, ergibt sich die Notwendigkeit, die Gestaltungs- und Gelingensbedingungen sowie den institutionellen Rahmen für hochschuldidaktische Lern- und Professionalisierungsprozesse näher zu betrachten. Im Zuge dessen könnte z. B. gefragt werden, wie Lern- und Reflexionsgelegenheiten für Lehrende gestaltet sein und welche (erprobten und beforschten) Erfahrungen darin einfließen können.

Ein mögliches Instrument zur Entwicklung von Reflexionsfähigkeit und Lehrkompetenzen stellt das Lehrportfolio dar. Ihm, seiner Umsetzung als Weiterbildung an der Universität Graz und der Beforschung dieses Prozesses ist dieser Beitrag gewidmet. Dabei steht die Frage im Zentrum, welche Gestaltungselemente den Lehrportfolio-Prozess zum Resonanzraum machen. Zur besseren Einordnung und Verständlichkeit folgen dazu zunächst Erläuterungen zum Lehrportfolio und zum Konzept der Resonanz. Daran schließen Erklärungen zu Design-Based Research sowie eine Skizze des Forschungsdesigns an, bevor empirische Erkenntnisse präsentiert werden. Abschließend wird reflektiert, welche Transformationen in der Hochschuldidaktik beobachtet wurden und wie diese weiter gefördert werden können.

2. Das Lehrportfolio: Reflexions- und Diskurspotentiale

Die Hochschuldidaktikerinnen Caroline Trautwein und Marianne Merkt (2013) sehen im Lehrportfolio „eine Art Sammelmappe", mit Hilfe derer die Quantität und Qualität der eigenen Lehre dokumentiert und „zudem die lehrebezogene Entwicklung veranschaulicht werden [kann]" (S. 3). Für sie ist das Portfolio „ein strukturierter Nachweis relevanter Leistungen und Aktivitäten Lehrender im Bereich der akademischen Lehre" (ebd.). Das Lehrportfolio macht die Lehrpraxis einer Person sichtbar und nachvollziehbar und gibt zudem für die Hochschulforschung und Wissenschaftsdidaktik interessante Einblicke in Fachkulturen bzw. Wissenschaftspraxen. „Es bietet die Möglichkeit, das ansonsten eher intransparente Bild dessen, was in Hörsälen und Seminarräumen stattfindet, für eine interessierte Öffentlichkeit darzustellen und die individuelle Lehrpraxis als Hochschullehrende/r zu präsentieren" (Auferkorte-Michaelis & Szczyrba, 2004, S. 2). Es ermöglicht die weitgehend selbstbestimmte, umfassende und nachprüfbare Darstellung relevanter Lehrleistungen und -aktivitäten, der Lehrkompetenz sowie des lehrebezogenen Reflexionsgrades und gibt Hinweise auf Entwicklungsfelder in der Lehrpraxis (Auferkorte-Michaelis & Szczyrba, 2004; Trautwein & Merkt, 2013). Aus diesem Grund sind Lehrportfolios international oft im Zuge von Bewerbungsprozessen gewünscht bzw. werden eingefordert, manchmal auch abgespeckt in Form eines Teaching Statements oder einer Teaching Philosophy.

An der Universität Graz, an der das hier präsentierte Forschungsprojekt durchgeführt wird, wird das Lehrportfolio wie an einigen anderen Hochschulen (z. B. Urban, Al-Kabbani & Schaper, 2012; Boosmann, Stein & Fengler, 2020) in der hochschuldidaktischen Weiterbildung zur Lehrkompetenzentwicklung und -darstellung genutzt. Die Erstellung ermöglicht die Reflexion des eigenen Handelns im institutionellen Kontext sowie die Kommunikation von Lehrpraktiken, -haltungen und -visionen nach außen. Diese Reflexions- und Diskursfähigkeit sehen Angelika Paseka, Michael Schratz und Ilse Schrittesser (2011) als Domäne bzw. Kompetenzfelder von Professionalität

Lehrportfolioarbeit bietet Lehrenden die Möglichkeit, sich mit institutionellen Spannungsverhältnissen, den Auswirkungen bildungspolitischer Maßnahmen auf ihre Hochschule und Lehre, dem Verhältnis zwischen Forschung und Lehre und wissenschaftsdidaktischen Fragestellungen auseinanderzusetzen. Durch Reflexionen auf Mikro-, Meso- und Makroebene sowie durch die Betrachtung ihres Zusammenwirkens schafft die Lehrportfolioarbeit die Grundlage dafür, besser mit den aktuellen hochschul- und globalpolitischen, institutionellen Bedingungen in der Lehre umzugehen und auf zukünftige Transformationen vorbereitet zu sein. Im Zuge dieser Lehrkompetenzentwicklung, verstanden als „prozesshaftes Zusammenspiel der Aneignung *abstrakten Wissens* über das Lehren und Lernen an Hochschulen sowie der *bewussten Erfahrungen* in und mit Lehrsituationen" (Thielsch, 2019a, S. 164, H. i. O.), kommt der Reflexion ein hoher Stellenwert zu:

> „Durch Reflexion wird Wahrgenommenes ergründet und erlangt Bedeutung, wird abstrakte Information in Relation zu konkret erlebten Situationen gesetzt und werden vorhandene Wissenskonzepte hinterfragt und bearbeitet. Durch Reflexion kann ein Lernimpuls die Qualität erhalten, um auf bestehende Sinnkonstrukte einzuwirken." (Thielsch, 2019b, S. 10)

Professionalität und Reflexionsfähigkeit sind unweigerlich miteinander verbunden, denn Reflexionsprozesse vor (reflection before action), während (reflecion in action) und nach einer Handlung (reflection on action) können „Ausgangspunkt für die Freisetzung von Handlungsalternativen und Innovationspotentialen werden" (Wiemer, 2012, S. 211). „Über bisherige Erfahrungen nachzudenken und daraus Schlüsse zu ziehen führt zum Vordenken für die nächste Situation mit dem Ziel, ein größeres Repertoire an Alternativen zur Verfügung zu haben." (Paseka et al., 2011, S. 27) Das Reflektieren im Lehrportfolio-Schreibprozess ermöglicht also die Suche nach alternativen Denk- und Handlungsmuster. Außerdem werden Entwicklungsprozesse mit Blick auf Lehrkompetenz und hochschuldidaktische Professionalität in Gang gesetzt, wenn Situationen, Herausforderungen und Probleme aus verschiedenen Perspektiven, z. B. aus Sicht der Studierenden, der Hochschule, Fachdisziplin oder Kolleg*innenschaft, betrachtet werden (Futter, 2012, S. 171 f.). Eine solche umfassende Perspektivenübernahme erfordert „Distanznahme von alltäglichen Gewohnheiten und Heraustreten aus eigenen Rationalitätsmustern" (Auferkorte-Michaelis & Szczyrba, 2004, S. 20).

Neben dieser Distanzierungsfähigkeit vom eigenen Handeln zeichnet eine kompetente Lehrperson auch aus, dass sie ihr Handeln begründen kann, denn „[im] Sinne der Professionslogik zu agieren bedeutet auch in der Lage zu sein, die jeweils getroffene Entscheidung zu begründen – es geht immer auch um Geltungsansprüche" (Paseka et al., 2011, S. 23). Demnach erfordert und fördert Lehrportfolio-Arbeit Diskursfähigkeit, denn Überlegungen, Beobachtungen und Reflexionen müssen im Artefakt in Worte gefasst und verschriftlicht werden. Im Reflexions- und Schreibprozess kann das eigene Lehrprofil präzisiert und damit das hochschuldidaktische Auftreten professionalisiert werden, beispielsweise gegenüber Kolleg*innen, für Bewerbungs- und Beurteilungsprozesse (Berufungskommissionen, Auswahl- und anderen universitären Gremien) sowie Curriculums-, Lehr- und Studiengangsentwicklung (Boosmann et al., 2020, S. 4). Daher wohnt dem Lehrportfolio eine Abstimmungs- und Austauschfunktion inne, die erfüllt wird, wenn Lehrende sich in oder nach dem Lehrportfolio-Schreibprozess mit Kolleg*innen über die Lehrpraxis austauschen und es zu einer (gemeinsamen) Weiterentwicklung der Lehre kommt (ebd., S. 3).

Insgesamt betrachtet bietet das Lehrportfolio-Verfassen Gelegenheit, das persönliche und fachbezogene Lehr- und Lernverständnis als Hintergrund für das eigene Handeln zu erkennen, Lehrphilosophie und die Lehrhaltung zu ergründen und einen Bezug zum methodischen Handeln herzustellen, Stärken und Entwicklungsfelder im Lehrhandeln zu kommunizieren, sich der Rollenanforderungen als Hochschullehrende*r bewusst zu werden und diese mit Blick auf aktuelle Rahmenbedingungen in der Lehre zu diskutieren. Insofern steckt im Lehrportfolio also die Möglichkeit, mit Unterschiedlichstem in Resonanz zu treten.

3. Transformationen durch Resonanz

Wie schon in der Forschungsfrage angedeutet, erweist sich das Konzept der Resonanz des Soziologen und Politikwissenschaftlers Hartmut Rosa gewinnbringend für das Nachdenken über die Gestaltung der Lehrkompetenzentwicklung mittels Lehrportfolio, da Resonanz in seinem Verständnis unweigerlich mit Transformation verbunden ist. Rosa meint mit Resonanz „eine spezifische Art und Weise des In-Beziehung-Tretens zwischen Subjekt und Welt" (Rosa, 2018a, S. 347, H. i. O.) bzw. „das In-Beziehung-Treten zweier Entitäten, die mit je eigener Frequenz schwingen, oder die, bildlich gesprochen, *mit je eigener Stimme* sprechen" (ebd., S. 350, H. i. O.). Resonanz ist für Rosa transformierendes Begegnen und wechselseitiges Berühren:

> „Resonanz bedeutet, dass ein … Subjekt von einer Sache oder einem ‚Stoff' berührt und bewegt wird, dass es darauf zu antworten versucht, dass sich im Verlauf dieser Begegnung beide Seiten, das fragende Subjekt und der begegnende Gegenstand, transformieren und dass dieser Prozess sowohl in seinem Verlauf als auch in seinem Ergebnis unverfügbar ist." (Rosa, 2018b, S. V)

Resonanz zeichnet sich demnach durch Affizierung, Selbstwirksamkeit, Transformation und Unverfügbarkeit aus: Sie ereignet sich dort, wo transformierendes Begegnen und wechselseitiges Berühren stattfindet und sich ein Entgegengehen und Antwortverhältnis auftut, aber sie lässt sich nicht erzwingen, vorhersagen oder kontrollieren (Rosa, 2018a, S. 348–349). Resonanzbeziehungen und -erfahrungen ereignen sich auf

- der horizontalen oder sozialen Dimension (Beziehungen zu anderen Menschen),
- der diagonalen oder materialen Dimension (Beziehungen zur Dingwelt) und
- der vertikalen Dimension (zur Welt, zum Dasein, zum Leben als Ganzes) (ebd., S. 351).

Um sie zu ermöglichen, bedarf es eines entsprechenden entgegenkommenden Resonanzraums, dessen institutionelle und kontextuelle Bedingungen das Gelingen des sogenannten „Zurück-Tönens“ (Rosa, 2018a, S. 350) fördern. Mit Blick auf den Lehrportfolio-Schreibprozess regt das Konzept an, zu fragen, wie ein solches transformierendes Begegnen – mit sich selbst, mit anderen Personen, mit dem Fach, mit dem Institut bzw. der Hochschule – ermöglicht wird und wie eine resonanzfördernde, lehrportfoliobezogene Weiterbildung gestaltet sein kann. Außerdem stellt sich die Frage, inwiefern Transformation durch die Begegnung mit dem Anderen zum Ausdruck gebracht wird und welche Gestaltungsaspekte Resonanz im Schreibprozess fördern.

4. Das DBR-Projekt zum Lehrportfolio-Prozess

Diese Fragen wurden in einem Forschungsprojekt, das im Rahmen des Masterstudiums Higher Education an der Universität Hamburg durchgeführt wird, seit der zweiten Jahreshälfte 2022 beforscht. Zu diesem Zeitpunkt gestaltete sich der Lehrportfolio-Prozess an der Universität Graz folgendermaßen: Auf den Besuch eines dreistündigen, freiwilligen Einführungsworkshops, geleitet von der Autorin und Mitarbeiterin einer hochschuldidaktischen Serviceeinrichtung, folgte die Phase des selbstständigen, individuellen Schreibens. Ein zweiter, ebenfalls dreistündiger und freiwilliger Workshop war für Feedback-Geben und -Nehmen sowie den Austausch unter den Lehrenden vorgesehen. Dieser wurde zwar regelmäßig angeboten, kam jedoch aufgrund mangelnder Anmeldungen nur sehr selten und mit niedriger Teilnehmendenzahl zustande. Feedback auf Textentwürfe und Erstversionen durch die Autorin wurde von den Lehrportfolio-Verfasser*innen hingegen regelmäßig eingeholt. Der gesamte Prozess endete bis Ende 2022 mit einem kriterienbasierten, in Form eines Rasters dargestellten Gutachten, das von einem internen Professor für Hochschuldidaktik erstellt und an die Verfasser*innen kommuniziert wurde. Bevor Erkenntnisse aus den bisherigen DBR-Zyklen präsentiert werden, folgen Erläuterungen zur zugrundeliegenden Forschungsmethodologie und zur Methodik.

4.1 Design-Based Research als Forschungsmethodologie

Bei DBR handelt es sich um ein methodologisches Rahmenkonzept (Bakker, 2018, S. 7) bzw. Forschungsgenre (McKenney & Reeves, 2020, S. 84) mit unterschiedlichen Modellvorstellungen sowie variierender Begrifflichkeit und Detailliertheit. Auch zur Bezeichnung selbst gibt es Pendants oder nahe Verwandte wie Research Through Design (RTD) oder Educational Design Research (EDR). Gemeinsam ist den unterschiedlichen Zugängen nicht nur die „zentrale[.] Rolle des Designs für die Forschungslogik" (Reinmann, 2024, S. 1), sondern auch

> „die Erfahrung einer Diskrepanz in der Bildungspraxis als Ausgangspunkt; die Entwicklung einer Intervention zur Überwindung dieser Diskrepanz; Iterationen von konzipierenden, konstruierenden, erprobenden, evaluierenden und analytischen Prozessen; die kontinuierliche Auseinandersetzung mit Theorie im Forschungsprozess; die Integration von Empirie für formative und summative Untersuchungen" (ebd.).

Ziel ist, Research Through Design – Forschung durch Design – zu betreiben, also durch die iterative Entwicklung von Lösungen für praktische und komplexe Bildungsprobleme und der empirischen Beforschung dieser Interventionen neue theoretische Erkenntnisse zu generieren (McKenney & Reeves, 2019, S. 6). Mit anderen Worten geht es um das Verstehen durch Verändern, um Interventionen, die beforscht werden, um Problemlösung, Theoriegenerierung und Verbesserungen (Reinmann, 2005, 2022). Design umfasst „das Konzipieren, Herstellen von Entwürfen und Artefakten, Erfinden wie auch Umsetzen" (Reinmann, 2023, S. 3), daher besteht Design-Based Research aus Iterationen von entwerfenden, konstruierenden, erprobenden, analytischen und evaluierenden Tätigkeiten. Erkenntnisse werden erzielt,

> „indem Interventionen theoriegestützt gestaltet, in authentischen Kontexten zyklisch auch mehrfach implementiert, evaluiert und einem Re-Design unterzogen werden. Dies wiederholt man so lange, bis die angestrebten Ziele in Form praxistauglicher Interventionen und wissenschaftlich relevanter Resultate erreicht sind." (Reinmann, 2020, S. 31)

Den Anfang von Design-Based Research macht eine Diskrepanz oder ein identifiziertes Entwicklungspotenzial, ein konkretes Problem, eine auf eigenen Erfahrungen basierende Veränderungsidee oder Unzufriedenheit mit dem Status quo *in der Bildungspraxis*. Alles das stellt den Ausgangspunkt für das Suchen einer Lösung, für Konzeption, Implementierung und Analyse von Veränderungen oder für das Herausfinden dessen dar, was sein sollte oder möglich sein könnte (Bakker, 2018, S. 3). Im Falle des Lehrportfolios-Prozesses an der Uni Graz nahm die Autorin 2022 mangelnden hochschuldidaktischen Austausch zwischen Lehrenden im Schreibprozess, mangelnde Teilnahme am Feedback-Workshop, *einzelkämpferisches* Schreiben und ein wenig lernförderliches, anregendes Gutachten wahr. Die Diskrepanz zu einem Soll-Zustand, in dem Lehrende sich idealiter im Zuge des Lehrportfolio-Schreibens intensiver zu hochschuldidaktischen Fragen, Beobachtungen und Erfahrungen austauschen und in dem sich den Lehrenden verschiedene Resonanzgelegenheiten bieten, diente als Anlass für das DBR-Projekt.

Ab Ende 2022 wurden daher neue Interventionen entworfen, eingeführt und beforscht sowie existierende Elemente gestrichen, angeleitet von der Frage, welche Gestaltungselemente den Lehrportfolio-Prozess zum Resonanzraum machen. Empirisches Wissen, das in die Designs der Interventionen einfloss, wurde im Rahmen eines Brainstormings mit der Wissenschaftscoachin Professorin Gabi Reinmann, zwei Expertinnengesprächen und zahlreichen informellen Austauschen mit hochschuldidaktischen Kolleginnen sowie Gesprächen mit Lehrenden erhoben und gemeinsam mit Erfahrungswissen in Form von Notizen schriftlich festgehalten. Darüber hinaus wurden die sechs bisher verfassten Besprechungen – mehr dazu im entsprechenden Abschnitt unten – anhand der strukturierenden qualitativen Inhaltsanalyse (Kuckartz, 2018) bezüglich der Frage analysiert, worauf in Resonanz gegangen wurde. Die Lehrenden, die bisher eine Besprechung verfasst oder erhalten haben, wurden eingeladen, an einer anonymen Online-Befragung mit einigen geschlossenen und offenen Fragen teilzunehmen (Rücklaufquote: acht von zehn), um Perspektiven auf die Besprechung und Hinweise zu ihrer Weiterentwicklung zu erheben. In den folgenden Abschnitten werden empirische Erkenntnisse zu den Interventionen präsentiert, ergänzt um jenes wissenschaftliche Wissen, das in Entwicklung und Implementierung der Interventionen einfloss.

4.2 Streichungen: Gutachten und zweiter Workshop

Nach Zustimmung des Gutachters, einem Professor für Hochschuldidaktik, wurde im Jänner 2023 das Gutachten als Abschluss des Lehrportfolio-Prozesses gestrichen. Dieser Veränderungsschritt beruhte einerseits auf der subjektiven Einschätzung, dass das Gutachten in Form eines Kriterienrasters mit zehn Kriterien (z. B. „Geht konstruktiv mit Feedback und Kritik um", „Kann Abhängigkeiten zwischen den Lernzielen erklären") und vier Ausprägungen (von „vollständig gegeben" bis „nicht gegeben") keine fruchtbare Resonanzgelegenheit für die Lehrenden darstellte und ihnen wenig qualitatives und – für die Lehrpraxis – nützliches Feedback bot. Andererseits bewogen kritische Standpunkte und Erkenntnisse aus der Soziologie des Bewertens, das Gutachten sein zu lassen. So bergen Gutachten aufgrund ihrer inflationären Verbreitung im Hochschulbetrieb gewisse Gefahren wie Überhäufung aufseiten der Begutachteten und Überlastung bei den Gutachter*innen, beides mit einem Sinnverlust von Begutachtungen verbunden und auf neoliberale Entwicklungen an der unternehmerischen Hochschule zurückzuführen (Metz-Göckel, 2015). Anne Krüger und Martin Reinhart (2016, S. 487 f.) ziehen aufgrund der Empirie zum Werten und Bewerten den Schluss, „dass Wertzuschreibungs- und Bewertungsprozesse nicht auf ‚objektiven' Grundlagen beruhen" und regen dazu an, zu fragen, welche (institutionellen, gesellschaftlichen) Werte sich in Begutachtungsprozessen widerspiegeln bzw. welche Werte durch solche Prozesse reproduziert werden (ebd., S. 491). Erkenntnisse aus der Lehrportfolio-Forschung, zu Reflexionsprozessen und darauf basierende Vorschläge zur Einschätzung von Reflexionsniveaus in Portfolios (z. B. Gotzen, Linde & Szczyrba, 2012; Reis, 2009) wurden für die Erstellung des Begutachtungsrasters nicht herangezogen, was einen Schwachpunkt darstellt. Dass nach Weglassen der Begutachtung bisher niemand danach verlangte, bestärkt die Entscheidung zu dieser Veränderung im Lehrportfolio-Prozess.

Ebenfalls 2023 wurde der zweite Workshop, der für Peer-Feedback, Fragenklärung und Schreibunterstützung vorgesehen war, gestrichen, und zwar weil er aufgrund der geringen Nachfrage ohnehin nur selten zustande kam und weil andere Elemente für Peer-Feedback und Resonanz eingebaut wurden.

4.3 Erste neue Intervention: Lehrportfolio-Besprechung

> „Ich fand es gut, dass mein Lehrportfolio von jemandem gelesen wurde und hoffentlich zumindest einen kleinen Impact hat. Natürlich hat es mich gefreut, dass die Besprechung sehr positiv war." (Lehr_5, Frage BE1)

Neu in den Lehrportfolio-Prozess eingeführt wurde die sogenannte Lehrportfolio-Besprechung, die als Idee im Brainstorming mit Gabi Reinmann entstand, im November 2022 mit drei Lehrenden erstmals erprobt und aufgrund der positiven mündlichen Rückmeldungen fix im Prozess verankert wurde. Jede Lehrperson erstellt zu einem selbst gewählten Lehrportfolio, das an der Universität Graz verfasst wurde, eine Besprechung, für die es keine formalen Vorgaben, jedoch eine zweimal überarbeitete Anleitung mit Erklärung und möglichen Fragen zur Orientierung gibt. Gefragt nach der Sinnhaftigkeit der Besprechung, um In-Resonanz-Treten zwischen Lehrenden zu ermöglichen, antworteten die Befragten einerseits positiv: „Ich halte dieses Format für sehr sinnvoll." (Lehr_1, Frage BE3), „Ich finde es erfreulich die Sichtweise von Kollegen zu meinem Lehrportfolio kennenzulernen. Auch das Feedback war sehr hilfreich." (Lehr_7, Frage BE1) Andererseits weisen sie auch auf Herausforderungen hin: „Ich sehe aber auch die Problematik, dass die Anforderungen an die Jungwissenschaftler:innen in Summe (neben Publizieren, Drittmittel etc.) schnell sehr umfangreich werden …" (Lehr_4, Frage BE3), „… In meinem Fall ist kein weiterer Austausch entstanden … Bin mir nicht sicher, ob der Lehrportfolio Prozess hier ein Value-added ist." (Lehr_5, Frage BE3) Verglichen wird die Besprechung mit verschiedenen Artefakten wie z. B. Diskussionen (als Teil wissenschaftlicher Arbeiten), Buchrezensionen, Kommentaren, (studentischen) Reflexionen, Gutachten zu Masterarbeiten oder Projektanträgen, Peer-Reviews von wissenschaftlichen Artikeln und Projekten oder Feedback zu Paperdrafts. Auch wenn den Lehrenden eine solche Besprechung nach eigenen Angaben sehr bzw. eher fremd war, konnten Bezüge zu geläufigeren Artefakten, die in ihren Disziplinen erzeugt werden, hergestellt werden.

Die in der Online-Befragung zum Ausdruck gebrachten, der Portfolio-Auswahl zugrundeliegenden, vielfältigen Motivationen wie fachliche Bezüge, persönliche Nähe zur*zum Verfasser*in oder wahrgenommene Unterschiede lassen sich ebenso wie die im Zuge der Inhaltanalyse herausgearbeiteten, unterschiedlichen Schwerpunkte in den Besprechungen gut mit dem Resonanz-Konzept verknüpfen. Die Lehrenden nehmen in den Besprechungen in variierendem Ausmaß auf Fachkultur, Lehrorganisation und Lehrerfahrungen Bezug, ziehen Vergleiche, arbeiten Unterschiede heraus und schreiben über Anregungen für die eigene Lehrpraxis ebenso wie Anregungen für das eigene Lehrportfolio. Außerdem werden in den Besprechungen Emotionen zum Ausdruck gebracht: von Hoffnung, Lust und Interesse bis hin zu Freude, Dankbarkeit und Ansporn. Mit Affizierung, Selbstwirksamkeit und Transformation zeigen sich alle von Rosa (2018a, S. 349) bezeichneten Charakteristika von Resonanz: Die Lehrenden werden durch die Einblicke im fremden Lehrportfolio berührt und bewegt und bringen ihre Reaktionen und Transformationen zum Ausdruck, und zwar in Bezug auf ihr Portfolio, ihre Lehrhaltung und/oder ihre Lehrpraxis. Zu lesen ist beispielsweise: „Besonders die Umsetzung von ‚Bedürfnisorientierter Lehre' hat mir sehr gefallen und ich kann mir vorstellen, das ähnlich in einer meiner Lehrveranstaltungen auszuprobieren." (Besprechung 4, S. 1) und „Für meine eigene Lehrpraxis nehme ich mir ganz sicher das partnerschaftliche Agieren bei Forschung und Publikationen im Doktorat mit." (Besprechung 1, S. 2) Die Lehrenden bringen zum Ausdruck, dass sie aufgrund der Besprechung nicht dieselben bleiben, sondern angeregt sind, etwas Neues auszuprobieren, über etwas weiter nachzudenken oder Lehre und Lernen in Bezug auf neue Aspekte hin zu betrachten.

Wie nach Übermittlung der Besprechung noch weiter in Resonanz getreten wird, ist den Lehrenden überlassen und fällt unterschiedlich aus: Es kann zu einem kurzen E-Mailaustausch, zu einem persönlichen Treffen oder zu keinem weiteren Austausch kommen. Auch Folgendes wird berichtet: „Die Person hat ein Treffen vorgeschlagen, aber auf meine Rückantwort hierzu nicht reagiert." (Lehr_5, Frage BE5) Das empirische Material deutet darauf hin, dass die Intervention z. B. mit Blick auf die Phase nach Übermittlung der Besprechung noch weiter adaptiert werden könnte, wenn das Ziel über Resonanz hinaus in Richtung Aufbau sozialen Kapitals ginge, was bei der zweiten Intervention mitschwingt.

4.4 Zweite neue Intervention: Peer-Austausch im Tandem

Im Dezember 2023 wurde der Lehrportfolio-Prozess um eine weitere Resonanzgelegenheit ergänzt, angeregt durch ein Gespräch mit Professorin Marianne Merkt von der Hochschule Magdeburg-Stendal, Überlegungen Angelika Thielschs (2019a, 2019b) zur Lehrkompetenzentwicklung durch Begegnung mit anderen Wissensformen sowie von empirischen Erkenntnissen über die Ausgestaltung von Peer-Feedback. Im Einführungsworkshop werden nun Tandems zwischen Lehrenden auf (möglichst) derselben Karrierestufe gebildet, die bisher mündlich den Auftrag enthielten, sich im Schreibprozess selbstorganisiert auszutauschen und einander als Peers dem eigenen Bedarf entsprechend zu nutzen. Die gestischen, mimischen und verbalen Reaktionen darauf in den vier bisher stattgefundenen Workshops sind positiv zu werten. Zwei Lehrende, die im Dezember 2023 zum Tandem gemacht wurden, haben per E-Mail

Lehrportfolio-Textteile ausgetauscht und einander schriftliches Feedback gegeben. Basierend auf den unterschiedlichen Ausgestaltungen des Peer-Tandems, die im Walk'n'Talk-Abschluss erhoben werden, soll nun noch eine Handreichung mit Anhaltspunkten und Anregungen zu den verschiedenen Ausgestaltungsmöglichkeiten des Tandems entstehen und den Lehrenden zur Verfügung gestellt werden.

4.5 Dritte neue Intervention: Walk'n'Talk-Abschluss

Gleichzeitig mit dem Peer-Tandem wurde im Dezember 2023 das Abschlussgespräch in Form eines Walk'n'Talk eingeführt, angeregt von einer Kollegin, die Besprechungen und Meetings manchmal bei einem Spaziergang durchführt. Beim Walk'n'Talk handelt es sich um eine gut erforschte Methode, die am Arbeitsplatz, in der Therapie, Forschung und Lehre eingesetzt wird (siehe z. B. Ahtinen et al., 2016; Damen et al. 2020; Kühl, 2016; Revell & McLeod, 2016) und daher auch für den Lehrportfolio-Prozess sinnvoll und passend erscheint. Hauptziel ist, den Lehrportfolio-Prozess für die Lehrenden offiziell und persönlich abzuschließen und Einblick in den Tandem-Austausch, den Schreibprozess sowie das Lehren an Arbeitsbereich und Institut zu erhalten. Die Lehrenden waren in den bisherigen Walk'n'Talk-Abschlüssen sehr gesprächig und offen und haben nicht nur wichtige Rückmeldungen zum Lehrportfolio-Prozess, sondern auch Anregungen für andere hochschuldidaktisches Angebote und Services geliefert. Insofern stellen sich Walk'n'Talks der Autorin als wertvolle Resonanzgelegenheiten dar.

5. Fazit: Transformationen mit und durch DBR

Die Beforschung der Gestaltung des Lehrportfolio-Prozesses in Hinblick auf die Ermöglichung von Resonanz, von transformierendem Begegnen mit sich selbst als Lehrperson, mit anderen Personen (Lehrenden und Studierenden), mit der eigenen Disziplin und Fachkultur, mit institutionellen und organisatorischen Gepflogenheiten und Vorgaben mittels DBR birgt zahlreiche Potentiale. Zunächst leistet eine solche Forschung einen Beitrag zur Hochschulforschung und liefert Einblicke in die Gestaltungsarbeit im Third Space und sein Hineinwirken in Wissenschaft und Lehre. Im Third Space, dem von neuen Hochschulprofessionals okkupierten Raum an Hochschulen zwischen Forschung, Lehre und Administration (Carstensen, 2015), befördert DBR Professionalisierungsprozesse, weil man gezwungen ist, systematisch zu reflektieren, worauf Designs im Sinne von Entwürfen (z. B. von Weiterbildungen, Unterlagen, Prozessen etc.) basieren und welches Wissen darin einfließt. Außerdem erfordert DBR, verschiedenes Wissen, darunter auch theoretische Konzepte und empirische Erkenntnisse, gezielter in das Entwerfen und Verändern einzubeziehen und klarer auszuweisen.

Erste empirische Erkenntnisse, die hier präsentiert wurden, verweisen bereits darauf, wie durch die bisherigen Änderungen im Lehrportfolio-Schreibprozess Resonanzerfahrungen in mehreren Dimensionen ermöglicht werden, sowohl mit der Dingwelt als auch mit anderen Menschen (Rosa 2018a, S. 351): mit den Tandem-Partner*innen, mit einem fremden Lehrportfolio und deren Verfasser*innen über den Austausch der Besprechung. Diese Resonanzerfahrungen wiederum, so konnte gezeigt werden, transformieren die Lehrenden und tragen zu deren Lehrkompetenzentwicklung bei. Ganz im Sinne von DBR wird die Beforschung der Interventionen weitergeführt werden, auch weil sich in den Lehrendenrückmeldungen noch Entwicklungspotential zeigt und sich laufend Fragen ergeben, die empirisch zu beantworten sind, etwa zum Einführungsworkshop, der durch die enthaltenen Inputs, Übungen, Austausche und Diskussionen auch einen Resonanzraum darstellt.

Die bisherigen empirischen Einblicke bestätigen, wie gewinnbringend die theoretische Folie der Resonanz ist, mit der auf den Prozess und die darin entstehenden Artefakte geschaut wird. Deutlich wird aber auch, welche Potentiale durch die Beforschung mittels DBR sichtbar werden – sowohl für weitere Forschungsfragen als auch für weitere Interventionen und Entwicklungen. So könnte etwa eine strukturierte Analyse der Lehrportfolios Anregungen dazu liefern, wie der Schreibprozess noch besser angeleitet werden kann, um beispielsweise die Frage zu beantworten, inwiefern im Lehrportfolio Transformation durch die Begegnung mit dem Anderen zum Ausdruck gebracht wird und welche Gestaltungsaspekte Resonanz im Schreibprozess fördern können. DBR ist also nicht nur die Beforschung von Transformationen inhärent, DBR stößt auch weitere Transformationen an.

Trotz der Möglichkeiten für den Third Space und die Hochschulforschung, die in DBR stecken, müssen abschließend noch einige Herausforderungen benannt werden: Für die Durchführung von DBR bedarf es zeitlicher Ressourcen und methodischer Kenntnisse aufseiten der Forschenden sowie der Bereitschaft der Forschungssubjekte. Beides ist nicht selbstverständlich: weder dass Third Space-Mitarbeitende in ihrer Arbeitszeit forschen und publizieren können noch dass sich beispielsweise lehrende Wissenschaftler*innen beforschen lassen oder an solchen Forschungsprojekten partizipieren. Letzteres erwies sich im vorliegenden Projekt jedoch nicht als Problem, ganz im Gegenteil: Die Lehrenden waren bisher sehr daran interessiert und motiviert, zur Hochschulforschung beizutragen. Insofern wohnt DBR auch das Potential inne, die Forschungsbasierung des Third Space sichtbar zu machen. Aber es wird auch deutlich, dass strukturelle Transformationen notwendig sind, wenn Third Space und Lehrende mehr Hochschul(bildungs)forschung betreiben sollen.

Literatur

Ahtinen, A., Andrejeff, E., Vuolle, M. & Väänänen, K. (2016). Walk as You Work – User Study and Design Implications for Mobile Walking Meetings. *NordiCHI '16: Proceedings of the 9th Nordic Conference on Human-Computer Interaction*, Article 72, 1–10.

Anderson, G. (2008). Mapping Academic Resistance in the Managerial University. *Organization, 15*(2), 251–270.

Auferkorte-Michaelis, N. & Szczyrba, B. (2004). Das Lehrportfolio in der Reflexions- und Schreibwerkstatt. In B. Berendt, H. P. Voss & Wildt, J. (Hrsg.), *Neues Handbuch Hochschullehre*. Berlin: DUZ Medienhaus. E 6.2.

Bakker, A. (2018). *Design research in education. A practical guide for early career researcher.* New York: Routledge.

Boosmann, K., Stein, S. & Fengler, J. (2020). Das LLR-Modell: Lehrhaltung, Lehrtätigkeit und Rückmeldung. In B. Berend, A. Fleischmann, N. Schaper, B. Szczyrba & J. Wildt (Hrsg.), *Neues Handbuch Hochschullehre*. Berlin: DUZ Medienhaus. J 1.17.

Braun, D. (2001). Regulierungsmodelle und Machtstrukturen an Universitäten. *Leviathan*, Sonderheft 20, 242–262.

Carstensen, D. (2015). Third Space in Hochschulen. Ein Raum für neue Aufgaben. *Weiterbildung 1/2015*, 50–51.

Costas, I. & Michalczyk, S. (2018). Wissenschaftliche Subjekte im Spannungsfeld von Performanz und Wettbewerb. Quantitative Leistungsindikatoren und ihre verborgenen geschlechterdifferenzierenden Effekte. In S. Hark & J. Hofbauer (Hrsg.), *Vermessene Räume, gespannte Beziehungen. Unternehmerische Universitäten und Geschlechterdynamiken* (S. 214–239). Berlin: Suhrkamp.

Damen, I., Lallemand, C., Brankaert, R., Brombacher, A., van Wesemael, P. & Vos, S. (2020). Understanding Walking Meetings: Drivers and Barriers. *CHI '20: Proceedings of the 2020 CHI Conference on Human Factors in Computing Systems*, 1–14.

Fröhlich, G. (2003). Kontrolle durch Konkurrenz und Kritik? Das »wissenschaftliche Feld« bei Pierre Bourdieu. In B. Rehbein, G. Saalmann & H. Schwengel (Hrsg.), *Pierre Bourdieus Theorie des Sozialen. Probleme und Perspektiven* (S. 117–129). Konstanz: UVK.

Futter, K. (2012). Reflexion im Leistungsnachweis Lehrportfolio: Eine Herausforderung mit Potential. In B. Szczyrba & S. Gotzen (Hrsg.), *Das Lehrportfolio. Entwicklung, Dokumentation und Nachweis von Lehrkompetenz an Hochschulen* (S. 167–184). Berlin: LIT.

Gill, R. (2018). Auditieren, quantifizieren, zerstören. Vom Leben in der neoliberalen Universität. In S. Hark & J. Hofbauer (Hrsg.), *Vermessene Räume, gespannte Beziehungen. Unternehmerische Universitäten und Geschlechterdynamiken* (S. 340–372). Berlin: Suhrkamp.

Gotzen, S., Linde F. & Szczyrba, B. (2012). Vom Nutzen des Lehrportfolios für die Entwicklung der pädagogischen Eignung. In B. Szczyrba & S. Gotzen (Hrsg.), *Das Lehrportfolio. Entwicklung, Dokumentation und Nachweis von Lehrkompetenz an Hochschulen* (S. 275–288). Berlin: LIT.

Krüger, A. & Reinhart, M. (2016). Wert, Werte und (Be)Wertungen. Eine erste begriffs-und prozesstheoretische Sondierung der aktuellen Soziologie der Bewertung. *Berliner Journal für Soziologie 26*(3–4), 485–500.

Kuckartz, U. (2018). *Qualitative Inhaltsanalyse. Methoden, Praxis, Computerunterstützung.* Weinheim: Beltz.

Kühl, J. (2016). Walking Interviews als Methode zur Erhebung alltäglicher Raumproduktionen. *Europa Regional, 23.2015*(2), 35–48.

McKenney, S. & Reeves, T. (2019). *Conducting educational design research.* London: Routledge.

McKenney, S. & Reeves, T. C. (2020). Educational design research: Portraying, conducting, and enhancing productive scholarship. *Medical Education* 55, 82–92.

Metz-Göckel, S. (2015). Der schöne Schein wissenschaftlicher Begutachtung oder zur Unterwanderung meritokratischer Beurteilungen. *die hochschule* 2, 43–57.

Münch, R. (2011). *Akademischer Kapitalismus. Zur politischen Ökonomie der Hochschulreform*. Berlin: Suhrkamp.

Paseka, A., Schratz, M. & Schrittesser, I. (2011). Professionstheoretische Grundlagen und thematische Annäherung. Eine Einführung. In M. Schratz, A. Paseka & I. Schrittesser (Hrsg.), *Pädagogische Professionalität: quer denken – umdenken – neu denken. Impulse für next practice im Lehrerberuf* (S. 8–45). Wien: facultas.wuv.

Rosa, H. (2018a). Resonanz. In C. Kölbl & A. Sieben (Hrsg.), *Stichwörter zur Kulturpsychologie* (S. 347–353). Gießen: Psychosozial-Verlag.

Rosa, H. (2018b). Vorwort: Forschen und Lehren als Resonanzgeschehen. In D. Lindner & A. Gregor (Hrsg.), *Identitätsforschung in der Praxis. Lehrforschungsberichte von Studierenden für Studierende* (S. V–VII). Berlin: Springer Spektrum.

Rosa, H. (2019). Resonanz als Schlüsselbegriff der Sozialtheorie. In J.-P. Wils (Hrsg.), *Resonanz. Im interdisziplinären Gespräch mit Hartmut Rosa* (S. 11–30). Baden-Baden: Nomos.

Reinmann, G. (2005). Innovation ohne Forschung? Ein Plädoyer für den Design-Based Research-Ansatz in der Lehr-Lernforschung. *Unterrichtswissenschaft 33*(1), 52–69.

Reinmann, G. (2020). Ein holistischer Design-Based Research-Modellentwurf für die Hochschuldidaktik. *EDeR – Educational Design Research 4*(2), 1–16.

Reinmann, G. (2022). Was macht Design-Based Research zu Forschung? Die Debatte um Standards und die vernachlässigte Rolle des Designs. *EDeR – Educational Design Research 6*(2), 1–22.

Reinmann, R. (2023). Design-Based Research (DBR) als Research Through Design (RTD): Qualitätsstandards für RTD in der Hochschuldidaktik. *EDeR – Educational Design Research 7*(1), 1–25.

Reinmann, G. (2024). Forschendes Entwerfen – Ein Modell für Research Through Design und seine Entwicklung. *Impact Free 55*, 1–14.

Reis, O. (2009). Vom Reflex zur Reflexion – Prüfen und Bewerten von Prozessen reflexiven Lernens. In B. Berendt, H. P. Voss, & J. Wildt (Hrsg.), *Neues Handbuch Hochschullehre*. DUZ Medienhaus. H 3.2.

Revell, S. & McLeod, J. (2016). Experiences of therapists who integrate walk and talk into their professional practice. *Counselling and Psychotherapy Research 16*(1), 35–43.

Thielsch, A. (2019a). Feedback in Team Teaching-Konstellationen. Eine Studie zur Lehrkompetenzentwicklung durch Begegnung anderer Wissensformen. *die hochschullehre* 5, 161–186.

Thielsch, A. (2019b). Lernen und das Andere. Hochschuldidaktische Erkenntnisse zur Anwendung des Konzeptes der Alterität auf Lehr- und Lernprozesse im akademischen Kontext. Göttingen. Verfügbar unter: https://d-nb.info/1189419572/34 [09.02.2024].

Trautwein, C. & Merkt, M. (2013). Lehrportfolios in Berufungsverfahren. In B. Berendt, H.-P. Voss & J. Wildt (Hrsg.), *Neues Handbuch Hochschullehre*, J. 1.13, 1–17.

Urban, D., Al-Kabbani, D. & Schaper, N. (2012). Das LernPortfolio in der hochschuldidaktischen Weiterbildung – ein Wegbegleiter zur reflexiven Lehrkompetenzentwicklung. In B. Szczyrba & S. Gotzen (Hrsg.), *Das Lehrportfolio. Entwicklung, Dokumentation und Nachweis von Lehrkompetenz an Hochschulen* (S. 115–134). Berlin: LIT.

Wiemer, M. (2012). Reflection anticipating action: Das Lehrportfoliokonzept zum Einstieg in die Lehre. In B. Szczyrba & S. Gotzen (Hrsg.), *Das Lehrportfolio. Entwicklung, Dokumentation und Nachweis von Lehrkompetenz an Hochschulen* (S. 209–216). Berlin: LIT.

Umfeldanalysen und Zukunftsszenarien

Kreative Denkprozesse als Einstieg in neue Denkmuster für die Hochschulentwicklung

Susanna Boldrino, Sandra Dohr & Karl-Heinz Leitner

Abstract: Fachhochschulen (FH) sind per Gesetz dazu angehalten, sich mit der Zukunft auseinanderzusetzen, die Qualitätsentwicklung von Curricula zukunftsgerichtet zu gestalten und durch die Anbindung an Wirtschaft und Gesellschaft aktuell zu halten. Der vorliegende Beitrag zeigt auf, wie ein Department der FH Campus Wien Zukunftsszenarien auf Basis einer Umfeldanalyse entwickelt. Umfeldanalysen an der FH Campus Wien geben seit 2014 Impulse für strategische Überlegungen. Eine Umfeldanalyse auf Department-Ebene kam erstmalig im Studienjahr 2021/22 zum Einsatz.

Umfeldanalysen sind eine bewährte Methode, um das Umfeld einer Organisation zu systematisieren und zu analysieren. Bei der Analyse steht die Organisation selbst im Zentrum und wird von der Branche bzw. der Mikroebene und in Folge vom generellen Umfeld bzw. der Makroebene umgeben, welche die Gesellschaft, Wirtschaft, Technologie und Politik umfasst.

Die Umfeldanalyse auf Department-Ebene zeigte zahlreiche zukünftige Herausforderungen auf, die zur Entscheidung der Hochschulleitung führten, einen Organisationsentwicklungsprozess (OE-Prozess) als Ausgangspunkt für die Weiterentwicklung des Departments zu starten. Die interne Prozessbegleitung erfolgte durch die Abteilung Akademische Hochschulentwicklung. Das AIT Austrian Institute of Technology fungierte als externer Berater. Auf Basis der Umfeldanalyse wurden im Rahmen des OE-Prozesses Szenarien entwickelt, die es den am Prozess Beteiligten ermöglichten, sich in denkbare Zukünfte hineinzuversetzen und Lösungswege für potenzielle Herausforderungen zu finden. Unter den entwickelten Szenarien wurde ein Szenario als erstrebenswerte Zukunft ausgewählt und diente in Folge als Grundlage für die strategische Weiterentwicklung der Studiengänge des Departments.

Keywords: Umfeldanalyse, Zukunftsszenarien, Organisationsentwicklung, environment analysis, future scenarios, organizational development

1. Der Auftrag von Fachhochschulen

Fachhochschulen (FH) stellen seit 1994 einen eigenständigen Hochschulsektor in Österreich dar. Eines der wesentlichen Ziele von Fachhochschulen ist „die Vermittlung der Fähigkeit, die Aufgaben des jeweiligen Berufsfeldes dem Stand der Wissenschaft und den aktuellen und zukünftigen Anforderungen der Praxis zu lösen" (§ 3 Abs. 1 Z 2 FHG). Darüber hinaus zählt die „Sicherstellung kompetenz- und zukunftsorientierter

Studien auf Hochschulniveau" (§ 10 Abs. 3 Z 6 FHG) zu den Aufgaben des Kollegiums[1] einer Fachhochschule. Demnach sind Fachhochschulen per Gesetz dazu angehalten, sich mit der Zukunft auseinanderzusetzen und ihre Studiengänge entsprechend auszurichten bzw. weiterzuentwickeln. Zudem stellen die für FH-Studiengänge eingerichteten Entwicklungsteams den Bezug zur Wissenschaft und zum Berufsfeld und somit zu den zukünftigen Entwicklungen im jeweiligen Feld her.

Das Curriculum bildet den Kern jedes Studiengangs. Curricula können als das zentrale Gestaltungselement gesehen werden, um sich als Hochschule mit Zukunftsthemen auseinanderzusetzen und somit einem der grundlegenden Ziele von Fachhochschulen nachzukommen. Die FH Campus Wien – an der das in diesem Beitrag erläuterte Fallbeispiel durchgeführt wurde – versteht ihre Curricula als Lebenszyklus, welcher die Phasen Design, Performance und Evaluation durchläuft und im Anschluss wieder in eine Re-Design-Phase mündet (Boldrino & Zach, 2011). Dieses Konzept stellt die Grundlage für eine strukturierte curriculare Entwicklung und Weiterentwicklung und damit verbundene Qualitätsentwicklung dar. Im Rahmen dieses kontinuierlichen Weiterentwicklungsprozesses finden relevante Trends frühzeitig Eingang in die Entwicklung des Studienangebots. Um Trends zu identifizieren, sind umfassende Analysen der Ausgangssituation und Einschätzungen zukünftiger Entwicklungen erforderlich. Je nach Ausmaß und Komplexität der Veränderung des Berufsfelds und der gesellschaftlichen Umwelt werden diesbezügliche Analysen unterschiedlich ausgestaltet.

Die folgenden Ausführungen basieren auf einem Organisationsentwicklungsprozess (OE-Prozess), welcher beginnend im Studienjahr 2021/22 an der FH Campus Wien in einem Department in den Ausbildungsfeldern Mathematik, Informatik, Naturwissenschaften und Technik (MINT)[2] durchgeführt und in die Qualitätsentwicklungsprozesse des Lebenszyklus Curriculum integriert wurde. Im Zuge dessen wurde eine Umfeldanalyse durchgeführt und darauf aufbauend Zukunftsszenarien entwickelt. Der Beitrag versucht die Frage zu beantworten, ob Umfeldanalysen und Zukunftsszenarien geeignete Instrumente für eine zukunftsorientierte Hochschulentwicklung darstellen. Dazu werden die Ausgangssituation, die zugrundeliegenden Methoden, die Konzeption des Prozesses, die Umsetzung und zentralen Ergebnisse sowie begleitende Dynamiken erläutert und ein Resümee über die Herausforderungen und Implikationen gezogen.

---

1 Das Kollegium stellt das zentrale Organ zur Durchführung und Organisation des Lehr- und Prüfungsbetriebs einer FH dar.

2 Die FH Campus Wien untergliedert ihre Studienorganisation in sieben fachlich differenzierte Departments, in denen fachlich ähnliche Studiengänge organisatorisch gebündelt sind.

2. Ein Department geprägt durch hohe Erwartungen in Zeiten dynamischer Veränderungen

In Österreich wird derzeit von einem hohen Arbeits- und Fachkräftemangel gesprochen. Zu den Berufsfeldern mit den größten Rekrutierungsschwierigkeiten zählen die FH-relevanten Bereiche Elektronik und Elektrotechnik sowie Informationstechnologie. Es wird davon ausgegangen, dass demographische Entwicklungen – stagnierende Zahlen der Berufseinsteiger*innen und steigende Zahlen der Berufsaussteiger*innen – weiteren Druck auf den Arbeitsmarkt ausüben werden (Dornmayr & Riepl, 2023).

Der aktuelle Fachhochschulentwicklungs- und Finanzierungsplan (BMBWF, 2023) stellt hohe Erwartungen an Fachhochschulen zur Deckung des dringenden Bedarfs an Fachkräften am österreichischen Arbeitsmarkt und in weiterer Folge zur Bewältigung der Herausforderungen der digitalen und ökologischen Transformation. Fachhochschulen wird eine Schlüsselrolle im Bereich der MINT-Ausbildungen zugeschrieben und die gezielte (Weiter-)Entwicklung hochschulischer Angebote in Bezug auf die Bewältigung der genannten Herausforderungen als notwendig erachtet.

Laut Zielvorstellungen im Hochschulplan (BMBWF, 2022, S. 13) soll der Anteil der Studienabschlüsse in den MINT-Fächern bis 2030 sektorenübergreifend auf 34,2% ansteigen (Berechnung auf Basis des Ist-Standes im Studienjahr 2019/20, welcher 28,5% beträgt). Zur Erreichung dieser Zielvorgaben wird es als notwendig erachtet, die Zahl der Studienanfänger*innen zu steigern, die Erfolgsquote zu verbessern, junge interessierte Menschen nicht zu verlieren und die Frauenförderung in diesem Bereich zu forcieren.

Dem Bedarf und den Erwartungen im MINT-Bereich steht jedoch eine stagnierende Anzahl an Studierenden und Absolvent*innen gegenüber. Zwischen den Studienjahren 2014/15 und 2018/19 gab es zwar bei Fachhochschulen einen Anstieg an begonnenen MINT-Studien, sektorenübergreifend kam es jedoch zu einem Rückgang von 10%. Gründe für diesen Rückgang sind u.a. eine gute Konjunktur und relativ geburtenschwache Jahrgänge. Auch der Anteil der MINT-Studien ist im Vergleich zu den anderen Ausbildungsfeldern trotz Maßnahmen nicht wesentlich gestiegen (Binder, Dibiasi, Schubert & Zaussinger, 2021, S. 149–150).

Das betreffende Department an der FH Campus Wien sah sich mit mehreren zukünftigen Herausforderungen konfrontiert, die sowohl gesellschaftlichen und wirtschaftlichen als auch bildungspolitischen Ursprungs sind. Zur Steigerung der MINT-Studierenden im FH-Bereich wird seitens des BMBWFs vor allem auf den Ausbau der Studienplätze gesetzt. So stellt der Fachbereich Technik und Ingenieurswissenschaften mittlerweile das größte Segment im FH-Sektor dar (BMBWF, 2023, S. 27–28). Obwohl der Ausbau der FH-Studienplätze seitens der Fachhochschulen grundsätzlich begrüßt wird, steigt auch der Wettbewerb um geeignete Bewerber*innen und somit der Druck, die neuen Studienplätze zu füllen. Ein weiterer Faktor ist die scheinbar unterschiedliche Attraktivität der MINT-Studiengänge. Beispielsweise verzeichnete der Bereich Informatik und Kommunikationstechnologie zwischen 2014/15 und 2018/19 den größten Zuwachs (+39%) an begonnenen MINT-Bachelorstudien im FH-Sektor. Auch andere MINT-Bereiche konnten im genannten Zeitraum Zuwächse verzeichnen, jedoch in wesentlich geringerem Ausmaß (Binder et al., 2021, S. 58). Informatik zählt im Wintersemester 2022 auch bei den Universitäten zu den Top 3 Studienrichtungen bei Studienanfänger*innen (unidata.gv.at).

Dazu kommt der Wettbewerb am Arbeitsmarkt. Beispielsweise brechen Informatik-Studierende besonders häufig ihr Studium ohne Aufnahme eines anderen Studiums ab. Dies kann als Hinweis auf sogenannte Job-Outs gesehen werden – einem Studienabbruch zugunsten einer fachlich angemessenen Erwerbstätigkeit (Binder et al., 2021, S. 8–9). Eine zunehmende Kompetenzorientierung am Arbeitsmarkt, wie das neu etablierte Kompetenzmatching des AMS verdeutlicht (AMS, 2023), lässt außerdem vermuten, dass zukünftig non-formale und informell erworbene Kompetenzen an Bedeutung gewinnen werden. Studierende könnten sich dadurch zunehmend gegen den Abschluss bzw. die Aufnahme eines Studiums entscheiden.

3. In die Zukunft denken – Umfeldanalyse als Anstoß zur Diskussion

Hochschulen und deren Studiengänge stehen vor großen Herausforderungen der Transformation. Schließlich gilt es, Menschen zu befähigen sich wissenschaftlich zu betätigen, einen Beitrag für die Lösung schwieriger Probleme zu leisten und ihren zukünftigen Beruf ausüben zu können.

Riel Miller (2019)[3], Pionier für Futures Literacy bei der UNESCO, ist der Ansicht „[t]he future does not exist in the present but anticipation does. The form the future takes in the present is anticipation" (Miller, 2018, S. 2). Trend- und Zukunftsforschung schaffen die Basis, damit Hochschulen reflektiert, gestalterisch und aktiv ihre eigene Positionierung und gesellschaftlichen Aufgaben einnehmen, Menschen auf ungewisse Zukünfte vorbereiten und Lösungen für Herausforderungen schaffen (Conway, 2002).

Departments und Studiengänge einer Hochschule sind gefordert, in die Zukunft zu blicken, um für Studierende attraktiv zu sein sowie die gesetzlichen Ziele der Zukunftsorientierung zu erfüllen. Bei der Weiterentwicklung des Studienangebots stellen Anforderungen von Seiten der Politik, des Berufsfelds, der Bildung und Wissenschaft und der zukünftigen Studierenden sowie internationale und nationale Strategien, weltweite Entwicklungen und vieles mehr einen komplexen Rahmen dar. Wie können alle diese Ebenen in ein Zukunftsbild münden? Das Bindeglied dazu stellen Umfeldanalysen und Zukunftsszenarien dar.

Wissenschaftlich erarbeitete Umfeldanalysen bieten einen fundierten methodischen Einstieg in das Feld der „Future Literacy". Fachhochschulen, die berufsfeld-

3 Präsentation von Riel Miller am 3. April 2019 in Wien, Veranstaltung des AIT, Futures Literacy for next Generation R&I Policy. Verfügbar unter: https://www.ait.ac.at/news-events/single-view/detail/5823?cHash=3a2ba31f2eeed022a0f5ae167d02bdae [13.05.2024].

orientierte Aus- und Weiterbildungen bieten, müssen sich tiefgreifend mit der Zukunft und neuen Arbeitswelten beschäftigen. Umfeldanalysen zeigen u. a. globale Entwicklungen auf, die einen Einfluss auf den Hochschulbereich üben. Eine institutionalisierte Betrachtung des Umfelds der Hochschule sichert die strategischen Zielsetzungen, reduziert die Komplexität und ermöglicht es, relevante Entwicklungslinien zu erkennen.

Eine Umfeldanalyse (in der Literatur auch als Umweltanalyse bezeichnet) ist ein Instrument des strategischen Managements, Lombriser & Abplanalp, 2018). International haben Hochschulen und die Hochschulpolitik begonnen, verstärkt Umfeldanalysen mit dem Fokus auf längerfristige Entwicklungen durchzuführen und Zukunftsszenarien zu entwickeln, um ihre Studienangebote darauf auszurichten (z. B. Géring et al., 2019; Klarkurka & Irwin, 2020; Leitner et al., 2019). Mit Hilfe von Umfeldanalysen werden Potentiale und Entwicklungsprognosen innerhalb der Bildungslandschaft sowie des bildungspolitischen und wirtschaftlichen Umfelds aufgezeigt und als Ausgangspunkt für Diskussionen über mögliche Zukünfte genutzt. Die zitierte Studie von Klarkurka und Irwin (2020) illustriert am Beispiel des Huron University College in London, Kanada, wie die Umfeldanalyse und die darauf aufbauende Szenarioentwicklung der Fakultät für akademische Allgemeinbildung (Liberal Arts Academy) geholfen hat, sich innerhalb der Universität strategisch zu positionieren. Die Züricher Hochschule für Angewandte Wissenschaften (ZHAW) als zweites Beispiel nützt die Umfeldanalyse zum Setzen strategischer Schwerpunkte. Dazu hat die Hochschule ein strategisches Observatorium als Entwicklungs- und Planungsinstrument eingerichtet (Wassmer, Wilhelm & Probst Schilter, 2019).

Seit 2014 bieten jährliche Umfeldanalysen dem Hochschulmanagement und den Studiengängen der FH Campus Wien Denkimpulse und Diskussionsangebote für strategische Überlegungen. Mit Methoden der Qualitäts- und Organisationsentwicklung sowie empirischer Sozialforschung werden (vorrangig qualitativ) zukünftige Entwicklungen wissenschaftlich recherchiert und für den Bildungsbereich untersucht. Die Verifizierung von Megatrends und Trends erfolgt unter anderem durch Expert*innen-Runden, sogenannten Zukunfts-Round-Tables (Fokusgruppen), in denen Expert*innen und Studierende zukünftige Entwicklungen diskutieren. Problemzentrierte Erkenntnisse und Impulse fließen in strategische Entwicklungen der Hochschule ein. Die Qualitätsentwicklung der Studienprogramme ist somit gemäß dem gesetzlichen Auftrag direkt mit der Zukunftsorientierung verknüpft.

Zur Analyse des komplexen Umfelds einer Hochschule, werden verschiedene Handlungsebenen einbezogen. Dazu gehören:

- Makroebene – Generelles Umfeld: Megatrends und Trends nach STEEP(V)[4] Clusterung (auf Deutsch übersetzt sind dies soziokulturelle, technologische, öko-

4 Die STEEP (V) Analyse ist ein Tool, um zu erfassen und zu interpretieren, was in dem Umfeld, in dem ein Unternehmen tätig ist, geschieht und wahrscheinlich geschehen wird. Sie berücksichtigt Trends und Entwicklungen, die über die Grenzen des Unternehmens

nomische, ökologische, politische Faktoren plus neue Werte und Einstellungen), nationale und europäische Strategien mit Bildungsrelevanz und aktuelle globale Entwicklungen
- Mikroebene: Wettbewerb, Branchenebene
- Internes Umfeld: Hochschule, Analyse der Organisation

Um Ergebnisse aus einer Umfeldanalyse wirksam werden zu lassen, sind Kommunikation und Interpretation der Ergebnisse von zentraler Bedeutung. Dabei ist eine prozesshafte Erarbeitung von Zukunftsszenarien in einem OE-Prozess wichtig, um Transformation zu ermöglichen. Um eingeübte Denkmuster zu verlassen, braucht es Raum für Kreativität und gezielt geplante Schritte mit den Beteiligten.

4. Umfeldanalyse und Zukunftsszenarien als Bausteine im Organisationsentwicklungsprozess

2020 beauftragte die Hochschulleitung der FH Campus Wien die Akademische Hochschulentwicklung erstmals mit der Erstellung einer Umfeldanalyse für ein Department und nachfolgend zur Durchführung eines OE-Prozesses, um abgeleitet aus der Analyse Zukunftsszenarien und eine Strategie für das Department und dessen Studiengänge zu entwickeln. Der OE-Prozess erstreckte sich über das Studienjahr 2021/22.

Ziel des Prozesses war die Entwicklung von langfristigen Zukunftsszenarien mit dem gesamten Department. Dies soll den Blick auf das Jahr 2030 richten. Auf Basis einer Bewertung und Auswahl von realistischen Szenarien sollten die Veränderungen nach dem OE-Prozess als Weiterentwicklung des Departments dienen.

Grundprinzipien dabei waren, dass alle Beteiligten des Departments in den Prozess eingebunden waren und in den ersten Phasen ein departmentübergreifendes Denken entwickeln. Die Grundprinzipien sollten die Kreativität und eine zukunftsorientiere Grundhaltung bei den Prozess Beteiligten ermöglichen.

Verantwortlich für das Herbeiführen von Entscheidungen war ein Vertreter der Hochschulleitung, der beobachtend einbezogen war. Der Departmentleiter leitete strategische Implikationen für das Department ab. Die Leiterin der Akademischen Hochschulentwicklung war für die Umfeldanalyse verantwortlich und beriet zum Prozess, eine Fachexpertin der Abteilung steuerte Analysen bei. Eine externe Beratung durch das AIT Austrian Institute of Technology brachte methodische Vorschläge zur Erarbeitung der Zukunftsszenarien ein. Der Prozess gliederte sich in Bausteine, die eine Anpassung an die Bedarfe der Beteiligten ermöglichten:

- Erstellung der Umfeldanalyse unter Einbeziehung der Studiengangsleitungen und Diskussion der Ergebnisse in Leitungssitzungen des Departments

---

hinausgehen und sich auf die Tätigkeiten des Unternehmens auswirken können (Fisher et al., 2020).

- Ableitung von Marketing-Botschaften und Leitungstreffen des Departments zur Besprechung der weiteren Vorgangsweise
- Eine Umfrage im gesamten Department zur Bewertung der in der Umfeldanalyse skizzierten Trends
- Präsenz- und Online-Workshops unter Einbeziehung aller Personen des Departments zur kreativen Erarbeitung von Zukunftsszenarien auf globaler Ebene für die Disziplin
- Auswahl eines erstrebenswerten Szenarios durch die Hochschulleitung
- Workshop und Fokusgruppen zur Ableitung eines detaillierten Zukunftsbildes für das Department als Grundlage für strategische Überlegungen der Departmentleitung
- Ausarbeitung von strategischen Varianten durch die Departmentleitung
- Strategische Entscheidungen mit Beauftragung zur Umsetzung durch die Hochschulleitung

Die Prinzipien einer systemischen Organisationsentwicklung gemäß Häfele (2009) waren in der Prozess-Architektur enthalten. Die aktive Beteiligung der Führungskräfte und Mitarbeiter*innen, der Respekt vor der Einmaligkeit des Systems, die Ressourcen- und Lösungsorientierung, verkraftbare Entwicklungsschritte im Sinne von Lernen statt „Revolution", die angemessene Komplexität um „schreckliche Vereinfachungen" zu vermeiden und die gemeinsame Problemlösung als Bestandteil der täglichen Zusammenarbeit stellten Elemente des Prozesses dar. Weitere Prinzipien sind ein kontinuierlich geplanter Prozess mit Interventionen und die Festlegung eines ungefähren zeitlichen Rahmens mit Raum für rollierende Planung und Wertschätzung, Respekt und Nutzen von vorhandenen Fähigkeiten und Erfahrungen. Die internen und externen Berater*innen stellen keine Lösungen für Probleme bereit, sondern unterstützten die Beteiligten bei der Lösungsfindung.

5. Methode und Durchführung Umfeldanalyse

Umfeldanalysen sind eine bewährte Methode, um das Umfeld einer Organisation zu systematisieren und analysieren. Bei der Analyse steht die Organisation selbst im Zentrum und wird von der Branche bzw. der Mikroebene und in Folge vom generellen Umfeld bzw. der Makroebene umgeben, welche die Gesellschaft, Wirtschaft, Technologie und Politik umfasst.

Die Methodik der Erstellung von Umfeldanalysen wird an der FH Campus Wien seit 2014 professionalisiert. Darin flossen Ergebnisse aus einem von der Magistratsabteilung für Wirtschaft, Arbeit und Statistik (MA 23) der Stadt Wien geförderten Projekt (2014–2018) ein, im Zuge dessen Megatrends und Trends für Hochschulen identifiziert wurden. Dabei wurde wie folgt vorgegangen (Boldrino, 2019):

- Eine erste Auswahl von relevanten Megatrends, die eine Reduktion der Komplexität des globalen Umfelds ermöglichte, erfolgte nach der Festlegung von Kriterien

für Hochschulen auf Basis der Forschungsarbeiten des AIT –Austrian Institute of Technology in Wien und des IZT – Institut für Zukunftsstudien und Technologiebewertungen in Berlin. Beide Institute waren Kooperationspartner im Projekt.
- Die ausgewählten Megatrends wurden mittels wissenschaftlicher Literaturrecherche an der FH Campus Wien thematisch anhand einer einheitlichen Vorgangsweise angereichert und durch die Beschreibung von Teiltrends und Gegentrends in Dossiers ausformuliert.
- Diese Dossiers wurden durch die Hochschulleitung und Fokusgruppen mit unterschiedlichen Zielgruppen für die FH Campus Wien verifiziert.[5] Impulse daraus flossen in der Folge in strategische Überlegungen ein.
- Im Zuge der jährlichen Erstellung der Umfeldanalysen der FH Campus Wien wurden diese Megatrends und Trends aktualisiert, diskutiert und somit wieder auf Relevanz geprüft.

Im Studienjahr 2020/21 wurde für die bereits erwähnte Umfeldanalyse auf der Ebene des Departments ein Prototyp erstellt, der diese Megatrends mit den klassischen Ebenen einer Umfeldanalyse – Makroebene, Mikroebene und internes Umfeld – verbindet. Folgende methodischen Schritte wurden für die Erstellung der Umfeldanalyse angewandt.

- Das bestehende Ökosystem von Expert*innen zur Erstellung einer Umfeldanalyse für die gesamte FH wurde um Vertreter*innen der wissenschaftlichen Disziplinen des Departments verbreitert. Dieses Ökosystem besteht aus FH internen Expert*innen und dem Hochschulmanagement, weiters aus FH externen Wissensträger*innen aus nationalen und internationalen Hochschulen, Dachorganisationen, Qualitätssicherungsagenturen, Expert*innen aus Forschungseinrichtungen, Berufsfeldern und regionalen Playern, öffentlichen Organisationen sowie Studierenden.
- Zusätzlich erfolgten in der mit der Umfeldanalyse befassten Abteilung – der akademischen Hochschulentwicklung – interne Recherchen zu globalen Entwicklungen von Hochschulen und jenen Megatrends, die für die Ausarbeitung des globalen Umfelds ausgewählt wurden.
- In diesen Kommunikationsraum wurden anhand von leitfadengestützten Interviews die betroffenen Studiengangsleitungen aus dem Department einbezogen. Die Interviews wurden qualitativ ausgewertet und zusammengefasst. Die Inhalte der Interviews bilden den Hauptteil der Analyse. Folgende Fragenblöcke wurden besprochen:

  - Terminologie der Disziplin für die Zukunft
  - Entwicklungen und Änderungen in den MINT-Disziplinen weltweit

5 Der Diskussionsprozess ist ein wichtiges Element des Forecastings: Siehe dazu: European Commission (o.J.). *Strategic Foresight*. Verfügbar unter: https://commission.europa.eu/strategy-and-policy/strategic-planning/strategic-foresight_en

  - Attraktivität für Studierende und Unique Selling Point (USP) des Departments
  - Interdisziplinäre Themen
  - Nationaler und internationaler Wettbewerb
  - Zukunftsweisende Kooperationen
  - Wirkung des globalen Umfelds und Trends (STEEPV Clusterung)

- Parallel dazu wurde die AQ-Austria-Website[6] nach neuen thematisch ähnlichen Studienangeboten zwischen 2019 und 2021 ausgewertet. Aus den mit dem Department geführten Interviews wurde ersichtlich, welche kohärenten Angebote es im Wiener Raum gibt. Diese wurden nach einem einheitlichen System aufbereitet. Als weitere Betrachtungsebene erfolge eine Analyse der Bewerber*innenzahlen von 2016–2020.
- Eingeflossen sind auch relevante Inhalte der seit 2016 etablierten Zukunfts-Round-Tables (siehe Kapitel 3), die eine steigende Bedeutung für das Erkennen von Trends bieten und den Kommunikationsraum erweitern. Diese Round Tables haben entweder eine Zielgruppe z. B. Studierende oder diverse Zielgruppen z. B. Studierende, Lehrende, Fachexpert*innen aus dem Berufsfeld, Bildungsexpert*innen angesprochen und mono- oder interdisziplinäre Fachexpert*innen aus unterschiedlichen Wissenschaftsdisziplinen einbezogen.

Abbildung 1 veranschaulicht den beschriebenen Prozess graphisch und verdeutlicht, wie der Diskussionsprozess von der globalen Ebene bis zur Departmentebene gestaltet war.

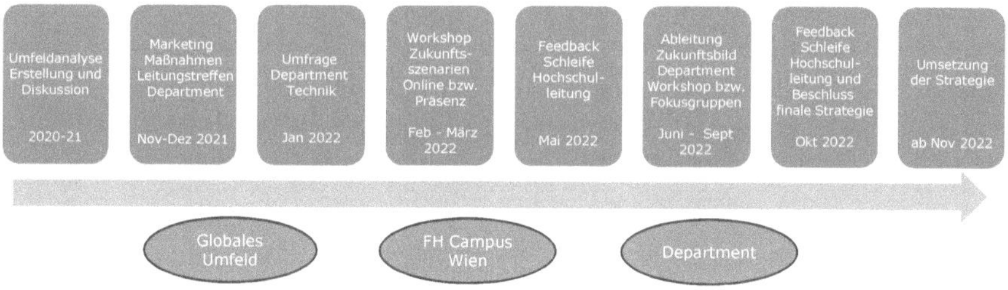

Abb. 1: OE-Prozess Schritte (eigene Darstellung) – Durchführung der Methode am Beispiel der FH Campus Wien

Die Struktur einer Umfeldanalyse wirkt übersichtlich und eingängig, dennoch handelt es sich um konzeptionelle Ansätze zur Vereinfachung der Realität. Die Segmentierung ist ein analytisches Hilfsmittel, um die Komplexität handhaben zu können. Trends müssen beobachtet und Prognosen abgeleitet werden. Deutlich wird, welche Chancen und Risiken Umweltentwicklungen darstellen können. Die Sicht interner und externer Stakeholder und deren transparente Erwartungen ermöglichen strategische Ableitungen. Die Analyse der globalen Umwelt und die Stakeholder-Analyse

6 https://www.aq.ac.at/de/akkreditierung/ [13.05.2024]

erlauben es dabei, zukünftige Entwicklungen im Umfeld und Erwartungen an die Hochschule bzw. das Department abschätzen zu können. Daraus entstehen, wie im Kapitel 4 erwähnt, konkrete Zukunftsbilder. Dabei ist die Szenariotechnik ein hoch strukturiertes Verfahren. Szenarien stellen ein Verfahren zur Entwicklung und Überprüfung von Strategien dar. Anhand dieser Szenarien werden unterschiedliche Pfade in die Zukunft und damit alternative Zukunftsbilder erarbeitet (Alter, 2011).

6. Methode, Durchführung und Ergebnisse Zukunftsszenarien

Die Entwicklung von Szenarien ist eine der am weitesten verbreiteten Methoden der Zukunftsforschung und das Denken in Szenarien ist besonders hilfreich, um mit unsicheren Entwicklungen umzugehen und darauf aufbauend zukunftsfähige Strategien zu entwickeln.

Szenarien sind Bilder der Zukunft und integrieren mehrdimensionale und komplexe Informationen über zukünftige Möglichkeiten in verständliche Bilder darüber, wie die Zukunft aussehen könnte. Szenarien helfen Entscheidungsträger*innen, ein Verständnis für den strategischen Handlungsraum zu erhalten. Die Entwicklung von Szenarien wird als partizipativer Prozess verstanden, der jedoch nicht den Anspruch erhebt, Entwicklungen vorherzusagen, sondern durch ein gemeinsam erarbeitetes Bild zukünftige Entwicklungen mitgestalten zu können.

Für die Entwicklung von Szenarien wurde in der Literatur eine Reihe von Methoden vorgestellt. Szenarien verdichten dabei verschiedene Trends und Entwicklungen und basieren auf der Analyse wichtiger Entwicklungstrends. Die Szenario-Methode beschreibt dabei, wie ausgewählte Entwicklungstrends – bei der Konstruktion der Szenarien dann häufig als Einflussfaktoren bezeichnet – zu konsistenten Zukunftsbildern verknüpft werden. In der Praxis sind zwei Methoden von besonderer Bedeutung: In der klassischen Szenarioplanung (Schoemaker, 1995) erfolgt die Strukturierung durch zwei Faktoren, die jeweils zwei mögliche alternative zukünftige Entwicklungen abbilden und eine Matrix mit vier Feldern ergeben. Alternativ können auch mehr als zwei Faktoren ausgewählt werden, was den Spielraum für die Entwicklung von Szenarien erhöht. Die Auswahl plausibler Kombinationen ausgewählter Einflussfaktoren kann dabei durch eine morphologische Analyse unterstützt werden (Johansen, 2018). Hierbei handelt es sich um eine systematisch-analytische Kreativitätstechnik zur Analyse und Visualisierung komplexer Zusammenhänge. Dabei werden alle Entwicklungstrends und ihre möglichen zukünftigen Zustände in einer Matrix dargestellt. Anschließend werden mögliche Ausprägungskombinationen identifiziert. Im Rahmen des OE-Prozesses an der FH Campus Wien kam eine morphologische Analyse zum Einsatz, um die mögliche Entwicklung der Einflussfaktoren zu verschiedenen kohärenten Szenarien zu kombinieren.

Entsprechend wurde für die Entwicklung von Zukunftsszenarien zunächst eine Auswahl der im Rahmen der Umfeldanalyse identifizierten Entwicklungstrends getroffen. Insgesamt wurden 43 gesellschaftliche, wirtschaftliche sowie auch technologische Trends der Hochschullandschaft und der tertiären technischen Ausbildung identifiziert. Die Entwicklungstrends wurden anhand von zwei Kriterien bewertet. Zum einen wurde die Stärke des Einflusses des Faktors auf die zukünftige Entwicklung des Departments herangezogen (= Einflussstärke). Zum anderen wurde bewertet, wie sicher sich die in der Bewertung einbezogenen Personen bei ihrer Einschätzung der Einflussstärke und -richtung sind (= Unsicherheit). Die Kombination dieser beiden Kriterien ermöglicht die Erstellung plausibler und unterschiedlicher Szenarien. Dahinter steht die Überlegung, dass Entwicklungstrends, deren Auswirkungen zwar als stark eingeschätzt werden, die aber gleichzeitig als relativ sicher gelten, sich nicht für die Entwicklung möglicher, aber unterschiedlicher Zukunftsszenarien eignen. Bei derartigen Trends handelt es sich häufig um Megatrends, die sich auf alle Szenarien gleichermaßen auswirken. Entwicklungstrends, die eine hohe Unsicherheit aufweisen, aber wahrscheinlich keine großen Auswirkungen haben werden, sind für die Unterscheidung von Zukunftsszenarien ebenfalls vernachlässigbar. Im Gegensatz dazu werden die Entwicklungstrends, die einen großen Einfluss haben, aber mit großen Unsicherheiten behaftet sind, als „szenariobildende" Faktoren betrachtet. Sie bestimmen maßgeblich, in welche verschiedenen Richtungen sich die Zukunft entwickeln kann und bilden die Grundlage für die Konstruktion verschiedener Zukunftsszenarien.

Die Bewertung der Einflussfaktoren erfolgte auf Basis einer Online-Befragung durch die Mitarbeiter*innen des Departments. Die bewerteten Faktoren wurden sodann auf einer Matrix mit den beiden Dimensionen Einflussstärke und Unsicherheit positioniert. Für die Konstruktion der Szenarien wurden (wie beschrieben) diejenigen Faktoren ausgewählt, die einen hohen Einfluss haben und zugleich mit einer großen Unsicherheit behaftet sind. Diese „szenariobildende Faktoren" sind von Bedeutung und fließen in die Ausformulierung der Szenarien ein.

Auf Basis der Befragung und Analysen der Faktoren wurden die folgenden sechs Einflussfaktoren selektiert:

- Förderungen im MINT-Bereich
- Gesellschaftliche Werte als Basis für die Akzeptanz neuer Technologien
- Vernetzung technischer Disziplinen
- Vermittlung technischer Grundlagen zum Verständnis technischer Systeme
- Stärkung von Engineering und Produktion in Europa
- Frauen in Technikstudiengängen

Diese sechs Einflussfaktoren bildeten sodann die Grundlage für die Konstruktion von fünf Szenarien mit den folgenden Titeln:

- „Ökonomischer und kultureller Niedergang"
- „Verantwortungsvolle Technikgestaltung"
- „Back to the roots"
- „Monopole an der Macht"
- „New Deal"

Diese fünf Szenarien integrieren unterschiedliche Entwicklungen auf Ebene der verschiedenen Einflussfaktoren und kombinieren verschiedene Elemente im Sinne einer morphologischen Analyse. Dabei wurden für jeden Faktor jeweils zwei mögliche Entwicklungen oder Zustände in der Zukunft zugrunde gelegt, für den MINT-Bereich etwa, dass die MINT-Förderung zukünftig sinkt oder zunimmt. Im Szenario „Verantwortungsvolle Technikgestaltung" wird z. B. davon ausgegangen, dass Gesellschaft und Politik eine stark gestaltende Rolle bei der Entwicklung neuer Technologien einnehmen und gleichzeitig eine nachhaltige Entwicklung in Europa möglich ist. Die Vernetzung technischer Disziplinen und die Vermittlung technischer Grundlagen zum Verständnis technischer Systeme sind hier wichtig. Das Szenario „Ökonomischer und kultureller Niedergang" stellt dagegen ein düsteres Zukunftsbild dar. Hier wird davon ausgegangen, dass der MINT-Bereich von der öffentlichen Hand nicht mehr stark gefördert wird, dass das Engineering und die Produktion in Europa an Bedeutung verlieren und gesellschaftliche Werte im Rahmen der technologischen Entwicklung eine geringe Rolle spielen. In diesem Sinne passt sich der Mensch stark an die Technologie an und die technologische Entwicklung orientiert sich weniger an den tatsächlichen Bedürfnissen des Menschen.

Abbildung 2 zeigt zusammenfassend, wie die möglichen Entwicklungen auf der Ebene der sechs Einflussfaktoren in den fünf Szenarien kombiniert wurden.

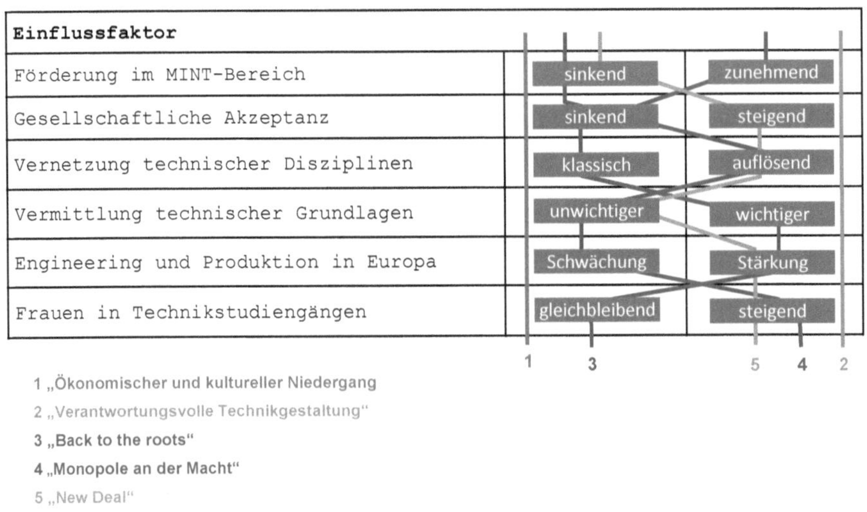

Abb. 2: Zukunftsszenarien (eigene Darstellung)

Im Rahmen von Workshops mit allen am OE-Prozess beteiligten Mitarbeiter*innen erfolgte die Diskussion und Bewertung der fünf Szenarien. Dabei wurden Chancen und Risiken der einzelnen Szenarien und Konsequenzen für die Entwicklung des Departments thematisiert. Die Diskussion zwischen den Beteiligten eröffnete zahlreiche neue Perspektiven und erforderte gleichzeitig, dass die Mitarbeiter*innen ihre impliziten Annahmen über die zukünftige Entwicklung transparent machten und so ein gemeinsames Zukunftsbild entstehen konnte.

Im Zuge der Diskussion wurde das Szenario „Verantwortungsvolle Technikgestaltung“ als dasjenige ausgewählt, das den strategischen Vorstellungen des Departments am besten entspricht. Die Auswahl erfolgte nach den Kriterien Eintrittswahrscheinlichkeit, Wünschbarkeit und Übereinstimmung des Szenarios mit den grundlegenden Zielen der FH Campus Wien. Grundsätzlich gibt es verschiedene Möglichkeiten, Szenarien für die Strategieentwicklung und Entscheidungsfindung zu nutzen. Der traditionelle Planungsansatz besteht darin, das wahrscheinlichste Szenario zu wählen und eine Strategie zu entwickeln, die diesem Szenario entspricht (Fink et al., 2002). Ein anderer Ansatz besteht darin, präventive Strategien zu entwickeln, d. h. zu verhindern, dass ein bestimmtes Szenario eintritt. Schließlich können proaktive Strategien entwickelt werden, die sich auf Szenarien konzentrieren, die mit den Zielen und Wunschvorstellungen der Organisation übereinstimmen. Diese Vorgehensweise wurde von der FH Campus Wien gewählt.

7. Herausforderungen und Implikationen

Umfeldanalysen ermöglichen eine Vereinfachung der Komplexität der Entwicklungen unserer Welt. Da auf Basis dieser Analysen strategische Überlegungen erfolgen, müssen Umfeldanalysen mannigfache Anforderungen erfüllen. So muss die Analyse profunde, wissenschaftlich erarbeitete Fakten zusammenstellen, Grafiken und Tabellen zur leichten Lesbarkeit integrieren, eine Geschichte erzählen und erste Interpretationen anbieten, um die Erarbeitung von realistischen Zukunftsszenarien zu ermöglichen.

Umfeldanalysen sind ein Anstoß zur Weiterentwicklung von Hochschulen, deren Departments und Studienprogrammen. Um wirksam zu werden, ist die Institutionalisierung von Umfeldanalysen nötig. Damit kann Know-how in der Erstellung von Umfeldanalysen aufgebaut werden und die Organisation lernt, Ergebnisse zu nutzen und in die Zukunft zu projizieren. Bewährt hat sich die Integration in bestehende Prozesse der Strategiearbeit bzw. der Qualitätsentwicklung. Ein begleitender und geplanter OE-Prozess auf Basis der Umfeldanalyse zur Ableitung von Zukunftsszenarien ermöglicht die Schaffung eines Bewusstseins für notwendige Veränderungen.

Der beschriebene OE-Prozess schuf den Link zwischen der gesetzlichen Anforderung der Auseinandersetzung einer FH mit Zukunftsthemen und dem Lebenszyklus von Curricula. Der OE-Prozess war von unterschiedlichen Dynamiken geprägt, die im Verlauf auch einigen Änderungen unterworfen waren. Zu Beginn stellte sich für viele Personen im Department die Frage, warum ein OE-Prozess in diesem Ausmaß notwendig ist und welche Vorteile bzw. Veränderungen dadurch entstehen können. Vor allem die Departmentleitung war damit konfrontiert, Verständnis und Commitment für die von der Hochschulleitung top-down getroffene strategische Entscheidung, einen OE-Prozess durchzuführen, bei den Beteiligten zu schaffen.

Ein nächster Schritt im Prozess stellte die Durchführung der zuvor erläuterten Umfrage zur Bewertung der ausgewählten Trends dar. Diese eher unkonventionelle Art der Umfrage war den meisten Personen nicht bekannt und wurde skeptisch gesehen und die Herangehensweise hinterfragt. Auch einzelne Trends in der Umfrage wurden kritisiert, als schwammig oder nicht nachvollziehbar bezeichnet. Dennoch wurde die Umfrage von nahezu allen Beteiligten ausgefüllt.

Szenarienarbeit stärkt die Fähigkeiten zum strategischen Denken und vor allem, kreativ, lösungsorientiert und abstrakt zu denken. Zukunftsszenarien öffnen neue Räume, ermöglichen andere Denkmuster. Es bedarf eines geschützten Raumes und ausreichend Zeit für Diskussionen, Information zu den Methoden und Offenheit, sich mit Kritik an den Methoden auseinanderzusetzen. Die partizipative Vorgehensweise bringt unterschiedliche Meinungen hervor, ermöglicht gegenseitiges Kennenlernen, stärkt das Zusammengehörigkeitsgefühl und die Identität im Department. Dabei treten Krisen auf, diese lösen sich nicht von selbst und müssen reflektiert betrachtet werden.

Zur Erarbeitung der Zukunftsszenarien wurden in Summe drei Workshops durchgeführt. Hier war Kreativität gefragt und die Fähigkeit, sich in eine mögliche Zukunft hineinzuversetzen, auch wenn deren Eintreten relativ unwahrscheinlich erscheint. Diese Art und Weise, sich mit der Zukunft auseinanderzusetzen, war für die meisten Beteiligten fremd und herausfordernd. Zudem erforderte es Überwindung, innovative, wenn auch vielleicht unrealistische Ideen offen zu diskutieren und sich auf ein Szenario einzulassen.

Insgesamt war die heterogene Zusammensetzung – Personen aus Lehre, Forschung, Administration, verschiedene Fachbereiche und Hierarchieebenen – eine zentrale Herausforderung im Prozess. Trotz der anfänglichen Skepsis konnte vor allem am Ende des zweiten Workshops eine positive Grunddynamik und teilweise eine Begeisterung für die entworfenen Szenarien in der Gruppe erreicht werden. Die Bereitschaft, Veränderung zuzulassen und Maßnahmen zu unterstützen, konnte im Verlauf des Prozesses gesteigert werden.

Positiv gezeigt hat sich der Ansatz, Workshops außerhalb der Hochschule in einem angenehmen Ambiente zu gestalten, was eine gewisse Wertschätzung für die Denkarbeit und Bereitschaft zur Mitwirkung widerspiegelte. Besonders positiv war die Kombination einer internen Prozessbegleitung in Kooperation mit einem wissenschaftlich renommierten Forschungsinstitut als externe Begleitung bei der Erstellung von Zukunftsszenarien.

Eine Weichenstellung für den Erfolg des Prozesses war die Einbeziehung des Hochschulmanagements. Laut Häfele spielen das Topmanagement und die Führungskräfte eine exponierte Rolle, denn: „Ihr persönliches Engagement, ihr Zeiteinsatz, ihre Prioritäten und Signale markieren im konkreten Tun oder Unterlassen die Bedeutung, die sie der geplanten Veränderung beimessen" (Häfele, 2009, S. 24). Zentral dabei ist, den Prozess für das Hochschulmanagement, das nicht im OE-Prozess involviert ist, in kurzer Zeit erfassbar zu machen. Damit keine Vereinfachung entsteht, muss die Komplexität prägnant vermittelt werden.

Die Herausforderung ist, den Hochschulleitungen als Entscheider*innen eine Auswahl aus den entwickelten Zukunftsszenarien zu ermöglichen und ein gemeinsames Bild für die Zukunft zu sehen, ohne den Anschluss an die Diskussionen der Beteiligten im OE-Prozess zu verlieren. Dafür braucht es entsprechend aufbereitete Unterlagen bzw. eine Präsentation und Raum für Diskussion. Entscheidungen der Hochschulleitung müssen transparent gemacht und begründet werden. Kommunikation und Wertschätzung für die geleistete Arbeit muss an alle Beteiligten im OE-Prozess ausgesprochen werden.

Eine weitere Anforderung ist der Transfer der neuen, zukunftsfähigen Ideen in eine explizite Strategie. Das von der Hochschulleitung ausgewählte Zukunftsszenario wird, wie beschrieben, in einer konkreten Strategie und strategischen Zielen ausformuliert. Die Herausforderung dabei ist, die Schnittstelle zwischen dem OE-Prozess zur Erarbeitung von Zukunftsszenarien und der Strategiearbeit zu einem gewissen Grad partizipativ aufzusetzen, um die Anschlussfähigkeit für die Beteiligten sichtbar zu machen, da sonst ein Mangel an Verständnis für gewählte Ziele und Maßnahmen entsteht.

Szenarienarbeit ist neues Denken für die meisten Beteiligten, das aufgrund der Heterogenität der Menschen im System unterschiedlich ausfallen wird. Dennoch entsteht dabei ein gemeinsames Bild von möglichen Zukünften. Wenn die Entscheidungen auf Basis der Szenarien durch die Entscheider*innen ggfls. auch anders ausfallen, als sie in den Workshops ausgearbeitet und diskutiert wurden, ist doch ein breiteres Verständnis für die Umweltfaktoren entstanden sowie das Bewusstsein, dass Zukunft von uns allen (mit)gestaltet wird.

Literatur

Alter, R. (2011). *Strategisches Controlling. Unterstützung des strategischen Managements.* München: Oldenbourg Wissenschaftsverlag.

AMS (2023). *Kompetenzmatching – Modernisierung der Jobvermittlung.* Verfügbar unter: https://www.ams.at/regionen/osterreichweit/news/2023/11/kompetenzmatching-modernisierung-jobvermittlung-23112023 [02.01.2024].

Binder, D., Dibiasi, A., Schubert, N. & Zaussinger, S. (2021). *Entwicklungen im MINT-Bereich an Hochschulen und am Arbeitsmarkt* (Projektbericht) Wien: Institut für Höhere Studien (IHS).

BMBWF (2022). *Der österreichische Hochschulplan 2030.* Wien: Bundesministerium für Bildung, Wissenschaft und Forschung.

BMBWF (2023). *Fachhochschul-Entwicklungs- und Finanzierungsplan 2023/24–2025/26.* Wien: Bundesministerium für Bildung, Wissenschaft und Forschung.

Boldrino, S. (2019). Digitalisierung und andere Megatrends – Orientierung für Hochschulen auf dem Wandel in die Zukünfte. In FH Oberösterreich (Hrsg.), *Coming Soon. The Future of Work, Education and Living.* Wels: FH Oberösterreich.

Boldrino, S. & Zach, R. (2011). *Erfolgsfaktor Curriculum. Gestaltung von Curricula als Weiterentwicklungsprozess* Wien: FH Campus Wien.

Conway, M. (2002). Foresight: Learning from the Future. *Journal of Institutional Research, 12*(1), 1–15.

Dornmayr, H., & Riepl, M. (2023). *Unternehmensbefragung zum Arbeits- und Fachkräftebedarf/-mangel. Arbeitskräfteradar 2023.* Wien: ibw – Institut für Bildungsforschung der Wirtschaft.

European Commission (o. J.). *Strategic Foresight.* Verfügbar unter: https://commission.europa.eu/strategy-and-policy/strategic-planning/strategic-foresight_en [26.01.2024].

Fachhochschulgesetz – FHG. Verfügbar unter: https://www.ris.bka.gv.at/GeltendeFassung.wxe?Abfrage=Bundesnormen&Gesetzesnummer=10009895 [28.12.2023].

Fink, A., Schlacke, O. & Siebe, A. (2002). *Erfolg durch Szenario-Management, Prinzipien und Werkzeuge der strategischen Vorausschau.* Frankfurt: Campus.

Fisher, G., Wisneski, J. E. & Bakker, R. M. (2020). *Strategy in 3D: Essential Tools to Diagnose, Decide and Deliver.* New York: Oxford Academic.

Géring, Z., Király, G., Csillag, S., Kovats, G., Köves, A. & Gáspár, T. (2018). Vision(s) of the University. Applying Participatory Backcasting to Study the Future of Higher Education. *Journal of Futures Studies, 22*(4), 61–82.

Häfele, W. (Hrsg.) (2009). *OE-Prozesse initiieren und gestalten. Ein Handbuch für Führungskräfte, Berater/innen und Projektleiter/innen* (2. Aufl.). Bern: Haupt Verlag.

Johansen, I. (2018). Scenario modelling with morphological analysis. *Technological Forecasting & Social Change, 126*, 116–125.

Klakurka, J. & Irwin, B. (2020). The nature and extent of foresight-infused strategy: a case study highlighting the liberal arts academy's future move from traditional education. *Foresight, 5*(6), 671–687.

Leitner, K-H., Giesecke, S., Schartinger, D., Kalcik, R., Keser-Aschenberger, F. & Pausits, A. (2019). *The Future of Non-Formal and Informal Learning: Towards Lifelong and Life-wide Learning Ecosystems.* Brussels: European Commission.

Lombriser, R. & Abplanalp, P. A. (2018). *Strategisches Management. Visionen entwickeln, Erfolgspotentiale aufbauen, Strategien umsetzen.* 7. Auflage. Zürich: Versus Verlag.

Miller, R. (2018). *Transforming the Future. Anticipation in the 21st Century.* Paris: UNESCO and Routledge.

Schoemaker, P. J. H. (1995). Scenario Planning: A Tool for Strategic Thinking. *Sloan Management Review, 36*, 25–40.

Unidata.gv.at. (o. J.). *Studienanfänger/innen: Top 20-Liste der frequentiertesten Studienrichtungen.* Verfügbar unter: https://unidata.gv.at/Pages/XLCubedReport.aspx?rep=%40JkuKNyERAO9mXMGyHv%2bq%2boVDbZUUuibzHDFDQRnJwGlEVO9zW6HdRE2RNlTF3qbHe2ItAygOF7uRsBKV%2bcEbl6hudyAXR55Imk%2bOM20UUGbaI7Zmxl5ZHyttZAN58bYxEDa6iZzmRqTD8iOPScwl018orSdfsV47QKLXj8fGD4g7pvs4uwRONgX%2bAImgSltAPTjJ%2bSteXhgd1vjqDbrwvHRnKL8KB41hAO6ponvplU8%3d&embedded=SharePoint&toolbar=true [13.01.2024].

Wassmer, C., Wilhelm, E. & Probst Schilter, C. (2019). *Konzept „Strategisches Observatorium".* Winterthur: Züricher Hochschule für Angewandte Wissenschaften. Verfügbar unter: https://www.zhaw.ch/storage/hochschule/ueber-uns/rektorat/strategisches-observatorium-zhaw.pdf [03.06.2024].

Fortschritte in der Implementierung der Nationalen Strategie zur sozialen Dimension in der Hochschulbildung in Österreich

Was fördert den Prozess und was fordert ihn heraus?

Maria Keplinger & Helga Posset

Abstract: Der Beitrag skizziert und reflektiert vor dem Hintergrund der Parameter der österreichischen „Nationalen Strategie zur sozialen Dimension in der Hochschulbildung" sowie der Fortschrittsberichte zur Umsetzung (Monitoring, Zwischenevaluierung 2021/22), welche Faktoren in der Zielverfolgung und insbesondere der Zielerreichung förderlich wirken und welche Entwicklungen herausfordernd sind. Die Implementierung der Strategie ist mit drei querliegenden Herausforderungen konfrontiert.

Erstens wird ein *Implementation Gap* evident, der sich darin zeigt, dass die Nationale Strategie zwar vielfältige Einzelmaßnahmen ausgelöst hat, deren Struktur- und Systemwirksamkeit aber begrenzt bleibt. Als erfolgskritische Faktoren für das Erreichen einer erforderlichen „kritischen Masse" in der Umsetzung von Maßnahmen werden u. a. ihre strategische Verankerung, Zielgrößen und konsequente Evaluierung samt Wirkungsmonitoring der Maßnahmen herausgearbeitet.

Zweitens erhöhen die multiplen gesellschaftlichen Anforderungen in der Dritten Mission von Hochschulen und/oder deren gestiegene Perzeption die Komplexität in der Hochschulsteuerung. Um „Abwehrreaktionen" vorzugreifen, werden Synergien aufgezeigt, die sich aus einer integrierenden Bearbeitung von sozialer Dimension, Gender/Diversity/Equity/Inclusion, den SDGs u. a. in der Dritten Mission ergeben (können). Die Aufwertung der Dritten Mission im Leistungsportfolio von Hochschulen könnte auch den *Implementation gap* in Bezug auf die soziale Dimension verringern.

Drittens wird der Einfluss des vorausgehenden Bildungsverlaufs („Bildungskette") auf den traditionellen Zugang zu Hochschulbildung im Hinblick auf die Wirksamkeit von Soziale-Dimensions-Maßnahmen im Hochschulbereich diskutiert. Welche Anforderungen sich daraus im Fokus und der Reichweite der Strategie ergeben, wird einerseits anhand des Hineinwirkens der Hochschulbildung in die vorausgehenden Bildungsstufen, z. B. in Outreach, Information und Beratung, der Pädagoginnen- und Pädagogenbildung oder der Bildungs- und Hochschulforschung, aufgezeigt. Andererseits werden die Möglichkeiten in der Unterstützung des nicht-traditionellen Hochschulzugangs durch Anerkennung und Validierung von Leistungen außerhalb des formellen Bildungswesens und der Modularisierung (u. a. Micro-Credentials) von Studien diskutiert.

Darauf aufbauend werden Überlegungen angestellt, wie die Implementierung der Nationalen Strategie zu optimieren und wie sie im Hinblick auf eine etwaige Neuauflage nach 2025 weiterzuentwickeln wäre.

1. Einleitung

Das Bundesministerium für Wissenschaft, Forschung und Wirtschaft hat im Februar 2017 die „Nationale Strategie zur sozialen Dimension in der Hochschulbildung" veröffentlicht und damit die im Jerewan Kommuniqué des Europäischen Hochschulraums (EHR) 2015 getroffene Selbstverpflichtung der Bildungsminister*innen zur Erstellung nationaler – und in weiterer Folge institutioneller – Strategien zur sozialen Dimension umgesetzt. Zielrichtung der Strategie ist es, dass Studierende auf allen Ebenen der Hochschulbildung (Zugang, Teilhabe, Abschluss) die Zusammensetzung der Bevölkerung widerspiegeln sollten. Die soziale Dimension in der Hochschulbildung ist damit als Reformanstrengung in den hochschulpolitischen Mainstream aufgenommen worden.

Mit dieser Strategie ist es für Österreich ab 2017 gelungen, internationale Aufmerksamkeit in Bezug auf die Beförderung von Fairness, Diversität und Inklusion in der Hochschulbildung zu erregen. So hat die Studie der European Universities Association (EUA) „Universities' Strategies and Approaches towards Diversity, Equity and Inclusion" (Claeys-Kulik & Ekman Jørgensen, 2018, S. 4) bereits 2018 auf die diesbezügliche Strategie Österreichs als einem von wenigen Ländern[1] hingewiesen. Auch in der Studie der Lumina Foundation im Vorfeld des ersten World Access to Higher Education Day (WAHED) 2018, einer Plattform zur weltweiten Bewusstseinsschaffung für Ungleichheiten in Bezug auf den Zugang zu Hochschulbildung, wurden Österreichs hochschulische Gleichbehandlungsmaßnahmen u. a. unter Verweis auf die Nationale Strategie zur sozialen Dimension gewürdigt.[2] Darüber hinaus wurde sowohl im Monitoring der Umsetzung des Europäischen Hochschulraums (EHR) als auch in Analysen im Auftrag der Europäischen Kommission wiederholt positiv auf die österreichische Soziale-Dimensions-Strategie sowie die Implementierungsbemühungen Bezug genommen (Kottmann, 2019, S. 92 ff.; Crosier & Haj, 2020, S. 147 ff.).

Die dargestellten Hervorhebungen von Österreichs Hochschul-Policy zur Beförderung der sozialen Dimension in der Hochschulbildung zeigen, dass – trotz vielfach

1 Irland hatte zu diesem Zeitpunkt bereits den dritten National Access Plan for Higher Education mit Zielen, wie u. a. Zugangs- und Abschlussquoten für unterrepräsentierte Gruppen. Auch auf England, Niederlande und Schweden (mit dem Fokus auf widening participation im Hochschulzugang) wird verwiesen (Claeys-Kulik & Ekman Jørgensen, 2018, S. 4).

2 Von 71 analysierten Ländern weltweit zählte Österreich zu den 11% der Länder, die über eine umfassende Gleichbehandlungsstrategie (im österreichischen Fall zu Gender und sozialer Dimension) verfügten (Salmi, 2018, S. 19 ff.). Vgl. Mitchell (2018). Vgl. https://www.bmbwf.gv.at/Themen/HS-Uni/Studium/Leitthemen/SozDim.html#Vernetzungsaktivit%C3%A4ten

aufgezeigter Notwendigkeit – vergleichbare Maßnahmen im hochschulpolitischen Mainstream der meisten EHR-Mitgliedsländer (aber auch weltweit) nicht selbstverständlich sind. Zudem ist daraus implizit zu schließen, dass weder die Etablierung einer diesbezüglichen strategischen Herangehensweise noch deren konsequente Implementierung hochschulpolitische „Selbstläufer" und ohne gezielte Anstrengungen umsetzbar sind. Insofern ist es vorteilhaft, Faktoren zu identifizieren, die das diesbezügliche Commitment verbessern bzw. die Implementierung erschweren. In Anschluss an diese Feststellung liefert dieser Beitrag einen Überblick über strategische Hintergründe und die Hochschul-Policy-Umgebung, um im Weiteren bestehende Herausforderungen im Umsetzungsprozess zu identifizieren und Vorschläge zur Verbesserung des strukturellen Commitments vorzulegen.

2. Zielsetzungen und Umsetzung der „Nationalen Strategie zur sozialen Dimension in der Hochschulbildung"

Die „Nationale Strategie zur sozialen Dimension in der Hochschulbildung" umfasst drei Zieldimensionen mit jeweils drei Aktionslinien (Handlungsfelder) samt konkreten Maßnahmen entlang des Student Life Cycles. Während zwei Zieldimensionen, „Integrativerer Zugang" (u. a. Informations- und Beratungsangebote, Outreach-Aktivitäten, Anerkennung und Validierung nicht formaler und informeller Kompetenzen) und „Abbruch verhindern, Studienerfolg verbessern" (u. a. Studienorganisation, Vereinbarkeit des Studiums mit anderen Lebensbereichen, Willkommenskultur), explizit auf die Heterogenitäts- und Diversitätssensibilität im Leistungsbereich Lehre/Studium zielen, werden in der dritten Zieldimension („Rahmenbedingungen schaffen und hochschulpolitische Steuerung optimal einsetzen") idealtypisch und in einem holistischen Verständnis Hochschulsystem- und Strukturfragen adressiert. Beispielhaft sind etwa die Weiterentwicklung des Studienrechts, die Erhöhung der sozialen Treffsicherheit im Hochschulzugang, die Studienförderung, Überprüfung der Hochschulfinanzierung in ihrer Wirkung auf die soziale Dimension sowie die Schaffung geeigneter Steuerungsstrukturen an den Hochschulen zu nennen. Zudem ist die Verfolgung der skizzierten Zielsetzungen mit neun quantitativen Zielen[3] unterlegt. Grundlage hierfür war und ist die Identifikation von unterrepräsentierten Studierendengruppen und Studierendengruppen mit spezifischen Anforderungen, die sich in der Bildungsbiografie verändern und/oder aufschichten (können),[4] wie sie durch die

3 Z. B. Abbau der Unterrepräsentanz von Studierenden mit Eltern ohne Matura, insgesamt und in Human- und Zahnmedizin, Steigerung der Studienanfängerinnen und -anfänger mit nicht-traditionellem Hochschulzugang oder Migrationshintergrund, Verbesserung des Geschlechterverhältnisses in allen Studienfeldern.

4 Unterrepräsentierte Gruppen: Studierende mit Eltern ohne Matura; Frauen oder Männer in bestimmten Studienrichtungen; Studierende aus bestimmten Regionen/Bundesländern; Studierende mit Migrationshintergrund u. a. Gruppen mit spezifischen Anforderungen: Studierende mit Kind; Studierende mit einer Behinderung und/oder chronischer

Studierenden-Sozialerhebungen ermöglicht wird (Zaussinger et al., 2016; Unger et al., 2020). Für diese Gruppen sind der Zugang zu und die Teilhabe an Hochschulbildung – nicht zuletzt aus sozialen Gründen – gefährdet.

Implementierungshorizont der Strategie ist bis 2025. Die schrittweise Umsetzung erfolgt mit allen Hochschulteilsektoren, Universitäten, Fachhochschulen, Pädagogischen Hochschulen und Privatuniversitäten/-hochschulen in ihrem jeweiligen gesamten Leistungsspektrum, vor allem in den Bereichen Lehre, Studium und gesellschaftliche Verantwortung („Dritte Mission"). Die Maßnahmenbereiche werden den verantwortlichen Akteurinnen und Akteuren zugeordnet, und die Strategie selbst sieht einen Implementierungsplan samt Umsetzungsmonitoring und Evaluierung vor. Daher ist es naheliegend, im Hinblick auf eine Neuauflage der Strategie („Wie geht es nach 2025 weiter?") fördernde und fordernde Faktoren herauszuarbeiten, die in der Zielverfolgung und Zielerreichung zu beachten sind.

2.1 Was fördert den Prozess: Umsetzungserfolge und ihre Grundlagen

2.1.1 Social Dimension Mainstreaming

Für Maßnahmen zum Ausbau der Studienförderung wurde durch die Strategie ein unterstützendes Narrativ geschaffen. Bereits 2017 kam es mit einer Gesetzesnovelle zu einer deutlichen Erhöhung der Studienbeihilfe (Anhebung der durchschnittlichen Studienbeihilfe pro Person um 24%) und Verbesserungen für ältere Studierende, z. B. Zuschüsse für über 24-Jährige bzw. über 27-Jährige und Bezieherinnen und Bezieher eines Selbsterhalterstipendiums. Auch die jährliche Valorisierung der Studienförderung ab 2022 ist diesbezüglich zu nennen. Sie wurde im Kontext der im Regierungsprogramm 2020–2024[5] vorgesehenen generellen Valorisierung von Sozialleistungen und Förderungen und insbesondere infolge der u. a. durch den Überfall Russlands auf die Ukraine ausgelösten Teuerungen ab 2022 umgesetzt.

Die mit der Veröffentlichung der Strategie erzielte Selbstverpflichtung unterstützte das Agenda Setting und ermöglichte als Folge des in der Strategie präferierten Soziale-Dimensions-Mainstreaming-Ansatzes bei der Einführung der Universitätsfinanzierung NEU (Novellierung des Universitätsgesetzes im Jahr 2018) einen vielbeachteten Umsetzungsschritt in der Universitätssteuerung zu platzieren.[6] Dieser sieht einen Budgeteinbehalt von 0,5% des Globalbudgets in den Leistungsvereinbarungen mit

---

Erkrankung; Studierende mit verzögertem Übertritt ins Hochschulsystem, erwerbstätige Studierende.

5 Aus Verantwortung für Österreich. Regierungsprogramm 2020–2024

6 Die Universitätsfinanzierung NEU sieht § 12a Absatz 4 UG vor: „Zur Sicherstellung der Umsetzung der Maßnahmen zur sozialen Dimension in der Lehre sowie zur Einbeziehung von unterrepräsentierten Gruppen in die Hochschulbildung [...] kann die Bundesministerin oder der Bundesminister bis zu 0,5 Prozent des Globalbudgets einbehalten. Der einbehaltene Betrag wird bei Nachweis der Umsetzung der in der Leistungsvereinbarung vereinbarten Maßnahmen ausbezahlt."

den Universitäten vor, um die Umsetzung von Maßnahmen zur sozialen Dimension in der Hochschulbildung zu fördern. Dieser Einbehalt wurde in den Leistungsvereinbarungen 2019–2021 und 2022–24 umgesetzt und führte dazu, dass in der ersten LV-Periode ein Drittel der Universitäten eigene institutionelle Strategien zur sozialen Dimension entwickelte und implementierte. Die übrigen Universitäten nahmen maßgebliche Vorhaben in die Leistungsvereinbarung auf, die sich z. B. auf Outreach-Maßnahmen, das Monitoring des Studienzugangs sowie die Unterstützung in der Studieneinstiegsphase bezogen. Da alle Universitäten die Umsetzung der Vorhaben berichteten, wurden die einbehaltenen 0,5% (ca. 50 Mio. Euro) ausgezahlt.[7] In der ersten LV-Periode wurden die Projekte zur sozialen Dimension auch durch eine Ausschreibung 2019 zur „Digitalen und sozialen Transformation" (BMBWF, 2020) unterstützt. Zu nennen sind z. B. die Anwendung von Learning Analytics an den Technischen Universitäten Wien und Graz oder das Projekt „On Track – Aktiv Studieren durch die Verknüpfung Sozialer und Digitaler Welten" (nun PLUSTRACK) an der Universität Salzburg. Die genannten Projekte (u. a.) vernetzen sich seit 2023 im DUH Lab (https://www.tugraz.at/events/duhlab/programm).

In der Leistungsvereinbarungsperiode 2022–2024 liegt der Schwerpunkt der Soziale-Dimensions-Vorhaben, für die ca. 51,5 Mio. Euro einbehalten wurden, insbesondere auf der Konsolidierung der bestehenden Maßnahmen, wobei mittlerweile mehr als die Hälfte der öffentlichen Universitäten institutionelle Strategien erarbeitet haben oder erarbeiten. Auch für die Leistungsvereinbarungsperiode 2025–2027, die sich in Vorbereitung befindet, ist die Fortführung des Budgeteinbehalts von 0,5% geplant.

Im Sinne des Mainstreaming-Ansatzes wurde 2017 die soziale Dimension in der Hochschulbildung im Gesamtösterreichischen Universitätsentwicklungsplan 2019–2024 (GUEP) verankert, und zwar in einer Art „Sammelkategorie" (Keplinger & Schaller-Steidl, 2023, S. 140) im „Systemziel 8: Gesellschaftliche Verantwortung der Universitäten: Geschlechtergerechtigkeit, Diversität und soziale Inklusion, Responsible Science, Nachhaltigkeit und digitale Transformation". Geringfügige Modifikationen erfolgten 2019[8]. In der dritten Fassung des GUEP 2025–2030 (BMBWF, 2022a) wurde das Mainstreaming insofern umgesetzt, als die soziale Dimension in das „Systemziel 3: Verbesserung der Qualität und Effizienz der universitären Lehre" als Handlungsfeld integriert wurde, allerdings auf Kosten der Sichtbarkeit.

In der für alle Hochschulsektoren geltenden Dachstrategie, dem 2022 veröffentlichten „Hochschulplan 2030" (BMBWF, 2022b), beinhalten mehrere „qualitative Entwicklungslinien" Fragen der Teilhabe, Durchlässigkeit und neuer Bildungsbiografien sowie Lehre, Forschung und EEK im Kontext gesellschaftlicher Herausforderungen, die soziale Dimension.

---

7 Die diesbezüglichen Berichte der Universitäten wurden für die Zwischenevaluierung der Strategie herangezogen (vgl. Welp-Park & Preymann, 2022).

8 „Systemziel 7: Gesellschaftliche Verantwortung der Universitäten – Dienst an der Gesellschaft: Geschlechtergerechtigkeit, Diversität und soziale Inklusion, Responsible Science, Agenda 2030 und Umsetzung der SDGs, digitale Transformation".

Im Fachhochschulentwicklungs- und Finanzierungsplan 2018/19 bis 2022/23 (BMBWF, 2019b) wurde in zwei Kapiteln (Kapitel „Soziale Durchmischung der Studierenden“ und „Einbeziehung der sozialen Dimension in strategische Überlegungen“) auf die Umsetzung der „Nationalen Strategie zur sozialen Dimension in der Hochschulbildung“ konkret Bezug genommen. Dabei geht es vor allem um die Verringerung der Unterrepräsentanz von Studierenden mit Eltern ohne Maturaabschluss. Die Durchmischung in berufsbegleitenden Fachhochschulstudien ist ohnehin deutlich besser als in Vollzeitstudien[9]. Entsprechende Zielsetzungen, wie die Stärkung des berufsbegleitenden Studiums, die soziale Durchmischung der Studierenden, die Inklusive Hochschule und Frauenförderung vor allem im MINT-Bereich, wurden auch in den FH-Entwicklungs- und Finanzierungsplan 2023/24-2025/26 (BMBWF, 2023a) aufgenommen.

Wenngleich der Pädagogische Hochschulen-Entwicklungsplan 2021–2026 (BMBWF, 2019c) nicht auf die „Nationale Strategie zur sozialen Dimension in der Hochschulbildung“ referenziert, ist die Thematisierung, Reflexion, Anerkennung und Wertschätzung von Diversität im Zielbild verankert (vgl. Welp-Park & Preymann, 2022, S. 13). Im „Strategischen Ziel 4. Weiterentwicklung der Lehre in Aus-, Fort- und Weiterbildung“ wird die „Studierendenzentrierte Ausrichtung des Studiums“ verfolgt, die u. a. die Vereinbarkeit von Studium und Berufstätigkeit, ortsunabhängiges Lernen, Einsatz von E-Learning, effiziente Mentoring- und Buddysysteme, die Weiterentwicklung der Studienberechtigungsprüfung (u. a. auch Anrechnung nicht formaler und informeller Leistungen) und den Aufbau von Interventionsformen zur Verhinderung von Studienabbruch und zur Verbesserung des Studienfortschrittes sowie Schaffung eines bedarfsorientierten und sozialverträglichen Angebots von Vorbereitungs- und Brückenkursen als Umsetzungsziele im Blick hat (BMBWF, 2019c, S. 28 ff.). Durch ihre Aufgaben in der Pädagoginnen- und Pädagogenbildung und Schulentwicklung nehmen die PH eine maßgebliche Rolle im Hinblick auf das Funktionieren der Bildungskette ein und leisten mit „nachhaltigen Bildungskonzepten“ einen entsprechenden Beitrag zu den Sustainable Development Goals (SDGs). An den meisten PH sind Organisationseinheiten für Gender- und Diversitätskompetenz strukturell verankert, die Diversität (und damit auch die soziale Dimension) als Querschnittsmaterie bearbeiten, deren personelle Ressourcensituation angesichts der wachsenden Aufgabenvielfalt allerdings als unzureichend gesehen wird, weshalb Mindeststandards für eine solche Fachstelle ausgearbeitet wurden (Tschenett & Rauch, 2023, S. 79). Nennenswert ist die Profilierung der PH Wien als „Urban Diversity Education Campus“.[10]

---

9 An Vollzeit-FH-Studiengängen lag der Wahrscheinlichkeitsfaktor 2020/21 bei 2,08, das heißt, Studierende mit Vater mit Maturaabschluss waren in diesem Maß gegenüber Studierenden mit Vater ohne Maturaabschluss überrepräsentiert. Bei berufsbegleitenden FH-Studiengängen 2020/21 betrug der Wahrscheinlichkeitsfaktor 1,42.

10 https://phwien.ac.at/aktuelles/paedagogische-hochschule-wird-zum-urban-diversity-education-campus/

Auch in der Hochschulmobilitäts- und Internationalisierungsstrategie des BMWFW 2016 (HMIS; BMWFW, 2016), deren Fokus auf physischer Mobilität lag und die den Universitäts- und Fachhochschulsektor adressierte, wurde mit „Aktionslinie 4 – Soziale Dimension, unterrepräsentierte Gruppen" das Mobilitätsziel der Strategie zur sozialen Dimension in der Hochschulforschung aufgegriffen. Anders als in der Strategie zur sozialen Dimension, in der als quantitativer Indikator die Steigerung des Anteils unterrepräsentierter Studierendengruppen an physischer Mobilität von 14% auf 18% bis 2025 formuliert ist (BMWFW, 2017a, S. 32), wurde in der HMIS die „Entwicklung und Umsetzung gezielter Maßnahmen im Sinne der Verbesserung des Einbezugs von unterrepräsentierten Gruppen in die Mobilität" mit dem Ziel der „Steigerung der Teilnehmerinnen und Teilnehmer unterrepräsentierter Gruppen an Mobilität" (BMWFW, 2016, S. 19 f.) empfohlen. Die HMIS wurde 2020 als Internationalisierungs- und Mobilitätstrategie mit einem Umsetzungshorizont bis 2030 neu aufgelegt und auf alle Hochschulsektoren und alle Hochschulangehörigen erweitert (BMBWF, 2020b). In der Neuauflage der Strategie wird neben des „Ausbaus des Stipendiensystems zur besseren finanziellen Unterstützung unterrepräsentierter Studierendengruppen" auch die „Verbesserung der statistischen Erfassung unterrepräsentierter Gruppen, um die Wirksamkeit der gesetzten Maßnahmen besser bewerten zu können" als Umsetzungsziel gefordert (BMBWF, 2020b, S. 12 f.), weil bislang die Zielerreichung nur durch Daten der Studierenden-Sozialerhebungen evaluiert werden konnte.

In Fragen der Anerkennung und Validierung nicht formaler und informeller Kompetenzen (Aktionslinie 3) erfolgten in Novellierungen des Universitätsgesetzes (UG) und Fachhochschulgesetzes (FHG) 2021 beachtenswerte Weiterentwicklungen, die u. a. auf eine deutliche Verbesserung der Anerkennung von außerhochschulisch erworbenen Leistungen abzielen und den Fokus in der Validierung auf eine konsequente Lernergebnisorientierung legen. Auf die Implementierung dieser Regelungen an den Hochschulen ist Augenmerk zu legen. Im Kontext der Modularisierung von Studien, eine Maßnahme in Aktionslinie 5, brachte das Aufgreifen der Diskussion zu Micro Credentials im Europäischen Kontext auch die innerösterreichische Debatte ins Laufen, die in einem Positionspapier „Empfehlung der nationalen Bologna Follow-Up Gruppe zur Umsetzung von MicroCredentials in Österreich" (Nationale Bologna Follow-Up Gruppe, 2023) mündete.

Die Datenlage (etwa zu soziodemografischen und bildungsbiografischen Merkmalen von Studierenden) und quantitative und qualitative Analysen sind in der Erarbeitung von Maßnahmen und im Monitoring der Implementierung der Strategie zur sozialen Dimension in der Hochschulbildung erfolgskritisch. Daher wurde in der Folge 2020 das UHStat 1[11] um den Migrationshintergrund erweitert. Weiters wurde diese Studienanfänger-Erhebung 2021 gesetzlich auch auf Studienwerberinnen und

11 Im Bildungsdokumentationsgesetz geregelte Erhebung bei der erstmaligen Zulassung zum Studium zu soziodemografischen Merkmalen, wie z. B. dem Bildungshintergrund der Eltern.

Studienwerber von Studien mit Aufnahmeverfahren ausgeweitet,[12] sodass ab Wintersemester 2023/24 ein entsprechendes registerbasiertes Monitoring der Zugangsverfahren an Universitäten und Hochschulen möglich wird (z. B. zur soziodemografischen Fairness von Aufnahme- und Eignungsverfahren).[13] Die Studierenden-Sozialerhebung war 2023 im Feld, der 2024 vorliegende Bericht wird eine gute Informationsbasis für die Evaluierung der Nationalen Strategie zur sozialen Dimension und deren etwaigen Relaunch liefern. 2022 wurden erstmals auch die Maturierenden österreichweit zu ihren Berufs- und Studienaspirationen befragt (Dibiasi et al., 2022), wodurch die Informationsbasis auch für die Schnittstelle Schule und Hochschule verbessert werden konnte. 2024 wird diese Befragung wiederholt. Auch der EUROGRADUATE Survey, der 2022 durchgeführt wurde, erfasst eine Reihe von soziodemografischen Merkmalen der Hochschulabsolventinnen und -absolventen. Inwieweit diese die Erwerbseinmündung beeinflussen, wird der für 2024 erwartete Bericht analysieren.[14]

2.1.2 Dissemination und Vernetzung

Ein weiteres Aktivitätsfeld betrifft die Dissemination und Vernetzung der engagierten Community. In jährlichen Vernetzungskonferenzen werden Erfordernisse und Good Practices ausgetauscht, bisher zu den Themen:

- Wie gelingt Studieren? Unterstützende Faktoren vom Einstieg bis zum Abschluss (2018),
- Übergang Schule – Hochschule (2019),
- Soziale Dimension in Zeiten von COVID-19 und Auswirkungen der COVID-19-Pandemie auf vulnerable Studierendengruppen (Webinare 2021 und 2022),
- Zwischenevaluierung der Nationalen Strategie zur sozialen Dimension in der Hochschulbildung. Ergebnisse, Empfehlungen und nächste Schritte (2022),
- SD und SDGs – Der Beitrag der sozialen Dimension in der Hochschulbildung zu den Nachhaltigkeitszielen (2023).

Auch die Platzierung der Thematik auf den Hochschultagungen (z. B. 2017, 2023) des ÖAD oder Konferenzen der AQ Austria[15] ist erfolgt.

---

12 BGBl. I Nr. 20/2021; Präzisierung in der Universitäts- und Hochschulstatistik- und Bildungsdokumentationsverordnung (UHSBV) (BGBl. II Nr. 301/2022).

13 Gemäß § 143 Abs. 42 UG idF. BGBl. I Nr. 52/2023 ist dem Nationalrat bis Ende 2026 eine weitere Evaluierung über Aufnahmeverfahren an Universitäten vorzulegen.

14 https://www.eurograduate.eu/ Österreich beteiligte sich bereits am Pilotprojekt 2018 und nun gemeinsam mit 16 weiteren EU-Ländern an dieser Absolventinnen- und Absolventenbefragung.

15 ÖAD Bologna-Tag 2017 SocDim_Bologna_Tag_2017.pdf (oead.at), ÖAD Hochschultagung 2023 „The Many Faces of Internationalisation" Hochschultagung 2023 zum Nachlesen | Agentur für Bildung und Internationalisierung (oead.at). Jahrestagung 2023, Forum 4. https://www.aq.ac.at/de/veranstaltungen/dokumente-jahrestagung_2023/jahrestagung-2023.php

Ein weiteres Ergebnis der Vernetzungsaktivitäten zur sozialen Dimension in der Hochschulbildung mündete in der Erstellung von Hochschulprofilen zur sozialen Dimension, die in einer zwischenzeitlich aktualisierten Version vorliegen.[16] Diese Profile erlauben auch einen etwas tieferen Einblick in das Maßnahmengeschehen an Fachhochschulen, Pädagogischen Hochschulen und Privatuniversitäten/-hochschulen, für die kein Berichtswesen, vergleichbar mit den Maßnahmen in den Leistungsvereinbarungen mit den Universitäten, etabliert ist. Hinsichtlich der an den Hochschulen umgesetzten Maßnahmen bestätigt sich das bereits gezeichnete Bild, wenngleich festzuhalten ist, dass die Profile in der vorliegenden Form nicht auf einer systematischen Erfassung fußen, aber durchaus Einblick in die strategische Positionierung der sozialen Dimension in der Hochschulbildung an der Hochschuleinrichtung zulassen. Im Vergleich zu den Universitäten bestehen an den Fachhochschulen, Pädagogischen Hochschulen und Privatuniversitäten/-hochschulen seltener eigenständige institutionelle Strategien, allerdings sind die Maßnahmenbereiche in Leitbildern, Plänen bzw. anderen Strategiefeldern, insbesondere im Gender- und Diversitätsmanagement, platziert. Bei den Maßnahmen scheint es einen Schwerpunkt auf Zieldimension II (Abbruch verhindern, Studienerfolg verbessern) zu geben. Hier werden vor allem Welcome-Veranstaltungen, (Peer-)Mentoring, Brückenkurse und Bestrebungen zur Vereinbarkeit von Studium und Beruf/Pflegetätigkeiten genannt, darunter auch blended oder digitale Lernangebote sowie Angebote zu berufsbegleitendem und berufsermöglichendem Studieren. Teilweise wird auch an der Vereinfachung bzw. transparenten Gestaltung der Anerkennung von informellen/non-formellen Qualifikationen gearbeitet. Unter „benachteiligten Gruppen“ werden vor allem Personen mit körperlichen oder psychischen Einschränkungen verstanden, jedenfalls konzentrieren sich die Maßnahmen häufig auf den Ausbau barrierefreier Infrastruktur, Aufnahmeverfahren, Internetpräsenzen usw. sowie auf die psychologische Studierendenberatung. Vereinzelt, vor allem an Privatuniversitäten, werden Stipendien und finanzielle Unterstützung angeführt.

Wie einleitend dargestellt, führte die internationale Beachtung der österreichischen Strategie zu einer ebensolchen internationalen Dissemination und mehreren Projektbeteiligungen, insbesondere an Erasmus+-Projekten. Zu nennen sind: PLAR-4-SIMP (Social Inclusion in Mobility Programmes) unter Projektleitung des Bildungsministerium von Belgien/Flandern[17], 3-IN-AT (INternationalisation/INclusion/INnovation: Towards high-quality inclusive mobility and innovative teaching &

---

16 Grundlage für die Erstellung der Profile waren drei Fragen, die 2020 gestellt wurden: Welche Entwicklungen gab es an Ihrer Institution seit Anfang 2017 im Bereich der sozialen Dimension? Gibt es an Ihrer Hochschulinstitution eine institutionelle Strategie zur sozialen Dimension? Welchen Einfluss hat COVID-19 auf die Maßnahmen und Strategien zur sozialen Dimension? Inwiefern hindern/befördern die geänderten Rahmenbedingungen die Zielsetzungen, Strategien und Maßnahmen an Ihrer Institution? https://www.bmbwf.gv.at/#q=soziale%20dimension&pg=1&t=simple&po=&mi=

17 https://www.inclusivemobility.eu/plar4simp/

learning in an internationalised Austrian Higher Education Area) und 3-IN-AT PLUS unter Projektleitung von BMBWF und ÖAD, SIDERAL (Social and international dimension of education and recognition of acquired learning) unter Leitung des Ministeriums für Wissenschaft und Bildung in Kroatien.

2.2 Ergebnisse der Zwischenevaluierung 2021/22 (qualitative und quantitative Entwicklung)

Die Zwischenevaluierung der Nationalen Strategie 2021/2022[18] ergab, dass eine strukturelle Verankerung der sozialen Dimension an vielen Hochschulen erreicht wurde, wie bereits in Abschnitt 2.1 ausgeführt wurde. Vor allem im Outreach, also der heterogenitätssensiblen Information und Beratung von Studieninteressierten, konnten qualitative Verbesserungen festgestellt werden. Aufgrund der Effekte der sozialen und akademischen Integration zu Studienbeginn für Studierende aus unterrepräsentierten Gruppen für einen gelingenden Studieneinstieg und in weiterer Folge für das Studium werden von den Hochschulen hierfür vielfältige Maßnahmen gesetzt, verstärkt über intersektionale Wege, um die heterogene Studierendenschaft in ihrer Diversität zu stärken, ohne aber durch Hervorheben der Unterschiede (z. B. exklusiv weibliche Lerngruppen in MINT-Fächern) diese noch weiter zu festigen („Othering").

Bei den neun quantitativen Zielen[19] der Strategie, die vor allem den Hochschulzugang auf Systemebene adressieren, zeichneten sich hingegen noch wenige Fortschritte ab, die sich u. a. aus der Ausgangslage[20], der kurzen Beobachtungsdauer, der vorgelagerten Bildungskette, Fragen der Reichweite, Effizienz und Effektivität der vorgefundenen Maßnahmen sowie den Auswirkungen der Corona-Pandemie ergaben.

18 Welp-Park, E., Preymann, S. (2022). *Zwischenevaluierung der Nationalen Strategie zur sozialen Dimension in der Hochschulbildung.* https://podcast.fteval.at/2076917/13336653

19 Und zwar: Abbau der Unterrepräsentanz von Studierenden mit Eltern ohne Matura; Steigerung der Zahl von Studienanfänger/innen mit nicht-traditionellen Hochschulzugängen, Ausgewogeneres Geschlechterverhältnis in allen Studienfächern; Erhöhung der Hochschulzugangsquote von Bildungsinländer/innen mit Migrationshintergrund, Steigerung der Hochschulzugangsquote in allen Bundesländern, Steigerung der Teilnahme an Auslandsaufenthalten von Studierenden, deren Eltern über keine Hochschulzugangsberechtigung verfügen, Erhöhung der berufsbegleitenden Studienplätze an Fachhochschulen, Steigerung der Zahl der geförderten Selbsterhalter/innen, Weiterentwicklung des Anteils von Anfänger/innen aus nicht-akademischem Elternhaus in Human- und Zahnmedizin. Quantitative Entwicklung siehe BMBWF (2023c), Tabelle 8.13. Siehe auch https://www.bmbwf.gv.at/dam/jcr:e083853a-0d0b-4d3e-879d-5a8422ec7dd7/Vernetzungskonferenz_ZwischenevaluierungSD_171123_final.pdf.

20 „… zumal die Ausgangslage nicht gerade einen schnellen Erfolg verspricht. Untersuchungen zur sozialen Lage der Studierenden zeigen eine ungleiche Verteilung von Bildungschancen in vielen europäischen Ländern. Dass Österreich von dieser sozialen Selektion stark betroffen ist, ist hinlänglich bekannt." (Salmhofer, 2019, S. 220)

Eine Zielerreichung ist bis 2025 für fast alle Indikatoren unwahrscheinlich. Allerdings konnten die Datengrundlagen weiter verbessert werden (siehe oben).

Folglich schlägt die Zwischenevaluierung eine bessere Vernetzung entlang der Bildungskette (Schule, vor allem am Übergang Schule – Hochschule) vor. Außerdem sollte der nicht-traditionelle Zugang zu den Hochschulen erleichtert werden, z. B. durch verbesserte Systeme der Anerkennung beruflicher Erfahrung bei der Zulassung zu Studien, wie sie mit der UG-Novelle 2021 zur Validierung (siehe oben) erfolgt ist.

Darüber hinaus sollen die Wirkungen von Maßnahmen von den Institutionen selbst systematisch überprüft werden. Weitere konkrete Empfehlungen betreffen den Ausbau der Psychologischen Studierendenberatung, mehr Diversitätstrainings für Hochschullehrende und die Schaffung von Studienangeboten, die sowohl fachlich als auch in ihrer Studierbarkeit, für heterogene Gruppen von Studieninteressierten attraktiv sind.

Auf strategischer Ebene wird empfohlen, dem Soziale-Dimensions-Budgeteinbehalt vergleichbare Verbindlichkeiten weiter zu forcieren, etwa in Bezug auf die Managementkultur an den Hochschulen. Im Hinblick auf einen Relaunch bzw. der notwendigen Weiterführung der Nationalen Strategie ab 2026 könnten die drei Zieldimensionen verdichtet und eine stärkere Zusammenarbeit mit vorgelagerten Bildungsinstitutionen integriert werden.

3. Herausforderungen im Umsetzungsprozess der Strategie

3.1 Implementation Gap

Obwohl die bisherigen Umsetzungen darauf verweisen, dass die Nationale Strategie vielfältige Einzelmaßnahmen ausgelöst oder verstärkt hat und die Soziale-Dimensions-Anforderungen mit mehr oder weniger Nachdruck in den Mainstream Einzug gefunden haben, zeigt die Zwischenevaluierung auch, dass trotz der Vielzahl bereits implementierter Maßnahmen an verschiedenen Stellen Handlungsmöglichkeiten offenbleiben. Folglich ist es notwendig, zu analysieren, warum eine systemische Veränderung kaum beobachtbar ist und eine (quantitative) Zielerreichung absehbar unrealistisch erscheint. Eines der dafür verantwortlichen Phänomene ist ein anhaltender *Implementation gap*[21]. Weil die Entwicklung und Umsetzung von adäquaten, struktur- und systemwirksamen Maßnahmen aufwändig und ressourcenintensiv ist und mitunter Widerstand hervorruft („Bohren dicker Bretter"), liegt der Kompromiss in rasch umsetzbaren, zeitlich befristeten Einzelprojekten („Projektitis"). Auf dieses Spannungsverhältnis hat Salmhofer am Beispiel der Universität Graz bereits 2017 hingewiesen, indem sie die Umsetzung der sozialen Dimension in vielen, „hervorragende Arbeit" leistenden Pilotprojekten ausschildert, teilweise auch um zu experimentieren, „welche Maßnahme für welche Zielgruppe zu welchem Zweck eingesetzt werden

21 Vgl. Keynote von Helen Maher auf der AQ-Jahrestagung 2023. https://www.aq.ac.at/de/veranstaltungen/dokumente-jahrestagung_2023/jahrestagung-2023.php

kann", aber dennoch für eine „ganzheitlich(er)e" Bearbeitung und „abgestimmte Strategie, die mehr ist als die Summe ihrer schon vorhandenen singulären Insellösungen", eintritt. (Salmhofer, 2019, S. 224–226)

Wurden zum Zeitpunkt der Strategieentwicklung 2016 in der diesbezüglichen Maßnahmenerhebung[22] rund 170 Maßnahmen an 39 Hochschulen erfasst, bildete die Zwischenevaluierung für 2021 fast 750 Maßnahmen an 60 Hochschulen ab. Während es bei einzelnen Institutionen zu einer Vervielfachung der gemeldeten Maßnahmen gekommen ist, zeigt sich bei anderen Hochschulen keine Zunahme. Auf Basis der Meldungen können die Maßnahmen nicht in ihrer Reichweite und Wirkung kategorisiert werden, weshalb ein derartiger quantitativer Vergleich allein zu kurz greift. Vielfach zeigt sich aber, dass viele Maßnahmen sehr kleinteilig und ressourcenschwach sind und folglich nicht zur notwendigen kritischen Masse führen, bspw. nur sehr wenige Studierende in einem Mentoring-Programm Platz haben, Outreach viele nicht erreicht und Beratungsangebote begrenzt sind oder wirken. Hinzu kommt, dass die Einzelmaßnahmen und Projekte an den Hochschuleinrichtungen zueinander in Konkurrenz stehen (können) und regelmäßig zur Weiterfinanzierung anstehen. Die Entscheidung darüber gestaltet sich schwierig, weil – abgesehen von Teilnehmendenzahlen und Zufriedenheitsbefragungen – Analysen zur Wirkung der Maßnahmen, das heißt ihrer Reichweite, Effizienz und Effektivität (teils infolge zu kurzer Beobachtungsdauer), kaum verfügbar sind.

Größeres Veränderungspotential wird durch eine strategische Verankerung von Einzelmaßnahmen zu realisieren sein. Um die „richtigen" Maßnahmen für die jeweiligen Institutionen zu identifizieren, bedarf es eines effektiven Zusammenwirkens von Top-down- und Bottom-up-Initiativen in der weiteren Implementierung der sozialen Dimension in der Hochschulbildung sowie möglicherweise einer Prioritätenreihung (Maßnahmenkaskade), sobald man auf Ergebnisse des Wirkungsmonitorings zurückgreifen kann.

Der Soziale-Dimensions-Budgeteinbehalt in den Leistungsvereinbarungen mit den Universitäten konnte eine rasche Umsetzung von Maßnahmen („Vorhaben"), häufig sogar die Entwicklung einer institutionellen Strategie zur sozialen Dimension evozieren. Solange damit aber keine Zielgrößen, Output und Ergebnisse verbunden sind, bleibt dessen in Zahlen bewertbare Nachverfolgung der Wirkungen begrenzt. Zudem läuft man Gefahr, dass an den Universitäten der Eindruck entstehen könnte, dass der (geringfügig veränderte) Status quo bereits gängige Standards erfüllt und (innovative und nachhaltige) Weiterentwicklungen in diesem Bereich hintangestellt werden. Wie diese Diskrepanz und der damit verbundene *Implementation gap* sichtbar gemacht und angesteuert werden können, wird in einem etwaigen Relaunch der Nationalen Strategie herauszuarbeiten sein.

22 Durchgeführt von 3s (Wulz & Nindl, 2016; BMBWF, 2017, S. 16 f.)

3.2 Multiple gesellschaftliche Anforderungen in der Dritten Mission von Hochschulen

Die bisher vier Konferenzen des österreichischen Netzwerks Hochschulforschung haben mehrfach mit „Quo vadis, Hochschule?" (2017), „Uncertainty in Higher Education – Hochschulen in einer von Volatilität geprägten Welt" (2021) und „Hochschulforschung in einem von Transition und Transformation geprägten Feld" (2023) auf die multiplen gesellschaftlichen Anforderungen, die sich an Hochschuleinrichtungen, u.a. im Zusammenhang mit der Bearbeitung gesellschaftlicher/wirtschaftlicher Herausforderungen in der Dritten Mission ergeben, hingewiesen.

Mit dem Hochschulplan 2030, dem GUEP, FH-Entwicklungsplan (siehe oben), der FTI-Strategie 2030 (samt konkreten 3-jährigen FTI-Pakten) (Bundesregierung, 2020) sowie diversen thematischen Strategien wird die (politische) Anstrengung unternommen, diverse Entwicklungen im Universitäts- und Hochschulbereich mit steuernden Interventionen und Lösungsbeiträgen zu unterstützen, zu befördern oder einzuleiten. Ereignisse wie die Corona-Pandemie oder der Überfall Russlands auf die Ukraine samt den Folgewirkungen können in den Strategien nicht antizipiert sein. Allerdings adressieren die Governance-Instrumente grosso modo strategische Weiterentwicklungen zur Digitalisierung und Künstlichen Intelligenz sowie die Societal Challenges, Zukunftsthemen wie Tech for Green, Klimaziele, Migration, Gesundheit und Mobilität etc.

Die Leistungen von Universitäten/Hochschulen für Wirtschaft und Gesellschaft, deren dritte Mission im Wissens- und Technologietransfer und in der gesellschaftlichen Verantwortung bzw. deren gesellschaftlichem Engagement, etwa in der Umsetzung der SDGs, sind in den letzten Jahren in der Priorisierung nach oben gerückt. Der Kongress für Hochschulinnovation 2021 fasst demgemäß acht „Kernelemente eines zukunftsfähigen Hochschulsystems" holistisch zusammen, deren Umsetzung strukturverändernde Folgen zeitigen würde: Wissenschaft als „Schlüssel zur Bewältigung der großen gesellschaftlichen Herausforderungen" (1), deutlicheres Aufzeigen der gesellschaftlichen Relevanz der Arbeit von Hochschulen in der Wissenschaftskommunikation (2), stärkere Vernetzung aller Akteure und Verbesserung der Zusammenarbeit u.a. an Schnittstellen (3), deutliche Beschleunigung im Wissens- und Technologietransfer (4), multidimensionale, unterschiedliche Anspruchsgruppen einbeziehende, externe Hochschulgovernance (5), interne Hochschulgovernance, die die Steuerung mit der Partizipation der Hochschulmitglieder verbindet (6), innovative und vielfältige, hybride Lehrformate für eine heterogene Studierendenschaft und Förderung der Potenziale aller Studierenden (7) und ausreichende Finanzierung für Veränderung und Weiterentwicklung (8).[23] Folgt man diesen systemischen Anforderungen, ist die soziale Dimension in der Hochschulbildung – mit den bereits

23 Auf Einladung des Bayerischen Wissenschaftsministeriums, Stifterverbands und der Heinz Nixdorf Stiftung (Embert et al, 2021).

skizzierten Herausforderungen – zu den Kernelementen eines zukunftsfähigen Hochschulsystems aufgerückt.

Die 17 Sustainable Development Goals (Agenda 2030) wurden 2015 von der UNO verabschiedet. Sie integrieren die wirtschaftliche, soziale und ökologische Dimension notwendiger Veränderungen, um eine nachhaltige Entwicklung für die (Welt-) Gesellschaft anzusteuern. Demzufolge ermöglicht eine stärker integrierende Herangehensweise in der Dritten Mission von Hochschulen Synergien in der Bearbeitung der angesprochenen Themen, wie soziale Dimension, Gender/Diversity/Equity/ Inclusion, SDGs, die die Sichtbarkeit erhöhen und den *Implementation gap* verringern werden. Wobei nicht unerwähnt bleiben soll, dass von außen an Hochschulen herangetragene Anforderungen nach einer stärkeren gesellschaftlichen Orientierung auch „Abwehrreaktionen“ hervorrufen können (vgl. Schneidewind, 2016, S. 15). Ob die Anforderungen zugenommen haben, wie Pausits et al. feststellen, oder nur deren Perzeption, sei dahingestellt, „sie führen auch zu einer Komplexitätssteigerung in der Steuerung, Qualitätsentwicklung und in der Zieldefinition und dem Selbstverständnis hochschulischen Handelns“, einem gestiegenen „Leistungsportfolio“ und mehr „Beeinflussbarkeit der Institutionen von außen und innen“ (Pausits et al., 2023, S. 7). Schneidewind hält dem entgegen, dass „Gesellschaftsorientierung“ nicht zu hervorragender Forschung und Lehre an Hochschulen in Widerspruch steht und fordert sogar, die „Third Mission“ konsequent zur „First Mission“ von Hochschulen zu machen (Schneidewind, 2016, S. 21). Denn: „Forschungs- und Bildungsthemen werden aus der Perspektive von gesellschaftlichen Herausforderungen her definiert. Fragen des Klimawandels und ökologischer Veränderungen, sozialer Gerechtigkeit, der Gesundheit in alternden Gesellschaften, der Integration von Flüchtlingen sind in einer Wissensgesellschaft nicht ohne angemessene Prozesse der wissenschaftlichen Wissensproduktion und Bildung zu bewältigen“ (Schneidewind, 2016, S. 18).

Durch eine vermehrte „Gesellschaftsorientierung“– etwa in der Integration der „Kernelemente eines zukunftsfähigen Hochschulsystems“ (vgl. oben) – und damit einhergehenden Aufwertung der Dritten Mission könnte der *Implementation gap* in der sozialen Dimension nachhaltig verringert werden. Zumal das Hinausschieben der Umsetzung stärker strukturwirksamer Maßnahmen, wie beispielsweise die Aufnahme von Dritte-Missions-Leistungen in das Assessment wissenschaftlicher Karrieren, die ungelösten Anforderungen nicht nur verstetigt, sondern möglicherweise vergrößert.

3.3 Bildungskette

„Um den Zugang und die Teilhabe an Hochschulbildung für alle unterrepräsentierten Gruppen zu verbessern, ist erhöhtes Augenmerk auf die soziale Inklusion im gesamten Bildungs- und Ausbildungssystem zu richten“ (BMWFW, 2017a, S. 20). Die Nationale Strategie ist nicht blind gegenüber der Notwendigkeit, die Inklusion im gesamten Bildungsverlauf junger Menschen anzusprechen, überschätzt aber möglicherweise die potentiellen Wirkungen von Maßnahmen, die primär im Hochschulsystem und an Hochschuleinrichtungen gesetzt werden können. Dies gilt insbesondere für die quantitativen Ziele zum Hochschulzugang auf Systemebene, die auch das regionale Schulangebot, die soziale Zusammensetzung in AHS und BHS sowie Übertrittsmuster (z. B. Bildungsverläufe, geschlechtsspezifische Studienwahl, lebenslanges Lernen) u. a. reflektieren müssen.

Hochschulen unterschätzen dagegen ihren Aktionsradius mitunter: „Inklusion zu einem Zeitpunkt einzufordern, wenn eine soziale Selektion längst erfolgt ist, macht die Akteurinnen und Akteure an den Hochschulen oftmals ratlos. So lässt sich das übergeordnete Ziel sicher auch langfristig nicht erreichen – weder bis 2025 noch darüber hinaus." (Salmhofer, 2019, S. 223) Österreich weist im Eurostudent-Vergleich einen hohen Anteil an nicht-traditionellen Studierenden auf, z. B. durch Personen, die ihr Studium verzögert aufnehmen (28% mehr als zwei Jahre nach Erwerb der Hochschulzugangsberechtigung; 16% im Durchschnitt der Eurostudent-Länder) oder vor Studienbeginn Arbeitserfahrung gesammelt haben (Hauschildt et al., 2021, S. 96 ff.). Das zeigt, dass nicht-traditionelle, nicht lineare Bildungskarrieren bereits etabliert und akzeptiert sind. Ein Ausbau der Anerkennung und Validierung von Leistungen außerhalb des formellen Bildungswesens können hierzu einen weiteren Beitrag liefern. Auch der Outreach und die Dritte Mission insgesamt (siehe oben) können zur „Öffnung" der Hochschulen für atypische Anspruchsgruppen herangezogen werden. Weiters wird auf die Pädagoginnen- und Pädagogenbildung hingewiesen, die die Nahtstelle von Schule und Hochschule inhaltlich und personell besser verbinden kann. Hierzu liefert auch die Bildungs- und Hochschulforschung einen wichtigen Beitrag, z. B. durch Evidenzen zu den Wirkungen früher Intervention in Bezug auf Bildungsvererbung oder Analysen zu Geschlechterstereotypen. Jedenfalls zu konzedieren sind längere Umsetzungszeiträume, bis Maßnahmen zur sozialen Dimension Wirkung zeigen, und multidimensionale Einflussfaktoren auf Bildungsbiografien.

Bei den Maturierenden zählt die Beeinflussung durch die Familie zu den zentralen Einflussfaktoren auf die Wahl, ein Studium oder einen Beruf aufzunehmen. Eine Studienaufnahme ist wahrscheinlicher, wenn die Familie stärker bei der Entscheidungsfindung präsent ist. Insbesondere Maturierende aus Akademikerhaushalten werden häufiger in Richtung Studienaufnahme geführt und sind besser informiert. Umgekehrt wird Maturierenden nicht explizit von einem Studium abgeraten, weshalb in der Beratung durchaus Hebel bestünden, Maturierenden ohne akademischem Hintergrund ein Studium interessant zu machen (vgl. Dibiasi et al., 2022, S. 7, 36, 43).

4. Zusammenfassung: prozessfördernde und herausfordernde Faktoren in der Strategieimplementierung

In den dargestellten sieben Jahren der Implementierung der „Nationalen Strategie zur sozialen Dimension in der Hochschulbildung" sind nennenswerte Erfolge erzielt worden. Unter Voraussetzung des Commitments der politischen Ebene und einer breiten, alle Stakeholder (Studierende, Hochschulmanagement, Praktikerinnen und Praktiker, Verwaltung) einbeziehenden Strategieentwicklung glückte das Agenda Setting und ermöglichte ein Social Dimension Mainstreaming in diversen Steuerungsmaßnahmen für Universitäten und Hochschulen. Damit sind die wichtigsten Faktoren benannt, die die Umsetzung von Strategien generell und der hier behandelten „Nationalen Strategie zur sozialen Dimension in der Hochschulbildung" deutlich verbessern bzw. befördern. Stellvertretend sei der Soziale-Dimensions-Einbehalt in der Universitätsfinanzierung genannt, der wichtige Folgewirkungen, etwa durch Etablierung einer Reihe von Projekten, auslöste. Die Datengrundlagen wurden weiter verbessert und die anhaltende Dissemination (u. a. im Bologna-Prozess) sowie die Vernetzung der Akteurinnen und Akteure sind ebenfalls positiv zu verbuchen.

Auf zahlreichen eingeleiteten Maßnahmen im Outreach aufbauend können die Hochschulen ihre Kooperationen mit Schulen und Informations- und Beratungsstellen weiter ausbauen und strukturell anbinden, nicht nur um unterrepräsentierte Gruppen besser zu erreichen, sondern um den Fokus auf vorhergehende Bildungsstufen zu erweitern. Zugleich kann nicht-traditionellen Bildungswegen deutlich erhöhte Aufmerksamkeit zukommen, indem die Anerkennung und Validierung von non-formalen Bildungs- und Weiterbildungsleistungen und die Durchlässigkeit zwischen ordentlichen und Weiterbildungsstudien, aber auch das Angebot von Micro-Credentials forciert werden. Letztere wären im Hinblick auf die Modularisierung von Studien, insbesondere in Verbindung mit digitalen Elementen und Online-Tools, vielversprechend.

Neben Studienberatung, Tutoring-Angeboten usw. sollten aber auch die Workloads der Curricula weiter überprüft werden und in der Studienorganisation die Vereinbarkeit des Studiums mit anderen Lebensbereichen mit mehr Infrastruktur (E-Learning-Angebote, Betreuungsangebote für Studierende mit Kind) verbessert werden. In der Personalentwicklung könnten verbindliche Diversitätstrainings dazu beitragen, Diversität in der Hochschulkultur nachhaltig zu verankern. Grundsätzlich ist – zusammengefasst – strukturwirksamen Maßnahmen und der Diversitäts- und Heterogenitätssensibilität bei allen Maßnahmen der Vorzug zu geben.

Mit „*Implementation gap*" wird ein häufig beobachtbares Phänomen beschrieben, in welchem trotz einer Vielzahl von faktischen Einzelmaßnahmen und -projekten nur geringe Umsetzungswirkungen ersichtlich werden, etwa hinsichtlich der Verbesserung bei Indikatoren auf Systemebene. Daher sind in der Ausgestaltung von Maßnahmen u. a. ihre strategische Verankerung, eine adäquate Ressourcenausstattung, Zielgrößen und die konsequente Evaluierung samt Wirkungsmonitoring erfolgskritisch. Auch die Aufwertung der Dritten Mission im Leistungsportfolio von Hochschulen sollte zu Implementierungsfortschritten in Bezug auf die soziale Dimension führen, wenngleich die explizite Sichtbarkeit der sozialen Dimension als einer Notwendigkeit in den multiplen gesellschaftlichen Anforderungen geringer wird.

Angesichts der Platzierung der sozialen Dimension im Hochschulplan 2030 (BMBWF, 2022b) und in den Teilstrategien für die einzelnen Hochschulsektoren sowie der Notwendigkeit, längere Umsetzungszeiträume für die qualitative und quantitative Zielerreichung vorzusehen, ist von einer etwaigen Neuauflage der Nationalen Strategie 2025 ein beträchtlicher Implementierungsschub zu erwarten. Auch der 2023 vom Bildungsminister vorgelegte Aktionsplan „MI(N)Tmachen: BMBWF-Aktionsplan für mehr MINT-Fachkräfte" (BMBWF, 2023b) oder die Ressortstrategie „Klasse Job", u. a. zur Bewältigung des Lehrkräftemangels, werden ohne die heterogenitätssensible Förderung von Talenten, die neben dem Geschlecht weitere soziodemografische Merkmale (Migrationshintergrund, regionale Herkunft, Bildungshintergrund der Eltern etc.) – möglichst intersektional – anspricht, nicht auskommen.

Für den Relaunch der Soziale-Dimensions-Strategie könnte auf verbesserte Datengrundlagen (z. B. UHStat 1 Weiterentwicklung), aktuelle Evidenzen (Maturierendenbefragung 2024, Studierenden-Sozialerhebung 2023, Eurostudent 2024) sowie zahlreiche Analysen an den Universitäten und Hochschulen (Stichwort *Institutional research;* z. B. *Learning analytics*) zurückgegriffen werden. Neuerliche breite Stakeholdereinbindung, der gelegentliche Blick über die nationalen Hochschulsystemgrenzen hinaus, eine partizipative Evaluierung sowie fakteninformierte Zielfestlegung mit klaren, verbindlichen Meilensteinen (idealerweise mit Maßnahmen bei Nichterfüllung) sind als weitere erfolgskritische Prozesselemente zu nennen.

Literatur

Bundesministerium für Wissenschaft, Forschung und Wirtschaft (BMWFW). (2016). *Hochschulmobilitätsstrategie des BMWFW zur Förderung transnationaler Mobilität an österreichischen Universitäten, Fachhochschulen und Privatuniversitäten.*

Bundesministerium für Wissenschaft, Forschung und Wirtschaft (BMWFW). (2017a). *Nationale Strategie zur sozialen Dimension in der Hochschulbildung. Für einen integrativeren Zugang und eine breitere Teilhabe.* https://www.bmbwf.gv.at/dam/jcr:c9a80638-7c6c-4a3f-912b-8884ccc1ed2a/Nationale%20Strategie%20(PDF).pdf

Bundesministerium für Bildung, Wissenschaft und Forschung (BMBWF). (2017b). *Der Gesamtösterreichische Universitätsentwicklungsplan 2019–2024.* https://www.bmbwf.gv.at/dam/jcr:0f97bd04-a5ae-4d6c-ae64-e4441365e964/GUEP_2019-2024__Langversion.pdf

Bundesministerium für Bildung, Wissenschaft und Forschung (BMBWF). (2019a). *PH-EP. Pädagogische Hochschulen-Entwicklungsplan 2021–2026.*

Bundesministerium für Bildung, Wissenschaft und Forschung (BMBWF). (2019b). *Fachhochschulentwicklungs- und Finanzierungsplan 2018/19–2022/2023.* https://www.bmbwf.gv.at/dam/jcr:12facb32-b08a-4bca-97b4-d7dc6703e0ef/fhplan_201819-202223.pdf

Bundesministerium für Bildung, Wissenschaft und Forschung (BMBWF). (2019c). *PH-EP Pädagogische Hochschulen – Entwicklungsplan 2021–2026.* https://www.bmbwf.gv.at/dam/jcr:1a4baa01-0b58-4af7-9e90-ae137b8c50be/190904_Brosch%C3%BCre_PH_Entwicklungsplan_A4_BF%20ew.pdf

Bundesministerium für Bildung, Wissenschaft und Forschung (BMBWF). (2020). *Digitale und soziale Transformation. Ausgewählte Digitalisierungsvorhaben an öffentlichen Universitäten 2020 bis 2024.* https://pubshop.bmbwf.gv.at/index.php?rex_media_type=pubshop_download&rex_media_file=digital_uni.pdf

Bundesministerium für Bildung, Wissenschaft und Forschung (BMBWF). (2020b). *Nationale Hochschulmobilitäts- und Internationalisierungsstrategie 2020–2030. „Internationalisierung auf vielen Wegen".*

Bundesministerium für Bildung, Wissenschaft und Forschung (BMBWF). (2021). *Hochschulprofile zur sozialen Dimension.* https://www.bmbwf.gv.at/dam/jcr:97ed3895-4743-4d5f-b1cc-54c0c715f48e/Hochschuleprofile%20zur%20sozialen%20Dimension%20in%20der%20Hochschulbildung_bf.pdf

Bundesministerium für Bildung, Wissenschaft und Forschung (BMBWF). (2022a). *Der Gesamtösterreichische Universitätsentwicklungsplan 2025–2030.* https://www.bmbwf.gv.at/dam/jcr:75e41b21-d850-47e1-b434-3d06456b1dd2/231031_Broschuere_GUEP_A4_BF.pdf

Bundesministerium für Bildung, Wissenschaft und Forschung (BMBWF). (2022b). *Der österreichische Hochschulplan 2030.* https://www.bmbwf.gv.at/dam/jcr:797df284-3ede-437e-9806-ebd6683fb880/Final_Brosch%C3%BCre_Hochschulplan_A4_BF.pdf

Bundesministerium für Bildung, Wissenschaft und Forschung (BMBWF). (2023a). *Fachhochschulentwicklungs- und Finanzierungsplan 2023/24–2025/26.* https://www.bmbwf.gv.at/dam/jcr:21a04113-7bae-4573-a393-e2a2bcc22920/230321_Brosch%C3%BCre_FH_Entwicklungsplan_BF.pdf

Bundesministerium für Bildung, Wissenschaft und Forschung (BMBWF). (2023b). *Hochschulprofile zur sozialen Dimension. Aktualisierte Version 2023.* https://www.bmbwf.gv.at/dam/jcr:30369308–7322-4af3-ae8b-03f38e9cac6c/231020_Hochschulprofile-soz-Dim_Broschuere.pdf

Bundesministerium für Bildung, Wissenschaft und Forschung (BMBWF). (2023b). *MI(N)T-machen: BMBWF-Aktionsplan für mehr MINT-Fachkräfte.* https://www.bmbwf.gv.at/#q=MINT%20Aktionsplan&pg=1&t=simple&po=&mi=

Bundesministerium für Bildung, Wissenschaft und Forschung (BMBWF) (2023c). *Statistisches Taschenbuch – Hochschulen und Forschung 2023.* https://www.bmbwf.gv.at/dam/jcr:df90f1b3-93ca-408e-b379-c0d5a2e8c376/Stat_TB_2023_bf.pdf

Bundesregierung. (2020). *FTI-Strategie 2030. Strategie der Bundesregierung für Forschung, Technologie und Innovation.* https://www.bundeskanzleramt.gv.at/dam/jcr:1683d201-f973-4405-8b40-39dded2c8be3/FTI_strategie.pdf

Claeys-Kulik, A.-L., Ekman Jørgensen, Th. (2018). *Universities' Strategies and Approaches towards Diversity, Equity and Inclusion. Examples from across Europe. Richtig zitieren nach der Harvard-Methode. Eine Arbeitshilfe für das Verfassen wissenschaftlicher Arbeiten.* Brüssel. Verfügbar unter: universities-39-strategies-and-approaches-towards-diversity-equity-and-inclusion.pdf (eua.eu) [16.01.2024].

Crosier, D., Haj, C. M. (2020). *Evolving Social Dimension of the European Higher Education Area.* In Curaj, A., Deca, L., Pricopie, R. (Hrsg.), *European Higher Education Area. Challenges for a New Decade.* S. 147–160. Springer International Publishing. https://doi.org/10.1007/978-3-030-56316-5_11

Dibiasi, A., Engleder, J., Fenz, K., Valentin, C. (2022). *Maturierendenbefragung 2022. Informationssituation sowie Bildungs- und Berufswahl von Maturierenden in Österreich.* https://pubshop.bmbwf.gv.at/index.php?rex_media_type=pubshop_download&rex_media_file=ihs_maturierendenbefragung_2022.pdf

Embert, U., Lenz, T., Reimer, M. (2021). *Kongress für Hochschulinnovation: Kernelemente eines zukunftsfähigen Hochschulsystems.* IHF kompakt. https://www.ihf.bayern.de/fileadmin/user_upload/Publikationen/IHF_Kompakt/IHF-kompakt-Oktober-2021.pdf

European Commission: European Education and Culture Executive Agency (2022). *Towards equity and inclusion in higher education in Europe.* Publications Office of the European Union. https://doi.org/10.2797/631280

European Higher Education Area [EHEA]. (2015). *Yerevan Communiqué.* https://www.ehea.info/Upload/document/ministerial_declarations/YerevanCommuniqueFinal_613707.pdf

Hauschildt, K., Gwosć, Ch. Schirmer, H. Wartenbergh-Cras, F. (2021). *Eurostudent VII 2018–2021: Social and Economic Conditions of Student Life in Europe. Synopsis of Indicators.*

Keplinger, M., Schaller-Steidl, R. (2023). Universitätssteuerung und Gleichstellungsthematiken. Anmerkungen zu ausgewählten Entwicklungen innerhalb von 5 LV-Perioden seit 2007. In Bundesministerium für Bildung, Wissenschaft und Forschung (2023). *Von der Geschlechterpolitik zur diversitätsorientierten Gleichstellungspolitik im österreichischen Hochschul- und Forschungsraum.* https://pubshop.bmbwf.gv.at/index.php?rex_media_type=pubshop_download&rex_media_file=gleichstellungspolitik.pdf

Kottmann, A. et al. (2019). *Social Inclusion Policies in Higher Education: Evidence from the EU. Overview of major widening participation policies applied in the EU 28.* https://doi.org/10.2760/944713

Mitchell N. (2018, November 28). *Most countries failing to tackle unequal access to HE.* In University World News. https://www.universityworldnews.com/post.php?story=20181203055421486

Nationale Bologna Follow-up Gruppe (2023). *Empfehlung der nationalen Bologna Follow-up Gruppe zur Umsetzung von Micro-Credentials in Österreich.* https://www.bmbwf.gv.at/dam/jcr:b7080820-930a-49ed-a99c-0e43ce29ab94/211216%20Position%20der%20%C3%B6sterreichischen%20%20Hochschbildung%20zu%20Microcredentials.pdf

Pausits, A., Fellner, M., Gornik, E., Ledermüller, K., & Thaler, B. (2023). Hochschulen in einer von Volatilität geprägten Welt. Exemplarische Beiträge aus Hochschulforschung und Praxis. In A. Pausits, M. Fellner, E. Gornik, K. Ledermüller, B. Thaler (Hrsg.), *Uncertainty in Higher Education. Hochschulen in einer von Volatilität geprägten Welt* (S. 7–16). Waxmann. https://doi.org/10.31244/9783830996880

Salmhofer, G. (2019). Feigenblatt oder wirksames Instrument? Die soziale Dimension in der Hochschulbildung: Hintergründe, Strategien, Perspektiven. In E. Hillebrand-Augustin, G. Salmhofer & L. Scheer. (Hrsg.), *Responsible University. Verantwortung in Studium und Lehre. Sammelband zum Tag der Lehre 2017 der Karl-Franzens-Universität Graz.* Graz Leykam.

Salmi, J. (2018). *All around the world – Higher education equity policies across the globe.* https://worldaccesshe.com/wp-content/uploads/2018/11/All-around-the-world-Higher-education-equity-policies-across-the-globe-.pdf

Salmi, J. (2019) *Measuring the Impact of Equity Promotion Policies: Lessons from National and Institutional Case Studies.*

Salmi J. (2020). *Higher education across the globe* [Vortragsfolien]. Verfügbar unter: https://www.bmbwf.gv.at/Themen/HS-Uni/Studium/Leitthemen/SozDim.html#Vernetzungsaktivit%C3%A4ten [16.01.2024].

Schneidewind, U. (2016). Die „Third Mission" zur „First Mission" machen? *die hochschule,* 1/2016, 14–22.

Tschenett, R., Rauch, G. (2023). Gleichstellung und Aufbau von Gender- und Diversitätskompetenz an Pädagogshcen Hochschulen. In Bundesministerium für Bildung, Wissenschaft und Forschung (2023). *Von der Geschlechterpolitik zur diversitätsorientierten Gleichstellungspolitik im österreichischen Hochschul- und Forschungsraum.* https://pubshop.bmbwf.gv.at/index.php?rex_media_type=pubshop_download&rex_media_file=gleichstellungspolitik.pdf

Unger, M., Binder, D. et al. (2020). *Studierenden-Sozialerhebung 2019*.

Welp-Park, E., Preymann, S. (2022). *Zwischenevaluierung der Nationalen Strategie zur sozialen Dimension in der Hochschulbildung*. https://doi.org/10.22163/fteval.2022.591

Wulz, J., Nindl, S. (2016). *Studie zu Maßnahmen zur sozialen Dimension für einen integrativeren Zugang und eine breitere Teilhabe in der Hochschulbildung*. Unveröffentlichter Projektbericht.

Zaussinger, S., Unger, M. et al. (2016). *Studierenden-Sozialerhebung 2015*.

Informationskapital und Resilienz[1]

Erna Nairz-Wirth & Maria Pöschl

Abstract: Die hohe Zahl an Studienabbrüchen in Österreich verursacht hohe individuelle und gesamtgesellschaftliche Kosten und weitreichende Problematiken. Der Großteil der Studienabbrüche passiert dabei bereits während der ersten beiden Semester an der Hochschule. In zahlreichen empirischen Studien wurde erwiesen, dass resiliente Studierende ein Hochschulstudium seltener abbrechen als weniger resiliente Studierende. Der Zugang zu studienbezogenem Informationskapital kann die Selbstwirksamkeitserwartung und damit die Resilienz Studierender positiv beeinflussen. Der Beitrag untersucht den Zugang zu Informationskapital in Form von hot knowledge in drei unterschiedlichen universitären Feldern. Dabei wurde im Rahmen eines drittmittelfinanzierten Forschungsprojektes erhobenes qualitatives Datenmaterial analysiert. Die Ergebnisse verdeutlichen die Bedeutung von Sozialkapital für den Zugang zu Informationskapital. Darüber hinaus zeigt sich die Bedeutung digitaler Gruppen für den Informationsaustausch unter Studierenden. Bemerkenswert ist der unterschiedliche Grad der Institutionalisierung des Zugangs zu Informationskapital in den drei untersuchten universitären Feldern.

Keywords: Resilienz, Informationskapital, Übergang – resilience, information capital, transition

1. Einleitung

Die Zahl der Studienabbrüche bleibt in Österreich konstant hoch, im Durchschnitt der letzten 20 Jahre brach etwa ein Drittel der Studierenden ein begonnenes Hochschulstudium wieder ab (Unger et al., 2020, S. 100). Ein Studienabbruch verursacht den betroffenen Individuen hohe Folgekosten, so erzielen Studienabbrecher*innen im Vergleich zu Absolvent*innen geringere Lebenseinkommen und sind häufiger und länger arbeitslos (Thaler & Unger, 2014). Eine Studie aus den USA verweist auf eine geringere Lebenszufriedenheit von Studienabbrecher*innen im Vergleich zu Akademiker*innen (Faas et al., 2018, S. 680). Doch nicht nur für die betroffenen Individuen, sondern auch für die Gesellschaft entstehen durch einen Studienabbruch weitreichende Problematiken. Gesellschaftliche Nachteile sind beispielsweise niedrigere Steuereinnahmen und ein weiterer akademischer Fachkräftemangel (Neugebauer et

1 Teile der in diesem Beitrag vorgestellten Ergebnisse werden in englischer Sprache im folgenden Beitrag präsentiert: Nairz-Wirth, E.; Feldmann, K.; Weiss, S. & Pöschl, M. (2024). Interplay of Habitus & University Fields. In J. Nooij, A. Gannon, B. Broucker, M. O'Hara & S. Preymann (Hrsg.), *Shaping the World of Change – Higher Education as a Key Enabler.* Higher Education: Linking Research, Policy and Practice 5. Brill.

al., 2019). Dem muss hinzugefügt werden, dass der Großteil der Studienabbrüche in Österreich (Unger et al., 2020) sowie auch international (Aina et al., 2022; Fourie, 2020) bereits im ersten Studienjahr erfolgt, daher kann der Übergang an die Hochschule als besonders herausfordernde Studienphase charakterisiert werden.

Studierende, deren Eltern über keinen Hochschulabschluss verfügen, sogenannte Studierende der ersten Generation, brechen ein Hochschulstudium in Österreich und anderen EU-Ländern besonders häufig ab (Casanova et al., 2018; Neukirchen, 2022; Unger et al., 2009). Auch Studierende, welche 20 oder mehr Stunden pro Woche arbeiten (Choi, 2018), Studierende mit alternativer Zugangsberechtigung, Studierende, welche bei Studienbeginn älter als 25 Jahre sind, Studierende, welche einer ethnischen Minderheit angehören, und Studierende mit Betreuungsverpflichtungen haben ein erhöhtes Risiko, das Studium abzubrechen (Unger et al., 2009). Die Gründe dafür sind komplex, jedoch gibt es breiten Konsens in der Forschung, dass diese Gruppe von Studierenden, welche als nicht-traditionelle Studierende bezeichnet werden, einen geringeren oder zumindest erschwerten Zugang zu den für ein erfolgreiches Studium notwendigen Kapitalien hat, wie z. B. ökonomisches oder soziales Kapital, wobei letzteres besonders eng mit Informationskapital verbunden ist (Nairz-Wirth et al., 2017; Ulriksen et al., 2017). Angesichts der Tatsache, dass Studierende der ersten Generation mittlerweile über 50% der Studienanfänger*innen an den öffentlichen Universitäten Österreichs ausmachen (Unger et al., 2020, S. 122–123), sind die hohen Studienabbruchszahlen dieser Studierendengruppe als besonders problematisch zu betrachten. Auch die soziale Mobilität und Chancengerechtigkeit im Bildungssystem, als erklärte bildungspolitische Ziele der Europäischen Union (European Commission/EACEA/Eurydice, 2015, 2020), werden durch die hohe Anzahl an Studienabbrüchen der Gruppe von nicht-traditionellen Studierenden im tertiären Bildungsbereich Österreichs gefährdet.

Um hohe individuelle und gesamtgesellschaftliche Folgekosten durch Studienabbrüche zu vermeiden und die Chancen für einen Studienabschluss von Studierenden der ersten Generation sowie sämtlichen nicht-traditionellen Studierenden zu erhöhen, sind präventive Maßnahmen sinnvoll. Ein bewährter präventiver Faktor ist die Stärkung der Resilienz (Pertegal-Felices et al., 2022; Prickett et al., 2020; Smith et al., 2020) und umschreibt in diesem Kontext die psychische Widerstandsfähigkeit der Studierenden gegenüber typischen Belastungen im Studium. Um mögliche fachliche, soziale, organisatorische, finanzielle oder psychische Belastungen zu bewältigen, ist es sinnvoll, die Resilienz der Studierenden zu stärken. Insbesondere Studierende mit Betreuungsverpflichtungen, Angehörige ethnischer Minderheiten, Berufstätige oder Erststudierende in der Familie, sogenannte nicht-traditionelle Studierende, benötigen eine ausgeprägte Resilienz, da sie oft vor solchen Herausforderungen stehen. Die psychische Widerstandsfähigkeit eines Menschen ist nur zu Teilen genetisch bedingt und kann durch Umweltbedingungen beeinflusst werden (Boyce et al., 2021), weshalb sich dieser Beitrag auf resilienzstärkende bzw. -schwächende Bedingungen an der Universität konzentriert.

Aufgrund des vorherrschenden Fokus der Forschung auf die Resilienz von individuellen Studierenden sind Feldbedingungen, welche die Resilienz beeinflussen, bisher wenig untersucht worden. An diese Forschungslücke knüpft dieser Beitrag mit der Forschungsfrage: „Welche resilienzbeeinflussenden Feldbedingungen können im Zusammenhang mit Informationskapital an öffentlichen österreichischen Universitäten rekonstruiert werden?“ an.

2. Selbstwirksamkeitserwartung und hot knowledge

Eine wichtige Dimension der Resilienz eines Menschen ist dessen Selbstwirksamkeitserwartung (Jardim et al., 2021, S. 6). Selbstwirksamkeitserwartung wird von Bandura (1994, S. 1) als der Glaube eines Menschen an seine eigene Leistungsfähigkeit beschrieben. Die studienbezogene Selbstwirksamkeitserwartung bezieht sich somit auf das Vertrauen in die eigenen Fähigkeiten, die für den Studienerfolg notwendig sind. Dieses Vertrauen wird durch den Zugang zu Informationen, die für den Studienerfolg relevant sind, gestärkt (Crozier & Reay, 2011; Nairz-Wirth et al., 2017; Lessky et al., 2021).

Im Besonderen der Zugang zu hochqualitativen, informellen, studienbezogenen Informationen, sogenanntes hot knowledge (Ball & Vincent, 1998, S. 380; Smith, 2011, S. 166; Strecker & Feixa, 2020, S. 438), begünstigt einen gelingenden Übergang an die Universität (Lens & Levrau, 2020, S. 29). Cold knowledge, d. h. formales, von der Universität bereitgestelltes Informationskapital, findet sich meist auf den Websites von Universitäten, erreicht jedoch oftmals nicht die Relevanz des hot knowledge, insbesondere wenn es um fachliche Verständnisprobleme oder Entscheidungen bezüglich der Studienorganisation geht (Strecker & Feixa, 2020). Nicht-traditionelle Studierende (im Besonderen Studierende der ersten Generation) haben oftmals erschwerten Zugang zu hot knowledge, da sie dieses nicht über die Herkunftsfamilie beziehen können (Strecker & Feixa, 2020, S. 441). Auch Schulen stellen in vielen Fällen kein hot knowledge bezüglich des Studiums zur Verfügung (Strecker & Feixa 2020, S. 440).

3. Theoretischer Rahmen

Resilienz bezeichnet die psychische Widerstandsfähigkeit gegenüber Belastungen. Diese ist von einer Vielzahl an psychischen, sozialen und Umfeldfaktoren abhängig (Fröhlich-Gildhoff, 2022). Informationskapital beschreibt Informationen, welche für das Zurechtfinden innerhalb eines Feldes benötigt werden; in diesem Beitrag werden damit studienbezogene Informationen benannt. Um resilienzförderliche Rahmenbedingungen der Universitäten bezüglich des Zuganges zu Informationskapital zu identifizieren, werden die Konzeptionen Pierre Bourdieus, Habitus, Feld und Kapital, herangezogen (Bourdieu, 1977, 1992; Nairz-Wirth et al., 2017; Lessky et al., 2021). Diese sind geeignet, um tiefere Einblicke in die Prozesse zu gewinnen, die Resilienz gegenüber studienbezogenen Belastungen für nicht-traditionelle Studierenden beeinflussen. Laut Bourdieu stellen der entsprechende Habitus sowie die passende Kapitalausstattung einer/eines Studierenden Gelingensbedingungen für ein Hochschulstudium dar, wobei das soziale und das kulturelle Kapital erweitert werden müssen (Bourdieu & Passeron, 1971). In diesem Beitrag interessiert vor allem jenes Sozialkapital, das durch die Vernetzung mit Mitstudierenden entsteht (im Folgenden auch Peers genannt), dessen Relevanz für die Bewältigung von studienbezogenen Herausforderungen in zahlreichen Studien bereits belegt wurde (Frisby et al., 2020; Leary et al., 2021; Putri & Nursanti, 2020; Versteeg et al., 2022; Wilks, 2008). Die drei untersuchten Universitäten, eine humanmedizinische, eine technische und eine Universität mit wirtschafts- und sozialwissenschaftlichem Schwerpunkt, werden entsprechend der Bourdieu'schen Konzeption als soziale Felder betrachtet und zeichnen sich dadurch aus, dass ihnen ein spezifisches Verständnis davon, was die passende Kapitalausstattung sowie den geeigneten Habitus konstruiert, inhärent ist (Bourdieu & Wacquant, 1992, S. 97).

Typischerweise ist der Habitus von Studierenden aus Akademiker*innenfamilien dem im universitären Feld vorausgesetzten Habitus ähnlich, wohingegen die Habitus Studierender der ersten Generation vom implizit vorausgesetzten Habitus stärker abweichen können (Nairz-Wirth et al., 2017). Passungsdifferenzen zwischen dem universitären und studentischen Habitus können zu zusätzlichen Herausforderungen führen, welchen sich Studierende der ersten Generation im universitären Feld ausgesetzt sehen (Ulriksen et al., 2017). Zusätzlich wird der Habitus von nicht-traditionellen Studierenden oftmals von Lehrenden (Alheit, 2009) als weniger „passend" für ein gelingendes Studium wahrgenommen, d.h. es bestehen Diskrepanzen zwischen schulischem Habitus und akademischem Habitus (Bsp. HAK – Medizinstudium), der Erwerb und die Erweiterung von Sozial- und kulturellem Kapital ist dadurch erschwert. Oftmals mangelt es an Zeit, um dieses aufzubauen, aufgrund von Berufstätigkeit oder Betreuungsverpflichtungen (Nairz-Wirth et al., 2017). Im Rahmen dieses Artikels liegt der Fokus auf Feldbedingungen, die den Zugang zu Informationskapital, einer Kombination aus kulturellem und sozialem Kapital, beeinflussen.

4. Empirische Untersuchung[2]

30 problemzentrierte Einzelinterviews (Witzel, 2000) und acht Gruppendiskussionen bilden die Grundlage der hier vorgestellten empirischen Untersuchung. Die empirischen Erhebungen wurden mit Studierenden dreier öffentlicher österreichischer Universitäten (Humanmedizin, Technik und Wirtschafts- und Sozialwissenschaften) zwischen 2017 und 2023 durchgeführt. Die Interviewteilnehmenden waren 20 bis 34

2 Die in diesem Beitrag präsentierte empirische Untersuchung basiert auf der Auswertung eines Teils des im Rahmen eines laufenden drittmittelfinanzierten Forschungsprojektes (Nr. 18454) erhobenen, qualitativen Datenmaterials. Das Projekt wird an der Abteilung für Bildungswissenschaft der WU Wien durchgeführt und durch den OeNB-Jubiläumsfonds finanziert.

Jahre alt, und die Interviews dauerten zwischen 18 und 135 Minuten. Sämtliche interviewten Studierenden waren zudem, in unterschiedlicher Ausprägung, nicht-traditionelle Studierende. Um eine thematische Vertiefung zu ermöglichen (Kühn & Koschel, 2011, S. 23–24), fanden in den Jahren 2021, 2022 und 2023 zusätzlich Gruppendiskussionen mit jeweils drei bis vier Teilnehmer*innen statt, die zwischen 52 und 94 Minuten dauerten. Zwei Gruppendiskussionen wurden mit Studierenden einer technischen Universität und jeweils drei mit Studierenden einer humanmedizinischen sowie einer wirtschafts- und sozialwissenschaftlichen Universität abgehalten. In jeweils einer der drei Gruppendiskussionen mit Studierenden der humanmedizinischen und der wirtschafts- und sozialwissenschaftlichen Universität war ein*e Universitätslehrer*in inkludiert. Somit waren die Gruppen sowohl heterogen als auch homogen zusammengesetzt (Lamnek, 2005), um vielfältige Perspektiven auf die Problemstellung zu ermöglichen.

Die Analyse des Datenmaterials erfolgte entsprechend den Prinzipien der Constructivist Grounded Theory nach Charmaz (Charmaz, 2006) sowie auf Basis der Bourdieu'schen Konzeptionen. Die Interviews und die Gruppendiskussionen wurden Wort für Wort transkribiert und in für die Analyse geeignete Textpassagen oder Sätze segmentiert. Gemäß den Prinzipien der Constructivist Grounded Theory wurde anfänglich offen codiert, wobei die Codes auf Basis der Aussagen der interviewten Studierenden entwickelt wurden, ohne sie in bestehende theoretische Konzepte einzuordnen. Dieses induktive Vorgehen ermöglichte theoretische Offenheit. In einem weiteren Schritt wurden die so entstandenen Codes in Kategorien eingeteilt, welche anschließend den theoretischen Konzepten Bourdieus zugeordnet wurden. Diese deduktive Vorgehensweise ist im Einklang mit den methodischen Grundsätzen der Constructivist Grounded Theory nach Charmaz. Der Prozess des Codierens sowie die Kategorisierung erfolgten im Datenanalyseprogramm ATLAS.ti.

5. Ergebnisse

5.1 Ergebnisse – medizinische Universität

An der untersuchten medizinischen Universität findet eine Vorselektion der Studierenden in Form eines Aufnahmetests vor Studienbeginn statt. Dieser kann als sozial selektiv beschrieben werden, denn der Anteil der Studierenden der ersten Generation liegt in diesem Studienfeld deutlich unter dem Anteil der Studierenden aus Nicht-Akademiker*innenhaushalten in den meisten anderen Studienfeldern (BMBWF, 2019, S. 6). Die befragten nicht-traditionellen Studierenden dieses Feldes betrachteten den Aufnahmetest jedoch größtenteils positiv, was auf den survivorship-bias (Liu, 2022) zurückgeführt werden kann. Dabei bewerten Personen, welche einen Selektionsprozess erfolgreich durchlaufen haben, die Erfolgschancen dieses Selektionsprozesses als deutlich höher, als sie in Wirklichkeit sind.

Die Studienstruktur an der Universität mit humanmedizinischem Schwerpunkt ist von einem Kleingruppensystem geprägt, d. h. Studierende müssen sich vor Beginn jedes Semesters für eine Kleingruppe, bestehend aus neun bis elf Studierenden, anmelden. Die Studierenden einer Kleingruppe besuchen gemeinsam dieselben Seminare und Vorlesungen und schreiben auch gleichzeitig die Prüfungen. Diese straffe Studienorganisation und die Organisationsform der studentischen Vernetzung (Kleingruppenmodell) begünstigen den niederschwelligen Zugang zu Informationskapital, wie die Studentin Anni erläutert:

> „[…] Und im Studium selbst ist es ja, dass wir da in so Kleingruppen eingeteilt werden, also wir werden immer zu zehnt in eine Gruppe geteilt jedes Semester und dadurch, dass man eben auch zu zehnt oder zwanzigst mit der anderen Kleingruppe vernetzt ist, ähm, kommt man eh schnell ins Gespräch, weil man eben in kleinen Gruppen ist […]" (Anni, Gruppendiskussion 2021, Universität mit medizinischem Schwerpunkt)

Das obige Zitat verweist auf die Organisation von Studierendenkleingruppen durch die Institution und verdeutlicht die Relevanz des sozialen Kapitals für die Akquirierung von – für den Studienfortschritt – relevantem und resilienzstärkendem Informationskapital. Hot knowledge wird an dieser Universität somit primär innerhalb von Kleingruppen erworben und ausgetauscht. Auch folgende Interviewpassage illustriert dies:

> „[…] Das habe ich eh schon gesagt, mit dem Austausch in den Kleingruppen, also dass sich da alle sehr uneingeschränkt immer geholfen haben […]" (Petra, Gruppendiskussion 2021, Universität mit medizinischem Schwerpunkt)

Neben studentischen Kleingruppen haben sich an der humanmedizinischen Universität Social-Media-Kanäle (wie Telegramm- und WhatsApp-Gruppen) für den Austausch von hot knowledge bewährt:

> „[…] und sonst gibt es auch sehr oft so Jahrgangsgruppen auf WhatsApp oder auf Telegramm, wo man einfach Kontakt hat, wo man fragen kann, wenn irgendwas unklar ist." (Anni, Gruppendiskussion 2021, Universität mit medizinischem Schwerpunkt)

Zusätzlich zu den Peers innerhalb der Kleingruppe und den digitalen Gruppen als Zugangsquellen für hot knowledge, erwähnten die Studierenden auch die ÖH (Österreichische Hochschüler*innenschaft), die fachliche Informationen und Unterstützung bezüglich der Studienorganisation bietet.

5.2 Ergebnisse – technische Universität

An der technischen Universität spielen die Fachschaften eine zentrale Rolle beim Zugang zu Informationskapital. Sie unterstützen die Studierenden von Studienbeginn an, indem sie Möglichkeiten zur sozialen Vernetzung schaffen und eigene Räume auf dem Universitätsgelände sowie auch virtuelle Räume für den sozialen und Informationsaustausch zur Verfügung stellen. Fachschaften werden typischerweise von im

Studium bereits fortgeschrittenen Studierenden verwaltet. Angebote der Fachschaften richten sich besonders an Studierende der ersten Semester. Die Bedeutung der Fachschaften für den Zugang zu hot knowledge veranschaulicht das folgende Zitat beispielhaft:

> „[…] also ohne die Fachschaften wärs wirklich nicht so einfach das Studium ahm (.) Generell wirklich weil die uns so diese Tipps gegeben haben, und auch die Leute, dass sie sich auch wirklich gegenseitig helfen, wie sie gesagt haben." (Elnara, Gruppendiskussion 2021, Universität mit technischem Schwerpunkt)

Die Studierende Elnara beschreibt einerseits die Hilfsbereitschaft der Studierenden innerhalb der Fachschaften und betont zudem die direkte Unterstützung der Fachschaftsmitarbeiter*innen bezüglich des Zugangs zu hot knowledge, indem diese Tipps geben sowie Hilfestellung bei fachlichen Fragestellungen und der Studienorganisation bieten. Im Studienfeld der technischen Universität hat sich, bedingt durch die tragende Rolle der Fachschaften bezüglich der Unterstützung der Studierenden bei der Akkumulation von Sozialkapital, das die Brücke zum Informationskapital öffnet, eine studierendenzentrierte Subkultur etabliert. Diese wird von den Vertreter*innen und Lehrenden des universitären Feldes anerkannt, indem in Lehrveranstaltungen auf diese verwiesen wird und Fachschaftsräume zur Verfügung gestellt werden. Fachschaften werden so mit symbolischem Kapital ausgestattet.

Auch in diesem Feld spielen digitale Gruppen eine relevante Rolle beim Zugang zu hot knowledge:

> „[…] Und die [App] bindet die beiden Sachen her und zeigt einem eigentlich eh nur einen Stundenplan an, zeigt dann seine Mails an und hat so Chat-Räume für jede Vorlesung, in der man sich heute unterhalten kann." (Ludwig, 31, Interview 2023, Universität mit technischem Schwerpunkt)

In WhatsApp- bzw. Facebook-Gruppen und auf vorlesungsspezifischen Chat-Servern wird ebenso hot knowledge zu Seminaren oder Vorlesungen akquiriert und ausgetauscht.

5.3 Ergebnisse – wirtschafts- und sozialwissenschaftliche Universität

Studierende an der Universität mit wirtschafts- und sozialwissenschaftlichem Schwerpunkt finden sich in einem Studienfeld ohne die straffe Studienstruktur der humanmedizinischen Universität und ohne die Kultur der Fachschaften der technischen Universität wieder. Die Akkumulation von Sozial- und Informationskapital hängt daher in höherem Maße von ihrer Eigeninitiative ab. In diesem Zusammenhang spielen die zu Studienbeginn mitgebrachte Kapitalausstattung und der Zugang zu hot knowledge über digitale Gruppen eine große Rolle. Tatsächlich hat sich im Studienfeld ein Informationssystem in Form von studienfachspezifischen WhatsApp-Gruppen etabliert, welches zum Teil von der ÖH implementiert ist. Die befragten Studierenden erläuterten, dass sie von diesen digitalen Gruppen zumeist über flüchtige Kontakte zu Peers in den Lehrveranstaltungen oder durch die Hochschüler*innenschaft erfahren haben:

> „Nein, funktioniert über WhatsApp normal. Das ist dann die ganze Telefonnummer. Das gibt man auf, aber teilweise kriegt man halt einfach Informationen, die man sonst nicht kriegt." (Simon, 22, Gruppendiskussion 2023, Universität mit wirtschafts- und sozialwissenschaftlichem Schwerpunkt)

Der Studierende Simon betont explizit die Qualität der Informationen, welche Studierende aus den WhatsApp-Gruppen beziehen. In diesen Gruppen sind teilweise hunderte Studierende aktiv, welche darin Informationen bezüglich der Studienorganisation austauschen sowie sich gegenseitig bei fachlichen Fragestellungen unterstützen, wie die Studierende Dorothea aufzeigt:

> „[...] ich habe ganz viele Sachen auch in diesen WhatsApp-Gruppen, wo ja 100 Fremde sind, schicken mir ein Beispiel rein und die erklären das auch." (Dorothea, 27, Gruppendiskussion 2023, Universität mit wirtschafts- und sozialwissenschaftlichem Schwerpunkt)

Die Rolle der WhatsApp-Gruppen beschränkt sich primär auf den Austausch von hot knowledge. Die Teilnahme am Informationsaustausch innerhalb der WhatsApp-Gruppen führt jedoch zu keinem sozialen, nicht studienbezogenen Austausch zwischen den Studierenden, wie im Folgenden von Dorothea artikuliert:

> „Ich meine, wie jemand die Prüfung empfunden hat, das hat schon fast immer jemand gefragt, aber das ist auch Uni. Aber privat, ja vielleicht manchmal so Memes oder so, aber eigentlich auch immer auf die Uni bezogen." (Dorothea, 27, Gruppendiskussion 2023, Universität mit wirtschafts- und sozialwissenschaftlichem Schwerpunkt)

WhatsApp-Gruppen sind daher auf fachliche Unterstützung und den Austausch von studienbezogenen Informationen ausgerichtet. Keine der interviewten Personen berichtet, dass persönliche Treffen oder gar Freundschaften aus WhatsApp-Gruppen entstanden sind.

6. Zusammenfassung der empirischen Ergebnisse

Um ein Studium erfolgreich bewältigen zu können, sind Informationen zu Terminen und Fristen, fachlichen Anforderungen, Lernstrategien, Studienplanung und -organisation und Unterstützungsangeboten bei besonderen Herausforderungen eine Voraussetzung. Ein Teil dieser Informationen ist für Studierende auf einfachem Weg, wie beispielsweise Homepages oder bei Welcome-Days an der Universität, zugänglich. Im Gegensatz zu diesen leicht zugänglichen, formalen Informationen, auch cold knowledge genannt, sind informelle Informationen, das hot knowledge, häufig schwerer zu erreichen. Die befragten Studierenden der drei Universitäten beziehen Informationskapital in der Form von hot knowledge hauptsächlich von Mitstudierenden, den

Peers, und aus digitalen Gruppen, jedoch auch von Fachschaften und der Österreichischen Hochschüler*innenschaft (ÖH). Digitale Gruppen, beispielsweise in Form von WhatsApp-Gruppen, werden von den Studierenden selbst erstellt und verwaltet. Dasselbe gilt für die Unterstützungsleistungen der Fachschaften und die Angebote der Hochschüler*innenschaft von Studierenden für Studierende, jedoch sind diese Angebote stärker im Hochschulfeld institutionalisiert. Die Ergebnisse zeigen, dass die „Bezugsquellen" des hot knowledge an den drei untersuchten Universitäten beträchtlich variieren. Unterschiede ergeben sich vor allem aufgrund verschiedener Institutionalisierung von Vernetzungsmöglichkeiten an den Universitäten und, folglich, der Ausgestaltung des Zugangs zu Sozialkapital.

Für nicht-traditionelle Studierende ohne akademisch gebildete Eltern sind das Kleingruppensystem sowie die Fachschaftskultur besonders hilfreich bezüglich der Integration in die Studienfelder. Durch den so entstehenden Zugang zu Sozial- und Informationskapital lernen sie die impliziten Regeln des universitären Feldes frühzeitig kennen. Hochgradig nicht-traditionelle Studierende berichteten im Feld der wirtschafts- und sozialwissenschaftlichen Universität besonders häufig von Gefühlen der sozialen Isolation und Problemen bei der Studienorganisation.

7. Diskussion

Das erhöhte Dropout-Risiko nicht-traditioneller Studierender an österreichischen Universitäten wird oft mit mangelnder Ambition, fehlender Belastbarkeit oder unrealistischen Vorstellungen bei Studienbeginn erklärt. In der jüngeren Forschung wird jedoch eine komplexere Ursachenforschung betrieben. Die Studienerfolgswahrscheinlichkeit bzw. das Dropout-Risiko wird auch in Zusammenhang mit resilienzstärkenden Ressourcen gesehen, die von der Hochschule zur Verfügung gestellt werden. In der vorliegenden Studie betonen die Studierenden die Bedeutung einer organisierten Zugänglichkeit von studienrelevanten Informationen für die Bewältigung des Übergangs.

Die vorgestellten Ergebnisse veranschaulichen den Einfluss universitärer Feldbedingungen für den Zugang zu hot knowledge. Eine entscheidende Voraussetzung dafür ist erwartungsgemäß die Zugänglichkeit zu Sozialkapital und damit einhergehend „Feldbedingungen", die das Entstehen und die Pflege von studentischen Netzwerken begünstigen. Das Kleingruppenmodell im Feld der medizinischen Universität ermöglicht Studierenden von Studienbeginn an einfachen Austausch von hot knowledge. Aufgrund des Bestehens der Kleingruppen für ein komplettes Semester, sind diese geeignet für den Aufbau von unterstützenden, vertrauensvollen Beziehungen (Davies, 2009). Auch die ÖH ist in diesem Feld Anlaufstelle bezüglich hot knowledge. Durch die unterstützende Kultur innerhalb der Fachschaften und deren Einbettung ins Feld der technischen Universität werden ebenso Freundschaften gefördert. Fachschaftsmitarbeiter*innen vermitteln auch direkt hot knowledge. Zudem gibt es aus der Literatur Hinweise darauf, dass Fachschaften und ähnliche Organisationen einen gelingenden Übergang an die Hochschule begünstigen können (Schulze-Reichelt &

Wippermann, 2019; Solanki et al., 2019). Die Konditionen des Feldes der wirtschafts- und sozialwissenschaftlichen Universität[3] hingegen fördern eher den digitalen Austausch der Studierenden. Diese beziehen hot knowledge daher hauptsächlich aus digitalen Gruppen. Diese digitalen Gruppen sind, aufgrund der teilweisen Bereitstellung durch die ÖH, institutionalisiert. Die Studierenden berichteten im Rahmen dieser Studie jedoch von keinen aus den digitalen Gruppen entstandenen Freundschaften.

Digitale Gruppen stellen in allen drei betrachteten universitären Feldern eine wichtige Quelle des hot knowledge für Studierende dar. Inwieweit Studierende auf diese zurückgreifen, ist jedoch auch von deren anderweitigen Vernetzungsmöglichkeiten abhängig. Die befragten Studierenden betrachteten digitale Gruppen nicht als Raum für sozialen Austausch mit Mitstudierenden, sondern größtenteils als (zusätzliche) Bezugsquelle für studienrelevante Informationen und bei fachlichen Fragestellungen. Im wirtschafts- und sozialwissenschaftlichen Feld besteht eine Vielzahl von digitalen Gruppen, in welchen Studierende mit ihnen zumeist unbekannten Peers hot knowledge austauschen. Sowohl an der technischen als auch an der wirtschafts- und sozialwissenschaftlichen Universität sind digitale Gruppen oftmals auf ein spezifisches Studienfach bezogen. Dagegen sind digitale Gruppen an der medizinischen Universität eher für den Informationsaustausch innerhalb eines Jahrgangs konzipiert.

Die Ergebnisse zeigen, dass die Resilienz Studierender durch unterstützende Beziehungen zu Mitstudierenden gefördert wird, wie auch eine Vielzahl von Studien belegt (z. B. Brewer et al., 2022; First et al., 2018; Fullerton et al., 2021). Zudem fördert der Zugang zu Informationskapital die Resilienz Studierender über die Selbstwirksamkeitserwartung. Das Kleingruppenmodell sowie auch die Fachschaften fördern demnach durch die Bereitstellung von Möglichkeiten zur sozialen Vernetzung und dem damit einhergehenden Zugang zu hot knowledge die Resilienz Studierender. Auch die digitalen Gruppen können durch die Vermittlung von hot knowledge resilienzstärkend sein.

Um die Zahl der Studienabbrüche zu senken, sollten Universitäten darauf achten, Studierenden von Studienbeginn an den Zugang zu hot knowledge zu erleichtern. Dies könnte durch eine verstärkte Institutionalisierung der digitalen Gruppen oder durch das zur Verfügungstellen von Räumen zur studentischen Vernetzung erfolgen. Auch ein interaktives Lehrveranstaltungsdesign, gerade in den Lehrveranstaltungen der Studieneingangsphase, hat das Potential, studentische Vernetzung und den Austausch von hot knowledge zu fördern.

3 Die in jüngerer Zeit seitens der wirtschafts- und sozialwissenschaftlichen Universität implementierten (zusätzlichen) Unterstützungsangebote thematisierten die interviewten Studierenden nicht, wohl weil diese Good Practices jüngere Kohorten betreffen. Eine diesbezügliche Untersuchung der Wirksamkeit dieser Maßnahmen lässt interessante Erkenntnisse erwarten.

Literatur

Aina, C., Baici, E., Casalone, G. & Pastore, F. (2022). The determinants of university dropout: A review of the socio-economic literature. *Socio-Economic Planning Sciences*, *79*, Artikel 101102, 1–16. https://doi.org/10.1016/j.seps.2021.101102

Alheit, P. (2009). Exklusionsmechanismen des universitären Habitus: Unsichtbare Barrieren für Studierende auf dem „zweiten Bildungsweg". *Hessische Blätter für Volksbildung, 3*, 2015–2226. https://doi.org/10.3278/HBV0903W215

Ball, S.J. & Vincent, C. (1998). 'I Heard It on the Grapevine': 'hot' knowledge and school choice. *British Journal of Sociology of Education*, *19*(3), 377–400. https://doi.org/10.1080/0142569980190307

Bandura, A. (1994). Self-efficacy. In V.S. Ramachaudran (Ed.), *Encycolpedia of Human Behavior*, *4*, 1–65.

BMBWF. (2019, 24. April). Anfragebeantwortung BM Faßmann 2927/AB. Geschäftszahl: BMBWF-10.000/0045-Präs/9/2019 [Pressemitteilung]. https://www.parlament.gv.at/dokument/XXVI/AB/2927/imfname_749804.pdf [Zugriff am 29.02.2024].

Bourdieu, P. (1977). *Outline of a Theory of Practice.* Cambridge: Cambridge University Press.

Bourdieu, P. (1992). Ökonomisches Kapital – Kulturelles Kapital – Soziales Kapital. In P. Bourdieu (Hrsg.), *Die verborgenen Mechanismen der Macht.* Hamburg: VSA Verlag, S. 49–79.

Bourdieu, P. & Passeron, J.-C. (1971). *Die Illusion der Chancengleichheit: Untersuchungen zur Soziologie des Bildungswesens am Beispiel Frankreichs.* Stuttgart: Ernst Klett Verlag.

Bourdieu, P. & Wacquant, L.J. (1992). *An invitation to reflexive sociology.* University of Chicago Press.

Boyce, W.T., Levitt, P., Martinez, F.D., McEwen, B.S. & Shonkoff, J.P. (2021). Genes, Environments, and Time: The Biology of Adversity and Resilience. *Pediatrics*, *147*(2), e20201651. https://doi.org/10.1542/peds.2020-1651

Brewer, M., van Kessel, G., Sanderson, B. & Carter, A. (2022). Enhancing student resilience by targeting staff resilience, attitudes and practices. *Higher Education Research & Development, 41*(4), 1013–1027. https://doi.org/10.1080/07294360.2021.1877622

Casanova, J.R., Cervero, A., Núñez, J.C., Almeida, L.S. & Bernardo, A. (2018). Factors that determine the persistence and dropout of university students. *Psicothema*, *30*(4), 408–414. https://doi.org/10.7334/psicothema2018.155

Charmaz, K. (2006). *Constructing Grounded Theory: A Practical Guide through Qualitative Analysis.* Sage Publications.

Choi, Y. (2018). Student Employment and Persistence: Evidence of Effect Heterogeneity of Student Employment on College Dropout. *Research in Higher Education*, *59*(1), 88–107. https://doi.org/10.1007/s11162-017-9458-y

Crozier, G. & Reay, D. (2011). Capital accumulation: working-class students learning how to learn in HE. *Teaching in Higher Education*, *16*(2), 145–155. https://doi.org/10.1080/13562517.2010.515021

Davies, W.M. (2009). Groupwork as a form of assessment: Common problems and recommended solutions. *Higher Education*, *58*(4), 563–584. https://doi.org/10.1007/s10734-009-9216-y

European Commission/EACEA/Eurydice. (2015). *The European Higher Education Area in 2015: Bologna Process Implementation Report.* Publications Office of the European Union. https://doi.org/10.2797/998555

European Commission/EACEA/Eurydice. (2020). *The European Higher Education Area in 2020: Bologna Process Implementation Report*. Publications Office of the European Union. https://doi.org/10.2797/756192

Faas, C., Benson, M. J., Kaestle, C. E. & Savla, J. (2018). Socioeconomic success and mental health profiles of young adults who drop out of college. *Journal of Youth Studies, 21*(5), 669–686. https://doi.org/10.1080/13676261.2017.1406598

First, J., First, N. L. & Houston, J. B. (2018). Resilience and Coping Intervention (RCI): A Group Intervention to Foster College Student Resilience. *Social Work with Groups, 41*(3), 198–210. https://doi.org/10.1080/01609513.2016.1272032

Fourie, C. M. (2020). Risk factors associated with first-year students' intention to drop out from a university in South Africa. *Journal of Further and Higher Education*, *44*(2), 201–215. https://doi.org/10.1080/0309877X.2018.1527023

Frisby, B. N., Hosek, A. M. & Beck, A. C. (2020). The role of classroom relationships as sources of academic resilience and hope. *Communication Quarterly*, *68*(3), 289–305. https://doi.org/10.1080/01463373.2020.1779099

Fröhlich-Gildhoff, K. (2022). Resilienz. In M. K. W. Schweer (Hrsg.), *Facetten des Vertrauens und Misstrauens: Herausforderungen für das soziale Miteinander* (S. 71–85). Springer VS. https://doi.org/10.1007/978-3-658-29047-4_5

Fullerton, D. J., Zhang, L. M. & Kleitman, S. (2021). An integrative process model of resilience in an academic context: Resilience resources, coping strategies, and positive adaptation. *PLOS ONE, 16*(2), e0246000. https://doi.org/10.1371/journal.pone.0246000

Jardim, J., Pereira, A. & Bártolo, A. (2021). Development and Psychometric Properties of a Scale to Measure Resilience among Portuguese University Students: Resilience Scale-10. *Education Sciences*, *11*(2), Artikel 61, 1–8. https://doi.org/10.3390/educsci11020061

Kühn, T. & Koschel, K.-V. (2011). *Gruppendiskussionen* (2. Aufl.). Springer VS.

Lamnek, S. (2005). *Qualitative Sozialforschung*. Lehrbuch (4. vollst. überarb. Aufl.). Beltz. Psychologie Verlags Union.

Leary, M., Tylka, A., Corsi, V. & Bryner, R. (2021). The Effect of First-Year Seminar Classroom Design on Social Integration and Retention of STEM First-Time, Full-Time College Freshmen. *Education Research International*, *2021*, Artikel 4262905, 1–9. https://doi.org/10.1155/2021/4262905

Lens, D. & Levrau, F. (2020). Can Pre-entry Characteristics Account for the Ethnic Attainment Gap? An Analysis of a Flemish University. *Research in Higher Education*, *61*(1), 26–50. https://doi.org/10.1007/s11162-019-09554-y

Lessky, F., Nairz-Wirth, E. & Feldmann, K. (2021). Informational capital and the transition to university: First-in-family students' experiences in Austrian higher education. *European Journal of Education*, *56*(1), 27–40. https://doi.org/10.1111/ejed.12437

Liu, Y. (2022). *A Comparative Study of the University Entrance Examination in China and the USA: from the Perspective of the Social Reproduction*. https://doi.org/10.31235/osf.io/h6zg5

Nairz-Wirth, E., Feldmann, K. & Spiegl, J. (2017). Habitus conflicts and experiences of symbolic violence as obstacles for non-traditional students. *European Educational Research Journal*, *16*(1), 12–29. https://doi.org/10.1177/1474904116673644

Neugebauer, M., Heublein, U. & Daniel, A. (2019). Studienabbruch in Deutschland: Ausmaß, Ursachen, Folgen, Präventionsmöglichkeiten. *Zeitschrift für Erziehungswissenschaft, 22(5),* 1025–1046. https://doi.org/10.1007/s11618-019-00904-1

Neukirchen, M. (2022, 22. Juni). *European University Institute and First Generation Initiative.* European University Association. European University Institute. EUA-Council for Doctoral Education: "Time and timing in doctoral education", Manchester, UK. https://eua.eu/component/attachments/attachments.html?task=attachment&id=3783 [zuletzt abgerufen am 15.01.2024].

Pertegal-Felices, M. L., Valdivieso-Salazar, D. A., Espín-León, A. & Jimeno-Morenilla, A. (2022). Resilience and Academic Dropout in Ecuadorian University Students during COVID-19. *Sustainability, 14*(13), 8066. https://doi.org/10.3390/su14138066

Prickett, T., Walters, J., Yang, L., Harvey, M. & Crick, T. (2020). Resilience and Effective Learning in First-Year Undergraduate Computer Science. In M. Giannakos & G. Sindre (Hrsg.), *Proceedings of the 2020 ACM Conference on Innovation and Technology in Computer Science Education* (S. 19–25). Association for Computing Machinery. https://doi.org/10.1145/3341525.3387372

Putri, W. C. & Nursanti, A. (2020). The Relationship Between Peer Social Support and Academic Resilience of Young Adult Migrant Students in Jakarta. *International Journal of Education, 13*(2), 122–130. https://doi.org/10.17509/ije.v13i2.24547

Schulze-Reichelt, F. & Wippermann, M. (2019). Die Bedeutung von Fachschaftsräten in der Studieneingangsphase am Beispiel der Universität Potsdam. In W. Schubarth, S. Mauermeister, F. Schulze-Reichelt & A. Seidel (Hrsg.), Alles auf Anfang! Befunde und Perspektiven zum Studieneingang. *Potsdamer Beiträge zur Hochschulforschung | 4*, 149–164.

Smith, K. J., Haight, T. D., Emerson, D. J., Mauldin, S. & Wood, B. G. (2020). Resilience as a coping strategy for reducing departure intentions of accounting students. *Accounting Education, 29*(1), 77–108. https://doi.org/10.1080/09639284.2019.1700140

Smith, L. (2011). Experiential 'hot' knowledge and its influence on low-SES students' capacities to aspire to higher education. *Critical Studies in Education, 52*(2), 165–177. https://doi.org/10.1080/17508487.2011.572829

Solanki, S., McPartlan, P., Di Xu & Sato, B. K. (2019). Success with EASE: Who benefits from a STEM learning community? *PLOS ONE, 14*(3), e0213827. https://doi.org/10.1371/journal.pone.0213827

Strecker, T. & Feixa, C. (2020). Gender and social class in study choice: narratives of youth transitions in Spain. *Gender and Education, 32*(3), 429–445. https://doi.org/10.1080/09540253.2018.1495831

Thaler, B. & Unger, M. (2014). *Dropouts ≠ Dropouts: Wege nach dem Abgang von der Universität.* Wien. https://irihs.ihs.ac.at/id/eprint/2259/

Ulriksen, L., Møller Madsen, L. & Tolstrup Holmegaard, H. (2017). The first-year experience of non-traditional students in Danish science and engineering university programmes. *European Educational Research Journal, 16*(1), 45–61. https://doi.org/10.1177/1474904116678628

Unger, M., Binder, D., Dibiasi, A., Engleder, J., Schubert, N., Terzieva, B., Thaler, B., Zaussinger, S. & Zucha, V. (2020). *Studierenden-Sozialerhebung 2019. Kernbericht.* Wien. https://irihs.ihs.ac.at/id/eprint/5383/

Unger, M., Wroblewski, A., Latcheva, R., Zaussinger, S., Hofmann, J. & Musik, C. (2009). *Frühe Studienabbrüche an Universitäten in Österreich: Endbericht; Studie im Auftrag des Bundesministeriums für Wissenschaft und Forschung BMWF.* Wien. https://irihs.ihs.ac.at/id/eprint/1913/

Versteeg, M., Kappe, R. F. & Knuiman, C. (2022). Predicting Student Engagement: The Role of Academic Belonging, Social Integration, and Resilience During COVID-19 Emergency Remote Teaching. *Frontiers in public health*, *10*(0), Artikel 849594, 1–14. https://doi.org/10.3389/fpubh.2022.849594

Wilks, S.E. (2008). Resilience amid Academic Stress: The Moderating Impact of Social Support among Social Work Students. *Advances in Social Work*, *9*(2), 106–125. https://doi.org/10.18060/51

Witzel, A. (2000). Das problemzentrierte Interview. *Forum Qualitative Sozialforschung, 1*(1), Artikel 22, 1–7.

Die Etablierung einer Transferkultur als Grundlage für die Professionalisierung des hochschulischen Transfergeschehens

Herausforderungen, Potenziale und Erfolgsfaktoren

Verena Régent

Abstract: In den vergangenen drei Jahrzehnten waren und sind Hochschulen zusehends angehalten, in uni- und bidirektionalen Transfer mit ihrer Umwelt zu treten; viele Hochschulen reagierten darauf mit dem Aufbau zentraler Transferstrukturen (z. B. Transferstellen), um diesen Anforderungen gerecht zu werden. Zur Etablierung einer dritten Mission als gleichwertige Säule neben Forschung und Lehre bedarf es jedoch eines gesamthochschulischen Kulturwandels hin zu einer hochschulweit geteilten Transferkultur. Der vorliegende Beitrag beobachtet die (Weiter-)Entwicklung einer solchen Transferkultur an ausgewählten Hochschulen, welche durch die deutsche Bund-Länder-Initiative „Innovative Hochschule" in ihren Transferbestrebungen gefördert wurden. Die verwendeten Daten stammen aus der Begleitevaluation der „Innovativen Hochschule" und wurden durch eine quantitative Kurzabfrage (2020) sowie eine qualitative Fokusgruppe (2021/22) generiert.

Die Ergebnisse zeigen, dass die Entwicklung einer Transferkultur ein langfristiger Prozess ist, der nicht ausschließlich von den Transferstellen getragen werden kann. Vielmehr stehen eine Unterstützung durch die Hochschulleitung sowie eine Verankerung auf hochschulstrategischer Ebene im Vordergrund. Während die Transferstellen gefordert sind, Hochschulangehörige für den Transfer zu sensibilisieren und zu motivieren, stehen diese gleichzeitig angesichts umfassender Unterstützungsmaßnahmen vor dem Risiko der Überlastung; sie können die Kommunikation „in die Hochschule hinein" anleiten; eine solche muss jedoch durch Multiplikator*innen sowie Transferfürsprecher*innen unterstützt werden. Ebenso werden unterschiedliche Anreizsysteme getestet, für welche sich die Hochschulen Unterstützung vonseiten der Hochschulpolitik wünschen. Im Sinne einer nachhaltigen Etablierung einer gesamthochschulischen Transferkultur verweisen die Hochschulen auf die Bedeutung von Prozessinnovationen innerhalb der Hochschulorganisation, und sprechen sich für eine institutionelle Finanzierung des Transfers aus, um eine Verstetigung sowie eine Durchdringung der gesamten Hochschule zu ermöglichen.

Keywords: Dritte Mission, Transferkultur, Transferstrukturen, Hochschulorganisation, Transferfinanzierung, Third Mission, science and technology transfer (STT) culture, transfer structures, higher education organisation, financing of STT

1. Einleitung

Die dritte Mission der Hochschulen – der Austausch mit Gesellschaft und Wirtschaft – wird im einschlägigen akademischen Diskurs zunehmend in den Vordergrund gerückt, insbesondere weisen immer mehr Hochschulen Aktivitäten im Bereich des Wissens- und Technologietransfers (die Nutzbarmachung von Forschungsergebnissen im gesellschaftlichen und/oder wirtschaftlichen Kontext; in Kürze: Transfer) auf und richten entsprechende – überwiegend zentrale – Strukturen, wie beispielsweise Transferstellen, ein (Berghäuser & Hölschel, 2020; Henke et al., 2016; Benneworth et al., 2009; Pasternack, 2022). Mit steigendem Anforderungsspektrum im Bereich des Transfers wachsen jedoch auch die Aufgabenprofile dieser Transferstellen, gleichzeitig stellt sich in der Praxis eine steigende Unübersichtlichkeit über die Transferaktivitäten einzelner Hochschulangehöriger ein, welche die Transferstellen zu bündeln versuchen (Meier & Krücken, 2011; Ritter, 2021). Denn nach wie vor sind Transferaktivitäten an Hochschulen sehr stark von Einzelpersonen abhängig (Meier & Krücken, 2011), wodurch sich die Transferstellen auch mit der Aufgabe konfrontiert sehen, Hochschulangehörige – allen voran Forschende – zum Transfer zu motivieren (Ritter, 2021).

Um Transfer tatsächlich hochschulweit als dritte Mission zu etablieren, die Transferaffinität unter Hochschulangehörigen zu steigern und unterschiedliche Akteur*innen innerhalb der Hochschule zu Transferaktivitäten zu motivieren, bedarf es nach Ansicht von Günther et al. (2021) eines Kulturwandels der gesamten Hochschule hin zu einer Transferkultur. Letztere gilt auch als wichtige Stellschraube, um die Tätigkeiten von Transferstellen zu unterstützen – Transferkultur und Transferstrukturen greifen ineinander, bzw. wird die Effektivität von Transferstrukturen erst durch eine hochschulweite Transferkultur möglich gemacht. Eine Transferkultur zu etablieren ist demnach als normative Zielsetzung transferaktiver Hochschulen zu sehen, zumal davon auszugehen ist, dass eine solche dazu beiträgt, die dritte Mission bzw. den Transfer als gleichwertige Säule neben Lehre, Forschung und Verwaltung zu etablieren (Prantl et al., 2020).

Der vorliegende Beitrag greift das Themenfeld der Transferkultur auf und beleuchtet deren (Weiter-)Entwicklung an transferaktiven Hochschulen. Im Besonderen werden eine hochschulweite Transferkultur begünstigende und hemmende Faktoren analysiert, ebenso werden Unterstützungsbedarfe vonseiten transferaktiver Hochschulen dargelegt. Um dies zu bewerkstelligen, stützt sich dieser Beitrag auf Daten aus der begleitenden Evaluation der ersten Runde der deutschen Bund-Länder-Initiative „Innovative Hochschule" (2018–2022) – ein Förderprogramm, das auf den Auf- und Ausbau von Transferaktivitäten und -strukturen an deutschen Hochschulen ausgerichtet ist. Die Daten, die dem vorliegenden Beitrag zugrunde liegen, stammen aus einer Kurzabfrage an allen im Zuge der ersten Runde 48 geförderten Hochschulen, sowie aus einer Fokusgruppe mit Vertreter*innen von insgesamt 16 ausgewählten Universitäten, Fachhochschulen (FH) bzw. Hochschulen für Angewandte Wissenschaften (HAW) und und Pädagogischen Hochschulen (PH).

Die weitere Struktur des vorliegenden Beitrags gestaltet sich wie folgt: Kapitel 2 beleuchtet die aktuelle akademische Literatur zum Themenkomplex einer hochschulweiten Transferkultur und deren Verzahnung mit hochschulischen Transferstrukturen; Kapitel 3 legt den methodischen Ansatz des vorliegenden Beitrags dar. Kapitel 4 präsentiert die Ergebnisse beider Erhebungsschritte – der Kurzabfrage sowie der Fokusgruppe; Kapitel 5 schließt den Beitrag mit einem Fazit.

2. Hochschulische Transferstrukturen und die Bedeutung einer hochschulweiten Transferkultur

Der Begriff der dritten Mission wurde im Jahr 2000 durch Etzkowitz und Leydesdorff geprägt – im Zuge der grünen und digitalen Transformation gewinnt er zusehends an Bedeutung und erlegt den Hochschulen – im Sinne eines institutionellen Isomorphismus (DiMaggio & Powell, 1983; Kitawaga et al., 2016) – den Imperativ auf, mit ihrer Umwelt einen immer intensiver werdenden (Wissens-)Austausch einzugehen: Wurde in den Anfängen auf (regionale) wirtschaftliche und kommerzielle Aktivitäten fokussiert, so umfasst die dritte Mission nach heutigem Verständnis auch gesellschaftliche und ökologische Beiträge vonseiten der Hochschulen (Berghäuser & Hölschel, 2020; Henke et al., 2016; Benneworth et al., 2009). Wie Pasternack (2022) ausführt, geht es hierbei nicht mehr nur darum, wissenschaftliches Wissen für die wirtschaftlich oder gesellschaftlich relevante und bedarfsabhängige Nutzung aufzubereiten (unidirektionaler Transfer); vielmehr geschieht dies immer häufiger in partizipatorischen Formen der Wissensproduktion zwischen Forschenden und Vertreter*innen von Wirtschaft und Gesellschaft (bidirektionaler Transfer) – so zumindest der Anspruch, der an Hochschulen und andere Forschungseinrichtungen gerichtet wird. Dies zeigt sich beispielsweise nicht zuletzt in den Förderkriterien vonseiten einer wachsenden Zahl an Forschungsförderinstitutionen, allen voran der Europäischen Kommission: In ihrem laufenden Forschungsrahmenprogramm *Horizon Europe* forciert sie den umfassenden Einbezug von Praktiker*innen in den Forschungsprozess und gibt Anreize in Richtung *Citizen Science*. Strömungen wie „*Open Innovation in Science*" (OIS) – ein Ansatz, der von einer wachsenden wissenschaftlichen Community im Sinne einer neuen Wissenschaftskultur geteilt wird – postulieren zudem überhaupt den Einbezug nicht wissenschaftlicher Akteur*innen über den gesamten Forschungsprozess hinweg, von der Formulierung der Forschungsfrage bis hin zur Dissemination von Ergebnissen (Beck et al., 2022).

Dieser forcierte uni- und bilaterale Austausch mit der hochschulischen Umwelt (in weiterer Folge als Wissens- und Technologietransfer, bzw. kurz als „Transfer" zusammengefasst), sei es in Form klassischer Wissenschafts-Wirtschaftskooperationen oder durch partizipative Forschungsprozesse, geht mit einer Reihe an unterschiedlichen Erwartungshaltungen einher, welche den Hochschulen komplexe Herausforderungen auferlegen (Régent et al., 2021). Institutionell gesehen wird diesen immer noch zumeist mittels zentraler Transferstrukturen, beispielsweise einer zentralen Transferstelle – die ersten dieser Art wurden in Deutschland bereits in den 1980er Jahren eingerichtet (Sala & Sobrero, 2021) – begegnet. Deren Funktionen fallen, je nach Hochschule, jedoch sehr unterschiedlich aus (Henke et al., 2015), eine Standardisierung ist bis heute ausgeblieben. Umso mehr zeigt sich, dass der hochschulische Transfer bzw. das Realisieren der dritten Mission nach wie vor höchst abhängig von der Person einzelner Hochschulangehöriger, insbesondere Forschender ist (Burger et al., 2022; Mejlgaard & Ryan, 2017). Transfer geschieht daher oftmals ohne Einbindung dafür vorgesehener Institutionen wie etwa der Transferstelle (Régent et al., 2021; Meier & Krücken, 2011); einzelne Forschende betreiben Transfer, ohne diesen als solchen zu erkennen und zu benennen (Berger et al., 2023). Wie Burger et al. (2022) konstatieren, wird das Transfer- bzw. Kooperationspotenzial an Hochschulen oftmals nicht oder nur unzureichend ausgeschöpft, was diese sehr deutlich mit der nach wie vor sehr starken Personenabhängigkeit des hochschulischen Transfergeschehens in Zusammenhang bringen (Burger et al., 2022).

Die Ursachen für diese Problemstellungen aufseiten der zuständigen Transferstellen sind vielfältig. Zum einen führt die oben beschriebene wachsende Komplexität der dritten Mission zu einem immer größer und vielfältiger werdenden Aufgabenportfolio für Transferstellen. Deren Ausgestaltung, Funktionen und Rollen sind, wie bereits oben angemerkt, nicht standardisiert (Ritter, 2021). In ihrer Aufgabenerfüllung stehen sie regelmäßig vor der Herausforderung, Forschende zum Transfer zu motivieren bzw. die Transferaktivitäten transferaffiner Forschender (welche sich oftmals, wie bereits oben angemerkt, ausschließlich im eigenen Netzwerk dieser Personen abspielen) zu bündeln und zu begleiten, um den Nutzen für die Hochschule zu maximieren. Insgesamt geht es dabei sehr stark darum, „Transferinseln“ an der Hochschule aufzusuchen und Transferaktivitäten zu systematisieren. Wie Ritter (2021) zusammenfasst, kommt den hochschulischen Transferstrukturen insgesamt die wesentliche Aufgabe zu, Mitarbeitende für Transfer zu befähigen (Schaffung von Transferkompetenz), sie zu sensibilisieren und zu inspirieren, sie aber auch in ihren unterschiedlichen Transfervorhaben zu begleiten und zu unterstützen.

Nach Günther et al. (2021) wird diese Aufgabe durch ein hochschulweites Transferverständnis und insbesondere durch eine gemeinsame Transferkultur unterstützt bzw. erleichtert. Unter Transferkultur wird nach Prantl, Freund und Kals (2020) ein kulturelles Wertemuster verstanden, welches (1) die Hochschulangehörigen kollektiv teilen, und (2) die dritte Mission als gleichwertige Mission neben Forschung und Lehre anerkennt. Eine sich etablierende und in der Hochschule ausbreitende Transferkultur wird in dieser Hinsicht als normative Zielvorstellung gesehen.

Günther et al. (2021) sehen einen gesamthochschulischen Kulturwandel an einer Institution, die sich über weite Teile ihres Bestehens ausschließlich als Lehr- und Forschungseinrichtung verstanden hatte, als unabdingbar. Eine Transferkultur, die die gesamte Hochschule umfasst, wird als wichtige Stellschraube gesehen, welche die Ausgestaltung des hochschulischen Transfergeschehens maßgeblich beeinflusst (Günther et al., 2021). Das Thema Transferkultur an Hochschulen wurde bislang allerdings nur wenig beforscht. Ritter et al. (2023) bringen sie in einem Fallbeispiel einer bildungswissenschaftlichen Hochschule in Zusammenhang mit dem Auf- und Ausbau von Transferstrukturen; in ihrem Verständnis von Transferkultur gehen sie über die Hochschule hinaus und thematisieren auch die „Transferkultur einer Region" (ibid., S. 24). Insgesamt wird der Aspekt der Transferkultur aus der hochschulischen Perspektive – und damit einen nach innen gerichteten Blick einnehmend – in der Literatur zur dritten Mission jedoch selten thematisiert.

Hier möchte der vorliegende Beitrag anknüpfen. Dieser geht nach Günther et al. (2021) und Prantl et al. (2023) davon aus, dass die Entwicklung einer hochschulweiten Transferkultur eine wichtige Grundlage für die Effektivität hochschulischer Transferaktivitäten und -strukturen darstellt: Wenn die gesamte Hochschule und damit alle Hochschulangehörigen ein gemeinsames Verständnis und Interesse für Transfer aufbringen, kann dieser erfolgreich als mit Lehre und Forschung gleichwertige dritte Mission etabliert werden. Der vorliegende Beitrag geht daher der Frage nach, welche Faktoren die Etablierung einer nachhaltigen Transferkultur an Hochschulen begünstigen, oder umgekehrt, sie behindern. Ebenso möchte dieser Unterstützungsbedarfe vonseiten transferaffiner und/oder transferaktiver Hochschulen aufzeigen.

3. Methodischer Zugang

Um der oben genannten Fragestellung nachzugehen, werden empirische Daten verwendet, die im Rahmen der begleitenden Evaluation der ersten Förderrunde der deutschen Bund-Länder-Initiative „Innovative Hochschule" (IHS)[1] gewonnen wurden. Die Förderinitiative IHS startete im Jahr 2017 und stellte ein Budget in Höhe von insgesamt 550 Millionen Euro für zwei Förderrunden à fünf Jahre zur Verfügung. Das Programm sprach insbesondere kleinere und mittlere Hochschulen (bis zu 25.000 Studierende) an, welche zum Beantragungszeitpunkt bereits über erste Transferstrategien verfügten. Die IHS-Förderung sollte seitens der Hochschulen zur Erweiterung und Umsetzung hochschulischer Transferaktivitäten, zum Auf- und Ausbau hochschulischer Transferstrukturen, zur Intensivierung der hochschulischen Interaktion mit dem regionalen Umfeld sowie zur Innovierung der Zusammenarbeit mit Partner*innen aus Wirtschaft und Gesellschaft verwendet werden (BMBF, 2018)[2]. In seiner ersten Runde (2018–2022) wurden 48 deutsche Hochschulen in insgesamt 29 Projekten (davon 10 Verbund- und 19 Einzelprojekte) gefördert.

Die im vorliegenden Beitrag verwendeten Daten repräsentieren einen kleinen Ausschnitt der Begleitforschung und stammen aus einer Online-Kurzabfrage mit Vertreter*innen aller 48 Hochschulen aus dem Jahr 2020 sowie aus Fokusgruppen

---

1 Die Autorin ist Teil des Begleitforschungskonsortiums. Die Daten wurden im Rahmen der durch das deutsche Bundesministerium für Bildung und Forschung (BMBF) beauftragten begleitenden Evaluation der Bund-Länder-Initiative *Innovative Hochschule* gewonnen.

2 Die Etablierung einer Transferkultur stellt keinen spezifischen Förderauftrag durch IHS dar; die Begleitforschung widmete sich diesem Aspekt als eines von mehreren Randthemen.

mit Vertreter*innen aus insgesamt 16 deutschen Hochschulen (davon 11 Hochschulen für Angewandte Wissenschaften bzw. Fachhochschulen, vier Universitäten und eine Pädagogische Hochschule), die Ende 2021 und Anfang 2022 gewonnen wurden.

Die Kurzabfrage diente einer allgemeinen Bestandsaufnahme des Transfergeschehens an den geförderten Hochschulen und beinhaltete in diesem Zusammenhang zwei Fragenkomplexe mit Bezug zur Transferkultur. Die Fokusgruppe hingegen beabsichtigte eine tiefergehende Reflexion mit besonderer Berücksichtigung der sich etablierenden Transferkultur im Zuge der durch IHS geförderten Projekte. Die Kurzabfrage und die Fokusgruppe stellten damit zwei Elemente des Methodenportfolios im Zuge der Evaluation dar, die miteinander verknüpft waren – so dienten die Ergebnisse der Kurzabfrage, die ihrerseits deskriptiv-statistisch analysiert wurden, dazu, den qualitativen Fokusgruppenleitfaden zu erstellen. Aufgrund ihres Durchführungszeitpunkts (knapp zwei Jahre nach Durchführung der Kurzabfrage) können die Ergebnisse der Fokusgruppe nicht nur als eine qualitative/explorative Vertiefung, sondern auch als eine qualitative Fortführung der Erkenntnisse aus der Kurzabfrage im Längsschnitt – wenngleich mit differierender Stichprobe – gesehen werden. Die Fokusgruppenteilnehmenden waren überwiegend Leiter*innen bzw. Mitarbeitende der über IHS geförderten Projekte – sie stammten allesamt aus dem Transferbereich der jeweiligen Hochschulen. Die Fokusgruppe wurde protokolliert und über ein zweistufiges *Coding*-Verfahren nach Saldaña (2016) ausgewertet, wobei die transkribierten Textpassagen zunächst offen kodiert und die dadurch entstandenen *Codes* in einem weiteren Abstrahierungsschritt kategorisiert bzw. miteinander in Beziehung gesetzt wurden.

4. Empirische Ergebnisse

Im vorliegenden Kapitel werden die Ergebnisse der beiden Erhebungsschritte dargelegt. Während die Kurzabfrage, wie oben angemerkt, das Thema der Transferkultur lediglich am Rande behandelte, werden im folgenden Abschnitt in aller Kürze auch Erkenntnisse präsentiert, welche allgemeine Informationen über das Förderprogramm IHS erschließen – dies dient allen voran dem Verständnis über die Natur des Programms, zumal ein solches auch für die Interpretation der Fokusgruppenergebnisse von Bedeutung ist (dies insbesondere mit Verweis auf zu beachtende stichprobenbedingten Einschränkungen, siehe Kapitel 5). Die Fokusgruppe hingegen zielte ausschließlich auf das Themenfeld der Etablierung einer Transferkultur im Zuge der durch IHS geförderten Projekte ab.

4.1 Ergebnisse der Kurzabfrage

Die Online-Kurzabfrage fand zwei Jahre nach Beginn der durch IHS geförderten Projekte an den 48 Hochschulen statt. Sie stellt eine Selbsteinschätzung hinsichtlich des hochschulischen Transfergeschehens durch die Befragten, d.h. die Vertreter*innen der 48 Hochschulen (allesamt Personen, die zum Befragungszeitpunkt im Bereich Transfer tätig waren) dar.

Im Zuge der Kurzabfrage wurde beispielsweise deutlich, dass die Entwicklung der Transferstrategien an den geförderten Hochschulen sehr häufig im Kontext des Förderprogramms IHS stattfanden: So gaben 29 der 48 Hochschulen an, ihre Transferstrategien im Zeitraum zwischen 2016 (Beginn der Antragsphase für IHS) und 2018 (Start der Förderung IHS) verabschiedet zu haben. Lediglich 14 Hochschulen verfügten bereits vor 2016 über Transferstrategien. Insgesamt 36 Hochschulen nahmen seit Förderbeginn punktuelle oder signifikante Änderungen an den Transferstrategien vor – daraus kann geschlossen werden, dass das Förderprogramm IHS dafür genutzt wurde, Strategien zu testen und anzupassen. In jedem Fall lieferte die Förderinitiative IHS wesentliche transferstrategische Impulse für die geförderten Hochschulen, wie die Kurzabfrage deutlich machte, siehe dazu Berger et al. (2021).

Auch strukturelle Entwicklungen an den geförderten Hochschulen zeigen sich von der Förderinitiative IHS geprägt: So gab mit 53% über die Hälfte der geförderten Hochschulen an, im Zuge der Förderung insbesondere ihre zentralen Hochschulstrukturen substantiell weiterentwickelt oder neu eingerichtet zu haben, allen voran zentrale Transfereinrichtungen (z. B. Ausbau bestehender Forschungsreferate oder dezidierter Transferstellen). In deutlich geringerem Maße wurden hingegen dezentrale Transferstrukturen (an Lehrstühlen, Instituten, Fachbereichen) weiterentwickelt oder neu aufgebaut – dies gaben nur 36% der Hochschulen an; ganze 31% ließen hingegen im Zuge der Kurzabfrage wissen, dezentrale Transferstrukturen seien nicht geplant (bei den zentralen Transferstrukturen waren dies nur 3%). Diese Erkenntnis steht im Einklang mit Befunden aus der Literatur, denen zufolge der Großteil hochschulischer Transferstrukturen zentral tätig sind (siehe z. B. Meier & Krücken, 2011).

Wie bereits oben angemerkt, enthielt die Kurzabfrage auch Fragestellungen, die unmittelbar auf den Aspekt der Transferkultur abzielten. Aus diesen wurde deutlich, dass sich zum Befragungszeitpunkt mit 77% die Mehrheit der Hochschulen erst in den Anfängen eines Wandels hin zu einer intensivierten Transferkultur sah. Herausforderungen begegneten die untersuchten Hochschulen vor allem in einem mangelnden gemeinsamen Verständnis von Transfer sowie einer fehlenden systematischen Herangehensweise. Vor allem die befragten Universitäten verzeichneten eine besonders geringe Transfermotivation unter den Forschenden – dies wurde im Zuge einer offenen Frage insbesondere mit der grundlagennahen Natur der dort praktizierten Forschung in Zusammenhang gebracht. Unter den FH bzw. den HAW wurde diese Problematik in deutlich geringerem Maße vorgebracht.

Schließlich gaben die Hochschulen im Zuge der Kurzabfrage unabhängig vom Hochschultyp an, unterschiedliche formelle und informelle Anreize zum Transfer zu testen, so beispielsweise Transfer-Unterstützungsleistungen, finanzielle Anreize, explizite Würdigung durch die Hochschulleitungen oder Lehrdeputatsermäßigungen. Diese „Testphase“ dauerte in mehreren Fällen bis in die zweite Hälfte der Projektlaufzeit an, wie im Zuge der Fokusgruppe deutlich wurde. Den Ergebnissen dieser widmet sich das Folgekapitel.

4.2 Ergebnisse der Fokusgruppe

Ziel der Fokusgruppe war es, basierend auf den ersten Ergebnissen der Online-Vollerhebung (sowie auf Interviews mit den Hochschulvertretenden im Zuge der Evaluation, welche nicht Gegenstand des vorliegenden Beitrags sind) sowohl begünstigende als auch hemmende Faktoren für die Etablierung einer hochschulweiten Transferkultur auszumachen. Ebenso sollten Unterstützungsbedarfe vonseiten der Hochschulen dargelegt werden. Im Gegensatz zur Kurzabfrage widmete sich die Fokusgruppe ausschließlich dem Themenfeld der Etablierung einer hochschulischen Transferkultur. Im Zuge dieser wurden die Vertreter*innen der insgesamt 16 ausgewählten Hochschulen gebeten, ihre Entwicklungen und, sofern zutreffend, Fortschritte mit Blick auf eine Transferkultur einzubringen und anhand eines Fokusgruppenleitfadens moderiert zu diskutieren. Die Hochschulen befanden sich zum Zeitpunkt der Fokusgruppe – knapp zwei Jahre nach der Online-Kurzabfrage – in der zweiten Hälfte der Laufzeit ihrer IHS-geförderten Projekte; sie blickten allesamt auf diverse Transferaktivitäten zurück, welche sie seit Förderbeginn umgesetzt hatten, und hatten zum Zeitpunkt der Fokusgruppe bereits Erfolge und Misserfolge verzeichnet, wenn es darum ging, Transfermaßnahmen in die Breite der Hochschule zu tragen und bestmöglich zu verstetigen.

*4.2.1 Begünstigende Faktoren aus Sicht der Hochschulvertreter*innen*

Während die in der Fokusgruppe vertretenen Hochschulen insgesamt sehr diverse Erfahrungen im Rahmen ihrer IHS-geförderten Projekte gemacht hatten, so waren sich alle Teilnehmenden einig, dass für die Entwicklung einer hochschulweiten Transferkultur allen voran die Haltung der Hochschulleitung maßgeblich ist: Die Unterstützung vonseiten der Hochschulleitung sei als wesentlicher und wichtigster Erfolgsfaktor zu sehen, mit der das Thema Transferkultur „steht oder fällt", so mehrere Teilnehmende der Fokusgruppe.

Ebenso verdichteten sich die Aussagen der Teilnehmenden dahingehend, dass Transfer als strategische Dimension der Hochschule fungieren sollte, um die Entwicklung einer Transferkultur zu begünstigen. Dazu sei eine isolierte Transferstrategie nicht ausreichend – vielmehr solle Transfer Teil des Hochschulleitbildes sein, und die Transferstrategie müsse mit anderen Strategien (Digitalisierung-, Internationalisierungsstrategie, Struktur- und Entwicklungsplänen) verzahnt sein, in denen Transfer durchwegs als gleichwertige (Leistungs-)Dimension neben Forschung und Lehre sichtbar wird. Zur (Weiter-)Entwicklung der Transferstrategie sei es zudem bedeutend, alle Hochschulangehörigen in den Strategieprozess miteinzubinden – dazu gehören neben der Hochschulleitung auch das wissenschaftliche Personal, die Verwaltung sowie die Studierenden. Dies würde ein gemeinsames Transferverständnis und damit eine fortschreitende Transferkultur unmittelbar begünstigen.

Auch auf struktureller Ebene sei aus Sicht der Fokusgruppenteilnehmenden eine Verzahnung der Transferstrukturen mit bestehenden Hochschulstrukturen entscheidend. So wurde im Zuge der Fokusgruppe beispielsweise vorgebracht, Transfer solle als Aufgabe aller Abteilungen verstanden werden, was etwa durch bereichsübergreifende Arbeitsgruppen bzw. den Austausch der Transferabteilung mit anderen Abteilungen (insbesondere auch mit dem Hochschulmarketing) begünstigt werden könne. Dabei dürfe nicht außer Acht gelassen werden, auch die Verwaltung zu sensibilisieren, mit dem Ziel, sie möge „transferfreundlich" werden; Transfer sei überdies als Teil des hochschulinternen *Reportings* zu etablieren. Schließlich, so einige der Fokusgruppenteilnehmenden, könnten Studierende als Multiplikator*innen involviert werden. Durch den Einbezug aller Hochschulangehörigen bzw. eine strukturübergreifende Transferarbeit könne ein integratives Transferverständnis bewerkstelligt werden, was aus Sicht der Teilnehmenden für die (Weiter-)Entwicklung einer hochschulischen Transferkultur unabdingbar ist.

In diesem Zusammenhang wurden auch die Rolle sowie die Aufgaben einer Transferstelle thematisiert. Allen voran wurde die Frage aufgeworfen, ob zentrale (im Sinne einer für die gesamte Hochschule zuständige Stelle) oder dezentrale Transferstrukturen (mehrere Stellen, die in verschiedenen Standorten, Lehrstühlen oder Fachabteilungen der Hochschulen angesiedelt sind) günstiger für die Entwicklung einer hochschulweiten Transferkultur seien. Hierzu brachten die Teilnehmenden sehr unterschiedliche Sichtweisen ein, woraus geschlossen werden kann, dass dies je nach Hochschule variiert; während für eine Hochschule zentrale Strukturen effektiver sein können als dezentrale, so könne es sich für eine andere Hochschule genau umgekehrt verhalten. Eine gewisse Verdichtung zeigte sich dahingehend, dass zu Beginn eines hochschulischen Engagements im Transfer zentrale Strukturen besonders wichtig seien, wohingegen sich mit steigender Transfererfahrung in der Hochschule eine zunehmende Verästelung im Sinne einer Dezentralisierung anbietet.

Was die Aufgaben einer Transferstelle betrifft, so sprachen sich die Fokusgruppenteilnehmenden – allesamt Personen, die in Transferstellen ihrer Hochschulen tätig sind – dafür aus, Forschenden „Unterstützung anzubieten und Arbeit abzunehmen". Dabei solle die Transferbegleitung für Forschende „(…) dezentral an der Forschungswertschöpfungskette" angesiedelt werden. Insgesamt wurden den Transferstellen die Aufgaben der Sensibilisierung und Mobilisierung für den Transfer zugesprochen; wichtig sei es, dort das Transferwissen, die Transferideen und -bestrebungen einzelner Hochschulangehöriger zu bündeln und zu vernetzen. Transferwissen und Transferformate seien zu bewerben und sichtbar zu machen, idealerweise in Form von niederschwelligen Informations- und Unterstützungsangeboten. Auch sollten Weiterbildungsformate zum Thema Transfer angeboten werden. Im Lichte dieser Fülle von Anforderungen an Transferstellen wiesen die Fokusgruppenteilnehmenden jedoch darauf hin, die Serviceleistungen mit Bedacht anzubieten, da durchwegs ein Risiko der Überlastung von Transferstrukturen bestünde.

Mit Blick auf die Kompetenzen, welche in den Transferstellen vorhanden sein sollen, verwiesen die Teilnehmenden auf die Aspekte „Fähigkeiten zur Vogelperspektive", „transdisziplinäre Kulturkompetenz", Kenntnisse über interdisziplinäre Ansätze im Transfer, ein bidirektionales Verständnis von Transfer sowie generell das Vorhandensein eines „guten fachlichen Vertrauenspersonals", welches über umfassendes Transferwissen, Transferkompetenzen und Transfererfahrungen verfügt. Dieses vorhandene Wissen müsse den Hochschulangehörigen bekannt und zugänglich gemacht werden.

Im Zuge der Fokusgruppe wurde darüber hinaus jedoch deutlich, dass die Sensibilisierung und Mobilisierung zum Transfer nicht ausschließlich über die Transferstellen erfolgen können. Vielmehr bedürfe es „Transfer-Botschafter*innen" oder „Transfer-Fürsprecher*innen" – Hochschulangehörige, die bereits Transfererfahrung gesammelt bzw. sogar Transfererfolge verzeichnet hätten –, welche ihre Erfahrungen beispielsweise durch *Story-Telling* teilen. Insgesamt müssten die Kommunikationsanstrengungen der Transferstellen durch „Persönlichkeiten, die begeistern können", unterstützt werden. So könne auch die Bedeutung von Transfer vermittelt, Transfer vorgelebt und positive Transferbeispiele dargelegt werden. Die Kommunikation des Mehrwerts und der Erfolge von Transfer sei besonders bedeutend, um andere mitzunehmen; vor allem den Forschenden seien die Vorteile aufzuzeigen (z. B. gesteigerte Sichtbarkeit und Bekanntheit der Forschenden und der Hochschule; bedeutendere Rolle der Hochschule in der Region; Profilschärfe der Hochschule durch Transfer). Die Teilnehmenden berichteten aus eigenen Erfahrungen ihrer Hochschulen, in denen Erfolge im Transfer tatsächlich zu großen Motivationssteigerungen der Hochschulangehörigen führten – diese müssten selbstbewusst kommuniziert werden. Die Grundbedingungen für eine gelungene Transferkommunikation seien in jedem Fall, so die Fokusgruppenteilnehmenden, Vertrauen, eine gemeinsame Sprache und Interesse. Insofern sei ein Hineinwirken in die Hochschule über direkte Ansprache und persönliche Beziehungen sowie ein frühes Einbinden neuer Kolleg*innen entscheidend.

Neben diesen überwiegend „weichen" Faktoren seien jedoch Aspekte wie beispielsweise personelle und finanzielle Ressourcen sowie entsprechende (Zeit-)Kapazitäten unabdingbar, über welche Hochschulangehörige verfügen müssen, um Transferaktivitäten nachzugehen. Insofern müsse eine „Währung" für den Transfer geschaffen werden – die meisten Fokusgruppenteilnehmenden sprachen sich hier, ähnlich wie bereits im Zuge der Kurzabfrage, für eine Lehrdeputatsreduktion für transferaktive Mitarbeitende aus, wobei deren Bemessung als überaus schwierig angesehen wurde. Hierzu befanden sich die meisten in den Fokusgruppen vertretenen Hochschulen – ebenso wie bereits zum Zeitpunkt der Kurzabfrage – in einer „*trial and error*"-Phase. Auch versuchten sich einige Hochschulen in unterschiedlichen Möglichkeiten, Transfer als Leistungsdimension sichtbar zu machen. Als Beispiele wurde etwa die Berücksichtigung von Transfer bei der Berufung genannt, welche nach Einschätzung der Teilnehmenden über kurz oder lang dazu führen wird, dass zusehends transferaffine Personen berufen werden; auch wurde über die Berücksichtigung von Transfer bei Stellenausschreibungen, beim On-Boarding sowie über Mitarbeiter*innengespräche berichtet. Weitere genannte Aspekte betrafen die hochschulische Wertschätzung von Transfer, beispielsweise in Form eines hochschuleigenen „Transferpreises" oder eines hochschuleigenen „Innovationsfonds".

Abschließend wurde betont, dass die Entwicklung einer hochschulischen Transferkultur ein langwieriger Prozess ist, bei dem gegebenenfalls nicht alle Hochschulangehörigen erreicht werden können – eine gewisse Grundmotivation für den Transfer sei bei den Hochschulangehörigen notwendig. Man habe sich an einzelnen Hochschulen damit abgefunden, dass man „nicht alle mitnehmen" könne. Dies führt zu den die Transferkultur hemmenden Faktoren, welche im folgenden Abschnitt dargelegt werden.

*4.2.2 Hemmende Faktoren aus Sicht der Hochschulvertreter*innen*

Der Aspekt der fehlenden Grundmotivation zum Transfer bei Einzelpersonen wurde als ein wichtiger, eine Transferkultur hemmender Faktor aufgegriffen. „Vor allem etablierte Kolleg*innen sind oft schwer zu gewinnen", so eine Fokusgruppenteilnehmerin. Die Transferbereitschaft und das Transferinteresse fallen *de facto* personenabhängig aus, wie alle Teilnehmenden bekräftigen. Manche könnten dennoch über Umwege erreicht werden, so etwa über ihre Mitarbeitenden. Fällt die fehlende Transferaffinität (etwa über eine hohe Anzahl oder die hohe formelle oder informelle Stellung wenig transfermotivierter Hochschulangehöriger) stark ins Gewicht, so kann dies die Etablierung einer hochschulweiten Transferkultur maßgeblich behindern.

Dies sei insbesondere dann problematisch, so mehrere Fokusgruppenteilnehmende, wenn Ressourcenknappheit besteht, etwa in Form von fehlender Zeit für Transfer, fehlender Kontinuität (beispielsweise durch starke Projektabhängigkeit), fehlender Transfererfahrung bzw. Transferkompetenz an der Hochschule sowie insgesamt fehlender Ressourcen bei den Forschenden.

Insgesamt, so die Teilnehmenden, werde Transfer immer noch in Konkurrenz zu Lehre, Forschung und Selbstverwaltung gesehen, was dazu führt, dass Transfer als zusätzliche Aufgabe empfunden wird. Dies hängt nach Ansicht der Fokusgruppenteilnehmenden auch damit zusammen, wie Transfer üblicherweise finanziert wird: Es herrscht eine starke Drittmittelabhängigkeit, zumal im Unterschied zur Lehre (und zumindest zu gewissem Anteil zur hochschulischen Forschung) keine institutionelle Finanzierung des Transfers gegeben ist. Dies ist eine Problematik, die derzeit europaweit in mehreren Hochschulsystemen debattiert wird (siehe z. B. Keuschnigg et al., 2023). Die hohe Drittmittelabhängigkeit im Bereich des Transfers hemmt die fortschreitende Entwicklung einer Transferkultur, zumal sie auch der Verstetigung von Strukturen und Stellen im Weg steht, wie die Fokusgruppenteilnehmenden hervorheben. Dies ist ein Aspekt, der auch hinsichtlich der festgemachten Unterstützungsbedarfe aufgegriffen wurde, wie der folgende Abschnitt darlegt.

*4.2.3 Benötigte Unterstützung aus Sicht der Hochschulvertreter*innen*

Im Zuge der Fokusgruppe wurden die Teilnehmenden befragt, wo sie hinsichtlich der (Weiter-)Entwicklung ihrer Transferkultur Unterstützungsbedarfe durch die Hochschulpolitik verorten, beispielsweise durch Förderprogramme. Aus der Diskussion unter den Fokusgruppenteilnehmenden konnten die folgenden vier Bereiche herausgearbeitet werden:

1. *Weiterbildungen*

Die Vertreter*innen der Hochschulen sprachen sich dafür aus, allen Hochschulangehörigen Weiterbildungen im Bereich Transfer zu ermöglichen – dies beispielsweise durch ein eigens dafür eingerichtetes Förderprogramm. Nach Ansicht der Teilnehmenden sollte auch allen Hochschulangehörigen das Sammeln von Transfererfahrungen ermöglicht werden, insofern bedürfe es auch hierzu geeigneter (Förder-)Formate, um dies bewerkstelligen zu können.

2. *Anreize*

Ebenso plädierten die Fokusgruppenteilnehmenden für spezifische Förderungen, um Anreize (durchaus auch finanzieller Natur) schaffen zu können, welche Hochschulangehörige dazu motivieren, Transferaufgaben wahrzunehmen.

3. *Prozessinnovationen*

Während die meisten gängigen Förderprogramme darauf abzielen, Transferaktivitäten nach außen zu realisieren, um mit der Hochschulumwelt in Interaktion zu treten, fehle es nach Ansicht der Teilnehmenden an Programmen, die das Innovieren „in die Hochschule hinein" ermöglichen. Hier bedürfe es Förderungen, welche unmittelbar auf Prozessinnovationen an Hochschulen abzielen.

4. *Verstetigung*

Die Verstetigung von Transferstrukturen und -stellen zeigte sich als wichtiges Thema für alle Fokusgruppenteilnehmenden. Die Förderdauer der Förderinitiative IHS begrenzte sich auf fünf Jahre – dies sei zwar für ein Förderprojekt ein durchaus langer Zeitraum, reiche jedoch aus Sicht der Teilnehmenden nicht, um Stellen und Strukturen zu verstetigen und den Transfer von Einzelpersonen loszulösen. Dies wirke sich negativ auf die Etablierung einer Transferkultur aus, denn eine solche brauche Zeit und Kontinuität. Insofern plädierten viele der Teilnehmenden auf lange Sicht für eine institutionelle Finanzierung des Transfers anstelle von temporärer Unterstützung mittels kompetitiver Projektförderung.

5. Fazit

Der vorliegende Beitrag behandelt das Themenfeld der Etablierung einer hochschulweiten Transferkultur an transferaktiven Hochschulen. Er geht der Frage nach, welche Faktoren eine Transferkultur hemmen oder begünstigen können und bedient sich dazu Daten, die im Zuge der begleitenden Evaluation der ersten Förderrunde der deutschen Bund-Länder-Initiative „Innovative Hochschule“ gewonnen wurden – eine Initiative, welche auf die Förderung hochschulischer Transferstrukturen und -aktivitäten abzielt.

Wie die empirischen Ergebnisse im Zuge des vorliegenden Beitrags zeigen, so befanden sich die Hochschulen ihrer Selbsteinschätzung nach zwei Jahre nach Beginn der Förderung noch in ihren Anfängen, was die (Weiter-)Entwicklung einer hochschulischen Transferkultur betrifft. Auch knapp vier Jahre nach Förderbeginn betonten die Vertreter*innen ausgewählter Hochschulen im Zuge der hier gegenständlichen Fokusgruppen die Langfristigkeit des Unterfangens, eine Transferkultur über die gesamte Hochschule hinweg zu etablieren. Zwar konnte den Jahresberichten der Hochschulen entnommen werden, dass diese über eine gesteigerte Anzahl transfermovierter Forschender sowie ein zunehmendes gemeinsames Transferverständnis innerhalb der Hochschulen verfügten (siehe Berger et al., 2023); dennoch kann aus den hier vorliegenden Ergebnissen konstatiert werden, dass die Etablierung eines übergreifenden Kulturwandels, bei dem das Thema Transfer von einer breiten Mehrheit von Hochschulangehörigen in der täglichen Praxis neben anderen Aufgaben permanent adressiert wird, weiterhin eine Herausforderung und damit eine mittel- und langfristige Aufgabe bleibt. Im Besonderen bedarf es dafür nach Ansicht der Fokusgruppenteilnehmenden Zeit, Kontinuität und Verstetigung (von Strukturen und Aktivitäten). Maßgeblich erweisen sich hierfür eine Unterstützung durch die Hochschulleitung sowie ein strategisches Bekenntnis der Hochschule zum Transfer – nur so könne dieser hochschulweit gelebt und ein Kulturwandel erreicht werden.

Wie insbesondere aus den Fokusgruppenergebnissen und damit aus der Perspektive der 16 ausgewählten, IHS-geförderten Hochschulen deutlich wurde, steht Transfer in der Wahrnehmung vieler Hochschulangehöriger nach wie vor in Konkurrenz zu Lehre und Forschung. Die Hochschulvertretenden gaben an, im Zuge ihrer IHS-Projekte unterschiedliche Anreize zu testen, um Hochschulangehörige (allen voran Forschende) zum Transfer zu motivieren. Als „Währung“ für den Transfer werden hier oftmals Lehrdeputatsreduktionen eingesetzt, welche sich im Vergleich zu anderen Anreizmechanismen aus Erfahrung der Teilnehmenden am besten bewährt haben.

Herausforderungen ergeben sich jedoch auch in der Kommunikation. Im Besonderen wurde deutlich, dass die Entwicklung und Vermittlung eines gemeinsamen Transferverständnisses – eine wichtige Grundlage für eine hochschulweite Transferkultur – ein schwieriges Unterfangen ist, ebenso wie die Schaffung von Akzeptanz und Interesse vonseiten aller Hochschulangehörigen. Wie sich vor allem in der Kurzabfrage aller 48 geförderten Hochschulen zeigte, befinden sich Einrichtungen der angewandten Forschung (FH/HAW) hier bisweilen in einer günstigeren Ausgangsposition als Universitäten.

Mit Blick auf Transferstrukturen wurde deutlich, dass ausreichend Transfererfahrung und -kompetenzen in den Transferstellen unumgänglich sind. Hier wird es künftig daran gelegen sein, ein „Berufsbild Transfer“ zu entwickeln, um den Hochschulangehörigen, insbesondere den Forschenden, fachliches Vertrauenspersonal zur Seite stellen und die Tätigkeiten einer Transferstelle zusehends standardisieren zu können. Gleichzeitig wurde deutlich, dass Transferstellen als Serviceeinrichtungen fungieren, deren Aufgaben variieren, jedoch tendenziell immer breiter ausgelegt werden, was das Risiko der Überlastung mit sich bringt.

Während hinsichtlich hochschulischer Unterstützungsbedarfe vonseiten der Hochschulpolitik auf spezifische Fördermaßnahmen zur Weiterbildung, Anreizschaffung und Prozessinnovation vorgebracht wurden, betonten die Hochschulvertretenden die Langfristigkeit der Etablierung und Weiterentwicklung einer hochschulischen Transferkultur, welche aus ihrer Sicht nur unzureichend über Projektfinanzierungen abgedeckt werden kann. Die Forderung nach einer institutionellen Finanzierung des hochschulischen Transfers ist ein klares Ergebnis der Fokusgruppe, das sich in der aktuellen europäischen Debatte zur Finanzierung der dritten Mission widerspiegelt.

Der vorliegende Beitrag fasst einen Ausschnitt der Erkenntnisse aus der Begleitevaluation der ersten Runde der Innovativen Hochschule mit Blick auf die Bedingungen rund um die Entwicklung einer hochschulischen Transferkultur zusammen und liefert damit einen empirischen Beitrag zu diesem bisher rar beforschten Themenfeld. Dabei muss einschränkend festgehalten werden, dass zu den Erhebungszeitpunkten in der Hochschulstichprobe alle Hochschulen eine hohe Transferaktivität aufwiesen und diese zudem durch die Initiative IHS gefördert wurden. Ein Vergleich mit Hochschulen, welche bislang keine Transferförderung erhielten bzw. erhalten hatten, ist daher nur bedingt möglich. Eine weitere Einschränkung betrifft die Eigenschaften der Fokusgruppenteilnehmenden – es handelte sich hierbei ausschließlich um Personen, welche zu den Erhebungszeitpunkten mit leitenden und/oder mitarbeitenden Rollen in den hochschulischen Transferstellen betraut waren; insofern beschränken sich die Erkenntnisse im vorliegenden Beitrag ausschließlich auf deren Perspektive. Der Blickwinkel anderer Hochschulangehöriger wurde im vorliegenden Beitrag nicht beleuchtet, könnte aber hinsichtlich künftiger Forschungsarbeiten zum Thema Etablierung einer Transferkultur weitere Aufschlüsse geben, ebenso wie die Beobachtung von Hochschulen mit geringerer Transferaktivität und -erfahrung.

Literatur

Beck, S., Bergenholtz, C., Bogers, M., Brasseur, T., Conradsen, M. L., Di Marco, D., Distel, A. P., Dobusch, L., Dörler, D., Effert, A., Fecher, B., Filiou, D., Frederiksen, L., Gillier, T., Grimpe, C., Gruber, M., Haeussler, C., Heigl, F., Hoisl, K. … Mosangzi Xu, S. (2022). The Open Innovation in Science research field: a collaborative conceptualisation approach, *Industry and Innovation* 29(2), 136–185. https://doi.org/10.1080/13662716.2020.1792274

Benneworth, P., Charles, D., Conway, C. & Younger, P. (2009). *Characterising modes of university engagement with wider society.* Office of the Pro-Vice-Chancellor (Engagement), Newcastle University.

Benneworth, P., de Boer, H., & Jongbloed, B. (2009). Between good intentions and urgent stakeholder pressures: Institutionalizing the universities' third mission in the Swedish context. *European Journal of Higher Education, 1*(3), 1–17.

Berger, F., Galati, N., Biela, J., Nieth, L., Pschorn, L., Bauer, V., Kauffeld-Monz, M., Bertini, A., Rodriguez, K., Birner, M., Beese, K. A., Kelterborn, P., Régent, V., Ecker, B. & Welp-Park, E. (2021). *Begleitende Evaluation der gemeinsamen Initiative des Bundes und der Länder zur Förderung des forschungsbasierten Ideen-, Wissens- und Technologietransfers an deutschen Hochschulen – „Innovative Hochschule"*. Unveröffentlichter Zwischenbericht.

Berger, F., Galati, N., Biela, J., Nieth, L., Pschorn, L., Bauer, V., Kauffeld-Monz, M., Bertini, A., Rodriguez, K., Birner, M., Beese, K. A., Kelterborn, P., Régent, V., Ecker, B. & Welp-Park, E. (2023). *Begleitende Evaluation der gemeinsamen Initiative des Bundes und der Länder zur Förderung des forschungsbasierten Ideen-, Wissens- und Technologietransfers an deutschen Hochschulen – „Innovative Hochschule"*. Unveröffentlichter Abschlussbericht.

Berghäuser, H. & Hölschel, M. (2020). Reinventing the third mission of higher education in Germany: political frameworks and universities' reactions. *Tertiary Education and Management,* (2020) 26, 57–76, https://doi.org/10.1007/s11233-019-09030-3

BMBF, Bundesministerium für Bildung und Forschung (2018). *Innovative Hochschule.* https://www.bmbf.de/de/innovative-hochschule-2866.html

Burger, R., Didyk, O. & Kohl, D. (2022). *Wie kooperiert eine Hochschule? Ergebnisse einer Studie zum Kooperationsgeschehen an der Technischen Hochschule Nürnberg aus Sicht der Lehrenden und Mitarbeitenden.* Technische Hochschule Nürnberg.

DiMaggio, P. J. & Powell, W. W. (1983). The Iron Cage Revisited: Institutional Isomorphism and Collective Rationality in Organisational Fields. *American Sociological,* 48, 147–160. https://doi.org/10.2307/2095101

Etzkowitz, H., Leydesdorff, L. (2000). The dynamics of innovation: From National Systems and "mode 2" to a triple Helix of university-industry-government relations. *Research Policy,* 29, 109–123.

Günther, S., Brucksch, M., Bormann, P.-M., Falter, T., Lang, G., Wink, R. & Findeisen, V. (2021). Auf dem Weg zur kennzahlenbasierten Steuerung von Transferprozessen in Hochschulen – Modelltheoretische Grundlagen und konzeptionelle Umsetzung. *Qualität in der Wissenschaft* (QiW) 2021, Ausgabe 2.

Henke, J., Pasternack, P. & Schmid, S. (2016): Third Mission von Hochschulen. Eine Definition. *Das Hochschulwesen, 64*(1/2), 16–22.

Keuschnigg, C., Ecker, B., Régent, V., Kritzinger, M. & Essbaumer, E. (2023). *Finanzierung von Universitäten – mit Fokus auf die Finanzierungsstruktur von Forschung und deren makroökonomische Effekte.* Studie im Auftrag des Bundesministeriums für Bildung, Wissenschaft und Forschung.

Kitagawa, F., Barrioluengo, M. S. & Uyarra, E. (2016). Third Mission as Institutional Strategies: Between Isomorphic Forces and Heterogeneous Pathways. *Science and Public Policy,* 43/6, 736–50.

Meier, F. & Krücken, G. (2011). *Wissens- und Technologietransfer als neues Leitbild? Universitäts-Wirtschaftsbeziehungen in Deutschland.* In B. Hölscher & J. Suchanek (2011). *Wissenschaft und Hochschulbildung im Kontext von Wirtschaft und Medien.* Wiesbaden: VS Verlag für Sozialwissenschaften. https://doi.org/10.1007/978-3-531-92648-3

Mejlgaard, N. & Ryan, T. K. (2017). Patterns of third mission engagement among scientists and engineers. *Research Evaluation,* 26(4), 326–336. https://doi.org/10.1093/reseval/rvx032

Pasternack, P. (2022). Wissenstransfer: Forschung in Anwendungskontexten. In *Wissenschaftskommunikation, neu sortiert* (S. 65–97). Springer VS, Wiesbaden. https://doi.org/10.1007/978-3-658-39177-5_4

Prantl, J., Freund, S., & Kals, E. (2020). Veränderungsprozesse an Hochschulen. Erwartungen und Einstellungen des wissenschaftlichen Personals. *Konfliktdynamik*, 9(1), 20–30.

Régent, V., Berger, F., Bertini, A., Biela, J., Bießlich, S., Ecker, B., Galati, N., Kauffeld-Monz, M. & Rodriguez, K. (2021). *Third mission activities and stakeholders' trust in higher education institutions – Evidence from an evaluation project.* Präsentiert bei EAIR 43rd Annual Forum hosted by Humboldt University of Berlin, Germany, September 2021.

Ritter, J. (2021). *Vom Sichtbarwerden und der Mitgestaltung gesellschaftlichen Wandels.* In U. Schmidt & K. Schönheim (Hrsg.), *Transfer von Innovation und Wissen. Gelingensbedingungen und Herausforderungen* (S. 165–180), Springer Fachmedien Wiesbaden GmbH.

Ritter, J., Stark, I., Spannagel, C. (2023). *Auf- und Ausbau von Transferstrukturen an einer bildungswissenschaftlichen Hochschule.* In I. Stark, T. Petersen, M. Wetterauer & C. Spannagel (Hrsg.), *Transfer von Bildungskonzepten im regionalen Kontext* (S. 12–21). Weinheim: Beltz Juventa.

Sala, I., Sobrero, M (2021). Games of policy and practice: multi-level dynamics and the role of universities in knowledge transfer processes. *The Journal of Technology Transfer* 46, 866–906 (2021). https://doi.org/10.1007/s10961-020-09806-5

Saldaña, J. (2016). *The Coding Manual for Qualitative Researchers.* London: Sage.

Migrant and Refugee Students from the Global South at Austrian Universities

Insights into Well-being and Educational Success

Judith Kohlenberger, Theresa Herzog-Abusaeeda & Tobias Schnitzler

Abstract: Drawing on qualitative data from five focus group discussions (N = 23) with migrant and refugee students from the Global South studying at an Austrian university, we developed stakeholder guidelines indicating contributing and inhibiting factors on student success and well-being. Our findings show that different levels of adaptations and support are required, depending on both structural and personal spheres that respondents displayed. Structural spheres include residence permit, field and level of study, and conditions at the university (such as digital access, student representation, supervision by professors, workload). Personal spheres involve respondents' social capital in terms of social network and friends/colleagues, in particular in the form of (in-)formal mentoring, language skills and other qualifications, personal resilience and aspirations, and mental health. Based on these actor-centered findings, we developed guidelines for a multi-level actors approach as well as HEI's particularly targeting contributing factors, affecting the quality of migrant and refugee students' experience at an Austrian university and their general well-being, which in turn impact their study success.

Keywords: refugees, higher education, Austria, Geflüchtete, tertiäre Bildung, Österreich

1. Introduction

Migrant and refugee students' access to and success within tertiary education is a significant element in universities' internationalization strategies and situated at the crossroads of several UN Sustainable Development Goals (SDGs). Recent years saw a growing awareness for this vulnerable, yet resourceful group of students and efforts by higher education institutions (HEIs) and policymakers alike to cater to their needs, as they vitally contribute to a diverse and egalitarian higher education setting. Yet, students from the Global South still face manifold barriers that native students or expats from the Global North hardly ever encounter.

Academic research on their experiences, their aspirations and the barriers they face remains scarce, as do targeted support programs. Responding to these research and policy gaps, our paper assesses the question of how inhibiting and contributing factors result in the personal well-being and study success of these students. Drawing on qualitative data from five semi-structured focus groups with students from Syria, Afghanistan, Iran as well as Rwanda and Kenya, we present stakeholder guidelines implicating personal accounts of migrant and refugee students living in Austria and studying at an Austrian university. As refugee and migrant students from the Global South share many experiences at Austrian universities, our study includes both groups while at the same remaining aware of key differences that emerged in the research.

2. Migrant and Refugee Students' Access to Higher Education

Despite international conventions, including the Geneva Refugee Convention and Human Rights Declaration, migrants' and refugees' access to (higher) education varies significantly across the globe (Dryden-Peterson, 2016; UNHCR, 2016). This holds true for primary and secondary education, but even more so for enrolment at universities and colleges: Only 6% of refugees worldwide have access to tertiary education (UNHCR, 2023), compared to 40% of the global population. Similarly, inequalities can be observed when looking at students from the Global South, with a gross tertiary education enrolment ratio of 9.8% in Sub-Sahara Africa, versus 75% in Europe (Worldbank, 2022).

This is contrasted with high educational aspirations of migrants and refugees from the Global South, as several studies show (Aver, 2017; Marar, 2011; Bloch & Hirsch, 2017). In many contexts, migrants and refugees have been found to display higher levels of educational aspirations than natives (Stermac et al., 2012). This can be traced back to educational experiences in the countries of origin, such as having been enrolled in HEIs before (forced) migration, but also to hopes for security and social mobility in the host country via education. For receiving institutions, migrant and refugee students can make an important contribution to "internationalization at home" (Beelen & Jones, 2015; Brandenburg et al., 2019), e. g. by motivating the incorporation of international and intercultural aspects into syllabi.

However, these potentials and high aspirations have been shown to transform into low education expectations when newcomers become increasingly aware of obstacles to their educational goals in the receiving country (Brücker et al., 2017; Stevenson & Willot, 2007; Morris-Lange, 2017). These obstacles can roughly be grouped into

a) *structural factors*, such as problems with residence permits and asylum status (Dryden-Peterson, 2010; Avery & Said, 2017; Hohberger, 2017; Lambert et al., 2019) or the formal recognition of degrees obtained abroad (Pietkiewicz, 2017; Ferede, 2010; Schammann & Younso, 2016),
b) *socio-economic factors*, including a strained financial situation post-migration that necessitates migrants and refugees to seek (lower-qualified) work, rather than continue their education (Anselme & Hands, 2010; Avery & Said, 2017; Dryden-Peterson, 2010; Hohberger, 2017; Korntheuer, 2016), and
c) *social factors*, such as experiences of discrimination and social exclusion (Kanno & Varghese, 2010; Mangan & Winter, 2017; Morrice, 2013). In addition,

d) *cultural factors*, such as differing gender relations and women's rights to higher education (Dahya & Dryden-Peterson, 2017), have been shown to play a (minor) role. Finally,
e) *mental health factors*, such as acculturation stress, traumatization due to experiences of war, conflict and forced migration, separation from family at home, and social isolation, have only sparsely been explored as factors that impact the study success of migrant and refugee students (Hannah, 1999; Stermac et al., 2013).

Yet, as this study will show, addressing these barriers can help to advance the equitable participation of migrant and refugee students at higher education institutions (HEIs).

2.1 Migrant and Refugee Students in Austria

In terms of hosting students from non-European countries of origin, Austria is below the European average, with Iran as the most important origin country of students. In the winter semester 2020/2021, 1,334 students from Iran and 514 students from Syria were enrolled in Austrian universities (Mandl et al., 2021), both of which are represented in our study sample. Most students from Egypt (84%), Afghanistan (75%) and Syria (74%) are male (Unger et al., 2020), while women dominate among students from Austria (54%) and Western Europe (51%). Structural differences become evident comparing dropout rates: Between 20% and 30% of international bachelor's students drop out in their third semester, compared to 19% of Austrian students. Among students from non-EU countries, the dropout rate rose to over 50% in the 8th semester (Mandl et al., 2021), which is the highest across all countries of origin. HEIs do not gather information on residency status, consequently, there is an absence of data on the enrolment of refugees in studies in Austria.

In a representative survey, 65% of students from non-EU countries report difficulties in obtaining a residence permit for Austria (Unger et al., 2020). Once enrolled, financial hardships disproportionately affect this group (47%) especially when they come from countries outside the European Higher Education Area (EHEA) (48% vs. 30% across all international students). Factors contributing to these difficulties include high expenses during their studies, including tuition fees, lack of employment (options) and on the inability to rely on family support. Despite being, on average, older, students from non-EU countries tend to have a lower monthly budget than their EU counterparts (EUR 1,050 vs. EUR 1,330). After graduation, foreign graduates encounter additional challenges in the Austrian labor market, as data indicates a lower likelihood of employment compared to Austrian graduates (ÖIF, 2022). According to the FRA (2023) report, 59% of surveyed individuals of African descent in Austria encountered discrimination during job searches. Moreover, those with higher education levels experience more workplace discrimination compared to those with lower education levels.

Following the events of the year 2015, several European countries introduced and adapted national policies for refugee tertiary education (Eurydice, 2019). These programs varied considerably, depending on the policy orientation of the national government and the university structure. HEIs with (high) tuition fees introduced scholarship programs, while others offered (mostly free of charge) language classes in either English or the national language(s) (Streitwieser et al., 2018). Asylum seekers, particularly those with a low probability of being granted asylum, encountered a shortage of available German language courses. Notably, the termination of federal co-funding in the fall of 2018 significantly impacted individuals from Syria and Iran (SOS Mitmensch, 2020).

In Austria, the Universities Conference initiated the MORE program aimed to enhance refugees' access to HEIs, thereby contributing to their social and educational inclusion. From the winter terms 2015/16 to 2019/20, 3,100 newly admitted refugee students attended around 4,000 courses offered by the program, but only a minor percentage was able to transfer to a regular study program. This can be attributed to several factors, including the lack of targeted support for refugees that need more and/or other forms of study assistance. The predominant obstacle, however, was financial: While the program as such was free, additional costs like study materials, books, student housing and public transport had to be covered by the students, with no access to scholarships or additional funds (Bacher et al., 2020). An exemplary model for supporting students in their continued studies is the Ernst Mach scholarship, established in 2021 exclusively for Ukrainian refugees (OeAD, 2023).

Whether migrant or refugee, most non-EU students can cover a smaller part of their expenses via their own earnings. Yet those who do work, do it out of sheer necessity (84%), rather than for gaining work experience and relevant connections or financing vacations. This is also reflected in students' living situations: Among non-EU students, 37% live in student housing, while native often live with their parents (24%), in a shared apartment (23%) or with partners (29%). Financial hardship, coupled with frequent discrimination experiences (reported by almost every second non-EU student) and social isolation (about 50% would like to have more contact to native students), contribute to low levels of well-being and social inclusion.

The insights from Austria match reports by students from the Global South indicating higher levels of loneliness and financial burdens than native-born students at European universities (Saba & Wyns, 2021). Paralleling the paucity of targeted support, the specific needs of migrant and refugee students from the Global South remain underexplored in academic research (Lenette, 2016). Lambert et al. (2019) stress that the experience of students, their motivations and difficulties, have so far been largely ignored in the German-speaking world. Similar research gaps persist when it comes to the self-understanding of universities as places of diversity and internationality of students rather than researchers (Dryden-Peterson, 2016).

3. Methodology

This research uses primary data from a qualitative study on the inclusion and participation of migrant and refugee students from the Global South at Austrian universities. The fieldwork took place between October and December 2021 and consisted of five semi-structured focus groups with three (due to last-minute cancellations) to six participants (Hennink, 2014). Given the high language proficiency required for studying at an Austrian university, four out of the five focus groups were conducted in German and one of them in English. Focus groups were semi-structured (Rabiee, 2004) and divided into key themes, namely, (1) student life, (2) study experience in country of origin (if applicable), (3) study experience in Austria, (4) stressors and barriers, (5) support or lack thereof, (6) social and personal aspects. We differentiated between primary and secondary questions (see supplement material 2 in the appendix for guiding questions). For recruitment of participants and background information on focus groups, we refer to supplemental material 3.

Audio recordings from the focus groups were transcribed as result logs. A content analysis following Mayring (2015) was conducted to achieve a systematic analysis of quotes by structuring the focus group contents according to the inductively identified categories. Inhibiting and contributing factors, or drivers and barriers, expressed by the participants were each assigned to the relevant structural and personal sphere in the first and second order. For example, while the category "admission" was attributed to the structural sphere of the first order, the categories "recognition of qualifications" and "admission exam" were considered subordinate to it, i.e. of the second order.

Tab. 1: Structural and personal spheres in the first and second order. Source: Own visualization.

Structural sphere (1st Order)	**Structural sphere (2nd Order)**	**Personal sphere (1st Order)**	**Personal sphere (2nd Order)**
Extra-university factors	Residence permit Financial situation Work and employment Legal aspects	Qualifications	Language skills Degree Work/employment
Study entry, admission and orientation phase	Administrative Recognition of qualifications University preparation program Admission exam Language requirements	Student life	Study program Vienna as a university city
Quality and contents of study program	Administrative Content and study structure Support systems Language requirements	Social life	Senteiment among peers Social network Familiy and Community Experiences of discrimination and racism
University staff	Professors Student representatives	Health and sociodemographic factors	(Mental) health Gender
		Identity and Ideational factors	Refugee self-identification Personal development

Inhibiting and contributing factors were then compared and contrasted in separate tables, which constitute the developed, empirical foundation of this study. Table 2 to 5 in our appendix present a variety of factors that define the resources and barriers refugee and migrant students are confronted with.

4. Results

In our presentation of results, we focus on the structural and personal sphere that are either contributing or inhibiting for refugee and migrant students' well-being and success.

4.1 Structural Sphere

Deducting from focus group results, we identified several key factors attributed to the structural sphere of refugee and migrant students', namely "extra-university factors," "study entry, admission and orientation phase," "quality and contents of study program," and "university staff." These factors were further divided into "inhibiting" and "contributing" aspects, as shown in Table 2 and 3 in the appendix.

4.1.1 Residency, Work and Accommodation

Students' well-being and success requires favorable structural conditions, both at the university and society at large. A major aspect that emerged in our focus groups was the relevance of inhibiting factors within the structural sphere, which are beyond HEIs. This included, first and foremost, issues of residence, where a vital difference between refugee students and migrants emerged. While an asylum status or subsidiary protection gives the right of residence and largely grants refugees the same rights as natives, third-country nationals' student visas have to be renewed regularly. This is a long and cumbersome process, due to inefficient and uncooperative public offices and little transparency, and takes up an inordinate amount of students' time and effort.

> "When someone asked me what I did last year, in 2020, I could only say: I extended my visa." (Female student in mathematics from Iran)

> "I really got health problems before this visa extension. I was really under stress, everything was really stressful for me." (Female student in economics from Iran)

Requirements for student visa renewal also includes proof of sufficient financial means to cover the living costs, which are adjusted for inflation and based on age (under 24 years EUR 7,357.92/year, above EUR 13,323.12/year), housing costs, and family status (couples need 21.018,72/year for both; for each child additionally EUR 2,055.72/year). The respective sum for one year must be proven in advance on the applicant's bank account or through a confirmation of the award of a scholarship (OeAD, 2023). Furthermore, a minimum ECTS [European Credit Transfer and Accumulation System] credits places additional pressure on them to pass exams.

> "They don't give you a chance. I had a friend, she needed just one more ECTS to extend her visa, but she didn't get a chance. Yes, it was very sad. We have to spend so much energy to get here and just because of one ECTS, we lose everything." (Female student in economics from Iran)

In addition, student visas restrict the maximum number of hours that migrant students are allowed to work. It requires individual legal approval by the Austrian Public Employment Service, which can take 6–8 weeks and thus many employers do not want to wait for. This emerged as a major barrier for students to finance their studies and secure a living.

> "It takes around one month or even sometimes more for students to get a work permit, and so it makes it really difficult for the students here to find a job because most of the employers can't wait that long. It affects the job opportunities negatively." (Female student in linguistics from Iran)

Apart from residence status, working and living conditions do not place an unequal heavy financial and emotional burden on students when housing is rather affordable and adequate than expensive or badly connected to public transport. While our focus groups showed that this can apply to both single housing and group accommodation, participants tended to experience the latter as more supportive. Student homes, widely available for international students, offer a cheaper and more accessible option than shared apartments. Some students, mostly refugees, have also enjoyed the positive experience of staying with host families.

Low financial resources often may force students to choose substandard apartments and borrow money from friends to buy food, an Iranian PhD Student told.

> "I have so many friends who have helped me a lot with my food. [...] They invited me over and gave me food, a drink, pocket money."

While the poverty line for a single person is € 1,392. – monthly, students explained how their minds cling on numbers far below and inhibit their ability to study (Statistic Austria, 2023)

> "My head is always trying to get more money. 400, 500 € is not enough because I pay my rent which is 281 € and other costs are very high. If I want some food, grocery shopping I only have 80 €. You know, if you already have financial problems then you can no longer concentrate."

Their tiring situation is intensified as student-visa holders or asylum seekers cannot apply for the Austrian study grant, and scholarships are limited, highly competitive, or provide insufficient support.[1]

Crucially, several participants mentioned legal issues as a contributing structural sphere, in particular when comparing the strong rule of law in Austria to their home country. Apart from the protection of basic rights, refugee students experienced more legal protection than migrants on a student visa, as the latter often noticed the legal disadvantages for work and residence.

4.1.2 Study Entry

Administrative procedures, with regards to admission and recognition of degrees, are contributing to students' success and well-being if the processes run smoothly and efficiently, so that they can readily apply their personal resources. Reliance on a university system that makes orientation easy, including efficient and student-orientated on- and offline services and additional easy access support by international offices are key factors to complete (pre-)study bureaucratical processes. Students describe the student-centered university administration at some Austrian universities more favorable when compared to the system in their home country. Conversely, students reported about a digitalized, but rigid system that refuses to provide any extra or face-to-face support.

Migrant and refugee students struggle with having required documents for admission recognized or available. They note a non-transparent and seemingly biased assessment of university degrees from the Global South and a long, inefficient and tiring processes before even being admitted to university. Especially, if they cannot readily provide necessary documentation of degrees, typically because necessary documents will not be verified and/or got lost during (forced) migration.

> "Many people got a negative decision or were not admitted to university because of this bureaucracy and these documents, although they knew well that we had to flee and really only have these documents." (Male student in pharmacy from Syria)

> "And then they said, you have to prove to us that you are allowed to study in your country. I'd been here for three years, I could never prove that, how could I prove that? Although on the website, it says that people with a chemistry background are allowed to study for this degree. But I couldn't do that because I don't have access [to such a document]." (Female student in chemistry from Iran)

1 According to the Study Grant Act (1994 § 4) only Austrians or "foreigners and stateless persons of equivalent status" are eligible for the Austrian student grant. This would include holders of asylum or non-EU migrants who hold a "permanent residence – EU" or are family members of EU nationals.

The second quote implies a barrier, which prevented Iranian students systematically from entering a Master's program in Austria (even after studying already several years in Austria), as the required document was not issued by HEI's in Iran. The UG Amendment 2021, which came into force in the winter semester 2022/23, supposed to shift the burden of proof from students to the Austrian HEIs (BMBWF, 2022).[2] Nevertheless, some students assume discriminatory bias against university education in the Global South.

> "I can say that certificates from developing countries are not valued here. Mostly they are underestimated. [...] [I]t is one of the biggest problems the students from developing countries deal with." (Female student in linguistics from Iran)

> "We don't have so much to brag about, but our education system is really very good. Yes, of course Austria is good and I have nothing against it, but we are not that bad either. [...] If they created an overview of all countries and their university programs, they would understand it better or be able to judge it better." (Male, former student in civil engineering from Syria)

Several refugees in our focus groups underwent a so-called university preparation program before transferring to a regular degree program. This preparation program requires a German level of at least A2 and costs per semester (EUR 1.390 for the winter semester 2023/24, EUR 1.410 for the summer semester 2024). Applicants from Least Developed Countries (LDC) and Other Low Income Countries (OLIC) listed by the Development Assistance Committee (DAC)/OECD, or countries of the Austrian Development Cooperation are funded around two thirds of the tuition fee (OeAD, 2019).

Participants surveyed had differing experiences with the program: Some regarded it as beneficial for acquiring necessary language skills and qualifications, resulting in a smooth transition to a regular degree program. Conversely, others considered the extra one or two years before university entry as time wasted with minimal learning outcomes.

> "Now I'm in the university preparation program. I'm doing better now, I can understand the language better, for example in biology or chemistry." (Female student in the university preparation program from Syria)

> "It was hard for me to have to catch up on the subjects I had studied at school, math, chemistry, physics, German and all kinds of other things. Yes, the advantage was that I learned everything in German and the disadvantage was that I missed about two years." (Male student in chemistry from Afghanistan)

German language acquisition poses a significant challenge for migrant and refugee students in Austrian HEIs, especially as English-language programs are not yet common at the bachelor's (there are only two English bachelor programs at public universities in Vienna) and master's level. Additionally, several Austrian public uni-

2 The focus groups were conducted before the UG Amendment 2021 came into force.

versities decided to elevate the language requirements from B2 to C1 for admission to a German-taught program, starting at the winter semester 2018/19. According to the participants, these requirements lack flexibility. Despite that, universities either inadequately offer essential language courses and support structures for international students, or face challenges related to participant involvement, particularly in reaching out to migrant and refugee students.

Thos facing financial hardship rely on free or affordable language courses or the above-mentioned preparatory programs to meet the language requirements for their studies. However, many experience the offered language courses as unhelpful for their studies and would have benefited from courses teaching university language or technical vocabulary.

> "At [my university], [...] there are also German courses twice a year, with 40 or 50 places a year, free of charge, and you can also take part in the German course easily, inexpensively. [...] That is an advantage of my university." (Female student in applied arts from Iran)

4.1.3 *Study Environment*

A contributing study environment includes a welcoming climate, which offers financial, personal and academic support. University staff, whether lecturers, administrative staff or student representatives, support this aim by being helpful, communicative and responsive, and know how to cater to the specific needs of refugee and migrant students. According to interviewed students they are feeling "more respect from the professors here" (male student from Syria) compared to their home countries, due to a more student-centered university culture. However, students reported too, being confronted with an indifferent or even hostile environment. In the classroom, their professors show little to no consideration to non-native speakers, are hierarchal and unresponsive, and lack empathy in dealing with the specific needs of migrant and refugee students.

The discussion in the focus groups indicated that the specific study programs which migrant and refugee students choose, contribute vitally to whether the structural sphere is experienced as overall inhibiting or contributing. Students who made positive experience found themselves in a well-organized, high-quality study program that accommodates their needs, which predominantly was the case in either private or applied sciences universities (FH). Others, mainly studying at public universities, experienced study programs embedded in rigid university system that are confusing and disorganized and do not allow for accommodating migrant and refugee students' needs. Participants noted the low resources that public universities have to survive on negatively impacted their studies due to overworked university staff, outdated infrastructure and few support offers.

Creating contributing conditions depends as much on formal university leadership and availability of formal support systems (such as tutorials and mentoring) as on individual decisions by staff members and professors.

> "What helped me was that we had a mentoring program for first-year students at the Political Science Institute. There was a mentor from Egypt who helped me a lot and explained a few things in Arabic, and additionally I was able to make contacts." (Female student in law form Afghanistan)

Furthermore, connecting students to each other (for example through learning groups) and to the job market (for example through compulsory internships), provides substantial experiences for the students and enhances their perspective for a career entry in Austria.

> "I did not get a chance in university to do an internship but that could really be a very good way to [find] work in the future [...] when they create this connection with the companies, because we can't do it alone, we always need a reference. We need someone to accompany us in this step." (Female student in architecture from Syria)

While this applies to all students, regardless of background, course content that presents diverse viewpoints, such as reflections on colonial history and Europe's exploitation of the Global South, and recognizes students' migration or refugee background as a resource for classroom discussions. On the contrary, students encounter derogative, Eurocentric course contents which they find alienating, or courses that require highly technical language.

> "As part of the political science program, we dealt with international politics and in some sessions we dealt with the war in Syria. And then when you have experience or knowledge, you have to take part in the discussion, mention a few facts. And among students I often told the story of my forced migration. Most of them were actually interested." (Male student in political science from Syria)

Representation in the student representative body (ÖH) is identified as low, as does knowledge on how to accommodate requests by migrant and refugee students from the Global South and provide easy and fast help, especially financially. In taking action against discrimination however the ÖH is identified as contributing agent.

> "I think it's a good idea if the university employs foreigners at the ÖH, because as a foreigner you feel weak and you want to ask about things and the language always is a barrier and most people don't dare to talk to the ÖH. Even if they accept that you can't speak German, it's difficult psychologically. And when foreigners work at ÖH, the foreign students are more confident." (Male student in medicine from Syria)

4.2 Personal Sphere

Based on our focus groups, the following factors affecting the personal sphere for migrant and refugee students' persistence, or withdrawal could be identified. We differentiate between "qualifications," "student life," "social life," "health" and "socio-demographic factors," and "identity and ideational factors" of the 1st order (see Table 4 and 5 in the appendix).

4.2.1 Skills and Qualifications

In terms of affecting factors on the personal sphere, we deduced from the focus groups, that students' skills, previous qualifications and educational experiences play a vital role. While high language skills in the study program language are a key factor of study success (the high language requirements at Austrian HEIs were mentioned above), many struggle to learn academic German. Participants mentioned, few or no available (and affordable) courses inhabit the students progressing their language skills. The language barrier at university is reported by students to be higher when their program was exclusively offered in German. Additionally, several participants reported difficulties in following lectures when professors did not speak standard German, but an Austrian dialect.

> "I met so many students who come from Austria or were born here and even they can't understand this professor. And you can't just tell them, like: 'Okay, can you please write or speak clearer so that people can understand.'" (Female student in economics from Iran)

Our findings also indicate that having had experiences at a university in the home country, ideally even having obtained a degree, and hence having entered the Austrian university system at the master's level or above is a contributing characteristic to students' success. In a similar manner, qualifications and previous work experience help those students secure a non-precarious, well-paying job with favorable conditions.

Students without such formal qualifications or work experience, or face problems having them officially recognized in the Austrian labor market, end up being (in some cases drastically) over-qualified for their jobs. Hence, a female doctoral student from Iran reported the following work arrangement:

> "I work in a cleaning company, and it is physical work and when I work, it takes so much energy [...]. Cleaning work is in the morning, that means you are at the highest level of your energy, and you use it for work. And afterwards, in the afternoon, you eat something and then you go back to sleep. That is not so good for my studies."

Another doctoral student reported that an officer at the Public Employment Service (AMS) considered her fifteen years of professional experience irrelevant: "This is Austria and here, you are only a student." Such encounters heavily contribute to whether students personally view their paid work as enriching for their studies or as stressful, taking away time and energy from their studies.

4.2.2 Everyday and Social Life

Contributing factors to an enriching and fulfilling study experience include that the chosen university subject is manageable and interesting to them and that it increases their self-esteem while also providing them with a perspective for a financially secure professional life.

> "I studied biochemistry in Syria, where I always dreamed of continuing to study pharmacy. In Austria I got this chance and simply started with pharmacy. And yes, [I aim for] a better life, a better future with a degree and studies, I think that's the same for everyone",

as a 25-year-old male student describes it. Positive experiences during student life, can create an emotional connection to the new place of residence, which can increase the will to stay in Austria after graduation. Vienna can be valued as a place of diversity and an international city with thriving diaspora.

If inhibiting factors dominate the study life in Austria, students do not report this impression at all, but rather note Austria's high living costs and a hostile atmosphere towards foreigners. They struggle with their studies and experience frequent failures, which impact their confidence and motivation, while at the same time feel that they have little perspective for securing a stable job after graduating or being able to participate in the Austrian society. Several students also find the more individualistic lifestyle in a Western country alienating and struggle with the competitive setting at university, where everyone is a "lone fighter".

> "They think they already have a society, and they are not allowed to let us in. [...] Austrians should be happy if I can do something for Austria, maybe they need me in Austria." (Female PhD student in mathematics from Iran)

> "I always plan a few years ahead and in Austria that is a bit difficult, [...] when I am done with my studies I don't know if I will get red-white-red [residency] card in Austria." (Female student in architecture from Syria)

A strong social network of peers, friends and (host) family is identified as contributing factors to student's success and well-being. This includes good teamwork among colleagues, positive, enriching experiences with students (both Austrian and non-Austrian) and an atmosphere of trust and support at university. Students may complement this with a good use of study groups, volunteer work or extracurricular activities to make friends. Conversely, negative social experiences, above all (overt or covert) exclusion by Austrian students and an inability to forge new friendships inhabit international students. Several students noted the reserved mentality and perceived "coldness" of Austrians towards foreigners.

> "It is striking that so many students who come from Austria are in one group. They have been together since childhood. And that's not so easy to join them and form a group together." (Female student in economics from Iran)

Such inability to connect with others makes students view their life in Austria as isolating and lonely. Even more so, experiences of explicit racism and discrimination by other students, university staff or strangers emerged as a central barrier.

> "I was often disappointed. They already had an idea in their head of 'how Syrian people are.' I struggled with these ideas for a very long time. [...] Why should we always focus on where I am from, if we just want to be friends?" (Female student in architecture from Syria)

> "I have seen this three or four times, when I talked to my professors: They are different to me than to other people. They didn't answer me in the same way as an Austrian student. And when I misunderstood something, they were a bit angry and didn't answer so nicely." (Female student in applied arts from Iran)

> "Because I wear a headscarf, they look at us differently than at the other students. For example, they don't talk to us, they do everything alone." (Female student in the university preparation program from Syria)

Another central personal factor are students' families back home. Students may draw personal motivation from the fact that their success at a foreign university supports their family members in a less privileged position and makes them proud and hopeful. Furthermore, they can rely on emotional and, in some cases, financial support from their families. They also receive support from the migrant and refugee community in Austria. Facebook groups or associations (like IGASuS, the syndicate of Afghan students) are crucial platforms that distribute information in various languages, connect and support students in extra-university and university related matters. However, some students report not having been able to establish contact at all, while for others, their community has become the sole source of social interaction, at the expense of contact with Austrians and other nationalities.

4.2.3 *Well-beeing and Belonging*

Due to social isolation, separation from family and experiences of discrimination or even harassment, students report poor mental health and high stress by the double/tripe burden. For many of them, an uncertain legal situation leads to existential anxiety and depression, as do reports of war and conflict back home. Students' reports included "so many panic attacks", a "very stressful situation" and low self-esteem due to a high-stakes environment.

> "Just this stress with the visa extension. I see my friends and it's really unhealthy, it puts so much pressure on the students." (Female student in chemistry from Iran)

> "Especially we students with a migration background don't have many chances, we cannot go back to our country and work or do something there. As human beings we always need a perspective for the future, something that instils a feeling of security in us." (Female student in architecture from Syria)

The interviewed students also report that they receive little support to cope, because counselling offers are not known, too expensive or too rare, or practitioners are untrained in working with refugees and migrants.

> "Sometimes you're under pressure and you want to talk to someone, and I don't want to talk to my family, for example, because they have their own stress. And friends here have their own problems too, so I can't do that either. It would be good if there was someone who just listened." (Female student from Iran)

A contributing atmosphere involves work-life-balance and a feeling safety, both physically and financially. Physical and mental health as well as access to health services are key factors. Older students (above 28 years) reported more personal resilience, navigating the foreign university environment smoother than very young ones.

When students feel appreciated in society and at university and have a sense of belonging, they view their studies as contributive to their personal growth and display high self-determination, while at the same enjoy learning from challenges. In particular, students value freedom of expression in Western society, which was often reported by women with regards to gender equality and women's rights. By contrast, a lack of sense of belonging inhibits students, who also report to feel apathetic or stagnated in their personal and professional development with little sense of agency and self-worth. They experience continuous setbacks and seem hyper-aware of obstacles, which they can only overcome through extraordinary performance, feels exhausting to them.

> "Unfortunately, I don't have the feeling of belonging. I have the feeling that I have to show a special achievement in order to claim the feeling. Because in some situations, when I achieved something, I have a sense of belonging. But Austrians don't need to accomplish that much. They do a good job or have a creative idea and that's enough. But for me not, I always have to do more." (Female student in architecture from Syria)

For these students, their identity as a refugee or migrant is a barrier, rather than a resource or source of pride to them, or is indeed seen as altogether irrelevant.

5. Discussion and Conclusio

Drawing on these findings, our stakeholder guidelines can help to identify and address the diverse needs and resources of refugee and migrant students, who are just as heterogeneous as natives. Thus, there is certainly no "one size fits all" when it comes to support structures. Indeed, our results indicate that sweeping, indiscriminate measures that fail to take the diversity of students into account seldom achieve the goal of meeting students' needs. The usage of an actor-centered approach including direct reports form affected students proofs as a valuable and likewise underrepresented tool to identify crucial bugs in the system preventing international students from success and well-being.

Resources and barriers of the structural kind emerged as deeply impactful for refugee and migrant students, as they directly affect students' basic needs. At the personal level, a strong, both inter- and intra-ethnic network emerged as an important topic in the focus groups. Students who can rely on a support network less often face mental health problems, financial or housing issues. This reflects the interconnectedness of the structural and personal spheres, yet also shows that social integration can be supported by formal offers.

This study has limitations, including a small focus group of 23 participants from a limited number of countries, restricting the generalizability of results. Explorations into the specific challenges faced by students and variations between universities are constrained by this limited scope. Identifying supporting factors relied on individual discussions, and future research may benefit from a larger, representative sample for comparative analysis. Additionally, international comparisons, examination of various study programs, and the inclusion of dropped-out students could provide valuable insights. Conducting focus groups in German and English only is a minor limitation, considering participants' high language proficiency. Finally, the coronavirus pandemic impacted study experiences and student life; however, analyzing the differing impact of COVID-19 on refugee and migrant students compared to native students goes beyond the study's scope and aim.

As a way of transferring our findings into practice, we propose two key recommendations addressing extra-university factors and three which lie within the responsibility and/or control of HEIs. We find that extra-university factors, above all questions of residence and labor market access (i.e. related to finances), heavily affect students' chances to succeed in their studies. This reflects the centrality of a multi-stakeholder approach to (educational) integration (Siarova & van der Graaf, 2022), including employment agencies, visa offices, and civil society actors.

- *Student visa application and renewal should be streamlined, its validity should be prolonged to ensure an adequate and stable study environment.* Furthermore, student visa requirements need reflection and adaption to circumstances of adolescence with low financial resources and restricted labor market access. The current legal framework that migrant and refugee students from the Global South find themselves in is at best a nuisance and at worst an insurmountable obstacle.
- *Financial hardship needs to be addressed, either by making the Austrian student grant accessible for all students in Austria regardless of their residency status or by expanding scholarship programs for non-EU, low-income students.* Hardship funding is essential and should be provided with a low threshold. Visa-holding students face not only high living costs in Austria but also a restricted and highly bureaucratic access to the job market. The latter is a key concern for many students if they

cannot rely on informal support networks by friends, communities or family back home. It is imperative to prevent student poverty, which may potentially lead to dropping out of studies.

We consider such a holistic approach of viewing refugee and migrant students as individuals with social and personal needs (beyond mere qualifications and study-related concerns) a crucial take-away. Part of such an approach could also be reflection on the provided structures for migrant and refugee students by HEIs:

- *HEIs need to apply critical assessment and, if applicable, adjustment of their strategies of internationalization and selection logics* (Berg et al., 2018). Particularly, the international validation of documents and degrees should be streamlined and require an unbiased assessment. Moreover, personal counselling, especially regarding study entry questions, is a key source of orientation in a critical phase with dire consequences for applicants. Universities compromise their own competitiveness by not adopting student-oriented designs.
- *Inclusive support structures need to be implemented or adjusted to address needs of underprivileged students.* Firstly, "study coaches" can act as liaisons to extra-university actors, most notably visa offices, student homes or host families, and employers and can support students' metal health too. Secondly, peer-to-peer counselling or mentoring can support migrant and refugee students, by identifying their individual needs and resources, and suggesting appropriate support while connecting with other students. Socially well integrated students reported higher levels of well being and more successful study experiences (Lesk & Montaldo 2018). Thirdly, tutoring should be utilized to support student-specific knowledge like academic writing and courses for (study-specific) academic language. Providing inclusive structures at universities and lowering barriers may support not only refugees and migrants but generally, students with special needs.
- *To foster a sense of belonging and become an exemplary agent for diversity within Austrian public institutions, HEIs should diversify their administrative personnel and enhance the representation and visibility of migrant and refugee students.* This is crucial as diversity in Austrian public institutions has declined over the last decade (OECD/European Comission, 2023). On the other side, providers of student-oriented services need to reflect and adapt their communication channels to reach diverse students. Even if the utilization can only be achieved when time-consuming structural barriers are lowered.

Our findings also reflect the manifold resources that migrant and refugee students bring to universities. Many of them display high intrinsic motivation, personal resilience, strong community commitment and social skills, and an international orientation as well as previous work and study experiences and foreign language skills. Supported by the right conditions, they can make a vital contribution to universities' diversity and international portfolio.

References

Anselme, M. L. & Hands, C. (2010). Access to secondary and tertiary education for all refugees: Steps and challenges to overcome. *Refuge*, 27(2), 89–96.

Aver, C. (2017). *Beteiligung von Bildungsinländern mit Migrationshintergrund und Flüchtlingen an der Hochschulbildung in NRW [Participation of native-born students with a immigration background and refugees in higher education in NRW]*. Essen: Stiftung Zentrum für Türkeistudien und Integrationsforschung.

Avery, H. & Said, S. (2017). Higher education for refugees: The case of Syria. Policy And Practice. *A Development Education Review*, (24), 104–125.

Bacher, J., Fiorioli, E., Moosbrugger, R., Nnebedum, C., Prandner, D. & Shovakar, N. (2020). Integration of refugees at universities: Austria's MORE initiative. *Higher Education*, 79, 943–960. https://doi.org/10.1007/s10734-019-00449-6

Beelen, J. & Jones, E. (2015). Redefining internationalization at home. In A. Curaj, L. Matei, R. Pricopie, J. Salmi & P. Scott (Eds.), *The European Higher Education Area: Between Critical Reflections and Future Policies* (pp. 59–72). Wiesbaden: Springer.

Berg, J., Grüttner, M. & Schröder, S. (2018). Zwischen Befähigung und Stigmatisierung? Die Situation von Geflüchteten beim Hochschulzugang und im Studium. Ein internationaler Forschungsüberblick [Between Empowerment and Stigmatisation? The situation of refugees in tertiary education access and studies. An international research overview]. *Zeitschrift für Flüchtlingsforschung*, 2(1), 57–90. https://10.5771/2509-9485-2018-1-57

Bloch, A. & Hirsch, S. (2017). The educational experiences of the second generation from refugee backgrounds. *Journal of ethnic and migration studies*, *10*(3), 1–18.

BMBWF. (2022). *#UGNovelle: Neues Studienrecht ab dem WS 2022/23 [#University-Law-Amendment: New study law as of the winter semester 2022/23]*. Federal Ministry of Education, Science and Research. Accessed October 17, 2023: https://www.bmbwf.gv.at/dam/jcr:45c5d4ed-7406-47d5-ad10-a5f5b9e92358/220615_Infoblatt_%C3%84nderungen_Studienrecht_WS_22_23_bf.pdf.

Brandenburg, U., de Wit, H., Jones, E. & Leask, B. (2019). *Internationalisation in higher education for society*. University World News. Accessed March 13, 2022: https://www.universityworldnews.com/post.php?story=20190414195843914

Brücker, H., Rother, N. & Schupp, J. (2017). *IAB-BAMF-SOEP-Befragung von Geflüchteten 2016: Studiendesign, Feldergebnisse sowie Analysen zu schulischer wie beruflicher Qualifikation, Sprachkenntnissen sowie kognitiven Potenzialen [IAB-BAMF-SOEP survey of refugees 2016: study design, field results and analyses of educational and professional qualifications, language skills and cognitive potentials]*. Berlin: Institut für Arbeitsmarkt- und Berufsforschung.

Dahya, N. & Dryden-Peterson, S. (2017). Tracing pathways to higher education for refugees: The role of virtual support networks and mobile phones for women in refugee camps. *Comparative Education*, 53(2), 284–301.

Dryden-Peterson, S. (2010). The politics of higher education for refugees in a global movement for primary education. *Refuge*, 27(2), 10–18.

Dryden-Peterson, S. (2016). Refugee education: The crossroads of globalization. *Educational Researcher*, 45(9), 473–482.

Eurydice. (2019). *Integrating asylum seekers and refugees into higher education in Europe: national policies and measures*. Publications Luxembourg: Office of the European Union.

Ferede, M.K. (2010). Structural factors associated with higher education access for first-generation refugees in Canada: An agenda for research. *Refuge*, 27(2), 79–88.

FRA [European Union Agency for Fundamental Rights]. (2023). *Being Black in the EU – Experiences of people of African descent.* Luxembourg: Publications Office of the European Union.

Hannah, J. (1999). Refugee students at college and university: Improving access and support. *International Review of Education*, 45(2), 153–166.

Hennink, M.M. (2014). *Understanding focus group discussions.* Oxford: Oxford University Press.

Hohberger, W. (2017). *Workshop report: Integrating Syrians into the Turkish higher education system.* Sabanci University: IPC Istanbul Policy Center.

Kanno, Y. & Varghese, M.M. (2010). Immigrant and refugee esl students' challenges to accessing four-year college education: From language policy to educational policy. *Journal of Language, Identity & Education*, 9(5), 310–328.

Kluge, S. (2000). Empirisch begründete Typenbildung in der qualitativen Sozialforschung [Empirically based typology formation in qualitative social research]. *Forum: Qualitative Social Research*, 1(1).

Korntheuer, A. (2016). *Die Bildungsteilhabe junger Flüchtlinge: Faktoren von Inklusion und Exklusion in München und Toronto [Educational Participation of Young Refugees: Factors of Inclusion and Exclusion in Munich and Toronto].* Münster/New York: Waxmann.

Kuckartz, U. (2006). Zwischen Singularität und Allgemeingültigkeit: Typenbildung als qualitative Strategie der Verallgemeinerung [Between Singularity and Generality: Typology Creation as a Qualitative Strategy of Generalisation]. In K.-S. Rehberg (Eds.), *Soziale Ungleichheit, kulturelle Unterschiede: Verhandlungen des 32. Kongresses der Deutschen Gesellschaft für Soziologie in München 1 & 2 [Social Inequality, Cultural Differences: Negotiations of the 32nd Congress of the German Sociological Association in Munich 1 & 2]* (pp. 4047–4056). Frankfurt am Main: Campus Verl.

Lambert, L. (2019). „Studium gestattet?: Die symbolische Herrschaft des Aufenthaltsstatus und des Asylverfahrens beim Hochschulzugang von Geflüchteten" [Permitted to study?: The Symbolic Domination of Residence Status and the Asylum Procedure in the Access to tertiary Education of Refugees]. In E. Arslan & K. Bozay (Eds.), *Symbolische Ordnung und Flüchtlingsbewegungen in der Einwanderungsgesellschaft [Symbolic order and refugee movements in the immigration society]* (pp. 347–366). Wiesbaden: Springer.

Lenette, C. (2016). University students from refugee backgrounds: why should we care?, *Higher Education Research & Development*, 35(6), 1311–1315.

Lesk, S., Montaldo, M. (2018). *A handbook of buddy programmes' practices in Europe: quantitative and qualitative methodologies, final report.* Wien: Universität Wien.

Mandl, S., Kulhanek, A., Binder, D., Jühlke, R., Dibiasi, A., Dau, J. & Unger, M. (2021). *Informationen und Kennzahlen zur Internationalisierung österreichischer Hochschulen [Information and key figures on the internationalisation of Austrian universities].* Vienna: Institute for Advanced Studies. https://irihs.ihs.ac.at/id/eprint/6048/

Mangan, D. & Winter, L.A. (2017). (In)validation and (mis)recognition in higher education: The experiences of students from refugee backgrounds. *International Journal of Lifelong Education*, 23, 1–17.

Marar, M.M. (2011). I Know there is no justice: Palestinian perceptions of higher education in Jordan. *Intercultural Education*, 22(2), 177–190.

Mayring, P. (2015). *Qualitative Inhaltsanalyse*. Weinheim: Beltz.

Morrice, L. (2013). Refugees in higher education. boundaries of belonging and recognition, stigma and exclusion. *International Journal of Lifelong Education*, *32*(5), 652–668.

Morris-Lange, S. (2017). *Allein durch den Hochschuldschungel: Hürden zum Studienerfolg für internationale Studierende und Studierende mit Migrationshintergrund [Alone through the university jungle: hurdles to academic success for international students and students with a migration background]*. Berlin: Forschungsbereich beim Sachverständigenrat deutscher Stiftungen für Integration und Migration (SVR).

OeAD. (2019). *Länderliste – Studierende mit Anspruch auf geförderten Kursplatz" [List of countries – students entitled to a subsidized course placement]*. Vorstudienlehrgang.at. Accessed October 17, 2023: https://vorstudienlehrgang.at/fileadmin/Dokumente/vorstudienlehrgang.at/VWU/SS_22/Laenderliste_ab_SS22_Deutsch.pdf.

OeAD. (2023). *Weitere Informationen – Ernst Mach-Stipendium – UKRAINE*. Accessed December 21, 2023: https://oead.at/de/nach-oesterreich/stipendien/ernst-mach-stipendien/faq-ernst-mach-ukraine.

OECD/European Comission. (2023). *Indicators of Immigrant Integration 2023: Settling In*. Paris: OECD Publishing.

ÖIF. (2022). *Analyse des Fachkräftepotenzials von Migrant/innen in Österreich*. Vienna: Gerin Druck. Accessed December 22, 2023: https://www.integrationsfonds.at/fileadmin/user_upload/Forschungsbericht_OEIF_Economica_.pdf.

Pietkiewicz, K. (2017). Refugees in Norwegian academia: access and recognition of qualifications. In J. Jungblut & K. Pietkiewicz (Eds.), *Refugees welcome? Recognition of qualifications held by refugees and their access to higher education in Europe: Country analyses* (pp. 43–60). Brussels: European Students' Union.

Rabiee, F. (2004). Focus-Group interview and data analysis. *Proceedings of the Nutrition Society*, 63(4), 655–660. https://doi.org/10.1079/PNS2004399

Saba, A. & Wyns, S. (2021). *African student representation at European universities. Recommendations for the hertie school*. Student Association of Hertie for Inclusion, Equity, Liberty and Diversity (SHIELD). Accessed March 3, 2022: https://shield-hertie.com/wp-content/uploads/2021/10/210907_AfricanStudentRep_SHIELD.pdf

Schammann, H. & Younso, C. (2016). *Studium nach der Flucht? Angebote deutscher Hochschulen für Studieninteressierte mit Fluchterfahrung. Empirische Befunde und Handlungsempfehlungen [Studying after fleeing? German higher education institutions' offers for prospective students with refugee background. Empirical findings and recommendations for action]*. Hildesheim: Universitätsverlag Hildesheim.

Schuller, M., Aping, S. & Klein, G. (2021). *Transnational african diaspora engagement in Austria*. Vienna: VIDC Global Dialogue.

SOS Mitmensch. (2020). *Zugang zu Deutschkursen für Asylsuchende – Ein Bundesländervergleich: Recherche von SOS Mitmensch für den Zeitraum Oktober bis Dezember 2019*. Accessed August 7, 2023: https://www.sosmitmensch.at/dl/muLpJKJKOMlJqx4KJK/SOS_Mitmensch_Deutschkurse_fuer_Asylsuchende_M_rz2020_Final__pdf.

Siarova, H. & van der Graaf, L. (2022). Multi-Stakeholder approach for better integration of refugee students: Stakeholder engagement in the practice-research-policy transfer in refugee education policy. *OECD Education Working Papers*, 265. Paris: OECD Publishing. https://doi.org/10.1787/82b390fb-en

Statistics Austria (2023). *TABELLENBAND EU-SILC 2022 und Bundesländertabellen mit Dreijahresdurchschnitt EU-SILC 2020 bis 2022: Einkommen, Armut und Lebensbedingungen [TABLE TAPE EU-SILC 2022 and federal state tables with three-year average EU-SILC 2020 to 2022: income, poverty and living conditions].* Vienna: Statistik Austria. Accessed January 29, 2025: https://www.statistik.at/fileadmin/pages/338/Tabellenband_EU-SILC_2022.pdf

Stermac, L., Elgie, S., Clark, A. & Dunlap, H. (2012). Academic experiences of war-zone students in Canada. *Journal of Youth Studies*, *15*(3), 311–328.

Stermac, L., Clarke, A. K. & Brown, L. (2013). Pathways to resilience: The role of education in war-zone immigrant and refugee student success. In F. Chandi & M. Ferrari (Eds.), *Handbook of Resilience in Children of War* (pp. 211–220). New York/Heidelberg/Dordrecht/London: Springer.

Stevenson, J. & Willott, J. (2007). The aspiration and access to higher education of teenage refugees in the UK. *Compare: A Journal of Comparative and International Education*, *37*(5), 671–687.

Streitwieser, B., Loo, B., Ohorodnik, M. & Jeong, J. (2018). Access for refugees into higher education: A review of interventions in North America and Europe. *Journal of Studies in International Education*, 21(2), 1–24. https://doi.org/10.1177/1028315318813201

Unger, M., Schubert, N. & Dibiasi, A. (2020). Internationale Studierende Zusatzbericht der Studierenden-Sozialerh ebung 2019. *Zusatzberichte der Studierenden-Sozialerhebung 2019 [International students supplementary report of the student social survey 2019. Supplementary reports of the student social survey 2019].* Wien: IHS. Accessed March 12, 2022: https://www.sozialerhebung.at/images/Berichte/Studierenden-Sozialerhebung-2019_Zusatzbericht_Internationale-Studierende.pdf

UNHCR. (2016). *Missing out. Refugee education in crisis.* UNHCR Education Report 2016. UNHCR Website. Accessed March 12, 2022: https://www.unhcr.org/missing-out-state-of-education-for-the-worlds-refugees.html.

UNHCR. (2023). *Tertiary Education.* UNHCR Website. Accessed July 26, 2023: https://www.unhcr.org/what-we-do/build-better-futures/education/tertiary-education.

UNIKO. (2021). *MORE – ein Angebot der österreichischen Universitäten für Flüchtlinge [MORE – an offer of the Austrian universities for refugees].* Österreichische Universitätenkonferenz Website. Accessed March 12, 2022: https://uniko.ac.at/themen/more/index.php?lang=DE&ID=11237#O11237.

Worldbank. (2022). *School enrollment, tertiary (% gross) – Sub-Saharan Africa.* Accessed July 26, 2023: https://data.worldbank.org/indicator/SE.TER.ENRR?locations=ZG

Appendix

Tab. 2: Selection of contributing factors to the structural sphere, identified by migrant and refugee students. Source: Own visualization of focus group results.

1st Order	2nd Order	Contributing Structural Sphere
Extra-university factors	Residence permit	No regular renewal required or easily renewed without excessive use of time or resources
		Cooperative public infrastructure and efficient functioning of the residence permit (renewal) process
	Financial situation	Study grants available in sufficient number and easily/equitably accessible for migrant and refugee students
	Work and employment	Well-supported, successful job search for foreigners
		Asylum status grants more flexibility on job market than visa
		Asylum status grants full labor market access with no restrictions
	Legal aspects	Rule of law in Austria, basic rights for everyone
		Additional legal protection due to asylum status that puts refugees (mostly) on par with nationals
Study entry, admission and orientation phase	Administrative	Additional support by international offices and/or student representatives
		Easy and fast admission process for foreigners, helpful offices
	Recognition of qualifications	Fast and transparent recognition of degrees/qualifications obtained abroad
		Documentation for university entrance is accepted without problems, usually because third-country is sufficiently recognized or because the student attended (some years of) high school in Austria
		Qualifications obtained abroad are fully recognized
	University preparation program	University preparation program is useful and efficient in preparing foreign students for regular study program
	Admission exam	Separate quotas for third-country nationals and/or refugees
	Language requirements	Flexibility in proving language requirements
		Free and affordable language courses
Quality and contents of study program	Administrative	Flexibility of system, exam conditions and study programs to accommodate migrant and refugee students' needs
		Student rights are recognized
	Content and study structure	Diverse viewpoints, reflections on colonial history and Europe's exploitation of the Global South
		Study program includes compulsory internships and connects students with a job market that is still foreign to them
	Support systems	Special support systems for international students
		Support through extra-university organizations (NGOs, voluntary work that is facilitated through the university)
	Language requirements	English as working language
		Practice-based or technical/mathematical study programs where lower level of German suffices

1st Order	2nd Order	Contributing Structural Sphere
University staff	Professors	Lecturers speak standard German or proficient English
		Supportive and mentoring attitude of professors, going the extra mile to support migrant and refugee students
	Student representatives	Student reps are helpful, accessible and communicative; know how to accommodate requests by migrant and refugee students
		Students reps help migrant and refugee students take action against discrimination

Tab. 3: Selection of inhibiting factors to the structural sphere, identified by migrant and refugee students. Source: Own visualization of focus group results.

1st Order	2nd Order	Inhibiting Structural Sphere
Extra-university factors	Residence permit	Annual renewal and (long) validation time of student visa
		Strict renewal requirements for student visa
	Living situation	Overpriced and/or substandard student homes
	Financial situation	Financial funds not accessible for foreign students
	Work and employment	Job search is restricted by rigid work permit regulations
		Maximum work time limited by student visa, leading to financial hardship
	Legal aspects	Legal disadvantages for third-country nationals
Study entry, admission and orientation phase	Administrative	No additional support for third-country nationals
		Tough, excessively long and/or bureaucratic admission process
	Recognition of qualifications	Non-transparent and seemingly biased assessment of documents from third-countries
		Documentation for university entrance obtained abroad is not accepted or only accepted after long negotiations
		Qualifications obtained abroad not recognized or only partially recognized
		Required documents are unattainable from home country university offices and/or may have gotten lost during the (forced) migration
	University preparation program	Time-intensive preparation program with little to no benefit for study progress
	Admission exam	No separate quota for refugees (treated as "nationals", yet clearly more disadvantaged)
	Language requirements	Hard to meet language requirements
		No flexibility in proving language requirements
		No or expensive language courses

1st Order	2nd Order	Inhibiting Structural Sphere
Quality and contents of study program	Administrative	Unclear and confusing structures; stressful semester plan organization
		Rigid structures that allow for little to no accommodation of migrant and refugee students' situations
		Students' rights are not recognized nor sufficiently valued in and beyond the classroom
	Content and study structure	One-sided, biased and/or even racist course content (Eurocentrism)
		Unfavorable exam conditions, "one size fits all" with no view ot migrant and refugee students' needs
	Support systems	Lack of tutoring offers (especially pre-exam tutorials and preparatory courses for academic writing/research)
	Language requirements	High and highly technical German skills required
University staff	Professors	Little to no consideration to non-German native speakers (e.g. dialect German)
	Student representatives	Student representatives are not helpful in counselling or supplying funds
		No adequate representation of international students among student representative body

Tab. 4: Selection of contributing factors to the personal sphere, identified by migrant and refugee students. Source: Own visualization of focus group results.

1st Order	2nd Order	Contributing Personal Sphere
Qualifications	Language skills	Sufficient language skills
		Language skills were improved by following a university preparation and/or non-degree program
	Degree	Experience at university abroad
	Work/ Employment	Previous work experience helps obtaining student job
		Fulfilling work life
Student life	Study program	Study subject is hard, but doable, so it pushes self-esteem and pursuit of goals
		Obtaining a degree from an Austrian university gives student a perspective for a better, more secure life and future
		Finds fulfilment in the fact that the study program is interesting/provides them with job opportunities/corresponds to family wishes
	Vienna as university city	Enjoys new lifestyle, adapts easily
		Sees Vienna as an international, diverse, cultural city (with an existing and thriving diaspora)

1st Order	2nd Order	Contributing Personal Sphere
Social life	Sentiment among peers	Study groups, peers helping each other out
		Easy to connect to international students
		Good teamwork/support among peers
		Positive experiences with peers/students/natives
	Social network	Gets to know people through voluntary work and extracurricular activities (political activism)
		Good experiences with flat mates and neighbors
	Family and community	Helps and gives hope to family in (war-torn) home country, which adds to personal motivation to do well at university
		Receives support from migrant/refugee community in Austria
		Family and friends provide financial support Low living costs due to host family
	Experiences of discrimination and racism	No discriminatory experiences at university
		Discriminatory experiences are expertly dealt with and mitigated
Health and sociodemographic factors	(Mental) Health	Feels secure and safe in Austria
		Good mental health, high personal resilience
		Has a reliable and supportive social network
		Professional mental health counseling is available
	Gender	Is treated with more respect as a woman in Austria than in home country; feels safer in the streets or at night
Identity and Ideational factors	Refugee self-identification	Refugee/migrant identity as a resource in the classroom
	Personal development	Feelings of belonging to Vienna/university/community
		Feeling appreciated as part of society
		Self-determination and sense of purpose
		Enjoys new experiences; grows with challenges

Tab. 5: Selection of inhibiting factors to the personal sphere, identified by migrant and refugee students. Source: Own visualization of focus group results.

1st Order	2nd Order	Inhibiting Personal Sphere
Qualifications	Language skills	Insufficient language skills
		Postponement of study entry due to insufficient language skills
	Degree	No previous experience at university
		Entry at under-graduate level
	Work/ Employment	Non-existing or not officially verified work experience

1st Order	2nd Order	Inhibiting Personal Sphere
Student life	Study program	Subject is hard to manage in a reasonable amount of time (law, technical studies)
		Study subject is considered so hard that it decreases self-esteem; students experience many setbacks and fear of dropping out
		Low perspective for life in Austria
		Feels their qualifications are in low demand for the Austrian job market
	Vienna as university city	Finds acculturation to more individualistic lifestyle in Western society and university difficult
		Experiences dismissive, hostile atmosphere for migrants and refugees
Social life	Sentiment among peers	Study program is isolating with hardly any teamwork
		High competition
		Difficult to connect to Austrian students
	Social network	Difficult to make friends due to study program structure
		Difficult to make friends due to personal and/or professional occupation
		Difficult to make friends due to Austrian/Western mentality and perceived "coldness"
	Family and community	Hurtful and exhausting separation from family
		Surrounded solely by members of their own community, inhibits progress in German language skills
		Family/friends cannot or will not assist in financial matters (no informal safety net)
	Experiences of discrimination and racism	Discriminatory experiences in the university context (by other students or staff)
Health and sociodemographic factors	Study-related workload and stress	Double/triple burden due to school, job and family responsibilities
		Working too much, not enough time for study
	(Mental) Health	Existential anxiety, due to uncertain legal situation or conflict in home country
		Social isolation leads to feelings of depression
		Lack of free mental health counselling; professionals are not trained to work with migrants/refugees
	Gender	Female students report additional discrimination due to gender
		For female Muslim students: wearing a headscarf is experienced as a highly politicized subject, even in the classroom
Identity and Ideational factors	Refugee self-identification	Indifferent/neutral to identity questions
	Personal development	No sense of belonging
		Not appreciated as contributing to (host) society
		Personal stagnation, feeling lost
		Feeling appreciated only through special, superior performance
		Continuous setbacks, hyper-aware of obstacles; paranoia when new barriers emerge

Supplemental Material 1: Questionnaire

Participation in focus group discussion: Personal details

Gender: □ male □ female age: __________ (years)

Marital status: □ single □ married □ widowed □ divorced

Do you have children? □ no □ yes: ___________ (number of children)

Place of residence: □ Vienna □ Vienna surroundings □ other

I live: □ alone □ in a shared flat □ with my family □ in a student dorm □ with my partner

If you do not live alone: How many people live in your household in total? __________

Country of birth: __________________Citizenship: ____________________________

Since when in Austria (month/year): ____

Residence title: ____

Highest level of education completed to date: □ University Entrance Qualification (Studienberechtigungsprüfung) □ Matura □ University/FH

Current university and field(s) of study: _____________________________________

When did you start your studies? ____________________ (month/year)

When did you complete/when will you complete your studies?_________ (month/year)

Did you previously study at another university/field of study? If yes, which one and where? ____

Income: □ from own employment □ I additionally receive need-based minimum benefits (Mindestsicherung/BMS) □ I obtain exclusively BMS □ I receive a student grant □ I receive other financial support

Mother tongue(s): ____

German language skills:

□ A1 (Basic knowledge) □ A2 (good) □ B1 (very good) □ B2 (fluent)
□ C1 (business fluent) □ C2 (mother tongue level

Supplemental Material 2: Guiding questions for focus groups

1. Tell about your everyday life at university! How do you organize your everyday life, how do you cope at university with …
   a. Teachers
   b. Colleges
   c. Infrastructure/Environment
2. Did you study in your country of origin?
   a. Enquiries regarding the recognition process (certificates/documents/proofs) etc.
   b. Enquiries about the progress of your studies, how did it go, what experiences did you have?
      i. Is studying in Vienna (very) different from studying in your country of origin? What is different? What is similar?
3. Why did you start or continue your studies in Vienna?
   a. Why was it important for you to study?
   b. What were your expectations/hopes?
      i. Have they been fulfilled? Why/not?
      ii. What surprised you most/what did you not expect? What would you have liked to know earlier?
4. Was admission process to your study difficult for you?
   a. Why? What were the biggest hurdles?
   b. Who/what helped you?
5. How are you doing in your student life in Vienna (personal well-being)?
   a. What do you particularly like?
   b. What do you not like at all? What a burden? What would you like to change?
6. Do you feel stressed by your studies?
   a. What causes the stress (courses, work, foreign language, etc.)?
   b. How do you deal with it?
7. Do you know where to get help/support with these issues?
   a. Have you ever sought this help? Why/not?
      i. Networking with other students
      ii. Student representation
      iii. Own community
   b. What would help you/what kind of help do you seek?
8. Social aspects: Have you made friends during your studies?
   a. How do you get along with your fellow students? Is it easy to make friends? (social isolation)
   b. Do you support each other (solidarity)?
   c. Has your private environment changed as a result of your studies?
      i. Have you interests changed?
   d. Optional: How do you deal with the separation from your family?

9. (Self)perception/identity as a student (with refugee background or from non-European countries): What role does the fact that you are a foreigner/refugee play in your studies?
   a. Have you addressed this yourself? Why/not?
   b. Has this been addressed (by teachers/colleagues)?
      i. Did this bother you?
10. Does this make you feel "different" from students from Austria? In what way?
    a. Is that positive
    b. or negative?
11. Did you already feel discriminated/excluded as a foreigner/refugee at university?
    a. When, where, how exactly, description
12. How have you benefited from your studies?
    a. Personal added value: self-determination, self-worth
    b. Operational: language skills, degree, knowledge, job opportunities
    c. What did you learn for yourself personally from student life? What did you take away for your future?
13. Societal value: Has your status/role in the community changed as a result of your studies? How does your community/family feel about your studies?
    a. Remittances? (financial and ideational)
    b. Knowledge for community/country of origin/role model for others in the community
    c. How are you doing with this new role?
14. In summary, what would you say has been the biggest change for you as a result of studying (in everyday life)? Positive or negative
15. What do you wish for from the university?
16. Is there anything that has not been addressed yet that you would like to share with us?

Supplemental Material 3: Recruitment of participants and conducting focus groups

Participants were recruited via a diverse set of channels, given that refugees and third-country nationals constitute a notoriously hard-to-reach population in social research (Faugier & Sargeant, 1997) and few of them are enrolled in higher education. Additionally, trust played a key role, which we established by contacting participants through student organizations such as the society of Arabic or Afghan students in Austria. Organizations we reached out to for recruiting participants include: the Vienna Municipal Department for Integration and Diversity; Vienna Social Fund and its Advisory Center for Migrants; UNHCR Austria; the MORE Initiative by UNIKO; NGOs specializing in social inclusion, equality on the labor market or anti-racism work; the Association of Arab Students in Austria (ASÖ); the Association of Afghan Students in Austria (IGASUS); social businesses catering to migrants and refugees;

student admission offices of universities in Vienna; the student representations and student consultants for Arabic- and Farsi-speaking students; offices for foreign students. Additionally, we contacted community media channels, higher education coordinators and activists as well as language teachers.

Overall, our recruitment phase lasted several months. Establishing contact via official (language or foreign) offices at universities proved to be much less efficient in comparison. Overall, recruiting refugee students was more difficult and time-consuming than finding participants who had migrated to Austria on a student visa, due to the (vastly) different size of the two groups, their previous educational attainment and their language skills in both English and German (see above). Once contact was established to a small number of students, further participants could be recruited via snowballing. Due to the continuing Coronavirus situation in Austria and, in the second half of the field phase, a nationwide lockdown, all focus groups were conducted online via Zoom and video-recorded. Participants were given the choice to switch off their cameras, if preferred.

Working with the vulnerable, hard-to-reach group of refugees and migrants, we placed particular emphasis on research ethics and followed the ethical guidelines of the Oxford Refugee Studies Centre (UNHCR, 2017), which present state-of-the-art provisions for doing responsible research on forced migrants, analyzing and interpreting results and storing data. Since focus groups as our chosen research method exclude participants who do not feel comfortable speaking out in a group setting, some students who had initially expressed interest dropped out when they were informed about the specific conditions. This self-(de)selection should be taken into when interpreting results. Recorded data was stored in a protected way not accessible to third parties beyond the project team. Aggregated data is available upon request to guarantee reviewability of the study.

In terms of composition of groups, we aimed for homogeneity, as lack of hierarchies and other distinctions tend to make participants feel safer and increase trust, so that more (and more detailed and personal) information is shared (Finch & Lewis, 2012; Hennink, 2014). Same-sex groups were chosen because men and women have been shown to behave differently in group settings, as concerns speaking-time, directness and conformity (Stewart & Shamdasani, 2014). Eleven female and twelve male participants were eventually recruited. Two groups with female participants and two groups with male participants were conducted in German, one mixed-gender group was done in English. While most participants had other first languages (Arabic, Farsi, Kinyarwanda, Swahili), we consider the working language of the focus groups only a minor limitation of the study, since all participants had to prove proficient language skills in either German or English (or even both) to enroll in a degree program at an Austrian university. Nonetheless, we cannot rule out any bias created by a language barrier, excluding potential recruits who may not have felt comfortable speaking out in their second or third language in a recorded online group setting, as well restricting the expression of meaning in a foreign language of those who participated.

Participants were encouraged to comment on or respond to statements by others (Finch & Lewis, 2012). Having previously established and maintained contact with participants via messenger groups proved helpful for increasing trust and rapport, despite the online setting. Hence, most focus groups were (at least in parts) interactive, especially after an initial warm-up phase. We noted both disagreement between participants, for instance when it came to experiences with university staff or the university preparation program, and, more frequently, agreement, for instance when one participant reported her difficulties with visa renewal, and several other participants confirmed her experience. Not surprisingly, hence, participants showed themselves grateful for being able to share their struggles and receiving support and feedback from students who went through similar experiences. Overall, the atmosphere in the online focus groups was supportive and encouraging. Participants also shared advice with each other, such as free mental health support offers. In one group, participants expressed that although they had not known each other prior to this study, they now felt a sense of collectivity and pride for each other's achievements

Diverging from the general guiding questions, a few additional topics were introduced by respondents, such as the role as migrant or refugee women in a Western society or structural deficiencies of the Austrian higher education system affecting both national and international students alike. Additionally, the changed study situation due to the Coronavirus pandemic took up a vital part in several focus groups, although we did not explicitly ask for it. To represent the relevance of the pandemic situation for international students, we include these insights into our analysis where fit.

Focus groups lasted between one hour and ten minutes and one hour and 35 minutes. A certain challenge during the group discussion proved to be that some speakers were more dominant than others, while some were hesitant to speak at all. This is a common group dynamic discussed in methodological literature (see, for instance, Hennink, 2014; Stewart & Shamdasani, 2014). We aimed to mitigate this effect by calling upon participants directly and encouraging everyone to engage. Nonetheless, biases in speaking time could not be avoided. Similarly, interviewer bias cannot be ruled out completely, but was proactively addressed by employing different moderators for the male and female groups. Both moderators were experienced in applying and working with qualitative methods, which according to Littig & Pöchhackler (2014) is vital for reducing bias. Additionally, our detailed guiding questions were also meant to help control interviewer bias (see S2).

References

Faugier, J. & Sargeant, M. (1997). Sampling hard to reach populations. *Journal of Advanced Nursing*, 26(4), 790–797. https://doi.org/10.1046/j.1365-2648.1997.00371.x

Finch, H. & Lewis, J. (2012). Focus groups. In J. Lewis, J. Ritchie (Eds.), *Qualitative research practice. A guide for social science students and researcher* (pp. 171–193). London: SAGE Publications.

Hennink, M. M. (2014). *Understanding focus group discussions*. New York: Oxford.

Littig, B. & Pöchhacker, F. (2014). Socio-translational collaboration in qualitative inquiry: The case of expert interviews. *Qualitative Inquiry*, 20(9), 1085–1095. https://doi.org/10.1177/1077800414543696

Stewart, D. W. & Shamdasani, P. N. (2014). *Focus groups: Theory and practice*. London: SAGE.

UNHCR. (2017). Ethical guidelines for good research practice. *Refugee Survey Quarterly*, 26(3), 162–172.

Zugehörigkeitsgefühl von nicht-traditionellen Studierenden an österreichischen Universitäten

Sabine Weiß & Erna Nairz-Wirth

Abstract: Der Übergang an Universitäten stellt für nicht-traditionelle Studierende (NTS) eine besondere Herausforderung dar, da sie weniger mit dem universitären Feld vertraut sind als Studierende mit akademisch gebildeten Eltern(teilen). Zudem haben nicht-traditionelle Studierende häufig zusätzliche Verpflichtungen neben dem Studium zu erfüllen (Erwerbstätigkeit, Betreuungspflichten etc.). All dies erschwert die Entwicklung des Zugehörigkeitsgefühls zur Universität und verringert somit die Studienerfolgswahrscheinlichkeit. In diesem Beitrag wird beschrieben, wie NTS an österreichischen Universitäten ein Zugehörigkeitsgefühl aufbauen können und welche Rolle dabei Lerngruppen und Studienkolleg*innen zukommt. Beleuchtet werden der studentische Habitus und die Kapitalausstattung der Studierenden. Die Ergebnisse zeigen die Relevanz von Sozialkapital (Peer-Netzwerke, informelle Lerngruppen, Fachschaften u.a.) für die Entwicklung des Zugehörigkeitsgefühls. Ebenso wird der positive Einfluss unterstützender Maßnahmen seitens der Universität sichtbar. Aus den Erkenntnissen werden Handlungsempfehlungen zur Verbesserung der Situation von NTS an Hochschulen vorgestellt.

Keywords: NTS, Zugehörigkeitsgefühl, Bourdieu

1. Einleitung

Der individuelle Bildungserwerb gilt als entscheidender Faktor für die spätere berufliche Positionierung und die gesellschaftliche Entwicklung (Hillmert & Rüber, 2018, S. 2) sowie die Stellung in einem sozialen Raum (Bourdieu, 1985). Besonders in Österreich ist das Bildungssystem trotz der Bildungsexpansion in den letzten Jahrzehnten weiterhin von einer ungleichen Verteilung der Bildungschancen und geringer sozialer Mobilität geprägt (Apouey et al., 2022; OECD, 2018a, 2018b, 2018c). Die soziale Herkunft spielt dabei eine bedeutende Rolle, da Bildung nach wie vor stark von den Eltern auf die Kinder übertragen wird (OECD, 2021, S. 11, 19; Statistik Austria, 2024). Diese Ungleichheiten manifestieren sich auch im Hochschulsektor, wo Kinder von Eltern mit höherem Bildungsniveau wahrscheinlicher studieren als Kinder aus Familien mit niedrigeren Bildungsabschlüssen (OECD, 2018c, S. 299; Unger et al., 2020, S. 117).

Dieser Beitrag richtet seinen Fokus auf die Gruppe der nicht-traditionellen Studierenden (kurz: NTS), deren Merkmale u.a. den universitären Zugang durch Studienberechtigungsprüfungen, fortgeschrittenes Alter, Erwerbstätigkeit, Betreuungsverpflichtungen sowie Herkunft aus Arbeiter*innenfamilien umfassen können (Gillen-O'Neel, 2021; Kurantowicz & Nizinska, 2013; Nairz-Wirth & Feldmann, 2018).

Insbesondere soll untersucht werden, wie NTS an österreichischen Universitäten ein Zugehörigkeitsgefühl aufbauen.

Das Zugehörigkeitsgefühl oder *sense of belonging* ist ein transdisziplinäres Konzept, welches aus den Disziplinen der Psychologie und der Soziologie stammt, und beschreibt das Gefühl, zu einem externen Referenzpunkt wie Personen, einer Gruppe, einer Institution etc. zugehörig zu sein. Eine genauere Erläuterung folgt in Abschnitt 4.

Die Relevanz dieses Themas wird durch die Tatsache unterstrichen, dass öffentliche staatlich finanzierte Universitäten den Großteil der Studierenden in Österreich ausbilden (Statistik Austria, 2023). Trotz des Potenzials für soziale Inklusion und Förderung des Bildungsaufstiegs durch universitäre (Aus-)Bildung (European Commission, 2017) werden jedoch häufig unzureichende Unterstützungsmaßnahmen für Studierende angeboten, insbesondere für NTS (Nairz-Wirth & Feldmann, 2021, S. 7).

Im Rahmen dieses Beitrags soll die folgende Forschungsfrage beantwortet werden:

Wie entwickelt sich das Zugehörigkeitsgefühl von nicht-traditionellen Studierenden an der Universität?

Die Relevanz dieses Themas wurde seit der COVID-19-Pandemie weiter verstärkt, da die Distanzlehre bestehende Ungleichheiten verschärft (Bambra et al., 2020; Johnson et al., 2021) und das Zugehörigkeitsgefühl der Studierenden negativ beeinflusst hat (Dos Santos, 2020; Tice et al., 2021).

Daher sind zukunftsweisende Ansätze erforderlich, um die Situation der Studierenden zu verbessern. Dieses Buchkapitel zielt darauf ab, Lösungsansätze zur Stärkung des Zugehörigkeitsgefühls der Studierenden vorzustellen.

Im weiteren Verlauf dieses Beitrags werden zunächst das Forschungsgebiet im deutschsprachigen Raum (Abschnitt 2) sowie der Stand der Forschung (Abschnitt 3) beleuchtet. In Abschnitt 4 und 5 werden die theoretischen Konzepte der Studie und die Methodenauswahl vorgestellt. Anschließend wird auf die empirischen Ergebnisse (Abschnitt 6) eingegangen, bevor abschließend Empfehlungen zur Stärkung des Zugehörigkeitsgefühls von NTS an österreichischen Universitäten präsentiert werden (Abschnitt 9).

2. Entwicklung des Forschungsgebiets im deutschsprachigen Raum

Es besteht seit vielen Jahrzehnten reges internationales Forschungsinteresse an sozialer Ungleichheit im Hochschulbereich (bspw. Goldrick-Rab, 2016; Soria & Stebleton, 2012). Im deutschsprachigen Raum wurden frühe Studien zur sozialen Ungleichheit im Hochschulbereich durchgeführt, wie Dahrendorfs (1965) und Peiserts (1967) Studien zu Arbeiterkindern. Diese hatten auch eine politische Komponente und führten zu ersten Erfolgen in der Partizipation (Dipplhofer-Stiem, 2017, S. 7). Eine der ersten Untersuchungen im österreichischen Raum zu nicht-traditionellen Studierenden führten Pechar und Wroblewski (1998) durch. Dabei wurden Studierende im Wesentlichen in traditionell Studierende (TS) und NTS unterteilt, wobei auch alternative Hochschulzugänge berücksichtigt wurden.

Methodisch betrachtet widmen sich die quantitativen Studien den sozialen Selektionsprozessen beim Übergang vom Abitur bzw. der Matura zum Studium, der sozialstrukturellen Zusammensetzung der Studierenden, den materiellen und situativen Bedingungen von Studierenden (Dipplhofer-Stiem, 2017). Qualitative Studien beleuchten vertiefend die Lebenswelten der Studierenden der ersten Generation bzw. von nicht-traditionellen Studierenden und befassen sich u. a. mit Passungsdiskrepanzen und andere spezifischen Herausforderungen dieser Studierendengruppe (Nairz-Wirth & Feldmann, 2021; Lessky, 2023).

Weiters sind in Österreich in der Hochschulforschung formalisierte Strukturen seit den 1990er Jahren im Entstehen bzw. im Wachstum begriffen (Pausits et al., 2023), wie beispielsweise das Hochschulforschungsnetzwerk, das im Jahr 2015 gegründet wurde und mittlerweile das Nachwuchsforscher*innen-Netzwerk JuHoFo miteinschließt (Thaler et al., 2023). Zur sozialen Herkunft der Studierenden wird u. a. in der Studierendensozialerhebung, in Berichten des BMWFW (2017, 2021), AQ Austria (2018), Nairz-Wirth und Feldmann (2018) etc. berichtet und publiziert.

3. Stand der Forschung zu NTS und Zugehörigkeitsgefühl

Die internationale wissenschaftliche Literatur zum Zugehörigkeitsgefühl von Studierenden konzentriert sich vorwiegend auf sogenannte *first-generation students*, also Studierende der ersten Generation sowie *working-class students* (beispielsweise Ball et al., 2020; Barnett, 2014; Dill & Henley, 1998; Lowery-Hart & Pacheco, 2011). Diese Gruppe der Studierenden, die ebenfalls als NTS gelten, berichtet häufig von „not feeling right“ und „not fitting in“ (Lehmann, 2007, S. 99) etc. Bei Distanzlehre und Verpflichtungen neben dem Studium ist es nochmals schwieriger ein Zugehörigkeitsgefühl zur Campus-Gemeinschaft aufzubauen (Hausschildt et al., 2019; Kember, 2007). Studierende, deren Eltern bereits Akademiker*innen sind, berichten wiederum häufiger von einem stärkeren Zugehörigkeitsgefühl zur Campus-Gemeinschaft (Dill & Henley, 1998; Marshall et al., 2012).

In (bildungs-)soziologischen Hochschulstudien wird häufig die Kapitalausstattung oder der Habitus von Studierenden untersucht (Crozier et al., 2019; Mishra, 2020; Nairz-Wirth et al., 2024). In Studien, u. a. von Meuleman et al. (2015) wurde festgestellt, dass nicht-traditionelle Studierende häufig weniger kulturelles und soziales Kapital aufweisen, das im universitären Feld geschätzt wird. Dies kann den Übergang zur Universität erschweren. Sie haben oft das Gefühl, „anders“, einsam und isoliert zu sein und stehen vor Schwierigkeiten, eigenständig zu lernen (ebenda). Die Verbindung zwischen *cleft* und hybriden Habitus und sozialer Mobilität wird ebenfalls in der Literatur diskutiert (beispielsweise Reay et al., 2005; Weiß, 2024). Insbesondere bei nicht-traditionellen Studierenden wurden das Vorhandensein eines gespaltenen Habitus und die Erfahrung von hybriden Habitus beobachtet (Abrahams & Ingram, 2013; Nairz-Wirth et al., 2017; Reay, 2017).

Ebenfalls wird diskutiert, ob die soziale Integration von nicht-traditionellen Studierenden und deren Durchhaltevermögen (*persistence*) zusammenhängen (Ashar &

Skenes, 1993; Hausmann et al., 2007; Metzner & Bean, 1987). Laut neueren Studien wie Morrow und Ackermann (2012), Knekta et al. (2020, S. 1), und Pedler et al. (2022) wird ein Zusammenhang postuliert. Generell scheinen Studierende, die sich an ihrer Universität zugehörig fühlen, erhöhtes Engagement, Partizipation an Lernaktivitäten und Freude am Studium zu zeigen. Dadurch erzielen sie auch bessere akademische Leistungen (Baumeister & Leary, 1995). Dies hat wiederum Einfluss auf das Lernen und das studentische Engagement.

Gunn et al. (2017) heben hervor, dass der Schlüssel für *student retention* darin liegt, das emotionale Wohlergehen (*emotional well-being*) der Studierenden zu fördern. Eine Variable, die für beide Effekte wichtig zu sein scheint, ist die emotionale Einbindung (*emotional engagement*). Einige Studien beschreiben, dass die soziale Integration von nicht-traditionellen Studierenden vor allem im Seminarraum stattfindet, und zwar durch die Interaktion zwischen Hochschullehrenden und Studierenden bzw. zwischen den Studierenden (Deil-Amen, 2011).

Generell zeigen Studierende, die sich an ihrer Universität zugehörig fühlen, erhöhtes Engagement, nehmen aktiver an Lernaktivitäten teil und erzielen bessere akademische Leistungen.

Der Einfluss von studentischen Interessensvertretungen (wie z. B. Fachschaften) auf Verhalten, Einstellungen und Studienerfolg von Studierenden wurde bisher wenig erforscht. Tatsächlich sehen Studierende Vertreter*innen der Fachschaften als wichtige Ansprechpartner*innen und Instanzen an, die die soziale und akademische Integration erleichtern (Nairz-Wirth & Pöschl, in Druck; Schulze-Reichelt & Wippermann, 2019). Zudem schaffen sie Umgebungen und Räume, in denen das Sicherheitsgefühl gestärkt und Zugehörigkeit vermittelt werden kann (Brouwer et al., 2022).

4. Theoretischer Rahmen: eine relationale Perspektive

Tinto (1975, 1993), der in der amerikanischen Hochschulforschung mit dem Schwerpunkt auf Dropout eine Schlüsselrolle spielte, hat vor allem die akademische – und die soziale Integration als entscheidende Faktoren für den Studienerfolg herausgearbeitet. Dieser Bereich von Einstellungen und Verhaltensweisen wird durch verschiedene Konstrukte und Theorien in den Blick genommen. Neben sozialer Integration werden soziales Kapital, Zugehörigkeitsgefühl, emotionales Wohlergehen und das Zusammenspiel von Habitus, Kapital und Feld nach Bourdieu zur Erklärung herangezogen.

Nicht-traditionelle Studierende stoßen oft auf starre universitäre Rahmenbedingungen, die die Bewältigung ihrer spezifischen Herausforderungen (z. B. Betreuungspflichten, Erwerbstätigkeit während des Studiums) erschweren. In der Literatur ist bereits vielfach beschrieben, wie sich nicht-traditionelle Studierende in einem universitären Feld als „anderswertig" wahrnehmen und um die Festlegung ihrer sozialen Identität und Lernidentität ringen (Lillis 1997;Tett 2000; zitiert in Read et al., 2003, 261 f., Aries & Seider, 2005; Granfield, 1991; Reay et al., 2010). In qualitativen Studien wird beschrieben, dass die Diskrepanz zwischen dem „alten" und dem universitären Habitus (*dislocation between an old and newly developing habitus*) (Baxter & Britton,

2001, S. 99) kräfteabsorbierend ist, insbesondere wenn ein *cleft habitus* (gespaltener Habitus) daraus resultiert (Bourdieu, 1999, S. 511; Lee & Kramer, 2013). „Habitus-Feld-Spannungen“ entstehen, wenn der Habitus aus einem sozialen Feld stammt, das mit dem dominanten universitären Feld wenig kompatibel ist. Andererseits können auch universitäre Felder in Spannungszustände geraten, z. B. durch einen starken Zustrom von Studierenden mit diversen Studieneingangsvoraussetzungen. Diese Phänomene illustrieren die dynamische Wechselwirkung zwischen Habitus, Kapital und universitären Feldern.

Die oben genannten Forschungsfragen werden nun anhand der relationalen Theorie Bourdieus reflektiert, um das Konstrukt des Zugehörigkeitsgefühls mit den Konzepten Kapital und Habitus zu verbinden. Dies soll eine tiefere Analyse der sozialen Dynamiken und Herausforderungen, denen nicht-traditionelle Studierende gegenüberstehen, ermöglichen.

Die Forschung zum Zugehörigkeitsgefühl charakterisiert häufig die individuelle Ebene basierend auf den Eigenschaften von Personen. Im Kontext des tertiären Sektors bezieht es sich darauf, wie Studierende die Unterstützung auf dem Campus erleben und ob ein Verbundenheitsgefühl aufgebaut werden kann. Dabei spielen Erfahrungen wie das Gefühl, umsorgt zu werden, Respekt zu erfahren und sich akzeptiert zu fühlen, eine entscheidende Rolle (Strayhorn, 2019). Die relationale Theorie Bourdieus betont auch das Verständnis der Spielregeln im universitären Feld und das Passungsgefühl, das für den Aufbau des Zugehörigkeitsgefühls entscheidend ist. Ein holistisches Verständnis des Zugehörigkeitsgefühls erfordert die Berücksichtigung verschiedener Konstrukte wie Habitus, Feld, kulturelles, soziales, ökonomisches und symbolisches Kapital. Diese Konzepte stehen im theoretischen Zentrum der Analyse und bieten Einblicke in die mehrdimensionale Struktur der Bildung als Inkorporation und Akkumulation von Kapital sowie als Feldprozess.

Basierend auf einem Projekt der Abteilung für Bildungswissenschaft an der Wirtschaftsuniversität Wien zielen die Forscher*innen darauf ab, die zentralen Konstrukte des Habitus der Lernenden, aber auch von Lehrenden, des universitären Feldes sowie der verschiedenen Kapitalsorten in ihrem Zusammenhang zu erfassen. Dies ermöglicht eine umfassende Analyse des Zugehörigkeitsgefühls von nicht-traditionellen Studierenden und trägt zur Entwicklung effektiver Unterstützungsmaßnahmen bei, um ihre Erfahrungen und ihren Erfolg im tertiären Bildungsbereich zu verbessern.

5. Methodologie und Methode

Die vorliegende Studie ist eine Teilauswertung basierend auf Datenmaterial, das im Rahmen des OENB-Jubiläum-Forschungsprojektes (Nr. 18454) erhoben wurde. Es handelt sich um ein vierjähriges *Mixed-methods*-Forschungsprojekt. In diesem Beitrag wird auf den qualitativen empirischen Teil genauer eingegangen, der Einblicke in das Zugehörigkeitsgefühl nicht-traditioneller Studierender an österreichischen Universitäten ermöglichen und deren Erfahrungen rekonstruktiv beschreiben sollte. Dieser Abschnitt beschreibt die Methode der Datenerhebung und -analyse, einschließlich der Auswahl der Teilnehmer*innen, der Durchführung von Interviews und Gruppendiskussionen sowie der anschließenden Analyse der gesammelten Daten.

5.1 Datenerhebung

Das qualitative Datenmaterial wurde von Juli 2017 bis September 2023 gesammelt. Es umfasst einen Interview-Pool von insgesamt 31 problemzentrierten Interviews (Witzel, 2000) mit NTS und acht Gruppendiskussionen. Die Interviewdauer variierte zwischen 60 bis 135 Minuten, wobei ein Interview nur 21 Minuten dauerte. Die Studienrichtungen variierten zwischen wirtschaftlichen und technischen Studiengängen, Lehramt und Medizin. Die Geschlechterverteilung ist ausgewogen und inkludiert eine Person, die sich als divers identifiziert. Die Studierenden waren zum Zeitpunkt des Interviews zwischen 18 und 34 Jahren alt und umfassten eine hohe oder moderate Anzahl an NTS-Merkmalen (Nairz-Wirth et al., 2017).

Zusätzlich wurden Gruppendiskussionen durchgeführt (Dauer: 52 bis 94 Minuten), die verschiedene studentische Arbeitsgruppen sowie eine Arbeitsgruppe von Lehrenden und Tutor*innen genauer untersuchten. Die Zusammensetzungen der Gruppen sind in Tabelle 1 dargestellt. Fünf der acht Gruppendiskussionen wurden aufgrund der COVID-19-Pandemie online durchgeführt.

Tab. 1: Gruppendiskussionen

Universität/ Durchführungsmodus	Zusammensetzung	Anzahl der Teilnehmer*innen	Datum
Wirtschaft (online)	Tutor*innen/Vortragende	3	20.10.2021
Wirtschaft (online)	Studierende/Vortragende	3	07.07.2021
Technik (Seminarraum)	Studierende	4	28.07.2021
Technik (Seminarraum)	Studierende	3	30.07.2021
Medizin (online)	Studierende	3	13.12.2021
Medizin (online)	Studierende	3	17.12.2021
Medizin (online)	Studierende/Vortragende	3	21.02.2022
Wirtschaft (Seminarraum)	Studierende	3	27.02.2023

5.2 Datenaufbereitung und -analyse

Die Interviews und Gruppendiskussionen wurden digital aufgezeichnet und anschließend wortwörtlich transkribiert, um eine präzise Analyse zu ermöglichen. Die Auswertung der Daten erfolgt in der Software ATLAS.ti, die es ermöglicht, umfangreiche Textdaten effizient zu organisieren und zu analysieren.

In der qualitativen Datenanalyse wurden die Prinzipien der Constructivist Grounded Theory (CTG) nach Charmaz (2006) angewandt. Diese Methode ermöglicht es, neue theoretische Einsichten aus den Daten zu entwickeln, während auf die sensibilisierenden Konzepte der Bourdieu'schen Theorie eingegangen werden kann. Dieser Ansatz ermöglicht eine umfassende und tiefgründige Analyse der Daten.

Weiters wurden die gesammelten Daten in regelmäßigen Interpretationssessions des Projektteams analysiert, interpretiert und diskutiert. Dieser Prozess ermöglicht es, die Forschungsfragen der Studie umfassend zu beantworten und neue theoretische Einsichten zu gewinnen.

6. Ergebnisse

Die vorliegende Studie untersuchte die wahrgenommenen Erfahrungen und diesbezüglichen Aussagen von nicht-traditionellen Studierenden (NTS) in Bezug auf ihre Zugehörigkeit und soziale Integration nach dem Übergang zur Universität, auf die in den nächsten Abschnitten genauer eingegangen werden soll.

6.1 Übergang und Sozialkapital

Das Zugehörigkeitsgefühl und die Entwicklung von sozialem Kapital spielen eine bedeutende Rolle im Übergang an die Universität.

Einerseits äußerten Studienanfänger*innen Ängste, keine sozialen Kontakte oder Freundschaften knüpfen zu können, doch wenn dies gelang, wurde dies als Unterstützung empfunden, wie die folgenden Aussagen zeigen:

> „*(...) weil ich immer gehört habe „Auf der [Universität mit wirtschaftl. Schwerpunkt] sind so viele Studenten und (.) da ist man eben einer von Vielen dann". Und das war für mich absolut nicht der Fall, was im Nachhinein immer super interessant ist, weil da habe ich immer irgendwie so mein Grüppchen gehabt und da habe ich mich immer- (.) Ja, eigentlich habe ich mich nie als einer von Vielen dort gefühlt. Aber wie gesagt, das hat sicher (.) damit zu tun, dass ich mich da einfach in dem, was ich tue, besser gefühlt habe.*" (Interview Antonia, Wirtschaft)

> „*Und sobald ich ein paar Leute auf der Uni kennengelernt habe, habe ich mich sofort viel schneller eingelebt und dann viel wohler gefühlt in Wien.*" (Gruppendiskussion Technik II)

Die oben angeführten Zitate veranschaulichen, dass Studierende, die bereits zu Studienbeginn Freundschaften aufbauen, den Übergang an die Universitäten besser bewältigen und ein Zugehörigkeitsgefühl zur Campus-Gemeinschaft entwickelt wird. Daher soll in den folgenden zwei Abschnitten genauer auf zwei Anknüpfungspunkte für den Aufbau von sozialem Kapital eingegangen werden – Lerngruppen sowie Studienkolleg*innen/*Peers*.

6.1.1 Lerngruppen

Die Erfahrungen mit und die Auswirkungen von Lerngruppen zu erfassen, war ein Forschungsschwerpunkt des Projekts. Dementsprechend wurden Studierende, die sich bereits in Lerngruppen befanden, interviewt oder die Erfahrungen mit Lerngruppen in den Gruppendiskussionen thematisiert.

An einer Universität mit wirtschaftlichem Schwerpunkt berichtet die Studentin Antonia von einer informellen Lerngruppe, in der sich auch Freundschaften bilden:

> „*Und einfach auch die Studienkollegen – Also zum Teil bin ich noch mit ihnen in Kontakt und wir sind sehr gute Freunde und ja man lernt sich da einfach irgendwie so ungezwungen kennen und man geht da am Abend einfach einmal weg und ist trotzdem dann konzentriert bei der Gruppenarbeit. Also es funktioniert einfach irgendwie beides und das war für mich am Anfang ganz wichtig, weil ich doch einen Freundschaftskreis hatte, der z. B. nicht im Studium oder in diesem Abschnitt unterwegs war. Da war das einfach ganz wichtig, Freunde zu haben, mit denen man privat was unternimmt, aber die auch den Studienalltag kennen. Also die sich da sehr mit einem identifizieren können und das war wichtig für mich.*“ (Interview Antonia, Wirtschaft)

Antonia beschreibt eindrücklich ihre Erfahrungen mit einer Lerngruppe, die sich auch privat trifft. Sie empfindet das gemeinsame Lernen und Freundschaften als wichtig, und es scheint, dass sich dies ebenfalls auf ihre Motivation, Studienerfolg sowie auf die soziale Integration an der Universität auswirkt.

*6.1.2 Studienkolleg*innen (Peers)*

Wiederholt wurde bereits die Bedeutung von Freundschaften am Studienbeginn betont. Studienkolleg*innen oder *Peers* spielen für Studierende eine wichtige Rolle, um durch deren Feedback und Unterstützung ein Zugehörigkeitsgefühl aufzubauen (White & Cones, 1999). Auch Studierende in dieser Studie berichteten:

> „*(…) ich hatte einen Freund, der vor mir angefangen hat mit dem Studium und der hat mir gesagt, dass das Wichtigste ist, dass du gleich am Anfang Freunde suchst.*“ (Gruppendiskussion Technik I)

> „*Aber ich finde es einfach cool, dass man weiß, ok: Man so eine Gruppe, da ist man erwünscht, da gehört man dazu und da fühlt man sich einfach wohl und dann, sagt man einfach ganz stolz, dass man da dazugehört.*“ (Gruppendiskussion Technik II, Studentin mit Migrationshintergrund)

In zwei Gruppendiskussionen und etlichen Interviews wurde auf den Wert von Freundschaften oder Freundschaftskreisen am Studienbeginn eingegangen. Wie im zweiten Zitat beschrieben, kann dies die Entwicklung eines Zugehörigkeitsgefühls zur Campus-Gemeinschaft anregen, wobei im Studienbereich Technik die Verbindung von sozialer und akademischer oder fachspezifischer Integration besonders betont wurde.

6.2 Fachschaften

Im Abschnitt 3: Stand der Forschung wurde bereits kurz die Forschungslücke zu Fachschaften erwähnt. Studierende an einer Universität mit technischem Fokus berichteten über ihre Erfahrungen mit den – im technischen Feld vorherrschenden – Fachschaften.

Die folgenden Aussagen verdeutlichen die Bedeutung von Fachschaften für die soziale Vernetzung von Studierenden, deren Aufbau von sozialem Kapital und die Bereitstellung von informellen Räumen und Orten des ungestörten Arbeitens und Lernens:

> *„Bei uns gibt es auch im (EI) oben, gibt es so einen eigenen Lernraum, neben dem Fachschaftsraum gibt es einen eigenen Raum, der eigentlich eh noch zum Fachschaftsraum gehört, aber den haben sie halt freigelassen, ehm, als Lernraum und der hat halt gewisse Öffnungszeiten gehabt, und wo sich halt wirklich dann auch Leute immer wieder getroffen haben oder eben auch Leute aus höheren Semestern die bei der Fachschaft sind oder so und dann dort auch gesessen sind und ja, wo du halt auch fragen hast können, weil sie eh gerade da waren.“* (Gruppendiskussion Technik I)

> *„Genau wir haben an Gastgarten, wir sind die einzige Fachschaft/ Das ist das Coolste bei uns. Und dann gibts einen Kühlschrank mit Soft Drinks und Bier, (…) also i muss sagen in meinem ersten Semester/ (…) Weil wir einfach immer hingegangen sind nach der Uni und dann einfach die Zeit dort verbracht haben. Und dann waren da auch andere Studenten. Da hat man halt immer Leute kennengelernt. Wenn man Tipps oder Hilfe braucht, eben wie du sagst Hat man sich das dort holen können und die Fachschaft ist eigentlich die Studienvertretung.“* (Gruppendiskussion Technik II)

> *„Aber die Fachschaft, hat uns ein bisschen verbunden, das ist jetzt unser gemeinsames Ding. (…) Ja was zeichnet eure Gruppe aus? Ja wir gehen halt gemeinsam wo hin.“* (Gruppendiskussion Technik II, Studentin mit Migrationshintergrund)

Die Aussagen zeigen, dass Fachschaften eine wichtige Rolle bei der Unterstützung der sozialen und akademischen Integration von Studierenden spielen. Sie bieten Räume für (informellen) Austausch, Lernunterstützung und stärken das Zugehörigkeitsgefühl zur Universität sowie das soziale Kapital.

6.3 Habitus der nicht-traditionellen Studierenden

Wie bereits beschrieben, verfügen NTS häufig nicht über für ein spezifisches Studienfeld „passende“ Kapitalausstattung (Nairz-Wirth & Feldmann, 2018, S. 82), weshalb ihnen zusätzliche Herausforderungen den Bildungsaufstieg erschweren. Ähnliche Erfahrungen berichteten auch Studierende dieser Studie:

> *„Aber ich hab schon gemerkt, dass mir irgendwie akademische Fixierung hat schon gefehlt hat, weil ich halt (…) keine Akademiker als Eltern habe also es war halt schwer,*

> *mich das erste Mal mit wissenschaftlichen Texten auseinander zu setzen.*“ (Interview Aurelia, ethnische Minderheit)

> „*Also bei mir im Elternhaus [muss ich] dann, äh, rechtfertigen (...) warum man das macht, äh, dass es sich doch auszahlt und ähm, ja vor allem wenn man ein bisschen länger braucht, vielleicht als vorgesehen ist [lacht], das dann nochmal hinterfragt wird und so.*“ (Gruppendiskussion, Wirtschaft II)

Die in der Studie interviewten NTS, die in einem Großstudiengang zu studieren begonnen haben, kritisieren die Anonymität und fehlenden Beziehungen zu Vortragenden und Peers:

> „*Überfordert (...) vom workload und vom Lernaufwand (...) das System (...) weil das nicht so aufgebaut ist, dass du jetzt irgendwie gut Anschluss finden würdest in einer kleinen Gruppe, sondern die Massenveranstaltungen hast.*“ (Franz, Bachelor Wirtschaft- und Sozialwissenschaften)

> „*Nicht so wie in der Schule, es ist halt ein Massenstudium, ich denke mir eine kleinere Uni hätte mir glaube ich besser getan. (...) dann ist man halt super anonym hat keine Betreuungspersonen.*“ (Aysel, Rechtswissenschaften)

Die obenstehenden Zitate zeigen Übergangsprobleme vom Schulsystem an Universitäten. Während so genannte „Massenstudien” den Anschluss an (Peer-)Gruppen und die Entwicklung von sozialem Kapital erschweren, erleichtern institutionalisierte studentische Netzwerke den persönlichen Kontakt zu Peers. Folgender Gruppendiskussionsbeitrag illustriert dies:

> „*Man [ist] so eine Gruppe, da ist man erwünscht, da gehört man dazu und da fühlt man sich einfach wohl und dann, sagt man einfach ganz stolz, dass man da dazugehört.*“ (Gruppendiskussion II an einer technischen Universität)

Erkenntnisse wie diese zeigen den Handlungsbedarf von Institutionen, Vernetzungsangebote für Studierende zur Verfügung zu stellen.

Die Studie verdeutlicht die Herausforderungen, denen NTS aufgrund ihres kulturellen Kapitals und ihres Habitus gegenüberstehen. Der Mangel an akademischer Vorbildung und die daraus resultierenden Schwierigkeiten im Umgang mit wissenschaftlichen Texten wurden als Barrieren für die soziale Integration an der Universität identifiziert.

7. Diskussion

Ein Teil der interviewten NTS berichteten von Problemen, Zugehörigkeitsgefühl an Universitäten mit Großstudiengängen aufzubauen, was mit den bisherigen Forschungsergebnissen übereinstimmt (Ostrove & Long, 2007; Pechar & Wroblewski, 1998; Rubin, 2012). Andererseits illustrieren die Interviews, wie das Gefühl, sich der

Universität zugehörig zu fühlen, den Übergang an die Universität erleichtert und die soziale und akademische Integration positiv beeinflusst (Yan & Pei, 2018).

Um die Studieneingangsphase erfolgreich zu bestehen, ist eine entsprechende Kapitalausstattung (z. B. kulturelles Kapital in Form von Wissen, Informationskapital) einschließlich eines „passenden" Habitus hilfreich. Dies betrifft somit nicht nur fachliches Wissen, sondern auch solches über universitäre (Spiel-)Regeln, persönliche – über den Habitus vermittelte – Einstellungen und Haltungen (Meuleman et al., 2015, S. 513–514; Nairz-Wirth & Feldmann, 2018, S. 82). Darüber hinaus wird das mitgebrachte soziale und kulturelle Kapital, das diese Studierenden besitzen, im neuen Umfeld häufig nicht ausreichend gewürdigt (Meuleman et al., 2015, S. 513–514).

Lerngruppen und Freundschaften mit *Peers* bilden sich meist bereits in der Anfangsphase des Studiums und bleiben häufig während des Studiums bestehen. Damit stellen gerade Lerngruppen und *Peers* einen wichtigen Faktor für soziale und akademische Integration von NTS dar, der den Wissensaustausch und das Zugehörigkeitsgefühl erhöhen kann. Die Teilnahme an Lerngruppen begünstigt zusätzlich den Erwerb von sozialem Kapital und trägt zur Bildung sicherer Umgebungen bei, in denen sich Studierende wohl fühlen und sich integrieren können (Brouwer et al., 2022; Darbeheshti et al., 2020/2021; Gokpinar-Shelton & Pike, 2022).

Interessant ist ebenfalls die Rolle der Fachschaften, die – wie bereits beschrieben – Unterstützung, getrennte Räumlichkeiten für den Austausch und Rückzug unter Studierenden der gleichen Fachrichtung und Lerngemeinschaften anbieten, was in der Literatur noch nicht ausreichend beschrieben wurde.

8. Fazit und Ausblick

Um auf die Forschungsfrage einzugehen, zeigte diese Studie erwartungsgemäß, dass soziales Kapital, das den Übergang erleichtert, über Peer-Netzwerke aufgebaut werden kann. Ebenso wird soziales Kapital und Zugehörigkeitsgefühl von institutionellen Praktiken der Universitäten und den Studiengängen beeinflusst, in denen die NTS eingeschrieben sind. Die Ergebnisse dieser Studie betonen die Bedeutung von Zugehörigkeitsgefühl und sozialem Kapital für nicht-traditionelle Studierende im universitären Kontext und unterstreichen die Rolle des Zugehörigkeitsgefühls für die Anpassung an das universitäre Leben. Institutionalisierte und informelle Lerngruppen sowie Fachschaften an einer Universität sind für die soziale Integration von entscheidender Bedeutung und sollten deshalb weiter erforscht werden.

Weiters werden im nächsten Abschnitt *Handlungsempfehlungen, um NTS zu unterstützen,* vorgestellt. Universitäten können die Bildung von Sozialkapital und Zugehörigkeit fördern oder behindern: Universitäten, die institutionalisierte Formen des Lernens anbieten, wie z. B. in Systemen kleiner Peer-Gruppen, schaffen für die Studierenden ein Umfeld, in dem Freundschaften und damit Netzwerke/Sozialkapital sowie Zugehörigkeit aufgebaut werden können.

In zukünftigen Studien des Projekts soll näher auf die Interviewaussagen und Gruppendiskussionen eingegangen werden, die die Bedeutung sozialer Netzwerke, wie z. B. WhatsApp-Gruppen, die ebenfalls wichtig für den Aufbau eines Zugehörigkeitsgefühls sind, beschreiben.

9. Handlungsempfehlungen

Auf Basis der Literatur und den Aussagen der Interviewpartner*innen werden nun beispielhafte Handlungsempfehlungen abgeleitet. Die Bedeutung von *Peers* für die Entwicklung eines Zugehörigkeitsgefühls wurde mehrfach hervorgehoben. Neue Freundschaften während des ersten Studienjahres tragen zur sozialen Integration bei und bieten Unterstützung sowie Feedback. Peer-Tutoring-Programme wurden als Mittel zur Förderung von Motivation und Engagement der Studierenden identifiziert.

Maßnahmen sollten grundsätzlich auf drei Ebenen und langfristig implementiert werden: 1) Systemebene, 2) institutionelle Ebene und 3) Ebene der Hochschuldidaktik, wobei diejenigen auf Systemebene beispielsweise darauf abzielen, sozioökonomische Ungleichheiten unter den Studierenden zu verringern. Die OECD (2019) nennt bedarfsgeprüfte Unterstützungsmaßnahmen für nicht studienbezogene Kosten wie Unterkunft, Transport oder Studienmaterialien. Ebenso tragen flexible Curricula zur Entlastung von berufstätigen Studierenden und solchen mit Betreuungsverpflichtungen bei.

Auf institutioneller Ebene konzentrieren sich die Maßnahmen darauf, eine unterstützende Umgebung zu schaffen und das Zugehörigkeitsgefühl der Studierenden zu stärken. Hierzu gehören diverse Weiterbildungsmaßnahmen für Universitätsbedienstete inklusive externer Lehrenden. Diese Angebote sollten sich im Kern oder implizit der Bedeutung und Praktiken einer inklusiven und wertschätzenden Hochschulkultur widmen.

Peer-Mentoring-Programme fördern die Vernetzung zwischen Kommiliton*innen: Erfahrene Studierende bieten in ihrer Rolle als Mentor*innen jüngeren oder weniger erfahrenen Studierenden Unterstützung und Orientierung. Dies kann helfen, sich an der Hochschule einzuleben, akademisch erfolgreich zu sein und sich in der Campus-Gemeinschaft zugehörig zu fühlen.

An nordamerikanischen Universitäten werden oftmals Familienmitglieder der Studierenden in das Campusgeschehen eingebunden: Das Spektrum reicht von Veranstaltungen, Informationsmaterialien bis hin zu gezielten Angeboten für Eltern und Geschwisterkinder. Dies könnte auch für den europäischen Hochschulbereich angedacht werden.

Hochschuldidaktische Maßnahmen umfassen die professionelle Weiterbildung von Universitätslehrenden. Dabei sollen Kompetenzen gefördert werden, auf die Bedürfnisse und Herausforderungen nicht-traditioneller Studierender einzugehen. Dazu gehört auch das Wissen über die Gestaltung und Wirkung eines positiven Lernumfelds. Die Implementierung von Lerngruppen in allen Formen von Lehrveranstaltungen erleichtert es den Studierenden, sich mit Peers zusammenzuschließen, um gemeinsam zu lernen, sich auszutauschen und gegenseitig zu unterstützen.

Die Präsenz von Vorbildern mit diversem ethnischen und sozioökonomischen Background in akademischen Positionen kann für NTS besonders bedeutsam sein.

Literatur

Abrahams, J. & Ingram, N. (2013). The Chameleon Habitus: Exploring Local Students' Negotiations of Multiple Fields. *Sociological Research Online, 18* (4), 213–226. https://doi.org/10.5153/sro.3189

Apouey, B., Nissanov, Z. & Silber, J. (2022). Ordinal Variables and the Measurement of Upward and Downward Intergenerational Educational Mobility in European Countries. *Review of Income and Wealth, 69* (3), 776–800. https://doi.org/10.1111/roiw.12584

Agentur für Qualitätssicherung und Akkreditierung Austria (AQ Austria) (Hrsg.). (2018). *Durchlässigkeit in der Hochschulbildung. Beiträge zur 5. AQ Austria Jahrestagung 2017.* Facultas. https://doi.org/10.25656/01:15363

Ashar, H. & Skenes, R. (1993). Can Tinto's Student Departure Model Be Applied To Nontraditional Students? *Adult Education Quarterly, 43* (2), 90–100. https://doi.org/10.1177/0741713693043002003

Ball, R., Alexander, K. & Cleland, J. (2020). „The biggest barrier was my own self": the role of social comparison in non-traditional students' journey to medicine. *Perspectives on medical education, 9* (3), 147–156. https://doi.org/10.1007/s40037-020-00580-6

Bambra, C., Riordan, R., Ford, J. & Matthews, F. (2020). The COVID-19 pandemic and health inequalities. *Journal of Epidemiology and Community Health, 74* (11), 964–968. https://doi.org/10.1136/jech-2020-214401

Barnett, D. R. (2014). *Academic and Social Integration of Nontraditional Students: The Role of Active Learning Strategies and Sense of Belonging in Integration and Persistence.* Southern Illinois University Carbondale, Carbondale, Illinois.

Baumeister, R. F. & Leary, M. R. (1995). The Need to Belong: Desire for Interpersonal Attachments as a Fundamental Human Motivation. *Psychological Bulletin, 117* (3), 497–529. https://psycnet.apa.org/doi/10.1037/0033-2909.117.3.497

Baxter, A. & Britton, C. (2001). Risk, identity and change: Becoming a mature student. *International Studies in Sociology of Education, 11* (1), 87–104. https://doi.org/10.1080/09620210100200066

Bourdieu, P. (1985). *Sozialer Raum und „Klassen". Leçon sur la leçon. Zwei Vorlesungen.* Suhrkamp Verlag.

Bourdieu, P. (1999). *The weight of the world: Social suffering in contemporary society.* Stanford: Stanford University Press.

Brouwer, J., Matos Fernandes, C. A. de, Steglich, C. E., Jansen, E. P., Hofman, W. H. A. & Flache, A. (2022). The development of peer networks and academic performance in learning communities in higher education. *Learning and Instruction, 80, Artikel 101603*, 1–10. https://doi.org/10.1016/j.learninstruc.2022.101603

Bundesministerium für Wissenschaft, Forschung und Wirtschaft (BMWFW) (2017). *Nationale Strategie zur sozialen Dimension in der Hochschulbildung: Kurzfassung.* Wien: BMWFW.

Bundesministerium für Bildung, Wissenschaft und Forschung (2021). *Mainstreaming the Social Dimension in the EHEA Country and HEI SD profiles.* Wien: BMBWF.

Charmaz, K. (2006). *Constructing Grounded Theory: A Practical Guide Through Qualitative Analysis. Constructing grounded theory.* Sage Publications.

Crozier, G., Reay, D. & Clayton, J. (2019). Working the Borderlands: working-class students constructing hybrid identities and asserting their place in higher education. *British Journal of Sociology of Education, 40* (7), 922–937. https://doi.org/10.1080/01425692.2019.1623013

Dahrendorf, R. (Hrsg.). (1965). Arbeiterkinder an deutschen Universitäten [Sonderheft]. *Recht und Staat* (302/303). J. C. B. Mohr.

Darbeheshti, M., Schupbach, W., Lafuente, A., Altman, T., Goodman, K., Jacobson, M. & O'Brien, S. (2020/2021, 22. Juni 2020–26. Juni 2021). Learning Communities: Impact on Retention of First-year Students. In *2020 ASEE Virtual Annual Conference Content Access Proceedings.* ASEE Conferences. https://doi.org/10.18260/1-2--34899

Deil-Amen, R. (2011). *The "traditional" college student: A smaller and smaller minority and its implications for diversity and access institutions.* Mapping Broad-Access Higher Education conference, Stanford University.

Dill, P. L. & Henley, T. B. (1998). Stressors of college: a comparison of traditional and non-traditional students. *The Journal of Psychology, 132* (1), 25–32. https://doi.org/10.1080/00223989809599261

Dippelhofer-Stiem, B. (2017). *Sind Arbeiterkinder im Studium benachteiligt? Empirische Erkundungen zur schichtspezifischen Sozialisation an der Universität.* Beltz Juventa.

Dos Santos, L. M. (2020). How Does COVID-19 Pandemic Influence the Sense of Belonging and Decision-Making Process of Nursing Students: The Study of Nursing Students' Experiences. *International Journal of Environmental Research and Public Health, 17* (15), Artikel 5603. https://doi.org/10.3390/ijerph17155603

European Commission. (2017, 30. Mai). *COMMUNICATION FROM THE COMMISSION TO THE EUROPEAN PARLIAMENT, THE COUNCIL, THE EUROPEAN ECONOMIC AND SOCIAL COMMITTEE AND THE COMMITTEE OF THE REGIONS on a renewed EU agenda for higher education* (COM/2017/0247 final). European Commission.

Gillen-O'Neel, C. (2021). Sense of Belonging and Student Engagement: A Daily Study of First- and Continuing-Generation College Students. *Research in Higher Education, 62* (1), 45–71. https://doi.org/10.1007/s11162-019-09570-y

Gokpinar-Shelton, E. & Pike, G. R. (2022). Strategies to boost international student success in US higher education: an analysis of direct and indirect effects of learning communities. *Higher Education, 84* (1), 279–297. https://doi.org/10.1007/s10734-021-00767-8

Goldrick-Rab, S. (2016). *Paying the Price: College Costs, Financial Aid, and the Betrayal of the American Dream.* University of Chicago Press.

Gunn, F., Lee, S. H. & Steed, M. (2017). Student Perceptions of Benefits and Challenges of Peer Mentoring Programs: Divergent Perspectives From Mentors and Mentees. *Marketing Education Review, 27* (1), 15–26. https://doi.org/10.1080/10528008.2016.1255560

Hausmann, L. R. M., Schofield, J. W. & Woods, R. L. (2007). Sense of Belonging as a Predictor of Intentions to Persist Among African American and White First-Year College Students. *Research in Higher Education, 48* (7), 803–839. https://doi.org/10.1007/s11162-007-9052-9

Hausschildt, K., Gwosć, C., Schirmer, H. & Cras, F. (2019). *THE SOCIAL DIMENSION OF STUDENT LIFE IN THE EUROPEAN HIGHER EDUCATION AREA IN 2019: Selected indicators from EUROSTUDENT VII.* EUROSTUDENT SURVEY VII.

Hillmert, S. & Rüber, I. E. (2018). Bildung und lebenslanges Lernen. In K. R. Schroeter, C. Vogel & H. Künemund (Hrsg.), *Living reference work. Handbuch Soziologie des Alter(n)s* (Living reference work, continuously updated edition, S. 1–21). Springer VS. https://doi.org/10.1007/978-3-658-09630-4_34-1

Johnson, P., Joyce, R. & Platt, L. (2021). *The IFS Deaton Review of Inequalities: A New Year's Message.* Institute for Fiscal Studies.

Kember, D. (2007). *Reconsidering Open and Distance Learning in the Developing World: meeting students' learning needs.* Routledge.

Knekta, E., Chatzikyriakidou, K. & McCartney, M. (2020). Evaluation of a Questionnaire Measuring University Students' Sense of Belonging to and Involvement in a Biology Department. *CBE – Life Sciences Education, 19* (3), 1–14. https://doi.org/10.1187/cbe.19-09-0166

Kurantowicz, E. & Nizinska, A. (2013). How students 'stay the course': Retention practices in higher education. *Studies in the Education of Adults, 45* (2), 135–147. https://doi.org/10.1080/02660830.2013.11661647

Lee, E.M. & Kramer, R. (2013). Out with the Old, In with the New? Habitus and Social Mobility at Selective Colleges. *Sociology of Education, 86* (1), 18–35. https://doi.org/10.1177/0038040712445519

Lehmann, W. (2007). "I just didn't feel like I fit in": The role of habitus in university dropout decisions. *Canadian Journal of Higher Education, 37* (2), 89–110.

Lessky, F. (2023). *Studium als Balanceakt: Lebensführung von erwerbstätigen First-in-Family Studierenden* (Bd. 41). Springer Fachmedien Wiesbaden. https://doi.org/10.1007/978-3-658-40359-1

Lowery-Hart, R. & Pacheco, G. (2011). Understanding the first-generation student experience in higher education through a relational dialectic perspective. *New Directions for Teaching and Learning, 2011* (127), 55–68. https://doi.org/10.1002/tl.457

Marshall, S., Zhou, M., Gervan, T. & Wiebe, S. (2012). Sense of Belonging and First-Year Academic Literacy. *Canadian Journal of Higher Education, 42* (3), 116–142.

Metzner, B.S. & Bean, J.P. (1987). The estimation of a conceptual model of nontraditional undergraduate student attrition. *Research in Higher Education, 27* (1), 15–38. https://doi.org/10.1007/BF00992303

Meuleman, A.-M., Garrett, R., Wrench, A. & King, S. (2015). 'Some people might say I'm thriving but … ': non-traditional students' experiences of university. *International Journal of Inclusive Education, 19* (5), 503–517. https://doi.org/10.1080/13603116.2014.945973

Mishra, S. (2020). Social networks, social capital, social support and academic success in higher education: A systematic review with a special focus on 'underrepresented' students. *Educational Research Review,* 29 (o.H.), 1–24. https://doi.org/10.1016/j.edurev.2019.100307

Morrow, J. & Ackermann, M. (2012). Intention to Persist and Retention of First-Year Students: The Importance of Motivation and Sense of Belonging. *College student journal, 46* (3), 483–491. https://www.ingentaconnect.com/content/prin/csj/2012/00000046/00000003/art00003

Nairz-Wirth, E. & Feldmann, K. (2018). Hochschulen relational betrachtet. In AQ Austria (Hrsg.), *Durchlässigkeit in der Hochschulbildung. Beiträge zur 5. AQ Austria Jahrestagung 2017* (S. 79–94). Facultas.

Nairz-Wirth, E. & Feldmann, K. (2021). Professional Habitus and Field. In S. Robinson, J. Ernst, K. Larsen & O.J. Thomassen (Hrsg.), *Pierre Bourdieu in Studies of Organization and Management* (S. 157–175). Routledge. https://doi.org/10.4324/9781003022510

Nairz-Wirth, E., Feldmann, K. & Spiegl, J. (2017). Habitus conflicts and experiences of symbolic violence as obstacles for non-traditional students. *European Educational Research Journal, 16*(1), 12–29. https://doi.org/10.1177/1474904116673644

Nairz-Wirth, E., Feldmann, K., Weiß, S. & Pöschl, M. (2024). Interplay of Habitus and University Fields. In J. Nooij, B. Broucker, A. Gannon, M. O'Hara & S. Preymann (Hrsg.), *Shaping the World of Change: Higher Education as a Key Enabler* (S. 147–162). https://doi.org/10.1163/9789004705777_009

Nairz-Wirth, E. & Pöschl, M. (2025). Informationskapital und Resilienz. In E. Nairz-Wirth, K. Ledermüller, F. Lessky, B. Thaler, S. Weiß & M. Unger (Hrsg.), *Transition and Transformation in Higher Education.* Waxmann. https://doi.org/10.31244/9783830999867

OECD. (2018a). *Bildung auf einen Blick 2018: OECD-Indikatoren.* wbv Media. https://doi.org/10.1787/6001821lw

OECD. (2018b). *Education attainment: Enrolment rate (indicator).* https://doi.org/10.1787/1d7e7216-en

OECD. (2018c). *Equity in Education: Breaking Down Barriers to Social Mobility. PISA.* OECD Publishing. https://doi.org/10.1787/9789264073234-en

OECD. (2019). *Education at a Glance 2019: OECD Indicators, OECD Publishing. https://doi.org/10.1787/f8d7880d-en*

OECD. (2021). *Education at a Glance 2021: OECD Indicators.* OECD Publishing. https://doi.org/10.1787/b35a14e5-en

Ostrove, J.M. & Long, S.M. (2007). Social class and belonging: Implications for college adjustment. *The Review of Higher Education, 30* (4), 363–389. https://psycnet.apa.org/doi/10.1353/rhe.2007.0028

Pausits, A., Fellner, M., Gornik, E., Ledermüller, K. & Thaler, B. (2023). Hochschulen in einer von Volatilität geprägten Welt. Exemplarische Beiträge aus Hochschulforschung und Praxis. In A. Pausits, M. Fellner, E. Gornik, K. Ledermüller & B. Thaler (Hrsg.), *Uncertainty in Higher Education. Hochschulen in einer von Volatilität geprägten Welt* (S. 7–18). Waxmann. https://doi.org/10.31244/9783830996880

Pechar, H. & Wroblewski, A. (1998). *Non-traditional-Students in Österreich: Studienbedingungen bei Nebenerwerbstätigkeit, verspätetem Übertritt und alternativem Hochschulzugang* (Endbericht). Institut für Bildungsforschung der Wirtschaft.

Pedler, M.L., Willis, R. & Nieuwoudt, J.E. (2022). A sense of belonging at university: student retention, motivation and enjoyment. *Journal of Further and Higher Education, 46*(3), 397–408. https://doi.org/10.1080/0309877X.2021.1955844

Peisert, H.G. (1967). *Soziale Lage und Bildungschancen in Deutschland.* Piper.

Reay, D. (2017). *Miseducation: Inequality, education and the working classes.* Policy Press. https://doi.org/10.2307/j.ctt22p7k7m

Reay, D., David, M.E. & Ball, S.J. (2005). *Degrees of choice: Social class, race and gender in higher education.* Trentham.

Rubin, M. (2012). Social class differences in social integration among students in higher education: A meta-analysis and recommendations for future research. *Journal of Diversity in Higher Education, 5* (1), 22–38. https://doi.org/10.1037/a0026162

Schulze-Reichelt, F. & Wippermann, M. (2019). Die Bedeutung von Fachschaftsräten in der Studieneingangsphase am Beispiel der Universität Potsdam. In W. Schubarth, S. Mauermeister, F. Schulze-Reichelt & A. Seidel (Hrsg.), Alles auf Anfang! Befunde und Perspektiven zum Studieneingang. *Potsdamer Beiträge zur Hochschulforschung | 4,* 149–164.

Soria, K.M. & Stebleton, M.J. (2012). First-generation students' academic engagement and retention. *Teaching in Higher Education, 17*(6), 673–685. https://doi.org/10.1080/13562517.2012.666735

Statistik Austria. (2023, 12. September). *Mehr Studentinnen, weniger Studenten 2022/23: Frauenanteil bei Studierenden an Österreichs Hochschulen bei 56%*. Pressemitteilung: 13 157–185/23. https://www.statistik.at/fileadmin/announcement/2023/09/20230912Studierende2022_23.pdf [Zugriff am 15.01.2024].

Statistik Austria. (2024, 21. Mai). *Geringe Bildungsmobilität zwischen Generationen: Frühe Bildungsentscheidungen beeinflussen gesamte Bildungslaufbahn*. Pressemitteilung: 13 337–103/24. https://www.statistik.at/fileadmin/announcement/2024/05/20240521BiZ2022_23.pdf [Zugriff am 10.06.2024].

Strayhorn, T. L. (2019). *College students' sense of belonging: A key to educational success for all students* (Second edition). Routledge. https://doi.org/10.4324/9781315297293

Thaler, B., Lessky, F., Weiß, S., Stransky-Can, K., Fellner, M., Freudhofmayer, S., Bartok, L. & Petrik, F. (2023). Junge Hochschulforschung (JuHoFo) in Österreich: Eine Case Study über Wege in die Hochschulforschung, den Dissertationsprozess und Zukunftsvorstellungen von jungen Hochschulforschenden. In A. Pausits, M. Fellner, E. Gornik, K. Ledermüller & B. Thaler (Hrsg.), *Uncertainty in Higher Education. Hochschulen in einer von Volatilität geprägten Welt* (S. 149–168). Waxmann. https://doi.org/10.31244/9783830996880

Tice, D., Baumeister, R., Crawford, J., Allen, K.-A. & Percy, A. (2021). Student belongingness in higher education: Lessons for Professors from the COVID-19 pandemic. *Journal of University Teaching and Learning Practice, 18* (4), 8–20. https://doi.org/10.53761/1.18.4.2

Tinto, V. (1975). Dropout from Higher Education: A Theoretical Synthesis of Recent Research. *Review of Educational Research, 45* (1), 89–125. https://doi.org/10.2307/1170024

Tinto, V. (1993). *Leaving college: Rethinking the causes and cures of student attrition* (2. Aufl.). Chicago, University of Chicago Press.

Unger, M., Binder, D., Dibiasi, A., Engleder, J., Schubert, N., Terzieva, B., Thaler, B., Zaussinger, S. & Zuch, V. (2020). *Studierenden-Sozialerhebung 2019: Kernbericht*. https://irihs.ihs.ac.at/id/eprint/1913/

Weiß, S. (2024). *Die Entwicklung des Zugehörigkeitsgefühls von working-class Studierenden an der Universität* (Dissertation, Wirtschaftsuniversität Wien). https://katalog.wu.ac.at/primo-explore/fulldisplay?docid=WUW_alma21147391880003337&context=L&vid=WUW&lang=de_DE&search_scope=WU-Bibliothekskatalog&adaptor=Local%20Search%20Engine&tab=wuw_alles&query=any,contains,Wei%C3%9F%20Sabine&mode=Basic

White, J. L. & Cones, J. H. (1999). *Black man emerging: facing the past and seizing a future in America*. Routledge. https://doi.org/10.4324/9780203950340

Witzel, A. (2000). Das problemzentrierte Interview. *Forum Qualitative Sozialforschung, 1*(1), Artikel 22, 1–7.

Yan, L. W. & Pei, S. L. (2018). „Home Away From Home"? How International Students Handle Difficult And Negative Experiences In American Higher Education. *Journal of International Students, 8* (1), 453–472. https://doi.org/10.5281/zenodo.1134338

Lernen über Teameffektivität in digitalen, interdisziplinären und internationalen Studierendenteams

Anett Hermann

Abstract: Innerhalb einer digitalen, interdisziplinären und internationalen Lehrveranstaltung wurde die Forschungsfrage verfolgt, wie sich Lernen im Vergleich von inneruniversitären und hochschulübergreifenden Studierendenteams gestaltet. Dazu wurden Texte von 31 Studierenden inhaltsanalytisch ausgewertet. Die Ergebnisse zeigen, dass der Kontext und das Teamdesign zentral für die Entwicklung teamspezifischer Strategien zur Aufgabenbearbeitung sind. Unterschiedliche Hochschulformen, ungleiche Studiensysteme und Studienkulturen, differente Leistungsanforderungen sowie Bewertungssysteme führen zu Irritationen innerhalb der Teamarbeit und letztendlich zu kategorialen Zuschreibungen. Die Bearbeitung dieser Herausforderungen ermöglicht das Aufbrechen homogener Lernstrukturen.

Keywords: Teameffektivität, Diversität, Studierendenteams, Digitalisierung, Erfahrungslernen

1. Einführung

Effektive Zusammenarbeit in diversen Studierendenteams wird unterschiedlich diskutiert (Martins & Wonbin, 2022; Stahl, Maznevski, Voigt & Jonsen, 2010). Positiv werden für Teamarbeiten vor allem die Wissenserweiterung durch unterschiedliche Lebenskontexte und die damit verbundenen Kompetenzen, Qualifikationen, Analyse- und Entscheidungsperspektiven gesehen. Als Herausforderungen gelten Konflikte, die auf differenten Werten, Normen und daraus resultierenden Verhaltensweisen entstehen. Besonders seit der Covid-19-Pandemie wird Teamarbeit in Verbindung mit Digitalisierung als Chance gesehen, über internationale und interdisziplinäre Zusammenarbeit kulturspezifische Erfahrungen im Studium zu generieren („Internationalization at home") (Marczuk, Multrus & Lörz, 2021; Offergeld, Ketterer, Neudert, Hassepaß, Weerda et al., 2021). Diese virtuellen kollaborativen Lehr- und Lernformen sind eng mit technischen und technologischen Entwicklungen in der Hochschullehre verknüpft und gelten gleichzeitig als Chance auf Inklusion unterschiedlicher Studierendengruppen (Rastetter, 2020; Bernauer & Kornau, 2020). Die zunehmende Diversität der Studierenden verbunden mit vielfältigen Lebensumständen, wie finanzielle Aspekte, Pflegeverpflichtungen oder externe Bedingungen (globale Krisen) führen oft dazu, dass kein Auslandssemester in das Studium integriert werden kann. Virtuelle kollaborative Formate in der Lehre fließen dementsprechend vermehrt in die Diskussionen um die Zukunft der Lehre im Hochschulsektor, angebunden an Internationalisierungsstrategien und die Diversität der Studierenden, ein (Frey & Uemminghaus, 2021; Schomaker & Oldenburg, 2019).

Die Zusammenarbeit der Studierenden in diversen, digital arbeitenden Teams ist eine didaktische Herausforderung für Lehrende an Hochschulen (Kremer & Janneck, 2013). Lernen zu ermöglichen und gleichzeitig Teamarbeiten effektiv zu gestalten, ist an Zielerreichung über ein bestimmtes Output innerhalb eines klar definierten zeitlichen Rahmens und entsprechende Bewertungssysteme gebunden, was zu widersprüchlichen Handlungsansätzen in digitalen Lern- und Lehrsettings in hochschulübergreifenden, kulturell diversen Studierendenteams führt. Zum einen ist es notwendig, Lernumgebungen und -voraussetzungen für alle Studierende anzupassen. Zum anderen müssen Lehr- und Lernkonzepte in einen bestimmten Hochschulkontext eingebunden werden – auch hier sind u. a. Prüfungsregelungen und organisationale Rahmenbedingungen bindend (Bohndick, Bülow-Schramm, Paul & Reinmann, 2021; Getto & Buntins, 2021).

Eine Möglichkeit, Lernerfolge in diversen Teams zu analysieren, besteht in der Reflexion der Teamzusammenarbeit über die Teameffektivität (Van Knippenberg, van Ginkeet & Homan, 2013; Pieterse, van Knippenberg & van Dierendonck, 2013; Hermann, 2012). Über das Verständnis der Entstehung von Prozessgewinnen und Prozessverlusten kann Teameffektivität auf einer objektiven Ebene über die Zielerreichung und auf einer subjektiven Ebene über Zufriedenheit und Einschätzung des eigenen Lernerfolges bestimmt werden. Wichtig ist dafür Selbstreflexion im Zusammenhang mit der Frage, wie aus Erfahrungen im Sinne des Erreichens größerer Handlungsfähigkeit gelernt wird (Haug, 2020). Lernen über Reflexion innerhalb des Handelns im Kontext kooperativen Arbeitens und gleichzeitiges Einbinden des Gelernten in neue Lehr- und Lernkontexte wird bei Frigga Haug (2020) als Bewegung beschrieben. Lernen in diversen Teams bedeutet ein ständiges Hinterfragen der eigenen Verortungen und ist ein wesentlicher Faktor zur Leistungserbringung (Kremer & Jannek, 2013; Van Knippenberg et al., 2013; Pieterse et al., 2013). Gruppendynamische Prozesse verknüpft mit kulturellen Differenzen, Sprach- und Verständigungsproblemen, eingebunden in Über- und Unterordnungsverhältnisse, Rollenzuschreibungen und -erwartungen sowie Grenzziehungen, die sich in Inklusions- und Exklusionsmechanismen zeigen, können von Teammitgliedern reflektiert und vom Team selbst bearbeitet werden (Haug, 2020; Hermann, 2019; Bunderson & van der Vegt, 2018). Notwendig dafür ist die Unterstützung in Form von Coaching durch Lehrende (Hurlow, 2022).

Das Thema der Zusammenarbeit in diversen studentischen Teams im digitalen Raum in Bezug auf Teameffektivität und Lernen ist bisher wenig im Fokus der Forschung. Die Notwendigkeit, forschendes Lehren und Lernen diversitätssensibel mit Digitalisierung im universitären Kontext zu verknüpfen (Schomaker & Oldenburg, 2019), ist ein zukünftiges Forschungsfeld, um internationalen Wettbewerbsanforderungen im Wissenschaftsfeld, konkret der Hochschullehre, gerecht zu werden (Frey & Uemminghaus, 2021; Behr & Tschernig, 2019).

Ziel des Beitrages ist es, den konstruktiven Umgang Studierender mit Herausforderungen in digitalen, hochschulübergreifenden Teams im Vergleich zu inneruniversitärer Teamarbeit zu zeigen und damit eine Analyse des Lernens über Diversitätskonstruktionen vorzunehmen. Innerhalb eines digitalen internationalen, interdisziplinären geförderten Lehrprojektes[1] wird anhand qualitativ erhobener Daten gezeigt, wie sich die Erreichung der Teameffektivität in hochschulinternen und hochschulübergreifenden Teamzusammenarbeiten gestaltet. Die Analyse zeigt, wie Diversitätsdimensionen über Herausforderungen in der Zusammenarbeit wahrgenommen und konstruiert werden. Dabei wird die Frage verfolgt, wie sich Lernen über Teameffektivität in digitalen interdisziplinären, internationalen Teams entwickelt.

Der Beitrag ist auf der akteurszentrierten Ebene angesiedelt. Anhand individueller Erfahrungen österreichischer Studierender als Teilnehmer*innen des Projektes werden Prozessgewinne und Prozessverluste der Zusammenarbeit analysiert. Fokussiert wird dabei auf Input-, Prozess- und Output-Faktoren innerhalb der Teamzusammenarbeit (Van Knippenberg et al., 2013; Hermann, 2019, 2012; Pieterse et al., 2013; Hackman, 1987). Dabei sind besonders die Fragen nach Strategien der Teammitglieder zur erfolgreichen Aufgabenbearbeitung von Interesse sowie die Analyse der Inklusions- und Exklusionsmechanismen, um Aussagen über Lernen in der Teamarbeit zu generieren.

2. Teameffektivität und Diversität in der Hochschullehre

2.1 Teameffektivität

Lernen in studentischen Teams gestaltet sich mehrdimensional über die Zusammenarbeit auf unterschiedlichen Ebenen. Bereits Hackman (1987) untersuchte den Einfluss der Input-Faktoren auf die Prozesskriterien der Effektivität. Dazu zählen neben dem Teamdesign, welches die Aufgabenstruktur, die Qualifikation der Teammitglieder, die Zusammensetzung des Teams und die Attraktivität der Zielstellung umfassen, die kontextuellen Gegebenheiten sowie zur Verfügung gestellte organisationale Ressourcen. Die Prozesskriterien zur Effektivität werden über die zur Aufgabenbearbeitung eingesetzten Strategien und Entscheidungskompetenzen des Teams sowie das Ausmaß der Anstrengungen bzw. das Engagement der Teammitglieder und des Umfangs des eingesetzten Wissens analysiert. Beim Engagement bringen sich die Menschen kognitiv und emotional in ihre Teamrolle ein. Kahn (1990) vertritt die Ansicht, dass das Engagement das Ergebnis psychologischer Sicherheit, verfügbarer Arbeitsressourcen und der vermittelten Bedeutung der Arbeit ist. Dabei wird die Sinnhaftigkeit als Gefühl beschrieben, inwieweit sich die persönliche Investition in die Arbeit lohnt, gemessen an der wahrgenommenen Wissens- und Kompetenzentwicklung und der

1 Das Projekt zu forschendem Lernen und Lehren wurde über SoTL (Scholarship of Teaching and Learning) an der WU Wien gefördert: https://learn.wu.ac.at/open/tlac/de/sotl-april2022.

Erreichung individueller Ziele. Psychologische Sicherheit umfasst Akzeptanz, Wertschätzung und Anerkennung individueller Besonderheiten, ebenso wie das Vertrauen in die Einhaltung der gemeinsam definierten Teamnormen. Teamsynergien ergeben sich aus der Minimierung der Prozessverluste und der Maximierung der Prozessgewinne (Hermann, 2019, 2012; Kremer & Janneck, 2013; van Knippenberg et al., 2013). Hackman (1987) beschreibt die Output-Faktoren auf unterschiedlichen Ebenen. Organisational ist das akzeptable Aufgabenergebnis für die Empfänger*innen ein Kriterium der Teameffektivität. Auf Teamebene ist die Fähigkeit für weitere Zusammenarbeit wesentlich und auf individueller Ebene spielt die Bedürfnisbefriedigung eine entscheidende Rolle (Pieterse et al., 2013), wie Abbildung 1 verdeutlicht.

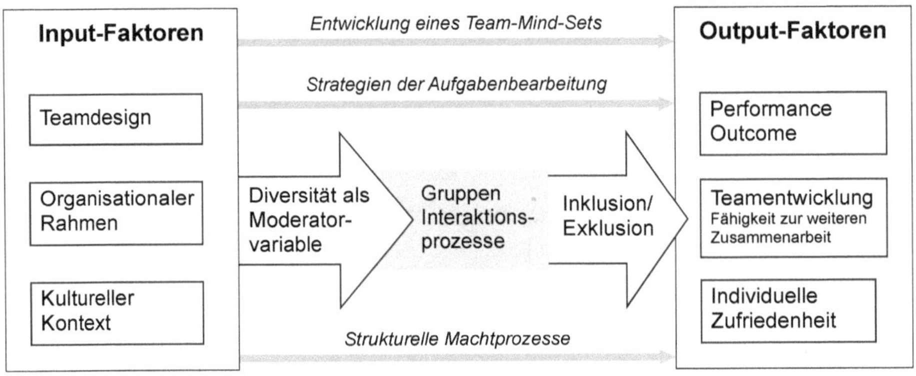

Abb. 1: Teameffektivität, in Anlehnung an Hackman 1987

Individuelles Lernen und Teamlernen finden innerhalb des Prozesses der Teameffektivität statt. Kahn (1990) verdeutlicht dabei den Zusammenhang zwischen dem Engagement der einzelnen Personen, ihrer individuellen Leistungserbringung, der Arbeitsqualität sowie dem individuellen Wachstum – auf der einen Seite – und der Teamentwicklung sowie der Teamleistung über Teamlernen auf der anderen. Dabei ist es möglich, dass einzelne Teammitglieder sich eher mit der Aufgabe und den Gruppenzielen identifizieren als andere und entsprechend mehr leisten, was ebenfalls zu Teameffektivität im Sinne der Aufgabenerfüllung führen kann, gleichzeitig aber Unzufriedenheit auf individueller Ebene bewirkt. Im Zusammenhang mit einer universitären „Internationalization at home"-Strategie steht vor allem interkulturelles Lernen im Fokus des Kompetenzerwerbes, welches in Seminaren durch praktische Erfahrungen über interkulturelle Begegnungen reflektiert werden kann, wie u. a. Beelen und Jones (2015, S. 69) definieren: „Internationalisation at Home is the purposeful integration of international and intercultural dimensions into the formal and informal curriculum for all students within domestic learning environments". Die Wahrnehmung sowohl eigener als auch anderer Denk- und Handlungssysteme über Selbstreflexion und Akzeptanz, ermöglicht es, stereotypes Verhalten zu hinterfragen und gemeinsame Lernstrategien zu entwickeln. In diesem Fall kann von Inklusion in der Teamarbeit gesprochen werden (Bodla, Tang, Jiang & Tian, 2018; Kim, 2018; Li, Lin, Tien & Chen, 2017).

2.2 Diversität im Hochschulkontext

Didaktische Herausforderungen und Maßnahmen zur Inklusion an Hochschulen sind zunehmend an die demografische Diversität der Studierenden geknüpft. Diese Diversitätsfaktoren in Verbindung mit Internationalisierungsstrategien führen zu dynamischen Verschiebungen hinsichtlich der Bedeutung und Bewertung unterschiedlicher Diversitätsdimensionen und ihrer intersektionalen Verknüpfungen, wie in Abbildung 2 erkennbar.

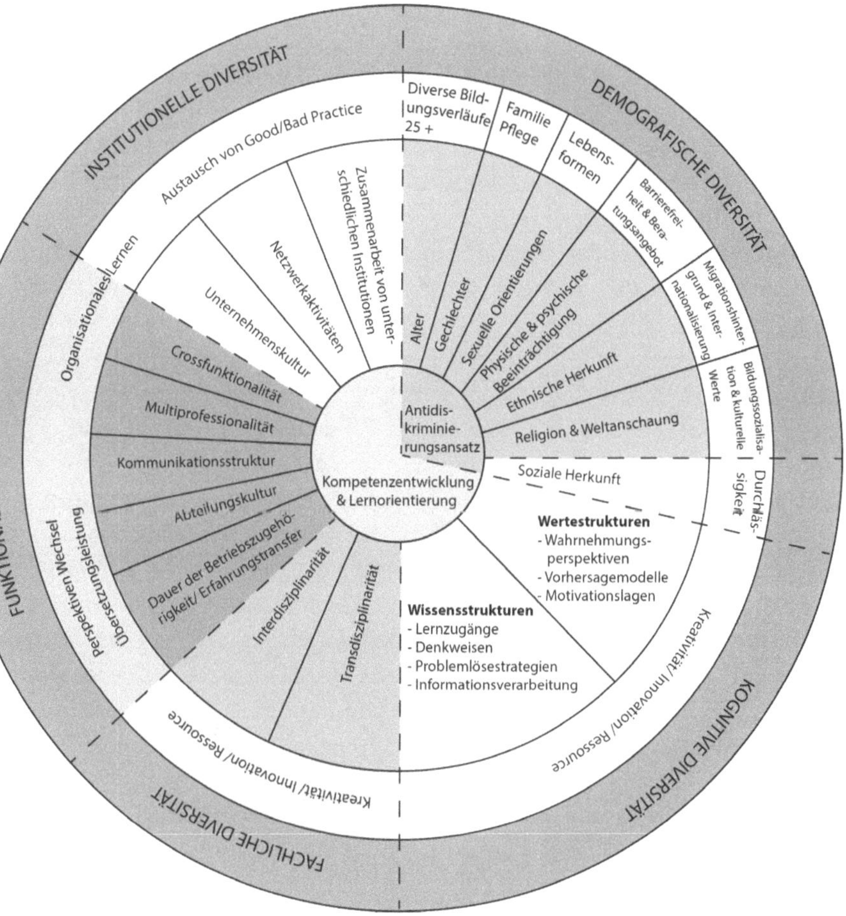

Abb. 2: Diversity Wheel, Gaisch und Aichinger, 2016

Gaisch und Aichinger (2016) stellen im Diversity Wheel einen mehrdimensionalen Ansatz der Betrachtung der Diversität im Hochschulbereich vor. Beachtet werden neben demografischer Diversität, kognitive, fachliche, funktionale und institutionelle

Diversität. Diese Betrachtungsweise ermöglicht es, einen umfassenden Blick auf Logiken im Wissenschaftsfeld zu ermöglichen, die spezifische Hierarchisierungsformen in Verbindung mit Inklusions- und Exklusionsmechanismen umfassen. In die Analyse können u. a. Hochschul- und Studienformen, Fachdisziplinen, Studienschwerpunkte und Studienfortschritt eingebunden werden (Gaisch & Aichinger, 2016). Unterschiedliche Diversitätsformen haben direkten Einfluss auf die Teameffektivität in hochschul- und disziplinübergreifende Teamdesigns. Funktionale und fachliche Diversität zeigen sich über unterschiedliche organisationale Rahmenbedingungen. Gleichzeitig beeinflussen sie die kognitive Diversität (Martins & Wonbin, 2022; Kim, 2018). Gerade Disziplinzugehörigkeit zeigt sich in Denkweisen, Lernzugängen und Problemlösungsstrategien. Die Einbeziehung des kulturellen Kontextes, als institutionelle Diversität, erhöht die Komplexität bei der Betrachtung demografischer und kognitiver Diversität (Hermann & Erten, 2018). Je mehr Diversitätsaspekte in der Zusammenarbeit zum Tragen kommen, umso größer sind die Auswirkungen auf Prozessverluste, wobei gleichzeitig auch Prozessgewinne i. S. von kreativen Problemlösungsstrategien erreicht werden können (Stahl et al., 2010). Sowohl Individuen als auch Teams streben dementsprechend Homogenität an, um Prozessverluste zu minimieren (Ertug, Brennecke, Kovács & Zou, 2022). Auf individueller Ebene sind es wahrgenommene Ähnlichkeiten hinsichtlich Alter, Geschlecht, Werte- und Normensysteme. In Teams sind sowohl subjektive als auch objektive Kriterien relevant, wie gemeinsame Wertvorstellungen, klare Verhaltenscodes und Regeln. Verbunden werden diese Kriterien oft mit Qualifikationen sowie Herkunft. In Teams geht es um schnelle Entscheidungsfindungen und Synergieeffekte, die über Vertrauen aufgrund wahrgenommener Ähnlichkeiten und psychologischer Sicherheit sowie darauf aufbauendem Engagement erreicht werden (Hermann, 2012). Die Akzeptanz von Vielfalt wird mit Prozessgewinnen verbunden, wenn ein Bewusstsein für Ressourcennutzung und positive Effekte der Diversität vorhanden sind (Martins & Wonbin, 2022; Bodla et al., 2018; Homan, van Knippenberg, van Kleef & De Dreu, 2007). Die Sensibilisierung für Herausforderungen in diversen Teams kann nur über die Reflexion im und über Handeln erfolgen (Haug, 2020). Dafür ist es notwendig, Erfahrungen in bestehende Wissensstrukturen einzubinden (Hurlow, 2022; Haug, 2020). Wahrnehmungs-, Denk- und Handlungsschemata können über eine multidimensionale Perspektive der geteilten sozialen Realität gestaltet werden und damit Lernen ermöglichen (Parker, Racz & Palmer, 2020; Hermann, 2019).

3. Methode

3.1 Beschreibung der Studie

Die COVID-19-Pandemie machte es notwendig, digitale Lehr- und Lernformaten für Studierende anzubieten. Herausforderungen für die universitäre Lehre bestanden u. a. darin, den Studierenden interdisziplinäre und internationale Erfahrungen digital zu ermöglichen. Im Rahmen eines Lehr- und Forschungsprojektes im Bachelorstudium einer österreichischen Universität wurden entsprechende Lehrveranstaltungen gemeinsam mit einer finnischen und einer deutschen Hochschule entwickelt, die den Lehranspruch verfolgten, den Studierenden kollaborative internationale Formate anzubieten. Das Lehrdesign orientierte sich an den didaktischen Herausforderungen basierend auf einer Zielgruppenorientierung, die die kontextuelle Heterogenität und die Diversität der Studierenden berücksichtigt (Hermann, 2019). Übergreifendes Ziel stellte die Lehr- und Lernmaterialienentwicklung in Form von Wissenschaftscomics über Wissenschaftlerinnenkarrieren in den Sozial- und Wirtschaftswissenschaften dar. Zur Erarbeitung der Karrieren und des Wissenstransfers in verständliche (Bild-) Sprache war es notwendig, unterschiedliche Disziplinen zusammenzubringen. Das Lehrprojekt wurde im Wintersemester 2021/2022 umgesetzt. Beteiligt waren 31 Studierende einer österreichischen Universität, 23 Studierende einer deutschen und 24 Studierende einer finnischen Hochschule sowie 5 Lehrkräfte. Die Studierenden befanden sich in unterschiedlichen Qualifikationsstadien (Bachelor- und Masterstudiengänge) und in unterschiedlichen Fachdisziplinen. Die Arbeitssprache war Englisch. Als gemeinsame virtuelle Plattform kam Trello[2] zur Nutzung, die eine unkomplizierte länder- und hochschulübergreifende Vernetzung ermöglichte und gestatte, umfangreiche Materialien hochzuladen. Die Studierenden erhielten inneruniversitär Informationen über Inhalt, Ablauf und Zielstellung. Es wurde in zwei unterschiedlichen Teamkonstellationen gearbeitet – inneruniversitäre Teams (Teamarbeit 1) und hochschulübergreifende Teams (Teamarbeit 2). In den jeweiligen inneruniversitären Teamarbeiten bereiteten sich die Studierenden thematisch auf das Gesamtprojekt vor und vertieften den jeweiligen fachspezifischen Teil. Darauf aufbauend wurden 12 hochschulübergreifende Studierendenteams gebildet. In jedem hochschulübergreifenden Team arbeiteten Studierende aus Österreich, Deutschland und Finnland an einer Wissenschaftsbiografie zusammen, indem sie ihre jeweiligen Fachexpertisen verknüpften. Begleitend wurden unterschiedliche Aspekte der internationalen Teamarbeit untersucht. Forschungsleitend war die Fragestellung, welche Herausforderungen sich für Lehren und Lernen in internationalen digitalen Studierendenteams ergeben, um Inklusion und Teameffektivität zu erreichen.

Zur Beantwortung der Forschungsfrage wurde ein Mixed-Methods-Ansatz genutzt. Die qualitative Datenerhebung erfolgte mit den österreichischen Studierenden, indem beide Teamarbeiten (Teamarbeit 1 und 2) hinsichtlich Teameffektivität und Lernen miteinander verglichen wurden. Weiterhin wurde am Ende der Teamarbeit 2 eine Online-Gruppendiskussion in den jeweiligen hochschulübergreifenden Teams zu Herausforderungen in der Zusammenarbeit und Reflexion des teamspezifischen Lernprozesses geführt (Froschauer & Lueger, 2020). Gleichzeitig erfolgte die gemeinsame Entwicklung eines Fragebogens zur Evaluierung der Teamarbeit im organisationalen Kontext sowie der Erfassung der Diversitätsakzeptanz und der Diversitätskompetenz im Umgang mit sozialer Vielfalt (Pietzonka, 2021, 2018; Stürmer & Benbow, 2017; Thomas, Ayçan, Cerdin, Pekerti, Ravlin et al., 2015). Der Fragebogen wurde in

2 https://trello.com/

Englisch zur Verfügung gestellt und von 66 Studierenden (31 Ö, 18 Dt., 17 Fin), 54 Frauen und 12 Männern, vollständig ausgefüllt (Hermann et al., 2022). Das durchschnittliche Alter der Studierenden betrug 25 Jahre. 65 Prozent der Studierenden gaben an, neben dem Studium Vollzeit zu arbeiten, was sich aus dem Studiendesign der kooperierenden Hochschulen ergab. 35 Prozent hatten eine Teilzeittätigkeit, was vor allem für die österreichischen Bachelorstudierenden zutraf. Weiterhin gaben 14 Studierende an, ein oder mehrere Kinder zu haben. Im Folgenden wird ausschließlich auf die individuellen Reflexionsarbeiten der österreichischen Studierenden fokussiert, um die Verknüpfung zwischen Teameffektivität, Digitalisierung und Diversität im Hochschulkontext darzustellen sowie die Auswirkungen auf studentisches Lernen zu zeigen.

3.2 Qualitative Datenerhebung

Das qualitative Design folgte den Annahmen zum Prozess des Erfahrungslernens über die Reflexion im und über Handeln (Haug, 2020). Erfahrungslernen meint das bewusste Reflektieren des Wahrnehmens und des Empfindens der im Teamarbeitsprozess gemachten Erlebnisse, vor allem wenn das Handeln mit Herausforderungen und Unsicherheiten verbunden ist. Dehnbostel beschreibt Erfahrungslernen mit Bezug auf Dewey (1993) als „[d]ie Abfolge von Handlung – Erfahrung – Reflexion und deren kontinuierliche Fortführung unter Berücksichtigung vorheriger Erfahrungs- und Erkenntnisprozesse [...] als „evolutiver Fortschritt" unter der Voraussetzung gedacht, dass die Lernenden selbsttätig und möglichst selbstbestimmt lernen." (Dehnbostel, 2020, S. 19). 31 österreichische Studierende (20 weibliche und 11 männliche) reflektierten von ihrem Standpunkt aus die Teamarbeit 1 und die Teamarbeit 2. Die Reflexionsarbeiten wurden zu Beginn der Lehrveranstaltung mit den Studierenden besprochen. Die Reflexionen erfolgten aufgrund der Pandemie-Situation schriftlich, wurden anonymisiert und inhaltsanalytisch mithilfe der Software MAXQDA ausgewertet. Ziel der strukturierenden Inhaltsanalyse nach Mayring (2010) war das Bilden eines Kategoriensystems in Abhängigkeit von der Forschungsfrage über das Herausfiltern spezifischer Kriterien, die die zentralen Inhalte des Textmaterials abbilden. Gearbeitet wurde dabei sowohl nach einer deduktiven als auch induktiven Vorgehensweise zur Bildung der Kategorien. Kategorien, Unterkategorien und Ankerbeispiele (Zitate) werden im Folgenden vorgestellt.

3.3 Ergebnisse

Für beide Teamarbeiten waren zur Beschreibung der Teameffektivität vier Kategorien wesentlich (vgl. Hermann, Weber & Wächter, 2022; Weber, 2023):

1. Herausforderungen in der Teamarbeit
   a. Kommunikation: Zeit, Technik, Sprache
   b. Leistungsanforderungen: Organisationskultur, Prüfungssystem

c. Arbeitsteilung: Gewohnheit, Mind-Set
2. Diversitätsdimensionen
   a. Geschlecht, Alter, kulturelle/nationale Herkunft
   b. Lebenssituation: Kinder, Berufstätigkeit
3. Strategien zur Aufgabenerfüllung
   a. Vertrauen
   b. Akzeptanz
   c. Verständnis
   d. Engagement
4. Lernen über Erkenntnis
   a. Individuallernen
   b. Teamlernen

3.3.1 Inneruniversitäre Teamarbeit

Herausforderungen in der Teamarbeit: Kommunikation, Leistungsanforderungen, Arbeitsteilung

Zu den Herausforderungen in der Teamarbeit zählt die Koordination über *Kommunikation.* Dazu gehören die zeitliche Verfügbarkeit, technische Voraussetzungen und die Sprache. In allen Reflexionsarbeiten wurde die Einfachheit der Kommunikation hervorgehoben. Als zentrale Kommunikationsmittel wurden WhatsApp, MS Teams und Zoom genannt. Absprachen, Fragen und Vereinbarung der Gesprächstermine erfolgten über WhatsApp-Gruppen, Dokumente wurden in gemeinsamen MS Teams-Ordnern bereitgestellt und für den mündlichen Austausch wurde Zoom genutzt (RA 28, 75–76).

> „[M]einer Meinung nach hat die Arbeit in dem homogenen Team auch mehr Spaß bereitet, da man viel leichter sprechen konnte und viel mehr Diskussion in der Gruppe über das Thema passierte als im mixed team." (RA 20, 38)

Organisationskultur und Prüfungssystem prägen formale und informelle *Leistungsanforderungen.* Das Wissen über die Bewertungssysteme und die dazugehörigen Ziele und Erwartungen erleichterten die Zusammenarbeit wesentlich (RA 18: 99–100). Implizit erwähnt wurden diese Themen im Vergleich, über Unsicherheiten und Unzufriedenheiten bezüglich Leistungserbringung in der universitätsübergreifenden Teamarbeit.

> „Die Bewertung war sehr unterschiedlich zwischen den Universitäten: Die Finnen hatten keine Benotung." (RA 18: 3)

Organisationskultur kann zwar trennscharf als Unterkategorie von der *Arbeitsteilung* abgegrenzt werden, aber eine enge Verknüpfung ist immanent. So sind die an der österreichischen Hochschule Studierende an Teamarbeiten gewöhnt. Während des gesamten Studiums lernen die Studierenden, die Arbeit aufzuteilen, Arbeitsschritte zu definieren und Deadlines zu setzen. Wesentlich dabei sind schriftliche Protokolle und regelmäßige Updates (RA 12: 4–5, 54–55; RA 7: 26–27), auch um den Umfang der Studienaufgaben und der Fächer zu bewältigen (RA 27: 96–98; RA 12: 4–5).

> „Dabei gelernt habe ich, dass es an der WU doch bestimmte Arbeitsweisen gibt, die sich durchgesetzt haben und dadurch, dass jeder unterschiedlich Zeit hat, arbeitet man eher getrennt als zusammen. Das heißt aber nicht, dass man auf sich allein gestellt ist. In den Gruppen werden trotzdem Fragen ausgetauscht und wenn's länger geht gibt es auch einen Call über Teams." (RA 12: 7)

Die Formen der Kommunikation und die Leistungsanforderungen beeinflussen Denksysteme. So wird beschrieben, dass in der inneruniversitären Arbeit von der gewohnten Arbeitsweise und der gleichen Arbeitsmoral profitiert wird. Es wird bevorzugt mit bekannten Studierenden zusammengearbeitet, was Auswirkungen auf die Arbeitsatmosphäre haben kann. So schreiben die Studierenden vom „Wohlfühlen" im Team (RA 18: 21–22; RA 15: 7–8) über gleiche Vorstellungen und Erwartungen (RA 15: 15–16).

Diversitätsdimensionen: Geschlecht, Alter, kulturelle/nationale Herkunft und Lebenssituation (Kinder und Berufstätigkeit)

Diversität kam in den Texten zur Teamarbeit 1 über Aussagen zur *Homogenität*, *Geschlecht* und *Ethnizität* vor. U. a. wurde betont, dass es zwar unterschiedliche Ethnizitäten (RA 9: 1) und Frauen sowie Männer in den Teams gab, diese Unterscheidung für die Teamarbeit jedoch nicht relevant war (RA 9: 1–3).

> „Im homogenen Team (Team 1) waren wir alle weibliche Studentinnen an derselben Universität. Ebenfalls haben wir alle denselben Wissenstand und ebenfalls eine geteilte Arbeitsmoral, welches sehr wichtig für die Teamarbeit ist." (RA 18: 1)

Weitere *Diversitätsdimensionen* wurden nicht genannt. Aus den Herausforderungen der Teamarbeit sowie der Wahrnehmung von Homogenität ergeben sich während des Prozesses der Zusammenarbeit Strategien zur Erfüllung der Aufgabenstellung.

Strategien zur Aufgabenerfüllung: Vertrauen, Akzeptanz, Verständnis, Engagement

Innerhalb der Teamarbeit 1 war das zentrale Thema *Vertrauen*, welches aus früherem Zusammenarbeiten und Kenntnis der universitären Anforderungen entsteht. Das Wissen über erlernte Fähigkeiten und Qualifikationen im Studium, Regeln, Normen und Erwartungen an Teamarbeiten führten zu einer schnellen Arbeitsteilung, Leistungserbringung sowie Zufriedenheit innerhalb der Teams.

> „Beim homogenen Team habe ich mich sehr gefreut, dass die […] mit mir in der Gruppe war, da ich wusste, dass ihr das Zeitmanagement und das Einhalten von

> Deadlines genauso wichtig ist wie mir und man sich darauf verlassen konnte, dass die Arbeit sehr sorgsam bearbeitet wird." (RA 24: 1)

Vertrauen, Akzeptanz, Verständnis und Engagement bauen auf Homogenitätsprämissen auf (Hermann, 2012), die sowohl die individuelle als auch die organisationale Ebene betreffen und in den Texten als zentrales Element des Teamerfolges beschrieben wurden.

Lernen über Erkenntnis: Individual- und Teamlernen

Aufgrund der Arbeitsteilung wurde Wissen im Sinne von neuen fachlichen Inhalten zuerst individuell erarbeitet und dann im Team zusammengebracht und diskutiert. Wahrgenommen wurde bei der Teamarbeit 1 die *Wissensaneignung auf individueller Ebene*, während die Arbeit im Team und die gemeinsame Aufgabenerfüllung nicht als Lernen explizit erwähnt wurden.

> „Ich habe durch diese Arbeiten wieder unglaublich viel gelernt […] was die behandelten Themen betrifft." (RA 16: 11)

3.3.2 Universitätsübergreifende Teams

Herausforderungen in der Teamarbeit: Kommunikation, Leistungsanforderungen, Arbeitsteilung

Die zweite Teamarbeit im digitalen Raum in den universitätsübergreifenden Studierendenteams stellte sich auf allen Ebenen als schwierig heraus.

> „Bei der Teamarbeit 2 hat sich das aufgrund der organisatorischen Schwierigkeiten angefühlt, als ob man mit dem Auto im Schlamm feststeckt." (RA 5: 6)

Die *Kommunikation* gestaltete sich aufgrund unterschiedlicher Zeitzonen und zeitlicher Verfügbarkeit der unterschiedlichen Studierenden als Thema, was zu Beginn der Teamarbeiten unüberwindlich schien. Erwähnt wurde die Problematik der Terminfindungen für Meetings aufgrund universitärer, beruflicher und familiärer Verpflichtungen (RA 11: 86–87; RA 20: 39–41).

> „Beispielsweise verabredeten wir uns im mixed-Team für ein Meeting am Sonntag um 13.00 Uhr. Jedoch wurde bei der Terminvereinbarung nicht an die unterschiedlichen Zeitzonen gedacht, sodass zwei Studierende eine Stunde zu spät zum Meeting erschienen." (RA 22: 12)

Zur zeitlichen Verfügbarkeit kamen technische Probleme, die von den Studierenden genannt wurden. So stellte sich die gemeinsam genutzte Plattform nicht als arbeitserleichternd heraus. Kritikpunkte waren die Bedienbarkeit und das Fehlen einer Chat-Funktion. Aufgrund unterschiedlicher Nutzungsverhalten konnten Facebook und WhatsApp nicht zusätzlich von allen verwendet werden. Eine Herausforderung war es für einige Teams, ein gemeinsames Working-Tool zu finden (RA 20: 34–36). Auch das Erstellen einer gemeinsamen Präsentation und das Sammeln der recherchierten Informationen wird in den Texten als schwierig beschrieben (RA 21: 81–81). Zum Teil lag es daran, dass z. B. PowerPoint nicht bekannt bzw. nicht im Studienalltag genutzt wurde (RA 12: 5), der Umgang mit Google Doc neu war (RA 21: 2) oder gemeinsamen Absprachetools skeptisch gegenübergestanden wurde. Sprachbarrieren waren im Prozess der Zusammenarbeit zentral. Englisch als Arbeitssprache beherrschten nicht alle Studierenden auf gleichem Niveau. Kategoriale Zuschreibungen und Stereotypisierungen erfolgten, wenn die Kommunikation nur über Englisch möglich war und Verständnisprobleme auftauchten. Deutsche und österreichische Studierende verständigten sich oft in Deutsch.

> „Zwischen den Deutschen und uns war die Kommunikation auch einfacher, wenn die Finninnen nicht dabei waren, weil deutsch doch einfacher ist als englisch. Mit den Finninnen kommunizierten wir gegen Ende nur noch über Whatsapp." (RA 12: 4–5)

Es finden sich in den Texten negative Aussagen über die Verständigung, die mit Annahmen über fehlendes Interesse am Team und der Teamarbeit einher gingen, ebenso wie mit der Angst vor dem Sprechen und Missverständnissen (RA 15: 18–19; RA 22: 11–14, 64–67; RA 16: 51–52). Rückblickend formulierten viele Studierende, dass die Sprachbarrieren die größten Herausforderungen waren, vor allem bei der Klärung der Missverständnisse, die viel Zeit, Geduld und Verständnis erforderten (RA 24: 130–131; RA 16: 22).

Neben der Kommunikation sorgten unterschiedliche *Leistungsanforderungen* und Leistungsverständnisse zu negativen Teamdynamiken. Unterschiedliche Hochschulformen, ungleiche Studiensysteme und Studienrichtungen sowie differente Leistungsanforderungen sowie Bewertungssysteme führen zu Irritationen, Unzufriedenheit und letztendlich zu Zuschreibungen betreffend unterschiedlicher Diversitätskategorien in Verbindung mit stereotypen Bewertungsmustern (RA 25: 8–10).

> „Was ebenfalls sehr interessant ist, ist die Tatsache, dass es nicht eine einheitliche Anzahl an ECTS gibt in den Fällen der Studenten/innen der unterschiedlichen Hochschulen und es somit einen relativ eindeutigen und auffälligen EU-weiten Unterschied gibt." (RA 29: 13–14)

Die *Arbeitsteilung* sagt aus, inwieweit ein Team in der Lage ist, die Inhalts- und Beziehungsebene gemeinsam zu gestalten, Diversität als Ressource anzuerkennen und Konflikte zu minimieren. Die genannten unterschiedlichen Herausforderungen wirkten sich auf die koordinierte Zusammenarbeit aus.

> „Leider benutzte ein Kollege kein WhatsApp, daher verliefen die Absprachen meist ohne ihn." (RA 15: 18)

Unterschiede im Mind Set sind ebenfalls Herausforderungen, die sich auf die Zusammenarbeit auswirken. Darunter fallen differente Herangehensweisen an Aufgabenstellungen aufgrund verschiedener Studiendisziplinen und hochschulspezifischer Prägungen, aber auch kulturelle Werte- und Normensysteme.

> „Die Einigung darüber, wie die gestellte Aufgabe gelöst werden soll war mit Abstand die größte Herausforderung, da sehr viele unterschiedliche Ideen und Ansichten am Anfang bestanden haben. Es war auch nicht erkennbar, mit welcher Idee am effektivsten die Aufgabe erledigt werden kann.“ (RA 2: 13)

Konflikte, Irritationen und Missverständnisse sorgen für Zuschreibungen, die oft an Diversitätsdimensionen geknüpft sind.

Diversitätsdimensionen: Geschlecht, Alter, kulturelle/nationale Herkunft, Lebenssituation

Diversität innerhalb der universitätsübergreifenden Teams war in den Texten durchgängig ein Thema. Deutlich wird, dass Diversität nicht nur positive Effekte in der Teamarbeit hervorruft, sondern durchaus herausfordernd sein kann. Besonders die Meinung, dass zu viel Diversität, bezogen auf *Alter, Herkunft und Lebenssituation* in einer Gruppe das gemeinsame Arbeiten erschwert, war zu lesen (RA 13: 18). Diese Kategorisierungen beruhten auf den Herausforderungen in der Sprache und der Technik und wurden vor allem mit der Dimension Alter verknüpft.

> „Mir ist es so vorgekommen, dass wir (Wiener) da wir einerseits jünger und eventuell auch technisch mehr Kenntnisse haben, weniger von technischen Problemen betroffen waren. Auch dadurch, dass wir (vermute ich) zumeist viele Serien/Filme auf englisch ansehen, haben wir uns auch beim Sprechen und Schreiben in englisch leichtgetan.“ (RA 3: 22)

Geschlecht als relevante Diversitätsdimension in der universitätsübergreifenden Teamarbeit wird nicht erwähnt. Hingegen kommt der Kategorisierung nach Herkunftsland/Hochschule eine zentrale Bedeutung zu. Obwohl viele Studierende an den drei Hochschulen unterschiedlichen Ethnien angehören,[3] erfolgt eine Verallgemeinerung nach „Finnen“, „Deutschen“, „Österreichern“ (RA 27: 12). Verbunden wurde die Herkunft mit besonderen Lebensumständen, konkret Familiensituation und Berufstätigkeit (RA 18: 14–15) und entsprechenden Auswirkungen auf Teamarbeit (RA 27: 12).

> „Die deutschen und finnischen Kolleginnen waren deutlich älter als ich, hatten bereits Kinder und auch bei den Hobbies und Interessen konnten wir keine Gemeinsamkeiten finden.“ (RA 8: 2)

3 Menti-Abfrage im Seminar

Strategien zur Aufgabenerfüllung: Vertrauen, Akzeptanz, Verständnis, Engagement

Vertrauen zeigte sich in den Texten als Ausprägung von Verlässlichkeit bei der Aufgabenerfüllung, der abgesprochenen Leistungserbringung, der Einhaltung von Terminen, der Entscheidungsfindung und der Möglichkeit, Kontrolle abgeben zu können (RA 23: 38–39; RA 30: 74–75).

> „Ich muss generell sagen, dass wir eine großartige Gruppe hatten. Alle waren motiviert und hatten das gleiche Ziel vor Augen. Unsere interne Kommunikation erfolgte rasch und ohne Komplikationen. Deadlines wurden eingehalten und es war ein großartiges Gefühl, dass man sich untereinander vertraut hat." (RA 19: 14–15)

Akzeptanz wird in den Texten beschrieben als Bereitschaft, unterschiedliche Lebenssituationen sowie differente Denk- und Handlungsansätze zu respektieren. Gleichzeitig wird formuliert, dass es wichtig ist, konträre Meinungen in Teamdiskussionen äußern zu können (RA 23: 33–35). Eine weitere Strategie ist *Verständnis*, welches die Fähigkeit umschreibt, sich in eine andere Person hineinzuversetzen. Verständnis betrifft z. B. den Arbeitseinsatz oder die Leistungsbereitschaft. Bewertungssysteme und Prüfungskriterien waren hochschulspezifisch. So zählte bei den finnischen Studierenden lediglich die Anwesenheit. Studierende sprachen von Verständnis, wenn sich Personen in der Teamarbeit zurücknahmen und weniger leisteten. Auch wird darübergeschrieben, wie wichtig es ist, Rücksicht auf Andere zu nehmen, um als Team insgesamt voranzukommen (RA 25: 106–107). Gegenseitige Unterstützung und Rücksicht auf Arbeits- und Vorlesungszeiten sowie auf Zeitunterschiede bedeutet, gemeinsame Lösungen zu finden, wie die Teamarbeit gut organisiert werden kann (RA 21: 99–100). Dafür ist Geduld und Kompromissbereitschaft notwendig (RA 6: 78–79). Weitere Themen waren Verständnis für Sprachschwierigkeiten und Zeitknappheit aufgrund familiärer oder beruflicher Rahmenbedingungen.

> „Da uns oft die englischen Wörter fehlten, hatten wir viel zu lachen und sahen es nicht als Sprachbarriere." (RA 19: 4)

Aus den Texten ist entnehmbar, dass aufgrund der Sprachschwierigkeiten die Arbeit so eingeteilt wurde, dass in den Absprachen der Projektplan, inklusive Arbeitsaufteilung und Zeitplan besprochen wurden, die Konkretisierung dann innerhalb der Länderteams in den jeweiligen Muttersprachen erfolgte (RA 3: 34). Schriftliche Protokolle während der Besprechungen dienten ebenfalls dazu, eventuelle sprachliche Missverständnisse schneller aufzuklären (RA 12: 56–57). Ebenfalls wurde bei der Zeitplanung auf unterschiedliche Zeitverständnisse geachtet (RA 20: 111–113). Verständnis als Strategie hat, wie Akzeptanz und Vertrauen, sowohl positive als auch negative Ausformungen, wie folgendes Zitat zeigt:

> „Lediglich bei den finnischen Kolleginnen wussten wir nicht, ob sie auch etwas vorbereiten würden. Einen Tag vor unserer Präsentation bat uns eine finnische Kollegin, ob wir nicht ihren Part präsentieren könnten, da sie sehr schlechte Englischkennt-

> nisse hatten. Wir haben diese Bitte jedoch abgelehnt, mit dem Verweis, dass jeder von uns unsicher beim Präsentieren wäre.“ (RA 8: 3)

Als *Engagement* werden Strategien beschrieben, in welchen sich Teammitglieder besonders für das Team einsetzen, Zusatzarbeiten erledigen und die Beziehungsebene bewusst gestalten, indem alle Mitglieder eingebunden werden (RA 23: 2).

> „Es war leichter als gedacht, eine Gemeinsamkeit zu finden, auch wenn diese eventuell etwas banal gewirkt haben kann („Find us outdoors“). Es hatte keinen konkreten thematischen Bezug zu unserem Kurs, aber die Freude an der Natur war etwas, das uns verbunden hat – ganz egal, aus welchem Land oder wo man wohnt.“ (RA 10: 13–14)

Beschrieben wurden mehrmals Zusatzleistungen einzelner Personen z. B. bei Übersetzungen aus oder in das Finnische mit Hilfe von Übersetzungsprogrammen mit anschließenden Diskussionen über Sprache, Missverständnisse und Möglichkeiten, diese Barrieren zu überwinden (RA 16: 21).

Lernen über Erkenntnis: Individual- und Teamlernen

Lernen wurde vor allem im Kontext unterschiedlicher Herausforderungen in Form von Erkenntnissen beschrieben. Genannt wird die Wichtigkeit der Sprachkenntnisse – hier Englisch –, um international zu kommunizieren (RA 27: 86–88). Weiterhin werden Kenntnisse in der Beherrschung technischer Tools und Programme erwähnt (RA 2: 82–82; RA 27: 88–89). Eine weitere Erkenntnis war, dass es notwendig ist, sich von Beginn an auf Andere einzulassen, offen zu kommunizieren, Probleme und Schwierigkeiten trotz Sprachbarrieren sofort anzusprechen und unterschiedliche Herangehensweisen und Arbeitsweisen aufgrund unterschiedlicher Disziplinen oder kultureller Prägungen gleich zu Beginn als selbstverständlich zu positionieren (RA 22: 60; RA 26: 102–104).

> „Am Anfang war ich bisschen skeptisch, weil es, doch etwas neues war was ich innerhalb meines Studiums noch nie gemacht habe. Also eine Projektarbeit mit Studenten aus unterschiedlichen Universitäten und Ländern.“ (RA 14: 11)

4. Diskussion

Die Ergebnisse zeigen zwei zentrale Aspekte im Vergleich der Teamarbeiten auf. Zum einen ist der Kontext, in welchen die Teamarbeit eingebettet ist, zentral für Herausforderungen in der Zusammenarbeit, die Wahrnehmung und die Konstruktion der Diversität und der darauf aufbauenden Strategien des Teams zur Aufgabenbearbeitung (Joshi & Roth, 2009). Zum anderen entscheiden Fähigkeiten, Fertigkeiten und Wissen der Teammitglieder darüber, wie der Prozess der Aufgabenbearbeitung bewältigt wird (Bunderson & van der Vegt, 2018; Pieterse et al., 2013). Beim Zugrundelegen des Teameffektivitätsmodells (Hackman, 1987) wird deutlich, dass die Gestaltung der Input-Faktoren wesentlich für den Prozess der Zusammenarbeit ist. Im betrachteten Lehrprojekt zeigen unterschiedliche Rahmenbedingungen an Hochschulen, welche Herausforderungen sich für die Teamarbeiten ergeben. Während bei der Teamarbeit 1 Kommunikation, Leistungsanforderungen und Arbeitsteilung kaum reflektiert wurden, da alle Teammitglieder von gleichen Annahmen ausgehen (Ertug et al., 2022; Hermann, 2012), bewirken diese Herausforderungen in der Teamarbeit 2 eine Reflexion der Handlungen und wahrgenommenen Unsicherheiten sowie eine Hinterfragung bisheriger Arbeitsteilung. Damit wird Lernen über die Reflexion der Erfahrungen initiiert (Haug, 2020). Die kontextuellen Herausforderungen waren für alle universitätsübergreifenden Teams gleich. Unterschiede ergaben sich aus der Zusammensetzung der Teammitglieder. So ist ein differenter Umgang mit Herausforderungen zu erkennen, wie die folgende Aussage zeigt:

> „Sprachlich gab es nicht wirklich Probleme. Natürlich fischten wir alle hin und wieder nach den richtigen Begriffen, aber mit Hilfe von google ist nichts unmöglich. Technische Probleme gab es keine." (RA 5: 20).

Entsprechend wurden nicht nur unterschiedliche Strategien zur Aufgabenbearbeitung gewählt, sondern es erfolgten auch differente Wahrnehmungen und Konstruktionen von Diversitätsdimensionen. Sehr deutlich zeigen unterschiedliche Teamarbeiten die Auswirkungen institutioneller und kognitiver Diversität auf die Teamarbeit. Die wahrgenommene Homogenität auf Individual-, Team- und Organisationsebene zeigt bei Teamarbeit 1, dass demografische Diversität im Teamprozess eine untergeordnete Rolle spielt. Gleichzeitig ist ein bewusstes aktives Entwickeln spezifischer Strategien zur Bearbeitung der Teamaufgaben nicht notwendig. Über organisationale Rahmenbedingungen werden Bearbeitungsstrategien zur Leistungserbringung internalisiert, was Auswirkungen auf die Arbeitsteilung und das jeweilige Mindset hat (Van Knippenberg et al., 2013). Die Teams arbeiten effektiv zusammen. Lernen wird in diesem Fall als individuelle Wissenserweiterung wahrgenommen (siehe Abbildung 3).

In der Teamarbeit 2 wird Diversität nicht nur über die Herausforderungen in der gemeinsamen Arbeit wahrgenommen, sondern als Prozessverlust konstruiert. Gleichzeitig werden in dem konkreten Projekt unterschiedliches Wissen und verschiedene Kompetenzen benötigt, so dass Diversität eine Notwendigkeit in der Teamzusammenarbeit darstellt und damit einen Prozessgewinn impliziert. Aus dieser Perspektive heraus entwickelten die Teams unterschiedliche Strategien zur Aufgabenbearbeitung, wie in Abbildung 3 ersichtlich.

Wie bereits bei Stahl et al. (2010) dargestellt, gestalten sich Prozessverluste und -gewinne teamspezifisch. Im Resultat wird sichtbar, dass jede Teamarbeit besonders ist, was generalisierende Aussagen schwierig macht. So zeigen sich Prozessverluste in Exklusionsmechanismen, wie den Ausschluss von Teammitgliedern aus der Kommunikation. Prozessgewinne werden in Inklusionsmechanismen deutlich, beispielsweise in der Suche nach gemeinsamen Lösungen, um Sprachbarrieren zu überwinden oder

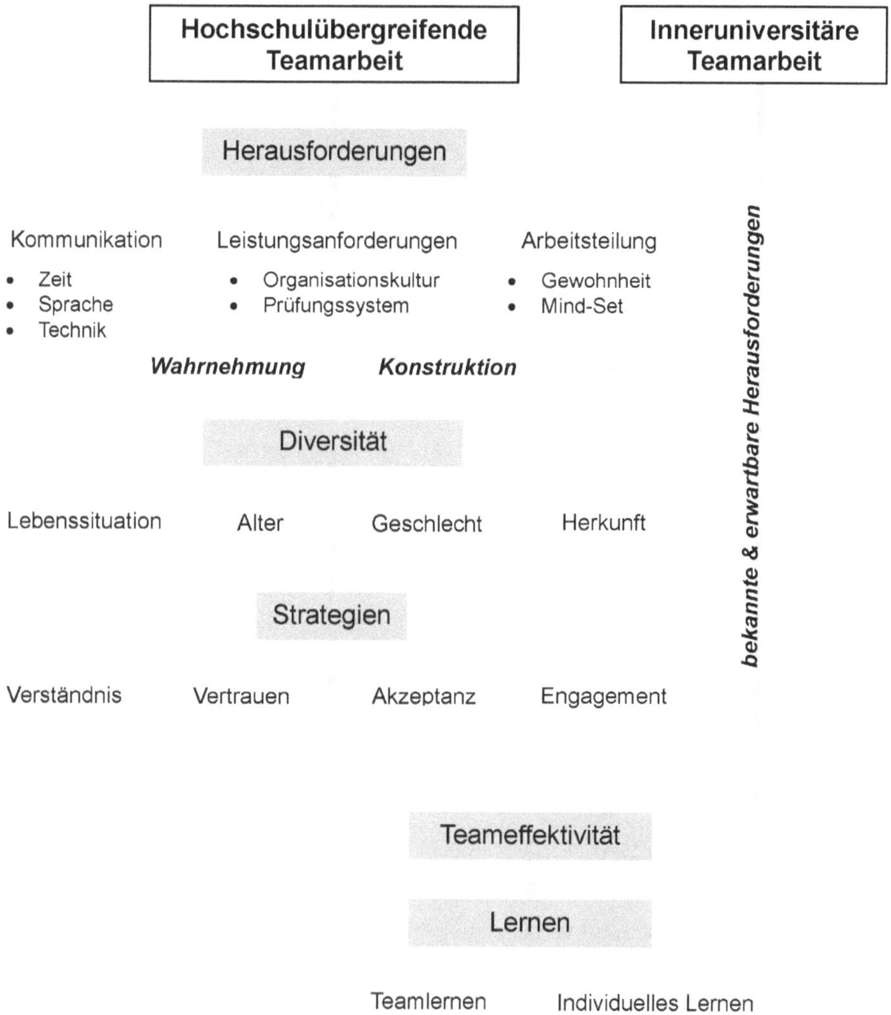

Abb. 3: Teameffektivität in universitätsinternen und hochschulübergreifenden Teams

die Stärkung der Beziehungsebene über die Verbindung mit einem gemeinsamen Hobby („Find us outdoors").

Diversität steigert das Reflexionsvermögen nicht nur in Bezug auf inhaltliche Schwerpunkte, sondern vor allem in den sozialen Interaktionen im Team. Die Auseinandersetzung mit unterschiedlichen Perspektiven und die Reflexion der eigenen Wahrnehmungs-, Denk- und Handlungsmuster ermöglicht Lernen. Der Prozess des Lehrens und Lernens steht u. a. in Bezug zum Grad der Diversität im Lernsetting (Gaisch & Aichinger, 2016). Das Lehrprojekt verdeutlicht die Erfahrungen aus dem „Aufbrechen" bekannter Lernsituationen durch Einbindung unterschiedlichen Fachdisziplinen und Wertemuster. Die Heterogenität der Studierenden rückte Diskussionen um Erfolgs- und Leistungsverständnis, Inhalte und Herangehensweise an Projektarbeiten und Beziehungsgestaltung in den Vordergrund.

5. Zusammenfassung

Ziel des Beitrages ist es, den konstruktiven Umgang der Studierenden mit Herausforderungen in der digitalen hochschulübergreifenden internationalen Teamarbeit zu zeigen. Dazu diente die Analyse des Vergleichs mit inneruniversitärer Teamarbeit. In den unterschiedlichen Teamarbeiten wurde über die Prozessebene der Teameffektivität Lernen auf zwei Ebenen untersucht. Deutlich wird, dass organisationale Rahmenbedingungen Homogenitätsansätze in der Teamarbeit fördern (Ertug et al., 2022). Diversität wird in unterschiedlichen Formen zwar wahrgenommen, spielt aber bei der Aufgabenerfüllung eine geringe Rolle. Im digitalen Kontext kommt es zu einer Reproduktion der Denk- und Handlungsschemata in der Teamarbeit, auch aufgrund des Wegfalls der physischen Dimension. Bei den Strategien wird dementsprechend auf Vertrauen in das Wissen über optimale Zusammenarbeit zur Zielerreichung gesetzt. Frigga Haug beschreibt diese festgefahrenen Lern- und Arbeitsstrategien wie folgt:

> „Wie Sedimentgestein legen sich die gelernten Stücke um die Persönlichkeit und verhindern deren Aufbruch." (Haug, 2003, S. 283)

Bei der Verfolgung einer „Internationalization at home"-Strategie geschieht ein Aufbrechen bekannter Muster. Unsicherheiten in kontextuellen Rahmenbedingungen und Teamdesign (Input-Faktoren) führen zu unterschiedlichen Herausforderungen. So musste mit unbekannten Werte- und Normensystemen sowie Denkmustern, die sich in Prüfungssystemen und bei der Nutzung technischer und technologischer Möglichkeiten zeigten, gearbeitet werden, was zu Prozessverlusten, aber auch zu Prozessgewinnen führte. Teams entwickelten unterschiedliche Strategien, um sich diesen Herausforderungen zu stellen. In diesem Zusammenhang kann Diversität in Teams mit Innovation und Kreativität verknüpft werden. Gleichzeitig zeigt sich, dass Herausforderungen in der Teamarbeit eng an Diversitätskriterien geknüpft sind. Es werden kategoriale Zuschreibungen und Stereotype reproduziert. Über die Reflexion der Prozesse findet individuelles Lernen und Teamlernen statt. Im Gegensatz zur inneruniversitären Teamarbeit wird Lernen nicht nur als individuelle Wissensaneignung wahrgenommen, sondern die Studierenden sehen kulturspezifische Erfahrungen als Kompetenzerweiterung. Die Erkenntnisse beruhen auf einer umfangreichen Reflexion des eigenen Handelns. Diversität in Teams wird dementsprechend nicht per se als positiv im Sinne einer erweiterten Ressourcennutzung über differente Wahrnehmungs-, Denk- und Handlungsmuster gesehen, sondern als kontextabhängige Differenzziehung betrachtet, die gestaltet werden kann. Kultursensibilität und Wissen über technische und technologische Arbeitstools sowie ein bewusster Umgang mit Sprache im Sinne differenter Sprachfähigkeiten und -kenntnisse, die strukturell bedingt sind, werden als zentrale Themen in der internationalen digitalen Teamarbeit angesprochen, die letztendlich Inklusion und Exklusion bewirken können.

Literatur

Beelen, J. & Jones, E. (2015). Redefining Internationalization at Home. In A. Curaj, L. Matei, R. Pricopie, J. Salmi & P. Scott (Eds.), *The European Higher Education Area* (pp. 59–72). Cham: Springer. https://doi.org/10.1007/978-3-319-20877-0_5

Behr, J. & Tschernig, K. (2019). Diversitätssensibilisierung von Lehramtsstudierenden durch Forschendes Lernen: Konzeption und Weiterentwicklung einer Grundlagenvorlesung. In C. Schomaker & M. Oldenburg (Hrsg.), *Forschen, Reflektieren, Bilden. Forschendes Lernen in der diversitätssensiblen Hochschulbildung* (S. 47–56). Baltmannsweiler: Schneider.

Bernauer, V. & Kornau, A. (2020). Inclusion through e-voice? An explorative case study of an internet collective. *Präsentation des Projektes auf dem Herbstworkshop der Wissenschaftlichen Kommission Personal im VHB, Düsseldorf, September 2020.*

Bodla, A. A., Tang, N., Jiang, W. & Tian, L. (2018). Diversity and creativity in cross-national teams: The role of team knowledge sharing and inclusive climate. *Journal of Management & Organization, 24(5),* 711–729. https://doi.org/10.1017/jmo.2016.34

Bohndick, C., Bülow-Schramm, M., Paul, D. & Reinmann, G. (Hrsg.) (2021). *Hochschullehre im Spannungsfeld zwischen individueller und institutioneller Verantwortung. Überblick über aktuelle Forschung und theoretische Überlegungen zur Hochschullehre.* Tagungsband der 15. Jahrestagung der Gesellschaft für Hochschulforschung. Wiesbaden: Springer.

Bunderson, J. S. & van der Vegt, G. (2018). Diversity and inequality in management teams: A review and integration of research on vertical and horizontal member differences. *Annual Review of Organizational Psychology and Organizational Behavior*, 5, 47–73. https://doi.org/10.1146/annurev-orgpsych-032117-104500

Dehnbostel, P. (2020). Erfahrungslernen mit organisiertem Lernen verbinden. *Weiterbildung, 1,* 19–21.

Dewey, J. (1993). *Demokratie und Erziehung. Eine Einleitung in die philosophische Pädagogik.* Weinheim: Beltz.

Ertug, G., Brennecke, J., Kovács, B. & Zou, T. (2022). What does homophily do? A review of the consequences of homophily. *Academy of Management Annals, 16(1),* 38–69. https://doi.org/10.5465/annals.2020.0230

Frey, D. & Uemminghaus, M. (Hrsg.) (2021). *Innovative Lehre an der Hochschule. Konzepte, Praxisbeispiele und Lernerfahrungen aus COVID-19. Maßnahmen für innovative Leh-*

re – entwickelt an der Exzellenzuniversität LMU München – einsetzbar für alle Lehrenden. Wiesbaden: Springer.

Froschauer, U. & Lueger, M. (2020). *Das qualitative Interview zur Analyse sozialer Systeme.* Wien: Wiener Universitätsverlag.

Gaisch, M. & Aichinger, R. (2016). *Das Diversity Wheel der FH OÖ: Wie die Umsetzung einer ganzheitlichen Diversitätskultur an der Fachhochschule gelingen kann.* Conference: Forschungsforum der Österreichischen Fachhochschulen, At: FH BFI Wien, Austria.

Getto, B. & Buntins, K. (2021). Zur Bedeutung von Strategien der Digitalisierung von Studium und Lehre für die Hochschulentwicklung an deutschen Hochschulen: Nur Papiere? In C. Bohndick, M. Bülow-Schramm, D. Paul & G. Reinmann (Hrsg.), *Hochschullehre im Spannungsfeld zwischen individueller und institutioneller Verantwortung. Tagungsband der 15. Jahrestagung der Gesellschaft für Hochschulforschung* (S. 63–81). Wiesbaden: Springer.

Hackman, J. R. (1987). The design of work teams. In J. Lorsch (Ed.), *Handbook of organizational behavior* (pp. 315–342). Englewood Cliffs, NJ: Prentice-Hall.

Haug, F. (2020). *Die Unruhe des Lernens.* Hamburg: Argument.

Haug, F. (2003). *Lernverhältnisse – Selbstbewegungen und Selbstblockierungen.* Hamburg: Argument.

Hermann, A. (2019). Reflexives Lernen über erlebte Minderheitenerfahrungen in Gruppen. In C. Schomaker & M. Oldenburg (Hrsg.), *Forschen, Reflektieren, Bilden. Forschendes Lernen in der diversitätssensiblen Hochschulbildung* (S. 36–46). Baltmannsweiler: Schneider.

Hermann, A. (2012). Teams und Teamentwicklung unter Gender- und Diversitäts-Fokus. In R. Bendl, E. Hanappi-Egger & R. Hofmann (Hrsg.), *Interdisziplinäres Gender- und Diversitätsmanagement. Einführung in Theorie und Praxis* (S. 103–130).Wien: Facultas.

Hermann, A. & Erten, C. (2018). Diversity Management in der Teamarbeit in multikulturellen Organisationen. In B. Covarrubias Venegas, K. Thill & J. Domnanovich (Hrsg.), *Personalmanagement: Internationale Perspektiven und Implikationen für die Praxis* (S. 157–177). Wiesbaden: Springer.

Hermann, A., Weber, H. & Wächter, F. (2022). Intercultural challenges of working in an international and interdisciplinary team: Findings from a student practice project. *Präsentation des Projektes auf dem SIETAR Europa Congress 2022: Re-Thinking Interculturalism, Malta 18.–21. May 2022.*

Homan, A. C., van Knippenberg, D., van Kleef, G. A. & De Dreu, C. K. W. (2007). Interacting dimensions of diversity: Cross-categorization and the functioning of diverse work groups. *Group Dynamics, 11,* 79–94.

Hurlow, S. (2022). Revisiting the relationship between coaching and learning: the problems and possibilities. *Academy of Management Learning & Education, 21(1),* 121–138.

Joshi, A. & Roh, H. (2009). The role of context in work team diversity research: A meta-analytic review. *Academy of Management Journal, 52,* 599–627.

Kahn, W. A. (1990). Psychological conditions of personal engagement and disengagement at work. *Academy of Management Journal, 33(4),* 692–724.

Kim, H. (2018). Differential impacts of functional, geographical, and hierarchical diversity on knowledge sharing in the midst of organizational change. *Management Communication Quarterly, 32,* 5–30.

Kremer, M. & Janneck, M. (2013). Kommunikation und Kooperation in Virtuellen Teams. *Gruppendynamik und Organisationsberatung 44(4),* 361–371.

Li, C.-R., Lin, C.-J., Tien, Y.-H. & Chen, C.-M. (2017). A multilevel model of team cultural diversity and creativity: The role of climate for inclusion. *Journal of Creative Behavior, 51*, 163–179.

Marczuk, A., Multrus, F. & Lörz, M. (2021). *Die Studiensituation in der Corona-Pandemie. Auswirkungen der Digitalisierung auf die Lern- und Kontaktsituation von Studierenden*, DZHW-Brief 01/2021. Verfügbar unter https://www.dzhw.eu/pdf/pub_brief/dzhw_brief_01_2021.pdf. [29.02.2024].

Martins, L. L. & Wonbin, S. (2022). How does diversity affect team cognitive processes? Understanding the cognitive pathways underlying the diversity dividend in teams, *Academy of Management Annals, 16(1)*, 134–178. https://doi.org/10.5465/annals.2019.0109

Mayring, P. (2010 [1983]). *Qualitative Inhaltsanalyse. Grundlagen und Techniken* (11., aktual. u. überarb. Aufl.). Weinheim: Beltz.

Offergeld, C., Ketterer, M., Neudert, M., Hassepaß, F., Weerda, N., Richter, B., Traser, L., Becker, C., Deeg, N., Knopf, A., Wesarg, T., Rauch, A.-K., Jakob, T., Ferver, F., Lang, F., Vielsmeier, V., Hackenberg, S., Diensthuber, M., Praetorius … Hildenbrand, T. (2021). Digital teaching at national university ENT clinics: "Online from tomorrow on please": comparison of digital framework conditions of curricular teaching at national university ENT clinics in times of COVID-19. Open Access, 14. September 2020, *HNO volume 69*, 213–220.

Pieterse, A., van Knippenberg, D. & van Dierendonck, D. (2013). Cultural Diversity and Team Performance: The Role of Team Member Goal Orientation. *Academy of Management Journal, 56*, 782–804. https://doi.org/10.5465/amj.2010.0992

Pietzonka, M. (2018). Umgang mit sozialer Vielfalt. Die DiKo-Skala zur Messung von Diversity-Kompetenz und ihr Einsatz in Hochschulen. *Die Hochschule: Journal für Wissenschaft und Bildung, 27*(1–2), 147–164.

Pietzonka, M. (2021). Die Ratingskala DWD-O zur Messung von Diversitätsakzeptanz im organisationalen Kontext. *Zeitschrift für Arbeits- und Organisationspsychologie, 65(1)*, 17–26.

Rastetter, D. (2020). Diversity – Diskriminierung – Digitalisierung: Kann digitalisierte Arbeit Diskriminierung abbauen und Diversity fördern? In W. Frieß, A. Mucha & D. Rastetter (Hrsg.), *Diversity Management und seine Kontexte. Celebrate Diversity?* (S. 159–172). Leverkusen: Barbara Budrich.

Schomaker C. & Oldenburg M. (Hrsg.) (2019). *Forschen, Reflektieren, Bilden. Forschendes Lernen in der diversitätssensiblen Hochschulbildung*. Baltmannsweiler: Schneider.

Stahl, G., Maznevski, M. L., Voigt, A. & Jonsen, K (2010). Unraveling the effects of cultural diversity in teams: A meta-analysis of research on multicultural work groups. *Journal of International Business Studies 41*, 690–709.

Stürmer, S. & Benbow, A. E. F. (2017). Psychological foundations of xenophilia: Understanding and measuring the motivational functions of exploratory cross-cultural contact. *Personality and Social Psychology Bulletin*, 43, 1487–1502. http://dx.doi.org/10.1177/0146167217722555

Thomas, D. C., Liao, Y., Ayçan, Z., Cerdin, J-L., Pekerti, A. A., Ravlin, E., C., Stahl, G. K., Lazarova, M. B., Fock, H., Arli, D., Moeller, M., Okimoto, T. B. & van de Vijver, F. (2015). Cultural intelligence: A theory-based, short form measure. *Journal of International Business Studies, 46(9)*, 1099–1118.

Van Knippenberg, D., van Ginkeet, W. & Homan, A. C. (2013). Diversity mindsets and the performance of diverse teams. *Organizational, Behavior and Human Decision Processes, 121(2)*, 183–193.

Weber, H. (2023). *Lernen in interdisziplinären und internationalen digitalen Teams*. Unveröffentlichte Bachelorarbeit am Institut für Gender und Diversität in Organisationen, WU Wien.

STOP DROPOUT

Internationale Best Practices zur Verbesserung der Übergangsphase an die Universität

Erna Nairz-Wirth & Christian Gehart

Abstract: Die einschlägige Forschungsliteratur zeigt, dass der Übergang an die Hochschule eine kritische Phase für Studierende darstellt. Allein in Österreich finden rund 20% der universitären Studienabbrüche (Dropout) nach den ersten beiden Semestern statt. Besonders abbruchsgefährdet sind dabei „nicht-traditionelle" Studierende (NTS), die aus unterschiedlichen Gründen eine Mehrbelastung im Vergleich zu traditionellen Studierenden aufweisen. Studienabbrüche sind mit hohen individuellen, sozialen sowie gesellschaftlichen Kosten verbunden – im Sinne einer Verbesserung der Chancengleichheit im Hochschulsektor versuchen Universitäten daher Maßnahmen zu setzen, um Studienabbrüchen vorzubeugen. In diesem Beitrag wird ein internationales Best-Practice-Beispiel einer öffentlichen Universität vorgestellt, welches vor allem darauf abzielt, die Transitionsphase an die Hochschule für NTS zu verbessern und potenziellen Dropouts entgegenzuwirken. Die Beschreibung erfolgt anhand eines einheitlichen Templates, welches auf wissenschaftlichen Erkenntnissen zu Knowledge Management und Wissenstransfer im Hochschulraum basiert. In diesem Zusammenhang fungieren Best Practices als evidenzbasierte Orientierungshilfen, welche Möglichkeiten aufzeigen, wie Universitäten ihre Studienstrukturen nachhaltig verbessern können, um letzten Endes einen Studienerfolg für alle Studierenden wahrscheinlicher zu machen. In einem kompetitiven europäischen Hochschulsektor können Best Practices daher als unerlässlich angesehen werden, um aus Sicht der Universität wettbewerbsfähig zu bleiben.

Keywords: Studienabbruch, Dropout-Prävention, Übergang, Transition, nicht-traditionelle Studierende (NTS), Best Practice

1. Einleitung

Hohe Studienabbruchsquoten (bzw. Dropout-Quoten) sind seit Jahren eines der zentralen hochschulpolitischen Themen in Österreich sowie in anderen europäischen Ländern. Durchschnittlich betrifft dies rund ein Drittel der Bachelorstudierenden im österreichischen Universitätssektor[1] (Schubert et al., 2020, S. 87; BMBWF, 2021b, S. 191). In diesem Zusammenhang ist auch die (zunehmende) Kostenproblematik von

1 Die Studienabbruchsquote beträgt 36% bezogen auf die Bacheloranfänger*innen-Kohorte des Wintersemesters 2012/13 (Schubert et al., 2020, S. 87; BMBWF, 2021b, S. 191). Die durchschnittliche OECD-Abbruchsquote liegt bei rund 12% innerhalb des ersten Stu-

Relevanz. Aus institutioneller Sicht werden Studienabbrüche mit einer ineffizienten Ressourcenverwendung assoziiert (Thaler & Unger, 2014, S. 2–4). Des Weiteren gibt es Ansätze zu Folgekostenschätzungen von Dropouts auf gesamtvolkswirtschaftlicher Ebene (Nairz-Wirth & Feldmann, 2018, S. 80). Aufgrund dieser negativen individuellen, volkswirtschaftlichen sowie gesellschaftlichen Implikationen wurde das Thema Studienabbruchsprävention in die Top-Agenda der Europa-2020-Strategie aufgenommen und ist seither Teil der Bildungsstrategien auf europäischer Ebene (Vossensteyn et al., 2015, S. 13; DAAD, 2021).

Rund ein Fünftel der österreichischen Bachelorstudierenden brechen ihr Universitätsstudium bereits nach den ersten zwei Semestern ab. Dies veranschaulicht, dass der Übergang an die Hochschule eine besonders kritische Phase für Studierende im österreichischen Hochschulsektor darstellt (BMBWF, 2021b, S. 191). Gelingendes Übergangsmanagement ist eine komplexe Herausforderung für österreichische sowie internationale Hochschulen, die Maßnahmen auf Mikro-, Meso- und Makroebene umfassen (vgl. Bronfenbrenner, 1979). Sogenannte „nicht-traditionelle" Studierende (NTS) sind dabei besonders abbruchsgefährdet. Als Identifikations- und Risikofaktoren dieser Studierendengruppe werden eine unzureichende sozioökonomische Kapitalausstattung, der First-Generation-Status, eine vermehrte Erwerbstätigkeit (während des Studiums) sowie die Betreuungspflichten von Familienangehörigen angeführt (Heublein & Wolter, 2011, S. 233; Nairz-Wirth & Feldmann, 2018, S. 79–80/85). In den letzten Jahrzehnten ist die Anzahl der NTS in Österreich aufgrund einer Expansion des Hochschulsektors sowie veränderter Anforderungen am Arbeitsmarkt stark angewachsen (Schuetze & Slowey, 2002, S. 309–310; Nairz-Wirth & Feldmann, 2018, S. 81; Unger et al., 2020, S. 117–120), wodurch sich eine weitere Relevanz dieser Gruppe für die Hochschulforschung ableiten lässt.

Studienabbruch (bzw. das Wechseln des Studienfachs) ist ein multikausales Phänomen. Evidenzbasierte Präventions- und Interventionsmaßnahmen, welche auf mehreren Ebenen strukturell verankert sind, sind daher von großer Bedeutung (vgl. Thaler & Unger, 2014, S. 25; Heublein et al., 2017, S. 235–242). Hilfreich sind dabei sogenannte *Best Practices*[2], die Hochschulen aufzeigen, welche Strategien und Maßnahmen(-bündel) aus institutioneller Sicht umgesetzt werden könnten, um Studienabbrüchen möglichst effizient entgegenzuwirken.

Österreichische Hochschulprofile zur sozialen Dimension werden im Kontext der Hochschulentwicklung seit mehreren Jahren eruiert (BMBWF, 2023; 2021a; AQ Austria, 2018; Birke et al., 2019; Wulz et al., 2016). Einen ausführlichen Katalog an internationalen Best Practices für den Fachbereich MINT[3] beinhaltet der Bericht von Nairz-Wirth et al. (2021), dessen Kernelement der entwickelte Kriterienkatalog (Template)

---

dienjahrs und nach Ablauf der Mindeststudienzeit bei ca. 20% der Bachelorstudierenden (OECD, 2022, S. 198).

2 Auf die Definition bzw. Herkunft des Begriffs *Best Practice* wird im Folgeabschnitt näher eingegangen.

3 MINT steht für „Mathematik, Informatik, Naturwissenschaften und Technik".

ist. Das Template bildet nicht nur wesentliche, wissenschaftlich fundierte Merkmale eines Best Practice ab, das an österreichischen Universitäten umsetzbar ist. Es dient vor allem der einheitlichen Beschreibung von Maßnahmen zur Übergangsbewältigung bzw. der Prävention von Studienabbrüchen von NTS. Der vorliegende Beitrag beinhaltet nun ein für das Hochschulmanagement einsetzbares Modell des Templates sowie ein beispielhaftes Best Practice. Dieses richtet sich somit an alle Akteur*innen, die an hochschulischen Prozessen beteiligt sind (Hochschullehrende, Akteur*innen aus der schulischen Bildung, der Hochschulverwaltung sowie hochschulpolitische Entscheidungsträger*innen).

Der Aufbau gestaltet sich dabei wie folgt: Zunächst wird ein kurzer Überblick zum Theorie- und Forschungsstand zu Studienabbruch und -prävention mit Schwerpunkt NTS gegeben, aus dem sich Leitlinien für die Abbruchsprävention ziehen lassen. In einem zweiten Schritt werden der Begriff Best Practice definiert und die leitenden Prinzipien und Merkmale zu dessen Identifizierung – als Grundlage für das Template – erläutert. Das Best Practice *OpSTEM*[4] wird abschließend exemplarisch beschrieben. Es sei jedoch bereits an dieser Stelle darauf verwiesen, dass von verbesserten Hochschulstrukturen letztlich alle Studierenden – also nicht nur NTS – profitieren. Die Anwendung von Best Practices hilft Hochschulen zudem, ihre Ressourcen besser einzusetzen (Peters et al., 2019, S. 187; Nairz-Wirth et al., 2021, S. 19).

2. Theorie- und Forschungsstand zu Studienabbruch und dessen Prävention

Erklärungsansätze zu den Ursachen von Studienabbruch sind vielfältig. *Psychologisch-individuelle Erklärungsansätze* legen den Fokus ihrer Betrachtung auf individuelle Studienvoraussetzungen. Es werden u. a. Persönlichkeitsmerkmale (z. B. Dispositionen, Eignung, motivationale Aspekte, Selbstkonzepte etc.) und (individuell unterschiedliche) Coping- und Bewältigungsstrategien betrachtet. Darüber hinaus greifen diese Erklärungsansätze psychosoziale Einflussfaktoren auf (Robbins et al., 2004), und auch die Identifikation mit der Hochschule (Sense of Belonging) ist von Interesse. Ebenso sind ökonomische Modelle, wie die Kosten-Nutzen-Analyse nach Ziegele (1997), dem Individuums-basierten Erklärungsansatz zuzuordnen (Heublein & Wolter, 2011, S. 230–231).

Soziologisch-institutionelle Erklärungsansätze betrachten vor allem die Umwelteinflüsse auf die Studienabbruchsentscheidung. Tinto (1975) betont in diesem Zusammenhang, dass Studierende zwei Integrationsleistungen – nämlich sozial und akademisch – vollbringen müssen, um im Studium bestehen zu können; wenn sie daran scheitern, kommt es zu einem Abbruch. Der Zusammenhang von (mangelhafter) sozialer Integration und Studienabbruch wird auch von Braxton et al. (2000)

4 *OpSTEM* ist eine Abkürzung für „Operation Science, Technology, Engineering, Mathematics". Das beschriebene Best-Practice-Beispiel ist jedoch für alle anderen Fachbereiche ebenso geeignet, wie den nachfolgenden Ausführungen entnommen werden kann.

aufgezeigt. Pascarella und Terenzini (1980) sowie Bean (1982) bringen wiederum die spezifischen Einflüsse des jeweiligen Hochschulfeldes ins Spiel, wenn es um Studienabbruch geht. Somit liegen die Ursachen für Studienabbruch auch in den institutionellen (Rahmen-)Bedingungen eines Studiums. Die individuelle (Un-)Zufriedenheit mit der Studiensituation und der daraus resultierende Studienabbruch können somit auch von vielen Faktoren abseits des Individuums beeinflusst werden (Heublein & Wolter, 2011, S. 229–230).

Des Weiteren gibt es auch *kombinierte Erklärungsansätze*, welche psychologische und soziologische Konzepte verbinden, wie zum Beispiel das komplexe Strukturmodell nach Gold (1988). Nairz-Wirth und Feldmann (2018) liefern eine relationale Betrachtungsweise auf das Phänomen des Studienabbruchs, welche – in Anlehnung an Bourdieu (1992; 1998) – die Kategorien Habitus, Kapital(-ausstattung) sowie Feld in ihrer Wechselwirkung betrachtet. Studienabbruch wird als Resultat von Habitus bzw. Habitus-Feld-Diskrepanzen und einer deutlich geschwächten studentischen Illusio betrachtet (Nairz-Wirth & Feldmann, 2018, S. 83/87). Heublein et al. (2017) und ihr prozessartiges Modell zur Erklärung von Studienabbruch wenden ebenso eine Kombination von Erklärungsansätzen an.

Unabhängig vom gewählten Erklärungsansatz ist Studienabbruch
- ein multikausales Phänomen,
- welches sich im Zeitverlauf entwickelt und
- extrinsisch beeinflusst werden kann.

Eine Analyse einschlägiger Forschungsliteratur zeigt, dass es institutionelle Wirkungsebenen und individuelle Einflussfaktoren gibt, die aus Sicht der Universität für die Prävention von Studienabbrüchen relevant sind (Geisinger & Raman, 2013; Pinxten et al., 2015; Cromley et al., 2016; Heublein et al., 2017; Sithole et al., 2017; Moser-Fendel & Wessel, 2019; Van den Hurk et al., 2019; Höhne & Zander, 2019; Isphording & Qendrai, 2019; Meyer & Strauß, 2019; Behr et al., 2020). Diese lassen sich wie in Tabelle 1 zusammenfassen.

Abbruchsprävention von NTS

Der Begriff NTS umfasst verschiedene Definitionsmöglichkeiten (vgl. hierzu u.a. Schuetze & Slowey, 2002; Isensee & Wolter, 2017). Aktuelle Erhebungen für den österreichischen Hochschulraum zu Prüfungsaktivität und Studienerfolg legen jedoch nahe, dass insbesondere folgende NTS-Gruppen „gefährdet" sind bzw. vermehrt Unterstützungsbedarf haben (vgl. Thaler et al., 2021, S. 37–38):

- ältere Studierende,
- Studierende mit nicht-traditionellem Hochschulzugang,
- Studierende mit vermehrter Erwerbstätigkeit bzw. Betreuungspflichten sowie

Tab. 1: Einfluss- bzw. Motivgruppen bezüglich Studienabbruch. Eigene Darstellung.

Institutionelle Wirkungsebene (bzw. Barrieren):
1) Studienvoraussetzungen: ▪ schulische Bildung, ▪ Informationsangebote für Studieninteressierte, ▪ Übergangsgestaltung Schule-Hochschule etc.
2) Gestaltung der Lehr-Lern-Umgebung: ▪ Seminarräumlichkeiten, Lehrveranstaltungsgröße, akademisches Klima und Lernumgebung, ▪ Studienplan, Kursgestaltung und Workload, ▪ Betreuungsverhältnis, Unterrichtsmethoden und Notenvergabe etc.
3) Betreuungs- und Informationsangebote vonseiten der Hochschule: ▪ Tutor-, Mentoring sowie Kontaktmöglichkeiten zu Peers und Fakultätsmitarbeiter*innen, ▪ Studieninformation und -beratung, ▪ Unterstützungs- sowie Karriereplanungsangebote etc.
4) Gender-spezifische Barrieren: ▪ Einfluss von Lehrkräften und der von ihnen angewandten Unterrichtsmethoden, ▪ Gender-Segregationen bei der schulischen Vorbildung und Studienwahl etc.
Individuelle (studentische) Einflussfaktoren:
▪ erreichte Noten und Lernerfolge, ▪ kognitive Fähigkeiten, ▪ Selbstwirksamkeitserwartungen, ▪ Selbstorganisatorische Kompetenzen (Studierfähigkeit, selbstaktives Lernen, Zeitmanagement etc.), ▪ Resilienz, ▪ Zugehörigkeitsgefühl, ▪ Schulische Vorbildung und Vorwissen, ▪ Fachinteresse und Motivationsaspekte, ▪ Berufspraxis und Karriereperspektiven, ▪ Erwartungen und Informationen zu Studienbeginn (inkl. Berufsbild etc.), ▪ ethnische und sozioökonomische Herkunft (Habitus etc.), ▪ soziale Integration im Feld der Hochschule, (Kontakt zu anderen Peers, Tutor*innen, Mentor*innen, Lehrenden etc.), ▪ Gender-Einflüsse, ▪ finanzielle und berufliche Situation, ▪ persönliche Situation und Problemlagen (z.B. Alter, Krankheit, psychische Probleme etc.) sowie ▪ familiäre Situation (z.B. Betreuungspflichten etc.).

- Studierende aus bildungsfernen Schichten (sog. Studierende der ersten Generation).[5]

Die Studienerfolgschancen solcher NTS-Gruppen steigen, wenn Präventions- und Interventionsmodelle im Hochschulbereich auf folgende Aspekte ausgerichtet sind:

- die akademische Vorbereitung und die Förderung von Selbstwirksamkeitsvorstellungen,

5 Deren Studienlaufbahn wird in erster Linie indirekt durch die Schulwahl und -laufbahn mitbeeinflusst, welche mit dem Bildungsstand der Eltern korreliert.

- die Förderung der studentischen Identität und Studienmotivation,
- die Förderung der soziokulturellen Integration,
- die Betonung von Karriereperspektiven sowie
- finanzielle Unterstützung
  (Cessna et al., 2018, S. 10–11; Lisberg & Woods, 2018, S. 14).

Sogenannte *High-Impact-Programme*[6] bündeln mehrere Maßnahmen (bzw. Initiativen) und setzen auf unterschiedlichen Ebenen an, wie z. B.:

- Bildung von studentischen Lern- und Arbeitsgruppen (z. B. Tutoring etc.),
- Einbeziehung von Forschungsprojekten und Praktika in den Studienplan,
- Professionalisierung der Hochschullehre in Bezug auf spezielle Bedürfnisse von NTS,
- Flexibilisierung des Studienplans und der Kursgestaltungen zur besseren Vereinbarkeit von Studium und Beruf sowie Studium und familiäre Betreuungspflichten (z. B. Teilzeitmodelle etc.),
- finanzielle Unterstützungsangebote unter Berücksichtigung der sozioökonomischen Herkunft von Studierenden (z. B. Stipendien etc.),
- Etablierung von festen Beziehungen zwischen Studierenden und Mentor*innen,
- Einbeziehung und Etablierung von (studentischen) *Role Models* (bei der Kursgestaltung etc.) sowie
- Förderung von sozialen Interaktionen unter Studierenden an der Fakultät durch Etablierung von Clubs bzw. Interessensgemeinschaften.
- Orientierungs- und Sommer-Briding-Kursangebote,
- Unterstützungs- und Auffrischungskurse (zu Studienbeginn),
- wissenschaftliche Schreibkurse,
- Einsatz unterschiedlicher Lerntechniken (z. B. *Active Learning, Distance Learning* etc.) sowie
- Training kognitiver Fähigkeiten (z. B. logisches Denken etc.).

Erhebungen und Evaluationen aus dem internationalen Hochschulraum bestätigen den positiven Effekt derartiger Maßnahmen auf den Studienerfolg von NTS (Peters et al., 2019, S. 184/191–195). Grundsätzlich gilt, je früher und zielgerichteter diese Prä- und Interventionen vonseiten der Hochschule implementiert werden, desto wahrscheinlicher wird ein Studienerfolg von NTS. Dementsprechend werden viele der oben genannten Maßnahmen häufig bereits im Rahmen des Übergangsmanagements zwischen Schule und Hochschule verwirklicht (Auffrischungskurse, Orientierungsprogramme etc.) (vgl. Banscherus et al., 2016, S. 314–315). Zusammenfassend sei daher nochmals festgehalten, wenn NTS möglichst früh (positive) Erfahrungen im Feld der Universität und Wissenschaft sammeln (Aufbau eines Hochschulkapitals), verbleiben

6 Das Programm *OpSTEM* kann in diesem Kontext auch als *High-Impact-Programm* angesehen werden.

sie eher im gewählten Studium und erreichen einen erfolgreichen Abschluss[7] (Cessna et al., 2018, S. 6–12; Lisberg & Woods, 2018, S. 14–19; Slovacek et al., 2019, S. 440).

3. Definition, Kriterien und Beschreibung von Best Practices

Der Begriff *Best Practice* ist dem Feld des Wissensmanagements von Organisationen zuzuordnen und dient in erster Linie deren Effektivitäts- und Effizienzverbesserung (Alwazae et al., 2015; 2020). Verwandte Begriffe in hochschulbezogenen Diskursen sind *Good* und *Promising Practices*. Alle drei Begriffe implizieren eine

- verbesserte Zielerreichung und Effizienzsteigerung an Universitäten,
- innovative Gestaltung von Maßnahmen,
- optimierter Wissenstransfers sowie
- verstärkte Berücksichtigung neuer Technologien (vgl. Nairz-Wirth et al., 2021, S. 19).

Best Practices umfassen meist ein Bündel von Maßnahmen. Sie sind darauf ausgerichtet, vorab definierte Ziele der Organisation (im hier vorliegenden Fall der Hochschule) möglichst effektiv und effizient zu erreichen, wobei ihr Erfolg von den jeweiligen Feldbedingungen abhängt. In diesem Zusammenhang können Erfahrungs- und Evaluationsberichte von Universitäten, die entsprechende Maßnahmen bereits seit längerer Zeit erfolgreich umsetzen (z. B. zur Dropout-Prävention), hilfreich sein. Häufig findet ein Wissenstransfer zwischen den jeweiligen Hochschulen bzw. hochschulischen Feldern statt, indem Best Practices übernommen und (bedarfsweise) modifiziert werden (vgl. Nairz-Wirth et al., 2021, S. 19–20). Best Practices sind von nachfolgenden Prinzipien geleitet (WHO 2017; Bennett et al., 2015):

- Relevanz: *Eignung und Anerkennung der Maßnahme für die Erreichung zentraler Ziele der Hochschule,*
- Effektivität: *Erzielung messbarer Ergebnisse,*
- Effizienz: *günstiges Kosten-Nutzen-Verhältnis,*
- Nachhaltigkeit: *Langfristigkeit sowie positive Wirkungen,*
- Systemeinbindung: *Integrierbarkeit in die betroffenen Teilsysteme der Hochschule sowie Ausnutzung von Synergieeffekten,*
- Vernetzung: *Förderung der Vernetzung mit anderen Organisationen (z. B. Schulen).*

---

7 Natürlich können bestimmte Programme aus dem internationalen Hochschulraum nicht eins zu eins auf jede beliebige Universität in Österreich übertragen werden. Die beschriebenen Theorien bzw. Präventionsstrategien geben jedoch Anhaltspunkte, wie diese adaptiert und in den österreichischen Kontext implementiert werden könnten, um den Studienerfolg von NTS zu fördern und Dropouts entgegenzuwirken. Generell sollten Hochschulen Interventionen so gestalten, dass sie ihren Bedürfnissen und Zielvorstellungen entsprechen und zudem mit ihren Möglichkeiten (Ressourcen) vereinbar sind (Peters et al., 2019, S. 190).

Ein in der Best-Practice-Forschung bekanntes Desiderat ist, dass Best Practices häufig unvollständig bzw. mangelhaft dokumentiert und bewertet sind (Dana & Smyrnios, 2010). In diesem Zusammenhang ist der Einsatz eines *Templates,* welches den Zweck und die notwendigen Merkmale eines Best Practice dokumentiert, hilfreich. Ausgehend von Bubenko et al. (2001), Renzl et al. (2006), Alwazae et al. (2015; 2020) und Wulz et al. (2016) sowie den oben beschriebenen Prinzipien leiten wir in Anlehnung an Nairz-Wirth et al. (2021) folgende Kategorien[8] ab, die der Merkmalsbeschreibung von Best Practices dienen:

- Universität inklusive verantwortlichem Personal und Informationskanal,
- Programmbeschreibung und Typeneinordnung,
- Studienphase(n) der Implementierung und angestrebte Zielgruppe(n),
- Ressourcen und Kosten,
- Ergebnisse und Evaluation,
- Systemqualität und -brauchbarkeit sowie
- Publikation(en) zum implementierten Programm.

Es wurden rund 400 universitäre Maßnahmen aus den Ländern Australien, USA, Großbritannien, Belgien, Deutschland, Irland, Italien und Niederlande recherchiert und einer nochmaligen Prüfung in Bezug auf den Kriterienkatalog des Templates unterzogen. Integriert wurden schließlich 51 Programme, die auf Basis der zur Verfügung stehenden Informationen im Template beschrieben werden konnten und die folgenden fünf Aspekte von Best Practices zur Studienabbruchsprävention von NTS berücksichtigen (vgl. Naylor, 2013; 2017):

1. Es besteht eine Verbindung zu Theorien und Forschungen, die sich auf Studienerfolg sowie die Vermeidung von Studienabbruch beziehen.
2. Die Maßnahme fördert und bezieht psychosoziale Faktoren ein, die für den Studienerfolg maßgeblich sind (z. B. Selbstwirksamkeit, Leistungs- und Karrieremotivation, Zufriedenheit mit dem Studium).
3. Es erfolgt die Einführung von Studienanfänger*innen durch niederschwellige Vernetzungs- und Beratungsmöglichkeiten.
4. Im ersten Studienjahr gibt es Zusatz- sowie Informationsangebote für NTS.
5. Studentische Arbeits- und Lerngruppen sind implementiert
   (vgl. Nairz-Wirth et al., 2021, S. 24).

Die nachfolgende Tabelle 2 stellt die Beschreibungskategorien des abgeleiteten Templates übersichtlich dar.

---

8 Diese Kategorien werden bei der Beschreibung des Programms *OpSTEM* der *Cleveland State University* im nächsten Abschnitt angewandt.

Tab. 2: Template zur Beschreibung von Best Practices zur Studienabbruchsprävention. Eigene Darstellung.

<table>
<tr><th colspan="4">TEMPLATE
(Universität, Land – Programmname)</th></tr>
<tr><th colspan="2">Programmbeschreibung und -ziele (Kurzfassung)</th><th colspan="2">Programmverlauf (im Detail)</th></tr>
<tr><td rowspan="3">Maßnahmentyp(en)
▪ Outreach und andere vor dem Studium angelegte Maßnahmen (Kooperation mit Schulen etc.)
▪ Aufnahmeregelungen (Anerkennung bereits erworbener Kompetenzen etc.)
▪ Information und Orientierung
▪ Beratung, Unterstützung, Begleitung (Brücken- und Auffrischungskurse, Vernetzungsveranstaltungen, Tutoring-, Mentoring- und Buddy-Programme etc.)
▪ Curriculum, Lehre, Prüfungen (Eingesetzte Lehrmethoden und Materialien, E-Learning-Angebote, Lehrevaluationen etc.)
▪ Lernen individuell, in Gruppen und vernetzt (studentische Lerngruppen/-gemeinschaften, Lernräume, Lerntechnologien etc.)
▪ Finanzielle und materielle Unterstützung (Stipendien, Vergünstigungen, Wohnraum etc.)
▪ Hilfe bei Betreuungspflichten (Betreuungsangebote für Studierende mit Kindern etc.)
▪ Unterstützungsleistungen für Studierende mit besonderen Bedürfnissen (Behinderung, Krankheit etc.)
▪ Organisation und Vermittlung von Job-Praktika
▪ Evaluierung, Erfolgsmessung, Prozessforschung (Student Monitoring, Studienverlaufsanalysen etc.)
Maßnahmenkombination (High-Impact etc.)</td><td>Zielgruppe(n)
▪ Schüler*innen
▪ Studieninteressierte
▪ Studierende
▪ Arbeitgeber*innen
▪ Hochschullehrende
▪ Verwaltung</td><td>Ressourcen
▪ Personell (Tutor*innen, Mentor*innen, Förder-, Organisationspersonal etc.)
▪ Räumlichkeiten (beispielsweise für Tutorien/Repetitorien, Studienberatung etc.)
▪ Technisches Equipment</td><td>Kosten</td></tr>
<tr><td rowspan="2">Studienphase(n)
▪ Vor Studienbeginn
▪ Übergang/Zulassung
▪ Erstes Studienjahr
▪ Studienphase 1
▪ Studienphase 2
▪ Studienabschluss
▪ Nach Studienabschluss</td><td colspan="2">Ergebnisse und Evaluation</td></tr>
<tr><td>Systemqualität und Vernetzung
▪ Wissenschaftszusammenhang
▪ Intrauniversitär
▪ Interuniversitär
▪ Übergang: Schule-Universität
▪ Übergang: Universität-Beruf
▪ Gesellschaft</td><td>Brauchbarkeit
▪ Handlungsanweisungen
▪ Relevanz (Ziele)
▪ Niedrigschwelligkeit
▪ Kosten-Nutzen-Verhältnis
▪ Evaluationsmöglichkeiten
▪ Barrieren/Hindernisse
▪ Erfolgswahrscheinlichkeit
▪ Erwartete Akzeptanz (Studierende, Lehrende, Verwaltung etc.)</td></tr>
<tr><th colspan="4">Publikation(en)</th></tr>
</table>

Tab. 3a: Best Practice der Cleveland State University, USA – OpSTEM. Eigene Darstellung.

<table>
<tr><th colspan="3">Cleveland State University, USA – OpStM</th></tr>
<tr><td colspan="3">https://www.csuohio.edu/
https://artsandsciences.csuohio.edu/operationstem/operationstem
https://artsandsciences.csuohio.edu/operationstem/opstem-summer-institute
https://www.surveymonkey.com/r/opstemapp24
Ansprechpersonen:
▪ Dr. Sara Fröhlich
s.froehlich@csuohio.edu
▪ Juan Amador, MS
j.c.amador@csuohio.edu</td></tr>
<tr><td colspan="3">Programmbeschreibung (Kurzfassung)</td></tr>
<tr><td colspan="3">Das Programm Operation STEM (OpSTEM) ist ein umfangreiches Unterstützungsprogramm, welches sich an Studienanfänger*innen und Studierende im ersten Studienjahr der MINT-Studiengänge der Universität Cleveland richtet. Erstmals wurde das Programm zwischen 2013 und 2014 durchgeführt. Das Programm besteht aus einer Orientierungsphase, Brückenkursen während des Übergangs an die Universität sowie aus begleitenden Unterstützungsmaßnahmen im ersten Studienjahr. Darüber hinaus erhalten teilnehmende Studierende ein Stipendium von maximal USD 1.200,00 für die erfolgreiche Absolvierung bestimmter Programmpunkte.</td></tr>
<tr><td colspan="3">Ziele</td></tr>
<tr><td colspan="3">▪ Orientierung am Campus während des Übergangs an die Universität
▪ Unterstützung für die ersten Kurse in Mathematik
▪ Begleitung durch einen Coach während des ersten Studienjahrs
▪ Steigerung der Motivation für MINT-Studienfächer
▪ Erhöhung des Studienerfolgs und Steigerung der Absolvent*innen in MINT-Studiengängen</td></tr>
<tr><td>Maßnahmentyp(en)</td><td>Zielgruppe(n)</td><td>Studienphase(n)</td></tr>
<tr><td>Maßnahmenkombination aus
▪ Information und Orientierung
▪ Beratung, Unterstützung, Begleitung
▪ Curriculum, Lehre, Prüfungen
▪ Lernen individuell, in Gruppen und vernetzt
▪ Finanzielle und materielle Unterstützung</td><td>▪ Studieninteressierte und Studierende (insbesondere erster Generation, Frauen sowie URM*-Gruppen)
▪ Hochschullehrende</td><td>▪ Übergang/Zulassung
▪ Erstes Studienjahr</td></tr>
</table>

* URM steht für „Underrepresented Minority" und bezeichnet eine Gruppe von Menschen, die aufgrund verschiedener Faktoren, wie beispielsweise ihrer ethnischen Herkunft oder ihres Bildungshintergrunds, in der Gesellschaft unterrepräsentiert sind. Dieses Konzept steht in engem Zusammenhang mit der zuvor angeführten Definition von NTS, insbesondere mit Studierenden der ersten Generation sowie mit finanziellem Unterstützungsbedarf.

Tab. 3b: Best Practice der Cleveland State University, USA – OpSTEM. Eigene Darstellung.

<table>
<tr><th colspan="2">Cleveland State University, USA – OpSTEM</th></tr>
<tr><td colspan="2">Programmverlauf (im Detail)</td></tr>
<tr><td colspan="2">Studienanfänger*innen können sich online für die Programmteilnahme bewerben. Nach erfolgreicher Zulassung findet die Programmeinführung im Rahmen eines Sommer-Brückenkurses durch das OpSTEM Summer Institute statt. Die Teilnahme daran ist für die Studierenden verpflichtend. Der Brückenkurs setzt dabei inhaltlich folgende Schwerpunkte:
▪ Auffrischung der Mathematik-Kenntnisse der Studierenden,
▪ Vernetzungsveranstaltungen für Studienanfänger*innen,
▪ Informationen über sämtliche kostenlose Unterstützungsprogramme der Cleveland State University,
▪ Einsatz von Role Models (STEM Guest Speakers), um Diversität unter MINT-Absolvent*innen zur vermitteln und Studienmotivation zu steigern,
▪ Campusführungen sowie
▪ Coaching für wissenschaftliches Arbeiten.
Während des ersten Studienjahres setzt sich das OpSTEM-Programm dann aus nachfolgenden Inhalten zusammen:
▪ Begleitung der Studierenden durch einen OpSTEM-Coach,
▪ Unterstützungs-Workshops mit unterschiedlichen Themenschwerpunkten,
▪ Besuch von Vorträgen im Fachbereich MINT,
▪ Vernetzungsveranstaltungen für Studierenden sowie
▪ Unterstützung der Studierenden durch Peer-Lerneinheiten, welche von fortgeschrittenen Bachelorstudierenden angeleitet werden.</td></tr>
<tr><td>Ressourcen</td><td>Kosten</td></tr>
<tr><td>▪ Personell: Coaches sowie Studierende für die Begleitung der Peer-Lerneinheiten, Hochschullehrende für Workshops und Begleitveranstaltungen
▪ Räumlichkeiten für die Einführungsveranstaltungen während des Sommer-Brückenkurses
▪ Technisches Equipment: Eigene OpSTEM-App vorhanden etc.</td><td>Hierzu liegen keine öffentlich zugänglichen Informationen vor – außer einem Stipendium von insgesamt USD 1.200,00 pro Teilnehmer*in nach erfolgreicher Absolvierung des Programms.</td></tr>
<tr><td colspan="2">Ergebnisse und Evaluation (Kurzfassung)</td></tr>
<tr><td colspan="2">Insgesamt haben von Wintersemester 2013/14 bis 2016/17 ca. 1.100 Studierende an dem Programm teilgenommen. Evaluationsdaten wurden in diesem Zeitraum vom universitätsinternen Forschungsbüro erhoben und ausgewertet. Im Zuge der Evaluation wurden URM-Status sowie Erfolgsquoten von zwei Mathematik-Prüfungen ermittelt, um einen Vergleich zwischen Studierenden, die am Programm teilgenommen haben und jenen, die nicht am Programm teilgenommen haben, durchzuführen. Zudem wurde auch untersucht, wie sich die verschiedenen Abstufungen des Programms auf den Studienerfolg der teilnehmenden NTS auswirken. Für die Auswertung wurden logistische Regressions- sowie ANOVA-Modelle angewandt. Die Ergebnisse zeigen, dass die Erfolgsquote bei den OpSTEM-Studierenden bei Mathematik I rund 80% beträgt, während die Erfolgsquote bei Studierenden, die nicht am Programm teilgenommen haben, bei rund 57% liegt. Ein ähnliches Bild zeigen auch die Auswertungsergebnisse zur Prüfung Mathematik II. Auch hier fällt die durchschnittliche Erfolgsquote der am Programm teilnehmenden Studierenden um rund 20 Prozentpunkte höher aus. Insgesamt schnitten Studierende des Programms OpSTEM signifikant besser ab als ihre Kommiliton*innen, die nicht am Programm teilgenommen haben. Ähnliche Erfolgswerte konnten auch bei den teilnehmenden NTS verzeichnet werden, wobei sich gezeigt hat, dass jene Programmvarianten, welche die NTS-Gruppen am meisten fördern und fordern, auch den höchsten Zugewinn bezüglich Prüfungserfolg bei diesen auslösen und es ihnen so ermöglicht wird, gegenüber ihren Kommilition*innen aufzuschließen und Ungleichheiten im Studienerfolg abzubauen. Es finden weiterhin laufende Evaluierungen statt.</td></tr>
<tr><td>Systemqualität und Vernetzung</td><td>Brauchbarkeit</td></tr>
<tr><td>▪ Wissenschaftszusammenhang
▪ Übergang: Schule-Universität
▪ Intrauniversitär
▪ Gesellschaft</td><td>▪ Hohe Relevanz
▪ Niederschwellige Vernetzungsmöglichkeiten für teilnehmende Studierende
▪ Kosten-Nutzen-Verhältnis: Ressourceneinsatz eher hoch, zu genauen Kosten liegen keine Informationen vor
▪ Evaluationsmöglichkeiten vorhanden
▪ Hohe Erfolgswahrscheinlichkeit
▪ Hohe Akzeptanz unter Studierenden und Hochschullehrenden zu erwarten</td></tr>
<tr><th colspan="2">Publikation(en)</th></tr>
<tr><td colspan="2">Van Sickle, Jenna/Schuler, Kristen R./Quinn, Candice et al. (2020): Closing the Achievement Gap for Underrepresented Minority Students in STEM: A Deep Look at a Comprehensive Intervention. In: Journal of STEM Education: Innovations and Research, 21 (2): 5–18.</td></tr>
</table>

Die eruierten präventiven und intervenierenden Maßnahmen gegen Dropout an Hochschulen wurden in einem letzten Schritt bezüglich ihrer Brauchbarkeit an österreichischen Universitäten kritisch bewertet. Dennoch sind die Auswahl und die Umsetzung von einzelnen Maßnahmen(schritten) entsprechend den Anforderungen des jeweiligen universitären Feldes einzuordnen.

4. Best Practice: Cleveland State University, USA – OpSTEM

Ein exemplarisches Best Practice, welches auf den bisher erläuterten Ausführungen zur Studienabbruchsprävention von NTS beruht, findet sich an der Universität Cleveland im Fachbereich MINT. Das Programm *OpSTEM* ist dabei evidenz- und forschungsbasiert und kombiniert unterschiedliche Maßnahmentypen, um den Übergang an die Universität für teilnehmende Studierende zu erleichtern und potenziellen Dropouts entgegenzuwirken. Dabei zielt das Programm vorrangig auf Studierende der ersten Generation sowie unterrepräsentierte Studierendengruppen ab. Das oben angeführte Template beschreibt die wichtigsten Merkmale des Programms (siehe hierzu Tabelle 3).

5. Conclusio und Ausblick

Studienabbruch ist ein prozesshaftes Geschehen mit multiplen Ursachen. Daher gibt es vielfältige Präventions- und Interventionsmodelle, die langfristig angelegt sein sollten. Die damit verbundenen Maßnahmen sollten auf mehreren Ebenen ansetzen. Frühzeitig implementierte Maßnahmenbündel wirken dabei am effektivsten. In diesem Zusammenhang ist gerade das Übergangsmanagement zwischen Schule und Hochschule von Bedeutung. Die in diesem Beitrag vorgestellte Best Practice der *Cleveland State University* zeigt: NTS, die möglichst frühzeitig begleitet und unterstützt werden, haben nachweislich einen höheren Studienerfolg, wodurch das Abbruchsrisiko sinkt.

NTS, welche durch solche Modelle bereits früh positive studienbezogene bzw. wissenschaftsorientierte Erfahrungen sammeln, bauen notwendiges Hochschulkapital auf, wodurch ihre Chancen, ihr gewähltes Studium erfolgreich abzuschließen, steigen. Dies kommt auch der Diversität im Universitätssektor als Ganzes zugute, wodurch auch der gesellschaftlichen Verantwortung von Universitäten hinsichtlich inklusiver Hochschulbildung Rechnung getragen wird.

Best Practices fungieren somit als evidenzbasierte Orientierungshilfen, welche Möglichkeiten aufzeigen, wie Universitäten ihre Studienstrukturen nachhaltig verbessern können, um letzten Endes einen Studienerfolg für alle Studierenden wahrscheinlicher zu machen. Templates helfen, Best Practices einheitlich und systematisch zu dokumentieren, um Vernetzung und Wissenstransfer zwischen Universitäten zu verbessern. Die Entscheidung darüber, welche Maßnahme auf welches Feld angewandt wird, obliegt letztlich den hochschulpolitischen Entscheidungsträger*innen. In einem kompetitiven europäischen Hochschulsektor sind Best Practices daher unerlässlich, um als Universität bzw. als Wissenschaftsstandort wettbewerbsfähig zu bleiben. Dementsprechend sollten auch in Zukunft weitere Anstrengungen in Richtung Best-Practice-Forschung investiert werden.

Literatur

Agentur für Qualitätssicherung und Akkreditierung Austria (AQ Austria) (2018). *Durchlässigkeit in der Hochschulbildung. Beiträge zur 5. AQ Austria Jahrestagung 2017*. Facultas. https://doi.org/10.25656/01:15363

Alwazae, M., Perjons E. & Johannesson, P. (2015). Applying a template for best practice documentation. *Procedia Computer Science, 72*, 252–260. https://doi.org/10.1016/j.procs.2015.12.138

Alwazae, M., Perjons, E. & Johannesson, P. (2020). Template-Driven Best Practice Documentation. *Knowledge Management Research & Practice, 18*(3), 348–365. https://doi.org/10.1080/14778238.2019.1678411

Banscherus, U., Kamm, C. & Otto, A. (2016). Gestaltung von Zu- und Übergängen zum Hochschulstudium für nicht-traditionelle Studierende. Empirische Befunde und Praxisbeispiele. In *Ergebnisse der wissenschaftlichen Begleitung des Bund-Länder-Wettbewerbs Aufstieg durch Bildung: offene Hochschulen* (S. 295–319). Münster: Waxmann. https://doi.org/10.25656/01:14543

Bean, J. P. (1982). Student attrition, intentions, and confidence: Interaction effects in a path model. *Research in Higher Education, 17*(4), 291–320. http://www.jstor.org/stable/40195746

Behr, A., Giese, M., Teguim K., H. D. & Theune, K. (2020). Dropping out of university: a literature review. *Review of Education, 8*(2), 614–652. https://doi.org/10.1002/rev3.3202

Bennett, A., Naylor, R., Mellor, K., Brett, M., Gore, J., Harvey, A., James, R., Munn, B., Smith, M. & Whitty, G. (2015). *The critical interventions framework part 2: Equity initiatives in Australian higher education: A review of evidence of impact*. https://nova.newcastle.edu.au/vital/access/manager/Repository/uon:32946

Birke, B., Blüml, F. & Meznik, M. (2019). *Qualitätssicherung an österreichischen Hochschulen. Studierbarkeit*. Bericht gemäß §28 HS-QSG, 2018. Facultas. https://doi.org/10.25656/01:17259

Bourdieu, P. (1992). Ökonomisches Kapital – Kulturelles Kapital – Soziales Kapital. In *Die verborgenen Mechanismen der Macht* (S. 49–79). VSA Verlag.

Bourdieu, P. (1998). *Homo Academicus*. Stanford: Stanford University Press.

Braxton, J., Milem, J. & Sullivan, A. S. (2000). The Influence of Active Learning on the College Student Departure Process. Towards a Revision of Tinto's Theory. *The Journal of Higher Education, 71(5)*, 569–590. https://doi.org/10.2307/2649260

Bronfenbrenner, U. (1979). *The ecology of human development*. Harvard University Press.

Bubenko, J. A., Persson, A. & Stirna, J. (2001). *User Guide of the Knowledge Management Approach Using Enterprise Knowledge Patterns*. https://www.researchgate.net/profile/Janis-Stirna/publication/248252388_User_Guide_of_the_Knowledge_Management_Approach_Using_Enterprise_Knowledge_Patterns/links/5729ca9c08aef7c7e2c38deb/User-Guide-of-the-Knowledge-Management-Approach-Using-Enterprise-Knowledge-Patterns.pdf

Bundesministerium für Bildung, Wissenschaft und Forschung (BMBWF) (2023). *Hochschulprofile zur sozialen Dimension. Aktualisierte Version 2023*. https://www.bmbwf.gv.at/dam/

jcr:30369308-7322-4af3-ae8b-03f38e9cac6c/231020_Hochschulprofile-soz-Dim_Broschuere.pdf

Bundesministerium für Bildung, Wissenschaft und Forschung (BMBWF) (2021a). *Mainstreaming the Social Dimension in the EHEA. Country and HEI SD profiles.* https://www.bmbwf.gv.at/dam/jcr:c5e5f7a4-e9e6-4806-8378-264a239b9e8a/Mainstreaming_Social_Dimension_EHEA_new.pdf

Bundesministerium für Bildung, Wissenschaft und Forschung (BMBWF) (2021b). *Universitätsbericht 2020.* https://www.bmbwf.gv.at/Themen/HS-Uni/Hochschulgovernance/Steuerungsinstrumente/Universit%C3%A4tsbericht.html

Cessna, S., Leaman, L. & Britt, L. (2018). Border Crossings: A Narrative Framework for Interventions Aimed at Improving URM and First-Generation College Student Retention in STEM. In *Increasing Retention of Under-Represented Students in STEM through Affective and Cognitive Interventions* (S. 3–16). American Chemical Society. http://doi.org/10.1021/bk-2018-1301.ch001

Cromley, J. G., Perez, T. & Kaplan, A. (2016). Undergraduate STEM Achievement and Retention: Cognitive, Motivational and Institutional Factors and Solutions. *Policy Insights from the Behavioral and Brain Sciences, 3*(1), 4–11. https://doi.org/10.1177/2372732215622648

Dana, L. E. & Smyrnios, K. X. (2010). Family Business Best Practices: Where from and where to? *Journal of Family Business Strategy, 1*(1), 40–53. https://doi.org/10.1016/j.jfbs.2009.12.002

Deutscher Akademischer Austauschdienst (DAAD) (2021*). New strategic framework for European cooperation in the field of education (2021–2030).* https://www.daad-brussels.eu/en/2021/03/10/new-strategic-framework-for-european-cooperation-in-the-field-of-education-2021-2030/ [zuletzt abgerufen am 27.07.2021].

Geisinger, B. N. & Raman, D. R. (2013). Why They Leave: Understanding Student Attrition from Engineering Majors. *International Journal of Engineering Education, 29*(4), 914–925. http://lib.dr.iastate.edu/abe_eng_pubs/607

Gold, A. (1988). *Studienabbruch, Abbruchneigung und Studienerfolg: Vergleichende Bedingungsanalysen des Studienverlaufs.* Peter Lang.

Heublein, U., Ebert, J. Hutzsch, C., Isleib, S., König, R., Richter, J. & Woisch, A. (2017). *Zwischen Studienerwartungen und Studienwirklichkeit. Ursachen des Studienabbruchs, beruflicher Verbleib der Studienabbrecherinnen und Studienabbrecher und Entwicklung der Studienabbruchquote an deutschen Hochschulen.* https://www.dzhw.eu/pdf/pub_fh/fh-201701.pdf

Heublein, U. & Wolter, A. (2011). Studienabbruch in Deutschland. Definition, Häufigkeit, Ursachen, Maßnahmen. *Zeitschrift für Pädagogik, 57*(2), 214–236. https://doi.org/10.25656/01:8716

Höhne, E. & Zander, L. (2019). Belonging uncertainty as predictor of dropout intentions among first-semester students of the computer sciences. *Zeitschrift für Erziehungswissenschaft, 22(5)*, 1099–1119. https://doi.org/10.1007/s11618-019-00907-y

Isensee, F. & Wolter, A. (2017). Nicht-traditionelle Studierende in internationaler Perspektive. Eine vergleichende Untersuchung. *Hochschule und Weiterbildung, 2017*(1), 13–23. https://doi.org/10.25656/01:15685

Isphording, I. E. & Qendrai, P. (2019). Gender Differences in Student Dropout in STEM. *IZA Research Report, 2019(87)*, 1–15. http://ftp.iza.org/report_pdfs/iza_report_87.pdf

Lisberg, A. E. & Woods, B. C. (2018). Mentorship, Mindset and Learning Strategies: An Integrative Approach to Increasing Underrepresented Minority Student Retention in a STEM Undergraduate Program. *Journal of STEM Education, 19*(3), 14–20.

Meyer, J. & Strauß, S. (2019). The influence of gender composition in a field of study on students' drop-out of higher education. *European Journal of Education, 54*(3), 443–456. https://doi.org/10.1111/ejed.12357

Moser-Fendel, J. & Wessel, L. (2019). Relevante Fakten am Übergang Schule-Hochschule in Mathematik. *GDM-Mitteilungen, 2019*(107), 8–21. https://ojs.didaktik-der-mathematik.de/index.php/mgdm/article/view/876/894

Nairz-Wirth E. & Feldmann, K. (2018). Hochschulen relational betrachtet. In AQ Austria (Hrsg.), *Durchlässigkeit in der Hochschulbildung. Beiträge zur 5. AQ Austria Jahrestagung 2017* (S. 79–94). Facultas.

Nairz-Wirth, E., Feldmann, K. & Gehart, C. (2021). *STOP dem DROPOUT. Eine Best-Practice-Studie zur Vermeidung von Studienabbruch in Zeiten des Fachkräftemangels*. Wien: Wirtschaftsuniversität Wien.

Naylor, R., Baik, C. & Arkoudis, S. (2017). Identifying attrition risk based on the first year experience. *Higher Education Research & Development, 37*(2), 328–342. https://doi.org/10.1080/07294360.2017.1370438

Naylor, R., Baik, C. & James, R. (2013). *A Critical Interventions Framework for advancing equity in Australian higher education*. https://www.ncsehe.edu.au/wp-content/uploads/2014/09/Critical-Interventions-Framework-20-August-2013.pdf

Organization for Economic Cooperation and Development (OECD) (2022). *Education at a Glance 2022: OECD Indicators*. https://doi.org/10.1787/3197152b-en

Pascarella, E. T. & Terenzini, P. T. (1980): Predicting Freshman Persistence and Voluntary Dropout Decision from a Theoretical Model. *Journal of Higher Education, 51*(1), 60–75.

Peters, A. W., Tisdale, V. A. & Swinton, D. J. (2019). High-Impact Educational Practices That Promote Student Achievement in STEM. In *Broadening Participation in STEM. Effective Methods, Practices and Programs* (S. 183–196). https://doi.org/10.1108/S1479-364420190000022008

Pinxten, M., De Laet, T., Van Soom, C. & Langie G. (2015). *Fighting increasing dropout rates in the STEM field: The European readySTEMgo Project*. 43rd Annual SEFI Conference June 29-July 2, 2015 Orleans, France. https://www.researchgate.net/publication/281105344_Fighting_increasing_drop-out_rates_in_the_STEM_field_The_European_readySTEMgo_project/link/55d5985908ae6788fa35390e/download?_tp=eyJjb25oZXhoIjp7ImZpcnNoUGFnZSI6InB1YmxpY2FoaW9uIiwicGFnZSI6InB1YmxpY2FoaW9uIn19

Renzl, B., Matzler, K. & Hinterhuber, H. (2006). *The Future of Knowledge Management*. Palgrave Macmillan.

Robbins, S., Lauver, K., Le, H., Davis, D., Langley, R. & Carlstrom, A. (2004). Do Psychosocial and Study Skill Factors Predict College Outcomes? A Meta-Analysis. *Psychological Bulletin, 130(2)*, 261–288. https://doi.org/10.1037/0033-2909.130.2.261

Schubert, N., Binder, D., Dibiasi A., Engleder, J. & Unger, M. (2020). *Studienverläufe – Der Weg durchs Studium: Zusatzbericht der Studierenden-Sozialerhebung 2019*. https://irihs.ihs.ac.at/id/eprint/5432

Schuetze, H. G. & Slowey, M. (2002). Participation and Exclusion: A Comparative Analysis of Non-Traditional Students and Lifelong Learners in Higher Education. *Higher Education, 44*(3/4), 309–327. http://www.jstor.org/stable/3447490

Sithole, A., Chiyaka, E. T., McCarthy, P., Mupinga, D. M., Bucklein, B. K. & Kibirige, J. (2017). Student Attraction, Persistence and Retention in STEM Programs: Success and Continuing Challenges. *Higher Education Studies, 7*(1), 46–59. http://doi.org/10.5539/hes.v7n1p46

Slovacek, S., Miu, V., Soto, K. & Ye, H. (2019). Supporting STEM in Higher Education. *International Journal of Education and Practice, 7*(4), 438–449. http://doi.org/10.18488/journal.61.2019.74.438.449

Thaler, B., Schubert, N., Kulhanek, A., Haag, N. & Unger, M. (2021). *Prüfungsaktivität in Bachelor- und Diplomstudien an Universitäten.* https://irihs.ihs.ac.at/id/eprint/6030/

Thaler, B. & Unger, M. (2014). *Dropouts ≠ Dropouts. Wege nach dem Abgang von der Universität.* https://irihs.ihs.ac.at/id/eprint/2259

Tinto, V. (1975). Dropout from Higher Education: A Theoretical Synthesis of Recent Research. *Review of Educational Research, 45*(1), 89–125. https://www.jstor.org/stable/1170024

Unger, M., Binder, D., Dibiasi, A., Engleder, J., Schubert, N., Terzieva, B., Thaler, B., Zaussinger, S. & Zucha, V. (2020). *Studierenden-Sozialerhebung 2019: Kernbericht.* https://irihs.ihs.ac.at/id/eprint/5383/

Van den Hurk, A., Meelissen, M. & Van Langen, A. (2019). Interventions in education to prevent STEM pipeline leakage. *International Journal of Science Education, 41*(2), 150–164. https://doi.org/10.1080/09500693.2018.1540897

Van Sickle, J., Schuler, K.R., Quinn, C., Holcomb, J.P., Carver, S.D., Resnick, A., Jackson, D.K., Duffy, S.F., & Sridhar, N. (2020). Closing the Achievement Gap for Underrepresented Minority Students in STEM: A Deep Look at a Comprehensive Intervention. *Journal of STEM Education: Innovations and Research, 21*(2), 5–18.

Vossensteyn, H., Kottmann, A., Jongbloed, B., Kaiser, F., Cremonini, L., Stensaker, B., Hovdhaugen, E. & Wollscheid, S. (2015). *Dropout and Completion in Higher Education in Europe: Main Report.* https://doi.org/10.2766/826962

World Health Organization (WHO) (2017). *A Guide to Identifying and Documenting Best Practices in Family Planning Programmes.* https://www.who.int/publications/i/item/a-guide-to-identifying-and-documenting-best-practices-in-family-planning-programmes

Wulz, J., Nindl, S., Heinrich, M., & Maierhofer, D. (2016). *Studie zu Maßnahmen zur sozialen Dimension für einen integrativeren Zugang und eine breitere Teilhabe in der Hochschulbildung.* http://www.sozialerhebung.at/sozdim/hintergr/Massnahmenerhebung_3s_Endbericht.pdf

Ziegele, F. (1997). Grundlagen der Analyse von Studienabbrüchen: Erfassung, Bewertung und Maßnahmen. *Beiträge zur Hochschulforschung, 19*(4), 435–454.

Erwartungen an die Hochschullehre post COVID

Eine qualitative Befragung der Studierenden im Masterprogramm Wirtschaftspädagogik an der Wirtschaftsuniversität Wien

Christiane Schopf & Bianca Lehrner

Abstract: In diesem Beitrag wird der Frage nachgegangen, wie die Hochschullehre und insbesondere das Masterprogramm Wirtschaftspädagogik an der Wirtschaftsuniversität Wien aus Sicht der Studierenden vor dem Hintergrund der Erfahrungen aus der COVID-19-Pandemie zukünftig gestaltet werden sollte. Hierzu werden Vor- und Nachteile der Distanzlehre sowie Qualitätskriterien für Lehrveranstaltungen und Prüfungen im Distanzmodus herausgearbeitet und Erwartungen an eine moderne Hochschullehre thematisiert. Zunächst wird ein Überblick über aktuelle Studienergebnisse aus dem deutschsprachigen Raum gegeben. Anschließend werden die Befunde aus Fokusgruppen- und Einzelinterviews mit Wirtschaftspädagogik-Studierenden im Sommersemester 2021 vorgestellt. Als zentrale Schlussfolgerung kann festgehalten werden, dass sich der Großteil der Studierenden ein inhaltlich und methodisch sinnvoll gestaltetes sowie zeitlich gut abgestimmtes Blended-Learning-Konzept, eine verstärkte Integration digitaler Tools in der Lehre sowie innovative, kompetenzorientierte Prüfungsformate wünscht. Diese Idealvorstellung kann als Ausgangspunkt für eine Reflexion dieses, aber auch anderer Studienprogramme dienen.

Keywords: Hochschullehre post COVID, Distanzlehre, Blended Learning, Teaching in higher education post COVID, distance learning, blended learning

1. Problemhintergrund und Zielsetzung

Aufgrund der COVID-19-Pandemie wurde im Sommersemester 2020 der Lehrbetrieb an den österreichischen Hochschulen kurzfristig von der bis dahin vorherrschenden Präsenzlehre fast vollständig auf Distanzlehre umgestellt. Drei Semester lang musste großteils im Distanzmodus gelehrt und gelernt werden. Digital gestützte Distanzlehre avancierte daher plötzlich „von einer Randerscheinung zu einer systemweiten Praxis" (Pausits, Oppl, Schön, Fellner, Campbell & Dobiasch, 2021, S. 40). Während digitale Tools bislang vorwiegend der Anreicherung der Präsenzlehre dienten, wurden sie nun quasi über Nacht flächendeckend eingesetzt (Kamsker, Lipp, Feuchter & Slepcevic-Zach, 2022, S. 75). So wurden innerhalb kürzester Zeit nicht nur bereits bestehende Formate technisch wie didaktisch weiterentwickelt, sondern vielfach auch neue Lösungen implementiert. Nach und nach wurde zudem an allen Hochschulen das Ablegen von Prüfungen im Distanzmodus ermöglicht (Pausits et al., 2021, S. 34 ff.).

Die Pandemie hat damit in Hinblick auf die Digitalisierung der Hochschullehre zu einem enormen Entwicklungsschub geführt und kann daher als „Treiber der digitalen Transformation" (Kamsker, 2021, S. 3 f.) erachtet werden. Reinmann (2022, S. 2 ff.) spricht von einer „Veränderung der Hochschullehre im Zeitraffer" und beschreibt diese in drei Etappen: Auf eine erste Schockphase, die durch „Emergency Remote Teaching" und eine „Verklärung der Präsenzlehre" gekennzeichnet war, folgte eine „Zoom Revolution". Es wurden neue Online-Routinen aufgebaut und im Zuge dessen wurde zunehmend über die sinnvolle Nutzung von Präsenz nachgedacht. Dies mündete schließlich im „Hybrid-Traum". Einerseits will fast niemand auf Präsenzlehre verzichten, andererseits sollen bewährte Online-Formate weiter genutzt werden. Die Hochschullehre der Zukunft soll daher einen sinnvollen Mix aus verschiedenen Formaten darstellen.

Auch wenn mittlerweile Präsenzlehre wieder uneingeschränkt möglich ist, erscheint eine vollständige Rückkehr zur „alten Normalität" also nicht mehr zielführend (vgl. z. B. auch Besa, Kochskämper, Lips, Schröer & Thomas, 2022, S. 22). Es stellt sich daher die Frage, wie die Erfahrungen aus den COVID-19-Semestern für eine zukunftsorientierte Verbesserung der Qualität der Hochschullehre genutzt werden können.

In der Zwischenzeit liegt eine Vielzahl an Studien vor, die die Distanzlehre an Hochschulen während der Pandemie aus unterschiedlichen Perspektiven untersucht haben. Die Befunde daraus sind allerdings nicht notwendigerweise eins zu eins auf andere Studienprogramme oder Lehr-/Lerndesigns übertragbar (vgl. auch Kamsker et al., 2022, S. 77).

Das Masterprogramm Wirtschaftspädagogik an der Wirtschaftsuniversität Wien (WU) hat zwei Besonderheiten: Es ist ein polyvalentes Studium, da es sowohl für die Lehrtätigkeit in den wirtschaftlichen Fächern als auch für verschiedenste Tätigkeiten in der wirtschaftlichen Praxis qualifiziert, und es wird parallel als Vollzeit- und als berufsbegleitende Schiene angeboten. Um konkret für dieses Studienprogramm Maßnahmen ableiten zu können, wurde von den Autorinnen im Sommersemester 2021, d. h. nach fast drei Semestern Distanzlehre, eine qualitative Befragung der betreffenden Studierenden durchgeführt. Ziel war es, folgende Fragen zu untersuchen:

1. Welche Vor- und Nachteile hat Distanzlehre im Vergleich zur Präsenzlehre aus Sicht der Studierenden?
2. Welchen Einfluss auf die Kompetenzentwicklung hat Distanzlehre aus Sicht der Studierenden?
3. Welche Qualitätskriterien formulieren die Studierenden für die Distanzlehre?
4. Welche Erwartungen haben die Studierenden an die Lehre post COVID?

Im vorliegenden Beitrag werden die zentralen Ergebnisse dieser Studie vorgestellt. Zuvor erfolgt eine Klärung der relevanten Begriffe und es wird ein Überblick über den Forschungsstand gegeben. Aus der Gesamtheit der vorliegenden Befunde ist es letztlich möglich, Schlussfolgerungen zu ziehen und Handlungsempfehlungen für die Weiterentwicklung des Studienprogramms zu formulieren.

2. Begriffsklärung

In der aktuellen Literatur und Praxis werden die Begriffe *Distanzlehre*, *Digitale Lehre* und *Online-Lehre* häufig synonym verwendet (Pausits et al., 2021, S. 18). Es erscheint jedoch sinnvoller, diese wie folgt abzugrenzen: Der Begriff *Distanzlehre* bezeichnet grundsätzlich Lehr-/Lernsettings, in denen Lehrende und Lernende räumlich voneinander getrennt agieren. Dies geht zumeist mit der Nutzung digitaler Medien einher, es können aber auch analoge Medien eingesetzt werden (Kamsker et al., 2022, S. 76; Pausits et al., 2021, S. 17). Distanzlehre kann sowohl synchron als auch asynchron stattfinden (Pausits et al., 2021, S. 47). Die Begriffe *Digitale* bzw. *Digitalisierte Lehre*, *Technologiegestütztes Lernen* oder *E-Learning* beziehen sich generell auf Lehr-/Lernsettings, in denen elektronische Hilfsmittel bzw. digitale Technologien genutzt werden (Kamsker et al., 2022, S. 76; Pausits et al., 2021, S. 18). Dies ist wiederum meist in der Distanzlehre der Fall, kann aber ebenso für die Präsenzlehre gelten. Unter *Online-Lehre* werden ursprünglich Lehr-/Lernsettings verstanden, die online, d. h. mithilfe von Internettechnologien durchgeführt werden (Pausits et al., 2021, S. 18).

Zu klären ist zudem die Bedeutung der Begriffe *Präsenzlehre* und *Hybridlehre*, da sich deren Verwendung aufgrund der Entwicklungen in den letzten Jahren verändert hat. War mit *Präsenzlehre* vor Ausbruch der Pandemie ausschließlich die bis dahin vorherrschende Lehre „als gemeinsame Veranstaltung in Räumen von Hochschulen" gemeint, wird der Begriff nunmehr auch für synchrone Distanzlehre genutzt (Pausits et al., 2021, S. 19). Reinmann (2022, S. 4 ff.) unterscheidet in diesem Zusammenhang zwischen räumlicher, zeitlicher und sozialer Präsenz. Während räumliche Präsenz der ursprünglichen Bedeutung von gleichzeitiger Anwesenheit an einem Ort, d. h. physischer Präsenz, entspricht, meint zeitliche Präsenz nur die gleichzeitige Anwesenheit, die auch digital erfolgen kann. In beiden Fällen ist soziale Präsenz im Sinne der Interaktion mit anderen möglich. Hier soll dennoch die ursprüngliche Begriffsverwendung beibehalten werden. Der Begriff *Hybridlehre* bezieht sich grundsätzlich auf die Kombination von Präsenzlehre im Sinne physischer Präsenz und internetgestützter Distanzlehre. Er kann als Synonym für Blended Learning stehen, d. h. für Lehr-/Lernsettings, in denen sich Präsenz- und Distanzphasen abwechseln. Zunehmend bezeichnet er aber in Abgrenzung dazu Lehr-/Lernsettings, in denen Präsenz- und Distanzlehre gleichzeitig stattfinden, d. h. in denen ein Teil der Lernenden physisch und ein Teil digital präsent ist (Pausits et al., 2021, S. 19; Reinmann, 2022, S. 7 ff.). Hier wird letzterer Begriffsverwendung gefolgt.

3. Forschungsstand

Im Laufe der Semester der COVID-19-bedingten Distanzlehre sind, selbst wenn man nur den deutschsprachigen Raum betrachtet, eine nahezu unüberschaubare Anzahl an begleitenden Studien durchgeführt worden. Eine umfassende Aufarbeitung dieser Publikationen würde den Umfang dieses Beitrags bei weitem sprengen. Es soll daher lediglich anhand einiger hochschulübergreifender Studien und eines verfügbaren Literaturreviews ein Überblick über die für die hier interessierende Fragestellung zentralen Erkenntnisse gegeben werden. Zudem sollen als unmittelbare Bezugspunkte für die eigene Forschung einerseits die Ergebnisse der bereits an der WU durchgeführten Befragungen und andererseits die Befunde aus den im Rahmen des Masterprogramms Wirtschaftspädagogik an der Universität Graz durchgeführten Analysen genauer dargestellt werden.

Aus den groß angelegten Studien im deutschsprachigen Raum von Berghoff, Horstmann, Hüsch und Müller (2021), Besa et al. (2021, 2022), Kreidl und Dittler (2021), Lenz, Blaich, Haag und Radewald (2023) und Multrus, Marczuk, Hinz und Strauß (2023) sowie dem Literaturreview von Pausits et al. (2021) lässt sich zunächst ableiten, dass sich die Studienbedingungen vom ersten zum zweiten COVID-Jahr stabilisiert haben und die Zufriedenheit der Studierenden mit dem Angebot an Distanzlehrveranstaltungen und -prüfungen sowie mit der eigenen Studienleistung durchwegs hoch war. Während laut Multrus et al. (2023) die meisten Lehr-/Lernprozesse aus Studierendensicht digital ähnlich gut umsetzbar sind wie in Präsenz, außer bei stark praxisorientierten Anteilen, schätzten in der Studie von Kreidl und Dittler (2021) – trotz insgesamt ebenfalls positiver Bewertung – 60% der Studierenden die Qualität der Distanzlehre im Vergleich zur Präsenzlehre als schlechter ein. Distanzprüfungen wurden sehr unterschiedlich gehandhabt – die Bandbreite reicht von mündlichen Prüfungen in Form von Videokonferenzen über Open-Book- und Take-Home-Exams bis hin zu Online-Prüfungen mit Beaufsichtigung über Videokonferenzsysteme oder spezieller Proctoring-Software – und wurden dementsprechend auch unterschiedlich bewertet. Als größter Vorteil der Distanzlehre zeigt sich in allen Studien die erhöhte räumliche und zeitliche Flexibilität. Vor allem für gewisse Studierendengruppen wie Berufstätige, Personen mit Betreuungspflichten oder Personen mit Beeinträchtigungen stellt diese eine erhebliche Erleichterung dar. Als weitere Vorteile werden u. a. die Möglichkeit mit Video- bzw. Audioaufzeichnungen im eigenen Tempo zu lernen sowie die Reduktion von Diskriminierung aufgrund der Anonymität in Online-Foren genannt (Pausits et al., 2021). Die intensive Auseinandersetzung mit digitalen Medien dürfte zudem zum Erwerb zusätzlicher digitaler Kompetenzen geführt haben (Lenz et al., 2023). Als größter Nachteil treten die mangelnden Interaktionsmöglichkeiten bzw. der fehlende persönliche Austausch hervor. Darunter leiden besonders Studienanfänger*innen und jüngere Studierende. Als weitere wesentliche Herausforderungen werden die verschwimmenden Grenzen zwischen Studium/Arbeit und Freizeit und das ständige Arbeiten am Bildschirm genannt. Reine Online-Lehre scheint zu mehr Stress und Erschöpfung zu führen und die Arbeitsbelastung wurde von vielen in der Distanzlehre als höher wahrgenommen. Ein zu hohes Maß an Selbststudium bzw. -verantwortung ist zudem als problematisch zu sehen, da viele Studierende Schwierigkeiten mit dem eigenständigen Lernen und der Selbstorganisation haben dürften. Dies berichtete fast die Hälfte der Befragten in der Studie von Besa et al. (2021), und der Studie von Kreidl und Dittler (2021) zufolge würden fast 70% klare Zeitstrukturen auch in der Distanzlehre bevorzugen. Mit Blick in die Zukunft wünschen sich die meisten Studierenden v. a. wieder Präsenzlehre, aber auch einen Ausbau digitaler Angebote. Eine Kombination aus Präsenz- und Distanzlehre und auch asynchrone Formate sollen einen bestmöglichen Zugang zum Studium für alle gewährleisten. Digitale Medien wie online zur Verfügung gestellte Lernmaterialien, Videoaufnahmen oder Abstimmungstools sollten als Ergänzung der Präsenzlehre beibehalten werden (Lenz et al., 2023). Für das Gelingen von Distanzlehre ist festzuhalten, dass das Schaffen von Interaktionsmöglichkeiten zentral ist – sowohl in Hinblick auf die Motivation und das soziale Klima als auch in Hinblick auf die Unterstützung der Wissenskonstruktion. Dies kann durch synchrone Formate sowie den Einsatz von Kommunikations-, Kollaborations- und Abstimmungstools und von spielerischen Elementen erreicht werden. Bei asynchronen Formaten hat sich gezeigt, dass v. a. Methodenvielfalt wichtig ist (Multrus et al., 2021). Gespalten sind die Meinungen in Hinblick auf die Fortführung digitaler Prüfungen. Während Open-Book- bzw. Take-Home-Exams vergleichsweise positiv bewertet und als innovativ erlebt wurden, wurden Online-Prüfungen v. a. aufgrund der hohen Ressourcenanforderungen und der Gefahr technischer Gebrechen von den meisten als sehr problematisch erlebt.

Besonders relevant als Hintergrund für die vorliegende Studie sind die Befunde aus drei Erhebungen, die bereits an der WU durchgeführt wurden. Dabei handelt es sich um zwei qualitative Interviewstudien im Frühjahr 2020 mit Lehrenden und mit Studierenden aus verschiedenen Studienprogrammen sowie eine groß angelegte Mixed-Methods-Studie in zwei Wellen im Sommersemester 2020 und im Sommersemester 2021 (Fuhrmann, Riess, Loibl & Schuster, 2023). Insgesamt kann festgehalten werden, dass die Studierenden mit dem Distanzlehrangebot der WU sehr zufrieden waren und das Engagement der Lehrenden schätzten. Der Anteil der Studierenden, der mit der Umstellung (sehr) gut zurechtkam, war bereits zu Beginn hoch und stieg im Laufe der Zeit noch deutlich an. Das Erleben dürfte allerdings stark von der individuellen Situation abhängig gewesen sein, wobei Studienanfänger*innen und Jüngere tendenziell größere Schwierigkeiten hatten als Fortgeschrittene und Ältere. Einerseits erwähnten mehr als Dreiviertel der Befragten die Zeitersparnis durch den Wegfall von Wegzeiten positiv. Andererseits litten viele v. a. zu Beginn der Pandemie unter der Entgrenzung von Arbeit und Freizeit und fühlten sich überlastet. Mit der Zeit pendelte sich der Workload wieder ein. Zunehmend stärker wurde allerdings die direkte Kommunikation mit Lehrenden und anderen Studierenden vermisst. In Hinblick auf den Lernerfolg hatten einige das Gefühl, sich im Selbststudium intensiver mit den Inhalten auseinandersetzen zu können, während andere den Eindruck hatten, dass inhaltlich weniger in die Tiefe gegangen werden konnte. Vermisst wurden v. a. auch Anekdoten und Erzählungen der Lehrenden über praktische Erfahrungen. Als förderlich wurde die Distanzlehre jedenfalls für den Ausbau digitaler Kompetenzen erlebt. Die Weiterentwicklung von Methoden- und Sozialkompetenzen wurde jedoch vernachlässigt. Problematisiert wurden insbesondere die Online-Prüfungen. Die Studierenden fühlten sich durch die Rahmenbedingungen (z. B. fehlender Gesamtüberblick über die Prüfung, Wegfallen der Möglichkeit zwischen Aufgaben zu wechseln, Zeitdruck und wahrgenommener höherer Schwierigkeitsgrad) und die Angst vor technischen Problemen stark unter Druck und daher weniger leistungsfähig. Für die Zukunft wünschen sich viele Studierende eine sinnvolle Mischung aus Präsenz- und Distanzlehre und damit einhergehend eine verringerte Anwesenheitspflicht. V. a. Großlehrveranstaltungen könnten aus Studierendensicht gut (auch) online angeboten werden. Online-Einheiten sollten allerdings aufgrund der geringeren Konzentrationsfähigkeit kürzer sein. Prüfungen sollten eher wieder in Präsenz abgehalten werden oder der Prüfungsmodus sollte überdacht werden.

Als Vergleichsbasis kann die Studie „Digitales Lehren und Lernen in Zeiten von Corona" (DILECO) herangezogen werden, die parallel zur hier vorgestellten Forschungsarbeit im Masterprogramm Wirtschaftspädagogik an der Universität Graz durchgeführt wurde (Slepcevic-Zach, Köck, Peternell & Stock, 2021; Slepcevic-Zach, Köck & Stock, 2021). Im Rahmen dieser Studie wurden im Sommersemester 2020 77 Studierende mittels Fragebogen und im Wintersemester 2020/21 16 Studierende mittels problemzentrierter Interviews befragt. Auch hier zeigte sich eine recht hohe Zufriedenheit der Studierenden mit der Umstellung auf Distanzlehre und der Gestaltung der Lehrveranstaltungen, wobei v. a. die Vielfalt der eingesetzten Methoden und Online-Tools gelobt wurde, die auch zu einer Steigerung der eigenen mediendidaktischen Kompetenzen beitrug. Positive Erfahrungen wurden v. a. mit synchronen und interaktiven Lehrveranstaltungen inklusive Flipped-Classroom-Konzepten berichtet, auch wenn diese den sozialen Austausch im Rahmen der Präsenzlehre nicht gänzlich ersetzen können. Online fällt es vielen schwerer, Fragen zu stellen, weshalb dies von den Lehrenden mehr forciert werden muss. Zu bedenken ist zudem, dass Online-Meetings als anstrengender empfunden werden und es schwieriger ist sich zu konzentrieren, weshalb mehr Pausen notwendig sind. Gruppenarbeiten im Distanzmodus wurden zum Teil als abwechslungsreich, zum Teil aber als mühsam und aufwändig wahrgenommen. Bei ausschließlich asynchronen Lehrveranstaltungen wurde die Möglichkeit für Diskussionen und Fragen vermisst. Bei hybriden Lehrveranstaltungen klagten die Studierenden, die virtuell präsent waren, über schlechte Tonqualität und geringe Beteiligungsmöglichkeiten. Allerdings wurden auch die Vorteile der Orts- und/oder Zeitunabhängigkeit gesehen, v. a. für Pendler*innen, Berufstätige und Studierende mit Kind/ern. In Hinblick auf die Leistungsbeurteilung wurden online abgehaltene mündliche Prüfungen sowie Open-Book-Prüfungen positiv bewertet, Online-Prüfungen unter Zeitdruck hingegen negativ. Darüber, ob sich Multiple-Choice-Prüfungen eignen und ob Prüfungen lieber auf Papier oder am PC bearbeitet werden, gehen die Meinungen auseinander. Auch aus den Ergebnissen dieser Studie wird deutlich, dass sich fast alle Studierenden für die Zukunft Blended-Learning-Konzepte wünschen. Präsenzeinheiten werden v. a. für persönlichen Austausch und Diskussionen als wertvoll und für Lehrveranstaltungen, in denen Fremdsprachen, (Fach-)Didaktik oder Präsentationskompetenz im Fokus stehen, als geeigneter erachtet. Vorlesungen bzw. Vorbesprechungs-, Einführungs- oder Theorieeinheiten ebenso wie individuelle Besprechungstermine sollten eher online abgehalten werden. Jedenfalls sollen digitale Medien und Tools auch weiterhin verstärkt in der Lehre eingesetzt werden.

4. Methodisches Vorgehen

Um einerseits spezifisch zu evaluieren, wie die Studierenden des Masterprogramms Wirtschaftspädagogik an der WU die aufgrund der Pandemie notwendig gewordene Distanzlehre beurteilen, und zum anderen herauszufinden, welche Erwartungen diese an die Lehre post COVID haben, wurde ein zweistufiges qualitatives Forschungsdesign gewählt.

Im ersten Schritt wurden Mitte Juni 2021 im Sinne einer Vorstudie fünf Online-Fokusgruppeninterviews durchgeführt. Teilnehmer*innen waren 32 Studierende des zweiten Semesters. Es handelte sich um eine Gelegenheitsstichprobe im Rahmen der von der Erstautorin dieses Beitrags geleiteten Lehrveranstaltung „Wissenschaftliches Arbeiten und Forschungsmethoden". In der Vollzeitschiene konnten zwei, in der berufsbegleitenden Schiene drei Fokusgruppen realisiert werden. Als Input wurden einige wenige, aus den Forschungsfragen abgeleitete, offene Fragen verwendet (Interviewleitfaden siehe Anhang). Als Einstieg wurden die Teilnehmer*innen zunächst gebeten zu berichten, wie es ihnen bislang generell mit der Distanzlehre ergangen ist. Anschließend wurden sie nach Vor- und Nachteilen von Lehrveranstaltungen und Prüfungen im Distanzmodus, nach dem Einfluss der Distanzlehre auf ihre Kompetenzentwicklung sowie nach ihren Wünschen für die Zukunft, sobald Präsenzlehre wieder uneingeschränkt möglich ist, gefragt.

Im zweiten Schritt wurden im Zeitraum von Ende Juni bis September 2021 als Hauptstudie Einzelinterviews mit 16 Studierenden geführt. Die Ergebnisse der Fokusgruppeninterviews wurden genutzt, um die Kriterien für die gezielte Auswahl der zu befragenden Personen festzulegen und den Interviewleitfaden zu konkretisieren. Für die Zusammensetzung der Stichprobe wurde zum einen das Geschlechterverhältnis im Masterprogramm Wirtschaftspädagogik berücksichtigt. Zum anderen wurden gleichermaßen Studierende mit und ohne Berufstätigkeit (mind. 75%) und/oder Kinderbetreuungspflichten einbezogen – ein Kriterium das sich als bedeutsam herausgestellt hatte und sich häufig, aber nicht immer mit dem Besuch der Vollzeit- oder der berufsbegleitenden Schiene deckt. Um alle Lehrveranstaltungen und Prüfungen des Masterprogramms evaluieren zu können, wurden zusätzlich zu Studierenden des ersten Studienjahres, die großteils schon Teilnehmer*innen der Fokusgruppen waren, auch Studierende aus dem zweiten Studienjahr befragt. Diese wurden über die Programmkoordinatorin kontaktiert. Die Zusammensetzung des sich ergebenden Samples ist Tabelle 1 zu entnehmen. Im Rahmen der Einzelinterviews (Interviewleitfaden siehe Anhang) ging es darum, genauer zu hinterfragen, ob aus Sicht der Studierenden die Vor- oder die Nachteile der Distanzlehre überwiegen, welche Lehrveranstaltungen bzw. Lehrinhalte und welche Prüfungen des Masterprogramms sich gut für den Distanzmodus eignen und welche nicht, inwiefern sich die Studierenden eine Kombination aus Präsenz- und Distanzlehre für das Studium der Zukunft wünschen würden sowie welche Qualitätskriterien die Studierenden für Distanzlehrveranstaltungen und Distanzprüfungen definieren würden.

Tab. 1: Stichprobe Einzelinterviews

	1. Studienjahr		2. Studienjahr	
	weiblich	männlich	weiblich	männlich
Vollzeitschiene/nicht berufstätig/ohne Kinderbetreuungspflichten	2	2	3	1
Berufsbegleitendende Schiene/Berufstätigkeit und/oder Kinderbetreuungspflichten	2	2	3	1

Sowohl die Fokusgruppeninterviews als auch die Einzelinterviews wurden von der zweiten Autorin dieses Beitrags, die zu diesem Zeitpunkt selbst noch Studierende des Masterprogramms war und dadurch auf gleicher Augenhöhe mit den Befragten kommunizieren konnte, geführt, vollständig aufgezeichnet und wörtlich transkribiert. Sowohl die Gesprächsatmosphäre als auch viele Aussagen der Befragten lassen auf große Offenheit und Ehrlichkeit und damit eine hohe Qualität der Daten schließen. Die Auswertung erfolgte mittels qualitativer Inhaltsanalyse nach Kuckartz (2018). Zunächst wurden aus den Forschungsfragen und dem jeweiligen Interviewleitfaden deduktiv Hauptkategorien abgeleitet. Diese wurden in weiterer Folge in einem iterativen Prozess induktiv um weitere Hauptkategorien und Subkategorien ergänzt. Schließlich wurden alle relevanten Passagen diesen Kategorien zugeordnet und sowohl inhaltlich analysiert als auch quantifiziert.

5. Befunde

Nachfolgend werden die zentralen Befunde entlang der formulierten Forschungsfragen dargestellt. Da die Ergebnisse der Einzelinterviews nicht von jenen der Fokusgruppeninterviews abwichen, sondern diese bestätigten und ergänzten, wird von einer getrennten Analyse abgesehen.

5.1 Vor- und Nacheile der Distanzlehre im Vergleich zur Präsenzlehre

Vor- und Nachteile von Lehrveranstaltungen im Distanzmodus

Aus den Aussagen der Befragten geht klar hervor, dass der wesentlichste Vorteil der Distanzlehre im Wegfall von Wegstrecken und damit in der größeren örtlichen und zeitlichen Flexibilität liegt. V. a. für Studierende mit Berufs- und Kinderbetreuungsverpflichtungen ist die bessere Vereinbarkeit bedeutsam. Aber auch das Thema Nachhaltigkeit wurde in diesem Zusammenhang angesprochen. Einige Studierende sind generell der Meinung, dass sie im Distanzmodus effizienter studieren können, insbesondere in Hinblick auf Gruppenarbeiten. Manche berichteten sogar davon, dass sie parallel zum Online-Lehrveranstaltungsbesuch noch andere Dinge wie Arbeiten im Haushalt erledigen können.

Damit geht allerdings ein wesentlicher Nachteil einher. Die Studierenden schätzen ihre Aufmerksamkeit und Konzentrationsfähigkeit aufgrund der langen Bildschirmzeit und der Ablenkungen zuhause in Online-Lehrveranstaltungen geringer ein als im Präsenzunterricht und benötigen mehr Pausen. Ein zentraler Nachteil ist zudem, dass in der Distanzlehre soziale Kontakte mit den Lehrenden ebenso wie mit Studienkolleg*innen nur eingeschränkt stattfinden. Dies liegt sowohl an den Lehrenden als auch an den Studierenden selbst. Für viele ist die Hemmschwelle, sich über den Bildschirm zu melden, größer als im Seminarraum aufzuzeigen.

Vor- und Nachteile von Prüfungen im Distanzmodus

In Bezug auf Prüfungen im Distanzmodus nannten einige den Vorteil, dass sie das gewohnte Umfeld zuhause als stressfreier erleben als einen Prüfungsraum an der Universität. Zudem erwähnten auch einige, dass in einer nicht vollständig kontrollierten Prüfungsumgebung mehr Möglichkeiten zu schummeln bestehen.

Erhebliche Nachteile stellen aber die Abhängigkeit von der Technik und das Setting bei Online-Prüfungen dar. Die Angst vor technischen Problemen erzeugte bei vielen zusätzlichen Stress. Die technische Überwachung der Prüfungsumgebung wurde als unangenehm empfunden. Viele schätzten die Prüfungszeit als zu kurz ein, weil auch der Upload der Unterlagen innerhalb dieser Zeit zu erledigen war. Dies hatte zur Folge, dass manche Studierende die Prüfungszeit nicht gänzlich ausnutzten, aus Angst mit dem Upload zu spät dran zu sein. Studierende, die das 10-Finger-System nicht beherrschen, empfinden eine Prüfung, bei der viel am PC zu schreiben ist, als Nachteil. Darüber hinaus wurde die Unübersichtlichkeit von Online-Angaben kritisiert.

5.2 Einfluss der Distanzlehre auf die Kompetenzentwicklung der Studierenden

Während einige Studierende der Meinung sind, dass Fachkompetenzen in der Distanzlehre genauso gut entwickelt werden können wie in der Präsenzlehre, sehen andere Einschränkungen aufgrund der verringerten Aufmerksamkeitsspanne und Interaktion. In diesem Zusammenhang wird auch darauf hingewiesen, dass die Persönlichkeit der Lehrenden „verloren geht". Für die Entwicklung der technischen Kompetenzen und Medienkompetenzen sehen die Studierenden einen klaren Vorteil der Distanzlehre. Auch ein positiver Einfluss auf das Zeit- und Selbstmanagement wird erwähnt. Hingegen bestehen deutliche Nachteile in Bezug auf die Entwicklung sozialer Kompetenzen sowie auf die für Wirtschaftspädagog*innen so wichtigen (fach-)didaktischen Kompetenzen.

5.3 Qualitätskriterien für die Distanzlehre

Qualitätskriterien für Lehrveranstaltungen im Distanzmodus

Als Qualitätskriterien für Lehrveranstaltungen im Distanzmodus nannten die Studierenden zunächst den Einsatz von passenden Unterrichtsmethoden sowie Methodenvielfalt und die Zurverfügungstellung guter Lehr-/Lernmaterialien. Positiv erwähnt wurden in diesem Zusammenhang z. B. Skripten in Kombination mit Online-Vorlesungen, Lecturecasts und Lehrvideos sowie Breakout-Sessions und Gruppenarbeiten mit Coaching im Rahmen von Online-Einheiten. Wichtig ist den Studierenden ein Austausch über die Lerninhalte, der durch Interaktion in der Lehrveranstaltung, aber auch z. B. durch den Einsatz von Diskussionsforen oder Online-Tagebüchern erfolgen kann. Studierende wünschen sich auch explizit eine Aktivierung durch die Lehrenden. So sollten die Studierenden etwa bei Diskussionen in Online-Einheiten dazu aufgefordert werden, ihre Kamera einzuschalten. Zudem erwarten sie sich genauso viel Feedback und Unterstützung der Lehrenden wie in der Präsenzlehre.

Die Dauer von Online-Einheiten und die Pausengestaltung sollten an die Konzentrationsfähigkeit vor dem Bildschirm angepasst werden. Ebenso sollte der Zeitaufwand für Arbeitsaufträge realistisch eingeschätzt werden.

Eine wichtige Voraussetzung für qualitativ hochwertige Lehrveranstaltungen im Distanzmodus ist, dass die Lehrenden selbst eine gewisse Affinität zur Distanzlehre haben und über die notwendigen didaktischen und technischen Kompetenzen verfügen.

Als weiteres Qualitätskriterium wurde die Erreichbarkeit der Lehrenden genannt, insbesondere wenn es keine fixen Online-Termine für Lehrveranstaltungen gibt. Als Informations- und Kommunikationsmedium wünschen sich Studierende die Verwendung einer einzigen, gemeinsamen Plattform.

Was die Leistungsfeststellung und -beurteilung betrifft, erwarten sich Studierende klare Aufgabenstellungen und übersichtliche Abgabetermine. Wird die Mitarbeit in Distanzlehrveranstaltungen in die Bewertung einbezogen, sollte dies für alle transparent erfolgen.

Qualitätskriterien für Prüfungen im Distanzmodus

Bei Prüfungen wird es als wichtig erachtet, dass Prüfungsinhalt, -angabe und -zeit an den Distanzmodus angepasst werden. Dabei spielen technische Aspekte eine wesentliche Rolle. So sollte etwa das Format der Prüfungsangabe an die Online-Ansicht der Studierenden angepasst werden, sodass kein Wechseln zwischen mehreren Dateien auf einem Bildschirm notwendig ist. Eine einwandfreie Internetverbindung und eine funktionierende Technik sind notwendig. Für etwaige technische Probleme sollte zudem Zeit einkalkuliert werden. Im Fall von technischen Gebrechen wünschen sich die Studierenden alternative Möglichkeiten der Prüfungsabgabe. Rechtzeitig vor der Prüfung sollte eine Instruktion über die Durchführungsmodalitäten erfolgen. Während der gesamten Prüfung sollte eine Ansprechperson sowohl für inhaltliche Fragen zur Prüfung als auch für technische Fragen zur Verfügung stehen. Fairness spielt für die Studierenden eine wichtige Rolle. Diese sollte einerseits durch eine Online-Aufsicht, die ein Erschleichen der Leistung verhindern soll, anderseits durch einheitliche Rahmenbedingungen und vergleichbare Prüfungsfragen für alle Studierenden sichergestellt werden.

5.4 Erwartungen an die Lehre post COVID

Die befragten Studierenden stimmen überein, dass das ideale Masterprogramm Wirtschaftspädagogik post COVID einen sowohl inhaltlich-didaktisch als auch terminlich sinnvollen Mix aus Präsenz- und Distanzlehre darstellen sollte. Für den Distanzmodus sehr gut geeignet sind ihrer Meinung nach Lehrveranstaltungen, in denen es vorwiegend um die Vermittlung theoretischer Inhalte geht und in denen Frontalvorträge vorherrschen sowie Lehrveranstaltungen, in denen viel im Selbststudium zu erarbeiten ist. V. a. bei praxisorientierten Lehrveranstaltungen, in denen es etwa um den Erwerb (fach-)didaktischer Fähigkeiten, das Erproben von Unterrichtsmethoden etc. geht, aber auch bei Lehrveranstaltungen mit viel Interaktion, Diskussionen und Gruppenarbeiten oder für den Fremdsprachenunterricht wird hingegen der Präsenzmodus bevorzugt.

In Bezug auf Prüfungen überwiegen für die Studierenden im Distanzmodus klar die Nachteile. Viele haben den Eindruck, dass die angestrebten Lehrziele so nicht adäquat geprüft werden können und dass sie aufgrund der technischen Komponente zum Teil nicht in der Lage sind, die bestmögliche Leistung zu erbringen. Die Mehrheit der Studierenden wünscht sich daher sowohl mündliche als auch schriftliche Prüfungen wieder im Präsenzmodus.

6. Schlussfolgerungen und Handlungsempfehlungen

Die Befunde aus der vorliegenden Studie reihen sich nahtlos in den bestehenden Forschungsstand ein. Im Wesentlichen werden auch von den Studierenden des Masterprogramms Wirtschaftspädagogik an der WU dieselben Vor- und Nachteile der Distanzlehre berichtet wie von anderen Studierenden. Eine Besonderheit stellt allerdings die große Bedeutung der Entwicklung (fach-)didaktischer und sozialer Kompetenzen dar, wofür Präsenzlehre als unerlässlich erachtet wird. Zudem hat die Befragung detailliertere Einblicke in die spezifische Umsetzung von Distanzlehrveranstaltungen und -prüfungen in diesem Studienprogramm geliefert, woraus sich konkrete Qualitätskriterien und Handlungsempfehlungen für die Weiterentwicklung des Programms ableiten lassen.

Insgesamt wird deutlich, dass die Erfahrungen aus der Pandemie die Erwartungen der Studierenden an die Hochschullehre verändert haben. Unter den Studierenden – wie auch unter Lehrenden und Expert*innen aus Hochschule und Wirtschaftspraxis – besteht große Einigkeit darüber, dass die Zukunft in einer Kombination aus Präsenz- und Distanzlehre im Sinne von Blended-Learning-Konzepten und einer Anreicherung der Lehre mit digitalen Tools liegt (vgl. z. B. Berghoff et al., 2021; Kamsker, 2021).

Bei der Interpretation der Ergebnisse aus der vorliegenden Befragung wie auch aus den im Forschungsstand angeführten Studien ist zu berücksichtigen, dass diese in der spezifischen Situation der Pandemie entstanden sind. Dennoch kristallisiert sich als zentraler Vorteil der Distanzlehre die erhöhte räumliche und zeitliche Flexibilität heraus, die besonders für bestimmte Studierendengruppen eine wesentliche Erleichterung darstellt. Im Masterprogramm Wirtschaftspädagogik an der WU gibt es zwar bereits seit dem Studienjahr 2011/12 eine berufsbegleitende Schiene, jedoch scheint auch unter den Vollzeitstudierenden der Anteil derjenigen mit Berufs- und Betreuungspflichten in den letzten Jahren stark zugenommen zu haben. So klagen der Programmdirektion und Programmkoordination zufolge immer mehr Studierende über die große Anzahl an Lehrveranstaltungsterminen mit (physischer) Anwesenheitspflicht. Als zentraler Nachteil der Distanzlehre erweisen sich die Einschränkungen hinsichtlich des sozialen Austauschs mit Lehrenden und anderen Studierenden. Sowohl von den Wirtschaftspädagogik- als auch von anderen Studierenden wird zudem betont, dass sich nicht alle Inhalte gleichermaßen für den Distanzmodus eignen und insbesondere praxisorientierte Lehrveranstaltungen nicht adäquat ersetzt werden können. Darüber hinaus dürfte die Konzentrationsfähigkeit bei Online-Einheiten deutlich geringer sein.

Es ist einerseits verständlich, wenn sich Studierende größtmögliche (individuelle) Wahlfreiheit zwischen physischer Präsenz, digitaler Präsenz und asynchronen Formaten wünschen. Die Vorstellung, dass in allen Varianten die gleichen Kompetenzen erworben werden können, widerspricht jedoch didaktischen Erkenntnissen (Reinmann, 2022, S. 8 f.), was an sich auch von vielen Studierenden selbst erkannt wird. Hybride Settings haben sich in der Praxis zudem nicht bewährt (vgl. z. B. Berghoff et al., 2021; Slepcevic-Zach, Köck, Peternell & Stock, 2021) und es wurde deutlich, dass die meisten Konzepte aus der Präsenzlehre nicht eins zu eins in die Distanzlehre übertragen werden können (vgl. auch Traxler, 2022, S. 66).

Empfehlenswert erscheint es daher vielmehr Studienprogramme – und so auch das Masterprogramm Wirtschaftspädagogik – in der Gesamtheit neu zu überdenken und eine für jede Lehrveranstaltung je nach Inhalten und Zielen passende, aber insgesamt abgestimmte Entscheidung bezüglich Abhaltungsmodus zu treffen. Dabei sollte die Frage im Zentrum stehen, welche Kompetenzen sich genauso oder besonders gut im Distanzmodus aufbauen lassen und für welche Kompetenzen Präsenzlehre wichtig oder sogar notwendig ist. Bei der Neukonzeption von Lehrveranstaltungen sollten einerseits die Potentiale der Distanzlehre v. a. in Hinblick auf eine individualisierte, multimethodische Erarbeitung von Inhalten, andererseits die Potentiale der Präsenzlehre v. a. in Hinblick auf persönliche Interaktion genutzt werden. Dazu ist zum einen anzumerken, dass die Infrastruktur der WU hierfür sehr gute Möglichkeiten bietet, sowohl was die Ausstattung der Lehrveranstaltungsräume als auch was das Equipment für die professionelle Produktion von Lecturecasts, Podcasts und Lehrvideos inklusive 360-Grad-Videos betrifft (siehe dazu Stiefelbauer, Ghoneim, Oberhuemer & Vettori, 2023). Zum anderen besteht im Masterprogramm Wirtschaftspädagogik an der WU ein gewisser „Startvorteil", da in der berufsbegleitenden Schiene schon vor der Pandemie eine Reihe von Lehrveranstaltungen im Blended-Learning-Format abgehalten wurden und die meisten Lehrenden somit bereits entsprechende Erfahrungen gesammelt haben. Dennoch sollten die bestehenden Lehrveranstaltungskonzepte vor dem Hintergrund der Erkenntnisse aus den COVID-Semestern erneut reflektiert werden. Überdacht werden sollten auch die Formen der Leistungsbeurteilung, um zu entscheiden, inwieweit in Zukunft Fachkompetenzen durch klassische Prüfungsformate getestet werden sollen und inwieweit andere Formate wie Open-Book-Prüfungen, Take-Home-Exams oder sogar eAssessments (siehe dazu Krizek, Beck & Lietze, 2020), Präsentationen, Seminararbeiten oder fachdidaktische Ausarbeitungen und Lehrauftritte zum Einsatz kommen sollen. Eine nicht zu vernachlässigende Herausforderung stellt schließlich auch die sinnvolle zeitliche Abstimmung aller Lehrveranstaltungs- und Prüfungstermine innerhalb eines Semesters in der Vollzeit- *und* in der berufsbegleitenden Schiene dar. Zu berücksichtigen ist zudem im gesamten Prozess, dass das Design von Lehrveranstaltungen und Prüfungen im Masterprogramm Wirtschaftspädagogik nicht nur unmittelbar für die Lernprozesse der Studierenden relevant ist, sondern ebenso auf der Metaebene eine gewisse methodisch-didaktische Vorbildwirkung entfalten sollte.

Sobald Veränderungen im Studienprogramm implementiert worden sind, sollten diese wiederum durch eine Begleitforschung evaluiert werden. Insgesamt bleibt es spannend zu beobachten, wie sich die Hochschullehre post COVID weiterentwickelt – nunmehr auch vor dem Hintergrund der rasant zunehmenden Nutzung von KI-Tools, die ebenfalls viele Fragen aufwirft und Veränderungen auslösen wird. In diesem Zusammenhang wären aus Sicht der Autorinnen vor allem auch weitere Forschungsanstrengungen in Bezug auf Gestaltungskriterien und Gelingensbedingungen für Blended-Learning-Konzepte sowie für innovative Prüfungsformate wichtig.

Literatur

Berghoff, S., Horstmann, N., Hüsch, M. & Müller, K. (2021). *Studium und Lehre in Zeiten der Corona-Pandemie. Die Sicht von Studierenden und Lehrenden*, Gütersloh.

Besa, K.-S., Kochskämper, D., Lips, A., Schröer, W. & Thomas, S. (2021). *Stu.diCo II – Die Corona Pandemie aus der Perspektive von Studierenden. Erste Ergebnisse der zweiten Erhebung aus der bundesweiten Studienreihe Stu.diCo.* Universitätsverlag Hildesheim.

Besa, K.-S., Kochskämper, D., Lips, A., Schröer, W. & Thomas, S. (2022). *Stu.diCo III – Hochschulzukunft gestalten – aus den (digitalen) Corona-Semestern lernen. Studiensituationen im Sommer 2022 aus der Perspektive von Studierenden. Erste Ergebnisse und Schlussfolgerungen der dritten Erhebung der bundesweiten Studienreihe Stu.diCo.* Universitätsverlag Hildesheim.

Fuhrmann, B., Riess, J., Loibl, T. & Schuster, S. (2023). Lehren aus der Distanzlehre ziehen: Evaluierung der Distanzlehre an der Wirtschaftsuniversität Wien. In U. Dittler & C. Kreidl (Hrsg.), *Wie Corona die Hochschullehre verändert. Erfahrungen und Gedanken aus der Krise zum zukünftigen Einsatz von eLearning* (2. Aufl., S. 103–119). Wiesbaden: Springer Gabler.

Kamsker, S. (2021). COVID-19 und die Digitalisierung als Treiber der Weiterentwicklung von wirtschaftswissenschaftlichen und wirtschaftspädagogischen Studienrichtungen. *bwp@ Österreich Spezial* (3), 1–18.

Kamsker, S., Lipp, S., Feuchter, T. & Slepcevic-Zach, P. (2022). Lehr-Lern-Settings auf Distanz – Chancen und Herausforderungen digitaler Hochschullehre. In R. Egger & S. Witzel (Hrsg.), *Hybrid, flexibel und vernetzt? Möglichkeiten, Bedingungen und Grenzen von digitalen Lernumgebungen in der wissenschaftlichen Weiterbildung* (S. 73–93). Wiesbaden: Springer VS.

Kreidl, C. & Dittler, U. (2021). Die Corona-Lehre: Wahrnehmung der Studierenden. In U. Dittler & C. Kreidl (Hrsg.), *Wie Corona die Hochschullehre verändert. Erfahrungen und Gedanken aus der Krise zum zukünftigen Einsatz von eLearning* (S. 15–35). Wiesbaden: Springer Gabler.

Krizek, G. C., Beck, S. & Lietze, S. (2020). Differenzierte Kompetenzmessung mittels eAssessments – Ein Konzept für die Zukunft. *fnma magazin – Forum Neue Medien in der Lehre Austria, 2020*(02), 40–43.

Kuckartz, U. (2018). *Qualitative Inhaltsanalyse. Methoden, Praxis, Computerunterstützung* (4. Aufl.). Weinheim: Beltz Juventa.

Lenz, K., Blaich, I., Haag, W. & Radewald, A. (2023). *Studieren in der Zeit der Corona-Pandemie. Hauptbericht zur 4. Sächsischen Studierendenbefragung*, Dresden.

Multrus, F., Marczuk, A., Hinz, T. & Strauß, S. (2023). *Die Studierendenbefragung in Deutschland: Studiensituation unter Onlinebedingungen. Studieren während der Corona-Pandemie 2021*, Konstanz.

Pausits, A., Oppl, S., Schön, S., Fellner, M., Campbell, D. F. J. & Dobiasch, M. (2021). *Distance Learning an österreichischen Universitäten und Hochschulen im Sommersemester 2020 und Wintersemester 2020/21*, Wien.

Reinmann, G. (2022). Präsenz-, Online- oder Hybrid-Lehre? Auf dem Weg zum post-pandemischen „Teaching as Design". In R. Egger & S. Witzel (Hrsg.), *Hybrid, flexibel und vernetzt? Möglichkeiten, Bedingungen und Grenzen von digitalen Lernumgebungen in der wissenschaftlichen Weiterbildung* (S. 1–16). Wiesbaden: Springer VS.

Slepcevic-Zach, P., Köck, V., Peternell, C. & Stock, M. (2021). DILECO – Digitales Lehren und Lernen in Zeiten von Corona. *bwp@ Österreich Spezial* (3), 1–19.

Slepcevic-Zach, P., Köck, V. & Stock, M. (2021). Wunsch und Wirklichkeit – Sichtweisen auf die Online-Lehre in der Wirtschaftspädagogik in Zeiten der COVID-19-Pandemie. *bwp@* (40), 1–21.

Stiefelbauer, C., Ghoneim, A., Oberhuemer, P. & Vettori, O. (2023). Verschränkte Lernwelten: physisch, virtuell, seamless. *Zeitschrift für Hochschulentwicklung Sonderheft* (18), 159–179.

Traxler, P. (2022). Die Zukunft der Hochschullehre nach der Pandemie – Ergebnisse eines systematischen Literaturreviews zur postCOVID-19 Hochschullehre. In T. Köhler, E. Schoop, N. Kahnwald & R. Sonntag (Hrsg.), *Gemeinschaften in Neuen Medien. Digitalität und Diversität. Mit digitaler Transformation Barrieren überwinden!? 25. Workshop GeNeMe'22 Gemeinschaften in Neuen Medien* (S. 54–69). Dresden: TUDpress – Verlag der Wissenschaften.

Anhang

Interviewleitfaden Fokusgruppeninterviews

1. Wie ist es Ihnen im letzten Studienjahr mit der besonderen Situation der Distanzlehre ergangen?
2. Worin sehen Sie die Vorteile und Nachteile der Distanzlehre im Vergleich zur Präsenzlehre?

3. Wie bewerten Sie Prüfungen im Distanzmodus im Vergleich zum Präsenzmodus? Worin liegen für Sie die Vorteile und Nachteile?
4. Wie beurteilen Sie Ihre Kompetenzentwicklung im Rahmen der Distanzlehre? Wo sehen Sie Unterschiede im Vergleich zur Präsenzlehre?
5. Wie sollte aus Ihrer Sicht – vor dem Hintergrund der Erfahrungen aus dem „COVID-Studienjahr“ – die Lehre post COVID gestaltet werden?

Interviewleitfaden Einzelinterviews

1. Wenn Sie sich heute für das Masterstudium Wirtschaftspädagogik im Distanzmodus oder im Präsenzmodus entscheiden müssten, wie wäre Ihre Wahl?
2. Aus welchen Gründen würden Sie diese Entscheidung so treffen?
3. Worin liegen für Sie die Vorteile und Nachteile der Distanzlehre?
4. Würden Sie sich für das Masterstudium Wirtschaftspädagogik eine Mischung aus Präsenzlehre und Distanzlehre wünschen? Wenn ja, in welcher Form?

Vorlage des Studienplanes: Bitte bewerten Sie bei den nachfolgenden Fragen jeweils die Lehrveranstaltungen, die Sie im letzten Studienjahr besucht haben.

5. Welche Lehrveranstaltungen bzw. welche Lerninhalte aus Lehrveranstaltungen können aus Ihrer Sicht ohne Einschränkungen für die Kompetenzentwicklung im Distanzmodus abgehalten bzw. vermittelt werden? Bitte begründen Sie Ihre Entscheidung.
6. Welche Kompetenzen konnten Sie speziell durch die Distanzlehre erwerben?
7. Welche Qualitätskriterien der Distanzlehre würden Sie für diese Lehrveranstaltungen bzw. die Vermittlung dieser Lerninhalte definieren?
8. Welche Lehrveranstaltungen bzw. Lerninhalte sind aus Ihrer Sicht für die Distanzlehre nicht geeignet? Bitte begründen Sie Ihre Entscheidung.
9. In welchen Lehrveranstaltungen hatten Sie im letzten Studienjahr eine Distanzprüfung?
10. Bei welcher/welchen dieser Prüfungen würde es aus Ihrer Sicht Sinn machen, diese im Distanzmodus beizubehalten? Bitte begründen Sie Ihre Entscheidung.
11. Welche Qualitätskriterien würden Sie für den Distanzmodus bei diesen Prüfungen definieren?
12. Welche Prüfungen bzw. Prüfungsformen eignen sich aus Ihrer Sicht nicht für einen Distanzmodus? Bitte begründen Sie Ihre Entscheidung.

Die Rolle des Third Space zwischen Governance und Hochschulmanagement am Beispiel des österreichischen Fachhochschulsektors

Sonja Berger & Larissa Neuburger

Abstract: Hochschulen sind mit einem zunehmend steigenden Portfolio von Anforderungen und dynamischen Entwicklungen konfrontiert. Durch eine erforderliche organisationale Neuadjustierung der Hochschulorganisation, neue Formen der Interaktion sowie eine engere Koppelung von wissenschaftlichem und administrativem Bereich entstanden an den Schnittstellen neue Profile und Hochschulprofessionen, welche sich mit dem Begriff ‚Third Space' bezeichnen lassen. Dieser Beitrag beleuchtet auf individueller und organisationaler Ebene die Rolle des Third Space für das Hochschulmanagement und für eine innovative Hochschulentwicklung am österreichischen Fachhochschulsektor. Des Weiteren wird der aktuelle Status quo der beruflichen Identität sowie die organisationale Einbettung von Third Space Professionals erhoben. Die empirische Untersuchung zeigt ein sehr heterogenes Berufsverständnis sowie eine unscharfe Abgrenzung im Organisationsgefüge. Auch wenn eine Ausdifferenzierung des Third Space als eigenständige Ebene kritisch betrachtet wird, ist ein steigender Bedarf an Third Space Professionals zu konstatieren. Vor diesem Hintergrund steht der Professionalisierungsprozess an österreichischen Fachhochschulen am Anfang.

Keywords: Third Space, Professionalisierung, Hochschulmanagement, Third Space, Professionalisation, Higher Education Management

Einleitung

Ein verändertes situatives Hochschulumfeld, eine Ausdifferenzierung sowie eine zunehmende Komplexität des Hochschulsystems stellen Akteur*innen an Hochschulen vor immer neue Herausforderungen. Die Bewältigung eines zunehmend steigenden Portfolios an Anforderungen und die wachsende Komplexität im Kontext von Governance, Fortschritt und Innovation hatte die Entstehung von neuen Hochschulprofessionen zur Folge (Schneijderberg et al., 2018; Enders et al., 2013; Pasternack et al., 2018). In diesem Kontext hat sich in den vergangenen Jahren zunehmend der Bereich des ‚Third Space' entwickelt. Diese Entwicklung des Third Space hängt eng mit den strukturellen Veränderungen und einem zunehmend komplexen Hochschulbetrieb zusammen. Durch den erweiterten Verantwortungsbereich in der Selbststeuerung und der Professionalisierung des Hochschulmanagements spielen Mitarbeitende in ihrer ‚Third-Space-Funktion' eine zunehmend essentielle Rolle. Eine einheitliche Begriffsbestimmung und Klassifizierung hat sich bis dato noch nicht manifestiert, was die Komplexität des Third Space widerspiegelt. Kehm et al. (2010) sprechen etwa von sogenannten Hochschulprofessionellen. Hochschulprofessionelle agieren als ‚Übersetzer' und schaffen eine Brücke zwischen Wissenschaft und Verwaltung. Vor allem in den letzten zehn Jahren fand eine immer stärkere Diskussion über die Professionalisierung der ‚Third Space Professionals' statt. Aktuell sind die Laufbahnen bzw. Karrierepfade im Third Space jedoch noch wenig entwickelt. Das Verständnis im Allgemeinen zum Bereich des Third Space und dessen Rolle im System Hochschule erscheint als noch sehr unscharf. Vor diesem Hintergrund geht dieser Beitrag drei Fragen nach:

1. Inwieweit gibt es Symbiosen zwischen Akademia und Verwaltung und wie tragen diese zum Hochschulmanagement bei?
2. Welcher aktuelle und künftige Bedarf an Mitarbeitenden im Third Space ist an Hochschulen zu konstatieren?
3. Unter welchen Voraussetzungen können Hochschulen eine berufliche Identität und eine institutionelle Einbettung des Third Space fördern?

Das primäre Zielinteresse dieses Beitrages liegt in der Erhebung des Status quo des Themenkomplexes des Third Space in der österreichischen Fachhochschullandschaft sowie in der Darstellung und Diskussion von Empfehlungen für die Weiterentwicklung des Third Space auf Organisationsentwicklungsebene. In der vorliegenden Arbeit wurde ein qualitatives Forschungsdesign gewählt. Die Datenerhebung erfolgte mittels leitfadengestützter Expert*inneninterviews mit anschließender Auswertung auf Basis einer qualitativen Inhaltsanalyse.

1. Hochschule im Wandel

In den vergangenen 20 Jahren durchlief das österreichische Hochschulsystem einen starken Strukturwandel. Dieser Prozess war geprägt durch weitreichende Veränderungen im Hochschulsektor etwa durch die Gründung des Fachhochschulsektors in den 1990er Jahren, die Zulassung von Privatuniversitäten oder die weitreichende Zuerkennung der Autonomie der Universitäten durch das Universitätsgesetz im Jahre 2002 (UG 2002). Die Entstehung und Entwicklung neuer Hochschulprofessionen im Kontext von Veränderungen der Hochschulentwicklung und des Hochschulmanagements lässt sich vorrangig auf zwei politisch begründete Reformen – des New Public Managements (NPM) und des Bolognaprozesses zurückführen (Pasternack et al., 2018). Immer mehr wurde das österreichische Hochschulsystem Gegenstand der Bestrebungen der Verwaltungsmodernisierung, welche unter dem Begriff ‚New Public Management' (NPM) bekannt ist. Nach dem Motto ‚less state – more market' (Enders et al., 2013), handelt es sich um einen ökonomischen Modernisierungsansatz, in welchem Managementkonzepte aus dem Privatsektor in Hochschulsysteme transferiert wurden. Klumpp und Lenk (2004) zufolge zeigt sich der Modernisierungsprozess in unterschiedlichen Ausprägungen. Bei der Ausrichtung an eine Wettbewerbs- und Managementorientierung von österreichischen Universitäten und Fachhochschulen sind Unterschiede festzustellen. Neben der New-Public-Management-Reform nahm der Bolognaprozess maßgeblich Einfluss auf die Veränderung der Rahmenbedingungen und Anforderungen des österreichischen Hochschulsystems und folglich auf die Entwicklung der Personalstrukturen.

Die Neuschaffung und Zunahme von neuen Aufgaben und Tätigkeiten von Mitarbeitenden im Third Space waren und sind immer noch eng mit der Bologna-Studienarchitektur sowie der damit verbundenen steigenden Gewichtung an Qualitätssicherung, Akkreditierung oder verstärkter Arbeitsmarktorientierung verzahnt. Schneijderberg et al. (2014) unterstreichen, dass etwa gestiegene Anforderungen im Zuge des Bolognaprozesses das Wachstum von Positionen von Hochschulprofessionen nicht nur erzwingen, sondern sogar offenkundig nahelegen. Eine besonders starke Zunahme an neuen Hochschulprofessionellen sind den Veränderungen in Leitungsstrukturen und Steuerungsmechanismen zuzuschreiben. Dies bestätigt die Annahme des kausalen Zusammenhangs der Entstehung von Hochschulprofessionen im Third Space und der Veränderungsprozesse des Hochschulsystems.

2. Hochschule als hybride Organisation

Die Rolle des Third Space und deren Hochschulprofessionen kann jedoch nicht isoliert betrachtet werden, sondern sollte auch auf Organisationsebene beleuchtet werden. Durch die beschriebenen Reformprozesse entwickelten sich Universitäten beispielslos von einer Institution zur ‚unternehmerischen Organisation'. Hochschulen werden in der Literatur häufig als lose gekoppelte Expert*innenorganisationen bzw. Professionsorganisationen mit einer weitgehenden akademischen Selbstverwaltung bezeichnet. Betrachtet man die Organisationsstruktur einer Universität, so sprechen Schneijderberg et al. (2013) von zwei Kanälen. Generell kann man jedoch Parallelen in der Organisationsstruktur zu Fachhochschulen ziehen. Die innerorganisationale Zusammenarbeit in diesen beiden Bereichen hat sich stark verändert. Die Schnittstellen und Berührungspunkte zwischen Akademia und Verwaltung haben zugenommen. Nickel (2011) kommt zum Schluss, dass die Hochschulreform tiefgreifende Interventionen in die Hochschulorganisation mit sich brachte. Durch den institutionellen Wandel sind mittlerweile Managementinstrumente sowie Managementstrukturen in unterschiedlicher Ausprägung Teil des ‚Systems' Hochschule. Nickel (2012) beschreibt eine Neuordnung der Kooperationsbeziehungen zwischen Wissenschaft und Verwaltung. Gerade in diesem Schnittstellenbereich sind beobachtbare Veränderungen professioneller Rollen und neuer Jobprofile festzustellen. Nickel (2011) folgend hat sich eben in kurzer Zeit in der Personalstruktur der Third Space, ein Raum zwischen Wissenschaft und Verwaltung manifestiert. Durch den gleichzeitigen Bezug zu Lehre, Forschung und Hochschulverwaltung treffen in Hochschulen unterschiedliche Logiken aufeinander. Busse (2020) spricht von der Hochschule als multirationalem Handlungsraum. Aus der Existenz dieser Multirationalität und der Erwartung diese selbstgesteuert zu managen, resultiert die Entstehung des Third Space nach innen. Doch auch gesellschaftliche und politische Anforderungen an die Hochschulen diffundieren in das System Hochschule, in dem der Third Space nach außen ebenso eine wichtige Rolle einnimmt.

3. Der Third Space – der hybride Raum

In der Ausarbeitung des vorliegenden Beitrags, hat sich eine einheitliche Begriffsbestimmung von Mitarbeitenden im Third Space als sehr komplex dargestellt. Im deutschsprachigen Raum ist zu erkennen, dass sich bis dato noch keine endgültige einheitliche Definition, Ausformulierung bzw. Klassifikation dieser Berufsgruppe durchsetzen konnte. Im Allgemeinen kann gesagt werden, dass der Begriff Third Space begrifflich schwer zu fassen und einzugrenzen ist.

Der Begriff wurde erstmals von der britischen Hochschulforscherin Celia Whitchurch (2008) geprägt. Geht man in der Begriffsfindung und theoretischen Konzeption des Begriffs noch einen weiteren Schritt zurück, so verwendet Whitchurch (2008) den Begriff des Third Space in Anlehnung an den Literaturwissenschaftler Homi K. Bhabha, welcher zu den wichtigsten Vertretern der postkolonialen Theorie zählt und die Schlüsselbegriffe ‚Hybridität' und ‚Dritter Raum' verwendete. Demnach kann der Bereich Third Space als jener Bereich bezeichnet werden, in welchem Tätigkeiten im hybriden Raum zwischen Akademia und Verwaltung verortet sind. Es handelt sich um einen Brückenschlag zwischen administrativer und akademischer Welt, was zu einer Entstehung und Professionalisierung von Rollen führt, welche nicht eindeutig einer der beiden Welten zugeordnet werden können. Whitchurch (2008) übernimmt diese Theorie in den organisationstheoretischen Diskurs und spricht von „emergent territory between academic and professional domains, which is colonised primarily by less bounded forms of professionals" (S. 377). Präziser wird diese Personalkategorie als ‚blended professionals' bezeichnet (Whitchurch, 2009; Jenert & Brahm, 2010). Diesen Mitarbeitenden werden explizit sowohl akademische als auch administrative Aufgaben zugeschrieben, also multiple Portfolios von Third-Space-Funktionen. Whitchurch (2009) spricht hier explizit von Hochschulangehörigen „who were being recruited to dedicated appointments that spanned both professional and academic domains" (S. 408). Dies unterstreicht vor allem die in den Aufgaben und Tätigkeiten bestehende Brückenfunktion von Hochschulprofessionellen zwischen dem akademischen und administrativen Bereich. Kehm et al. (2010) bezeichnen jene Personen als wissenschaftlich qualifizierte Personen an Hochschulen, die selbst nicht primär in Forschung und Lehre tätig sind, aber die Entscheidungen des Managements sachkundig vorbereiten, Dienstleistungen etablieren und die Kernprozesse der Hochschulen – Forschung, Lehre und Studium – aktiv mitgestalten. In diesem Zusammenhang wird der Terminus ‚Hochschulprofessionelle' bzw. ‚Neue Hochschulprofessionelle', kurz HOPROs, im Englischen HEPROs (Higher Education Professionals) genannt (Kehm et al., 2010; Klumpp & Teichler, 2008; Schneijderberg et al., 2013). Beschäftigten in diesen sogenannten Hochschulprofessionen wird der hybride Charakter ihrer Tätigkeiten (weder primär in Lehre/Forschung noch primär in der Verwaltung) zugeschrieben (Schneijderberg et al., 2013). Zellweger Moser und Bachmann (2010) sprechen von „[...] akademisch sozialisierten Rollenträgern, die mit hochspezialisiertem Fachwissen auf agile Art und Weise zwischen Administration und Akademie (Stichwort grenzüberschreitend) unmittelbar auf universitäre Kernprozesse Einfluss nehmen" (S. 7). Deren Aufgabe ist das Management des immer komplexer werdenden Hochschulbetriebes als institutionalisiertes Bindeglied zwischen Akademia und Verwaltung. Konzeptionell werden die Angehörigen der Hochschulprofessionellen als Expert*innen definiert, die Aufgaben und Tätigkeiten eigenständig sowie an Schnittstellen im immer stärker differenzierten Feld zwischen Verwaltung und Forschung sowie der dritten Funktion – Wissens- und Technologietransfer sowie andere direkte Dienstleistungen für die Gesellschaft – an Hochschulen wahrnehmen (Schneijderberg et al., 2014). So zeigt sich eine sich allmählich herauszubildende und an Einfluss gewinnende Personengruppe, welche sich jedoch noch keineswegs in einem Stadium eindeutiger beruflicher und organisatorischer Standardisierung befindet (Schneijderberg et al., 2013).

Aus dem aktuellen Forschungsstand über eine einheitliche Terminologie lässt sich insgesamt ableiten, dass bis dato keine abschließende Einigkeit herrscht. Dies betrifft vor allem den österreichischen Hochschulsektor. Begründen lässt sich unter anderem dieses Phänomen auf die Komplexität und Heterogenität des Aufgabenportfolios von Mitarbeitenden im Third Space. WissenschaftsmanagerInnen, New Professionals sowie Hochschulprofessionelle sind jene Begriffe, die in der Literatur am häufigsten genannt werden. Aus dem aktuellen Forschungsstand lässt sich feststellen, dass Third Space Professionals künftig einen wichtigen Beitrag zur professionellen Hochschulentwicklung und internationalen Wettbewerbsfähigkeit von Hochschulen leisten werden (Zellweger Moser & Bachmann, 2010; Eisoldt & Bauer, 2010; Jenert & Brahm, 2010). Demnach sollen eigenständige Qualifikationsprofile, die Anerkennung einer Personalkategorie sowie Professionalisierung forciert werden. So fordern Klumpp und Teichler (2008) durch die stark gewachsene Zahl und Bedeutung der Hochschulprofessionen eine stabile Einbettung in die Hochschulen. Was die aktuelle Positionierung betrifft, so unterstreichen Schneijderberg und Schneider (2013), dass „sich das Berufsfeld der Hochschulprofessionen in einer Phase nachhaltiger Umstrukturierungs- und Differenzierungsprozesse befindet und deshalb vermutet wird, dass die individuellen, sozialen und symbolischen Rollen und beruflichen Identitäten der Gruppe der Hochschulprofessionen noch im Fluss sind" (S. 245). Armbruster (2008) spricht in diesem Zusammenhang von sogenannten Schnittstellenmanager*innen. Durch ein komplex ausdifferenziertes System aus Hochschulen und ihren Bezugssystemen sind es die Schnittstellen, welche die Hochschulprofessionellen erforderlich gemacht und hervorgebracht haben. Er vertritt die Ansicht, dass die Hochschule als gesamtes Team zu betrachten ist und Hochschulprofessionelle als Mittler für das Zusammenspiel sorgen können. Zahir (2010) erweitert diese Perspektive, in dem sie die Relevanz von Third Space Professionals als organisations- und bildungspolitische Akteure hervorhebt. Aus ihrer Sicht trägt die Arbeit im Third Space zu einer ‚institutionellen Stabilität' sowie zu einer effektiveren Problemlösung mit neuen Ansätzen bei. Carstensen (2015) bezeichnet Akademiker im Third Space als „Change Agents in multiprofessionellen Teams, die Innovationsprojekte umsetzen und eine besondere Nähe zur Institutionenforschung aufweisen. Ebenso häufig bauen sie Brücken und vermitteln zwischen Akademia und Administration, um etwa ein optimales Forschungs- oder Lehrmanagement zu gewährleisten" (S. 2). Dieses Bild bestätigen Jenert und Brahm (2010) indem sie von einer ‚entgrenzten Tätigkeit' sprechen. Das Anforderungsprofil des Third Space überspannt verschiedene Funktionsbereiche und bewegt sich zwischen Serviceangebot, politisch-administrativer Mitgestaltung und akademisch-forschender Tätigkeit. Nickel und Ziegele (2010) sehen im Gegensatz dazu, wie bereits erläutert, das Wissenschaftsmanagement als repräsentierend für den akademischen Zwischenraum. Nickel (2013) stellt in diesem Kontext jedoch fest, dass sich ‚Wissenschaft' und ‚Management' nach wie vor skeptisch gegenüberstehen. Wissenschaftsmanagement wird dabei als ‚Scharnierposition' betrachtet, um strategische Anforderungen sowie Dienstleistungsfunktionen der Wissenschaft wahrzunehmen (Hochmuth et al., 2020; Krempkow et al., 2019). So bestätigt sich auch der Zusammenhang zwischen der Entwicklung des Hochschul- und Wissenschaftsmanagements und der größer gewordenen Autonomie und Selbststeuerung von Hochschulen in den vergangenen Jahren.

4. Forschungsmethode

Nach der theoretischen Bearbeitung der Forschungsthematik wurde für die vorliegende Arbeit ein qualitativer Forschungszugang in Form von leitfadengestützten Expert*inneninterviews gewählt. Für deren Durchführung wurde ein Interviewleitfaden erstellt. Dieser Leitfaden wurde auf Basis einer theoretischen Voranalyse des Forschungsgegenstandes und anhand der Forschungsfrage und Unterfragen erarbeitet. Die Auswertung der Expert*inneninterviews erfolgte mittels der Methode der qualitativen Inhaltsanalyse nach Mayring (Mayring, 2015).

Sampling

Die vorliegende Arbeit umfasst eine Stichprobe im Umfang von sieben Interviewpartner*innen. Als Zielgruppe für die Interviews wurden Expert*innen ausgewählt, welche aufgrund ihrer Tätigkeit im Hochschulmanagement, Hochschulleitung, Hochschulentwicklung, aber auch in der Personalentwicklung unterschiedliche Perspektiven und Zugänge zum Forschungsthema haben. Der Fokus bezieht sich hierbei nicht nur auf das Fachwissen der Expert*innen, sondern auch auf die aktuelle Praxiserfahrung und Handlungsempfehlungen zur Forschungsthematik. In diesem Zusammenhang wurde beim Sampling berücksichtigt, dass die Interviewten bereits mit institutionellen Aufgaben betraut sind und die Perspektiven der Hochschulgovernance von innen und außen kennen. Beim Sampling wurde außerdem auf eine Ausgewogenheit hinsichtlich Tätigkeit in den Bereichen Hochschulleitung, Hochschulentwicklung und Personalentwicklung geachtet.

5. Forschungsergebnisse und Diskussion

Diese Arbeit beschäftigt sich mit der Fragestellung, inwieweit Akademia und Verwaltung im Third Space als Symbiose agieren können und unter welchen Voraussetzungen dieser Hochschulbereich seine eigene Identität formen kann. Die Ergebnisse der qualitativen Analyse zeigen, dass durch gestiegene Ansprüche an das Wissenschaftssystem sowie dem exponentiellen Wachstum des (Fach-)Hochschulsektors neue Tätigkeitsbereiche entstanden sind. Spezialisierung, Professionalisierung sowie organisatorische Neuaufstellungen waren im Zuge dieser Entwicklung erforderlich. Ein ganzheitlicher Blick von allen Befragten auf das System Hochschule zeigt, dass im Zwischenraum von wissenschaftlichem und administrativem Personal in den vergangenen Jahren an den Schnittstellen neue Symbiosen und damit verbundene Aufgabenbereiche und Tätigkeitsfelder entstanden sind, welche dem Third Space zugeordnet werden können.

Um die erste Forschungsfrage beantworten zu können, inwieweit es Symbiosen zwischen Akademia und Verwaltung gibt und welche Rolle sie für das Hochschulmanagement spielen, bedarf es einer detaillierten Betrachtung der Organisation Hochschule. In der Literatur werden Hochschulen generell häufig als lose gekoppelte Expertenorganisationen bezeichnet. Die Organisation ist in ihrer Struktur durch eine Binarität gekennzeichnet (Schneijderberg et al., 2013). In diesem Kontext kam es jedoch in der Vergangenheit zu einer Neuadjustierung von Kooperationsbeziehungen zwischen Wissenschaft und Verwaltung (Nickel, 2012). Die Forschungsergebnisse der qualitativen Inhaltsanalyse weisen jedoch auf die spezifische Beschaffenheit der Organisation Hochschule hin, wenn es darum geht Symbiosen innerhalb einer Hochschulorganisation feststellen und fördern zu können.

Die Frage nach einer vorhandenen und notwendigen Koppelung von Akademia und Verwaltung brachte bei den Befragten ein einheitliches Meinungsbild. In den Aussagen war mehrheitlich festzustellen, dass trotz einer klassischen Aufteilung von zwei Spaces, nämlich Verwaltung auf der einen Seite und Akademia auf der anderen Seite, Symbiosen vorhanden und auch unerlässlich sind. Der Verwaltungsbereich auf der einen und der wissenschaftliche Bereich auf der anderen Seite sollten jedoch nicht nebeneinander, sondern miteinander agieren. Den Aussagen der Interviewten zufolge, bestehe die Notwendigkeit einer Symbiose von Akademia und Verwaltung, da sich beide Bereiche gegenseitig brauchen würden. Ergänzend zur Abgrenzung von wissenschaftlichem und administrativem Personal, seien in den vergangenen Jahren verstärkt Symbiosen in Form von neuen Aufgabenbereichen entstanden, welche sich unter dem Begriff Third Space zusammenfassen lassen. Symbiosen sind vor allem in Querschnittsbereichen entstanden. Die Ergebnisse der Analyse weisen darauf hin, dass organisatorische Neuaufstellungen aber auch die Professionalisierung und Spezialisierung der Mitarbeitenden vor allem in Third-Space-Positionen notwendig waren, um mit einem Strukturwandel umgehen zu können. Eine engere Verzahnung, sprich Symbiosen von Akademia und Verwaltung, wurde von allen Befragten als unerlässlich genannt.

Im Zusammenhang der Koppelung von Akademia und Verwaltung durch den Third Space zeigte sich eine gewisse Ambivalenz in den Aussagen. Interessant erscheint in diesem Zusammenhang die Kontextualisierung mit dem Terminus Third Space. Organisational gesehen erachten einige Befragte die Bündelung von Expert*innen im sogenannten Third Space als notwendig. So sei es unheimlich wichtig, unterschiedliche Logiken, Denksprachen und Organisationswissen zu vereinen. Doch standen einer Ausdifferenzierung des Third Space als eigenständigen Bereich bzw. dritten Raum manche Interviewte kritisch gegenüber, da dies mit einer zusätzlichen Komplexität im Wissenschaftssystem in Verbindung gebracht wurde. An dieser Stelle könnte man annehmen, dass es zwar zahlreiche Symbiosen zwischen Akademia und Verwaltung gibt, diese jedoch nicht bewusst in erster Linie mit dem Terminus Third Space in Verbindung gebracht werden. Vielmehr ginge es wie bereits von Nickel und Ziegele (2010) erwähnt um eine Professionalisierung des Wissenschaftssystems.

Die Rolle und das Verständnis von Third Space stellen sich generell als sehr heterogen und komplex dar. Bereits aus der Literaturanalyse lässt sich feststellen, dass der Third Space und jene Personen, die in diesem Bereich tätig sind, begrifflich und thematisch schwer zu fassen sind (Schneijderberg et al., 2014; Schmidlin et al.,2020; Nickel & Ziegele, 2010). Zum Verständnis von Third Space lässt sich feststellen, dass der Terminus per se bei der Hälfte der befragten Personen wenig bis gar nicht geläufig bzw. schwer fassbar war. Man kann erkennen, dass es ein Raum ist, welcher schwer zu definieren und einzuordnen ist. Das Verständnis und die Definition von Third Space sind unscharf. Es wurde mehrmals in den Interviews erwähnt, dass es in jedem Fall einer näheren Reflexion und Auseinandersetzung mit der Thematik bedarf. Bei allen interviewten Personen war zwar die Existenz implizit bewusst, doch eine berufliche Identität bzw. Verankerung im Organigramm sei in den jeweiligen Hochschuleinrichtungen nicht vorhanden. Eine einzige Hochschule hatte den Third Space in Form einer Hochschulentwicklungsabteilung abgebildet. Aus Sicht der Befragten fehle grundsätzlich die Bewusstseinsbildung über den Third Space und es sei im ersten Schritt eine Sensibilisierung und Bewusstseinsschaffung nötig. Grundsätzlich wurde der Third Space von mehreren Expert*innen als ein Gemeinschaftsraum zwischen Akademia und Verwaltung eingeordnet, welcher sich über Tätigkeiten bzw. Tätigkeitsfelder definiert und dazu dient, die Nahtstelle zwischen Akademia und Verwaltung zu schließen.

Eine Abgrenzung des Berufsfeldes über die Rolle, der Tätigkeit und der beruflichen Identität lässt sich nicht eindeutig darstellen. Dies lässt vermuten, dass eine Abgrenzung deshalb so schwierig ist, da das Tätigkeitsprofil des Third Space verschiedene Funktionsbereiche in einer Brückenfunktion umspannt. Die Ergebnisse der Interviews haben verdeutlicht, dass die in der Literatur erfassten Definitionen wie Third Space Professionals, HOPROS, Wissenschaftsmanager*innen, New Professionals, Hochschulprofessionelle unterschiedlich bewertet wurden. Folglich scheint keine der erwähnten Bezeichnungen als eindeutig treffsicher. Daraus kann abgeleitet werden, dass Mitarbeitende im Third Space eher nach ihrer Rolle und Tätigkeit bezeichnet werden, anstatt nach einem einheitlichen Terminus. Bereits aus der Literaturanalyse lässt sich ableiten, dass der Third Space als Tätigkeitsfeld an Schnittstellen bzw. als Zwischenraum mit Hybridcharakter definiert wird (Schneijderberg et al., 2013; Schmidlin et al., 2020; Nickel & Ziegele, 2010). Basierend auf der Datenanalyse wird der Third Space mehrheitlich als Zwischenraum, Schnittstelle, Nahtstelle und Gemeinschaftsraum gesehen. In ihrer Rolle werden Third Space Professionals als Mittler*innen bzw. als Schnittstellenmanager*innen für das Zusammenspiel eines komplex ausdifferenzierten Systems aus Hochschulen und ihren Bezugssystemen gesehen. Einheitlich wird ihnen ein Expertenstatus mit einem expliziten Beitrag zur professionellen und innovativen Hochschulentwicklung und Hochschulmanagement eingeräumt (Zellweger Moser & Bachmann, 2010; Eisoldt & Bauer, 2010; Jenert & Brahm, 2010). Bei den Befragten ist eindeutig die Rolle von Third Space Professionals als Vermittler*innen, Mediator*innen bzw. Moderator*innen erkennbar. Folglich scheint es eine ‚bridging position' zu sein. Im Gegensatz dazu standen zwei Expert*innen der Rolle als Mediatorin bzw. Mediator kritisch gegenüber. Dabei sei von grundlegender Bedeutung, dass Third Space Professionals vielmehr eine proaktive Rolle einnehmen. Im Sinne der Binarität der Hochschulorganisation wurden Third Space Professionals als Moderator*innen gesehen. Die primäre Aufgabe Letzterer sahen die Interviewten in der Vermittlung zwischen unterschiedlichen disziplinären Sprachen und Logiken. In diesem Kontext weisen die Ergebnisse darauf hin, dass Third Space Professionals durch Kenntnisse der Kernprozesse sowie Wissen aus beiden Säulen eine aktive Rolle für die Hochschulentwicklung und das Hochschulmanagement innerhalb der Organisation einnehmen. An dieser Stelle könnte man meinen, dass sie als eine Art Seismograph agieren und am Puls der Zeit sein müssen. Das Wissen von außen sowie Kenntnisse über Kernprozesse und strategische Entwicklungen des Hochschulmanagements sind unerlässlich, um zu einer innovativen Hochschulentwicklung beitragen zu können. Es zeigt sich, dass es sich um jene Personen innerhalb einer Hochschulorganisation handelt, deren Arbeitsbereiche verschiedene Aspekte des Wissenschafts,- Lehr,- und Hochschulmanagements umfassen. Folglich scheint, dass sie somit nicht nur wichtige Intermediäre, sondern auch strategische Partner*innen innerhalb der Hochschulorganisation sind. Im Kontext von Weiterentwicklung und Innovation wurde Third Space Professionals von einem Experten die Rolle als Impulsgeber mit dem Third view zugeordnet. In diesem Zusammenhang wurde mehrmals angesprochen, dass Third Space Professionals in ihrer Rolle ein Stück weit aus der eigenen Disziplin aussteigen müssten, um neue Aspekte der Hochschulentwicklung weiterentwickeln zu können. Durch diese Schnittstellen- und Übersetzerfunktion wird zudem die Interdisziplinarität innerhalb der Organisation gefördert. Third Space Professionals werden vorrangig in forschungsnaher Unterstützung, lehrnaher Unterstützung, Governance und Management sowie Dienstleistungen und Querschnittsaufgaben verortet (Schmidlin et al., 2020). Vor allem Bereiche wie Bildungsmanagement, Qualitätsmanagement, Innovationsmanagement Forschungskoordination, Internationales, E-Learning, Curriculumsentwicklung sowie Hochschulentwicklung werden vorwiegend dem Third Space zugeordnet (Zellweger Moser & Bachmann, 2010; Schneijderberg et al., 2014; Kehm et al., 2010). Die Datenauswertung ergab folgende Bereiche, in denen die Expert*innen Third Space Professionals vornehmlich zuordnen würden: Hochschulentwicklung, Qualitätsmanagement, Gender & Diversity, Nachhaltigkeit, E-Learning, Forschungskoordination, Forschung und Transfer, Lehr- und Lernentwicklung, Internationalisierung. Die Datenanalyse verdeutlicht, dass es sich bei diesen Bereichen um Querschnittsthemen und Brückenfunktionen handelt.

Zum gegenwärtigen und künftigen Bedarf an Third Space Professionals lässt sich aus der theoretischen Analyse feststellen, dass Faktoren wie steigende Aufgabenkomplexität und inhaltliche Anforderung von Organisationsaufgaben in Wissenschaftseinrichtungen sowie die Entstehung neuer, spezialisierter Organisationseinheiten im Hochschulmanagement den künftigen Bedarf an Third Space Professionals erhöhen werden (Schneijderberg et al., 2013; Nickel & Ziegele, 2010; Krücken et al., 2010). Dem Berufszweig des Wissenschaftsmanagements, als weiterer Terminus für den Third Space, wird für die weitere Entwicklung der Hochschulen große Bedeutung beigemessen (Wissenschaftsrat, 2018). Die Ergebnisse der Forschungsarbeit verdeutlichen, dass die Expert*innen künftig von einem steigenden Bedarf an Third Space Professionals ausgehen. Begründet wird dies durch die Notwendigkeit einer Professionalisierung sowie einer Effizienzsteigerung an Hochschulen. Die Datenanalyse ergab weiters, dass Third Space Professionals künftig als innovative Akteur*innen an einer Weiterentwicklung von Hochschulen nicht nur mitwirken, sondern diese aktiv mitgestalten werden. Alle Interviews waren davon gekennzeichnet, dass sich das situative Umfeld von Hochschulen durch steigende Komplexität und steigenden Anforderungen verändert hat und sich stetig verändern wird. Durch diese Veränderungen und die Notwendigkeit Hochschulen effizienter und agiler zu machen, gingen die Expert*innen von einem steigenden Bedarf an Third Space Professionals aus. Die Ergebnisse zeigten auch einen weiteren wesentlichen Aspekt. Die Bedeutung an Third Space Professionals hat auch in der Vergangenheit zugenommen, jedoch stand das Bewusstsein und das Verständnis dieser Berufsgruppe bis dato im Hintergrund. Ein ganzheitlicher Blick zeigt, dass es aus Sicht der Befragten primär einer Sensibilisierung und Bewusstseinsschaffung über den Third Space am österreichischen Hochschulsektor auf unterschiedlichen Ebenen (institutionell als auch politisch) bedarf. Grundsätzlich handelt es sich bei dieser Berufsgruppe im österreichischen Hochschulraum um eine nicht formell stabilisierte Berufsgruppe bzw. um keine eigene Personalkategorie (Schneijderberg et al., 2014; Wissenschaftsrat, 2018). Auch bei einigen Befragten konnte kein klares professionalisiertes Berufsbild und Berufsfeld identifiziert werden. Die Gründe dafür könnten an einer mangelnden Sensibilisierung und fehlenden Rahmenbedingungen für dieses Berufsfeld am österreichischen Hochschulsektor liegen.

Zur Förderung der beruflichen Identität sowie der institutionellen Einbindung des Third Space kann festgestellt werden, dass in diesem Kontext das Rollenverständnis, das Selbstverständnis sowie die Selbstidentifikation als eigene Berufsgruppe von großer Bedeutung sind (Krempkow et al., 2019; Klumpp & Teichler, 2008). Auf heutigem Forschungsstand basierend, handelt es sich jedoch um eine noch sehr junge Profession mit mangelndem Selbstverständnis und mangelnder organisationaler Einbettung. Häufig wird eine Tätigkeit im Third Space als Scheitern in der wissenschaftlichen Karriere wahrgenommen. Eine eigene professionelle Identität ist noch zu schwach entwickelt bzw. befindet sich das Berufsfeld in einem Umstrukturierungs- und Differenzierungsprozess (Nickel & Ziegele, 2010; Schneijderberg & Schneider, 2013). Demnach ist die Entwicklung dieser Berufsgruppe noch im Fluss. Die Datenanalyse ergab, dass durch die Komplexität des Hochschulsystems eine Professionalisierung und Spezialisierung des Hochschulpersonals unerlässlich sind. Dennoch weisen die Ergebnisse der Analyse ein heterogenes Verständnis zur Berufsgruppe der Third Space Professionals auf. Es lässt sich derzeit aus Sicht der Expert*innen kein homogenes Bild zur beruflichen Identität und organisationalen Einbettung identifizieren. Hochschulen könnten primär durch eine Sensibilisierung und Bewusstseinsbildung auf individueller und institutioneller Ebene Voraussetzungen zur Förderung dieser Berufsgruppe schaffen. Eine individuelle Karriereentwicklung durch Erweiterung von Kompetenzen und Verbreiterung des eigenen Profils könnten zudem zur Schärfung des Profils beitragen. Folglich scheinen die individuelle, systematische Förderung und Karriereentwicklung sowie Karrierewege von Third Space Professionals wichtig für die berufliche Identität und Professionalisierung zu sein. Ergänzend wird auf die Einbindung hochschulpolitischer Akteure hingewiesen. Zugleich wurden damit Risiken und Limitationen verbunden. Demnach könnte man meinen, dass politische Rahmenbedingungen ebenso eine Voraussetzung zur Förderung des Third Space darstellen.

Die organisationale Einbettung wird ambivalent gesehen. Obwohl Third Space Professionals in unterschiedlichen Organisationseinheiten verortet sind, bilden sie keine eigene Statusgruppe (Wissenschaftsrat, 2018). Dies kann durch die breite Diversität an Tätigkeitsbereichen sowie einem mangelndem Berufsverständnis argumentiert werden. Eine Ausdifferenzierung des Third Space als eigenständige Ebene zu den beiden Hauptsäulen wird als kritisch betrachtet (Wissenschaftsrat, 2018). Die Datenanalyse weist bei mehreren Befragten ebenfalls eine kritische Haltung gegenüber des Third Space als zusätzliche Ebene auf. Eine Verankerung von Third Space Professionals innerhalb von Abteilungen sehen mehrere Befragte hingegen als notwendig. Eine Bündelung von Expert*innen befanden mehrere Interviewte in Form einer eigenen Abteilung für sinnvoll. Auf Basis der vorliegenden Ergebnisse wird verdeutlicht, dass sich der Prozess einer organisationalen Einbettung als herausfordernd und langsam gestalten könnte. Um hier entgegenzusteuern, wurde mehrmals die Notwendigkeit eines flexiblen und agilen Zugangs in der Organisationsstruktur festgehalten.

6. Konklusion und Handlungsempfehlungen

Die empirische Untersuchung dieser Arbeit fokussierte sich auf den österreichischen Fachhochschulsektor. Sowohl die theoretische Auseinandersetzung als auch die empirische Untersuchung dieser Arbeit haben gezeigt, dass der Third Space und demnach Third Space Professionals künftig in einem veränderten Gefüge der Hochschulorganisation eine immer wichtigere Rolle als professionelle Intermediäre spielen werden. Interessant erscheint in diesem Zusammenhang, dass in diesem Bereich, ob der Wichtigkeit dieser Berufsgruppe im aktuellen Hochschulkontext, noch Forschungslücken zu erkennen sind.

Auf Basis der Forschungsergebnisse lassen sich folgende Handlungsempfehlungen ableiten, wie sich der Third Space auf Ebene der Organisationsentwicklung weiterentwickeln kann:

Die Ergebnisse der qualitativen Interviews haben gezeigt, dass der Third Space vor allem in Österreich ein junges Berufsfeld darstellt, welches professionalisiert werden muss und dessen berufliche Identität und Selbstverständnis gefördert und geschärft werden sollte. Um den Third Space Professionals den notwendigen Raum geben zu können, sollte das Verständnis für diese Berufsgruppe in erster Linie innerhalb der Hochschulen gefördert werden. Eine Sensibilisierung und Bewusstseinsbildung für den Third Space unter Einbindung politischer Akteure könnte demnach ein essentieller Schritt sein, um in Richtung Professionalisierung gehen zu können.

Karrierepfade sind aktuell noch nicht planbar und definiert. Für eine entsprechende Karriereförderung dieser Berufsgruppe muss das Verständnis innerhalb der Hochschulorganisation gestärkt werden. Eine Professionalisierung kann beispielsweise über individuelle Förderung, persönliche und institutionelle Stärkung von Third Space Professionals weiterentwickelt werden. Dafür müssen institutionelle und auch politische Rahmenbedingungen adaptiert werden, etwa in Form von unbefristeten Dienstverhältnissen. In diesem Prozess ist die Personalentwicklung stark gefordert, diese Zielgruppe in den Blick zu nehmen, spezifisch zu fördern sowie Laufbahnen innerhalb der eigenen Organisation zu entwickeln. Aus Sicht der Organisationsentwicklung wäre eine zielgruppenspezifische Personalentwicklung im Wissenschaftsmanagement sinnvoll und wichtig.

Durch eine deutliche Heterogenität in der Bezeichnung von Third Space Professionals (New Professionals, Hochschulprofessionelle, HOPROS, Third Space Professionals) empfiehlt sich eine Abgrenzung des Third Space über die Rolle, über die Tätigkeiten und über das Selbstverständnis. Die institutionelle Zugehörigkeit und der Funktionsbereich spielen dabei eine wichtige Rolle. Third Space Professionals finden sich aktuell in sehr spezifischen und neuen Rollen. Ausgestattet mit einem breiten Kompetenzprofil, agieren Third Space Professionals als Change Agents, Moderator*innen, Innovator*innen, Gestalter*innen innerhalb sowie außerhalb der Hochschulorganisation.

Ein verändertes situatives Hochschulumfeld, eine Ausdifferenzierung sowie eine zunehmende Komplexität des Hochschulsystems stellen Akteur*innen an Hochschulen vor immer neue Herausforderungen. Zur Bewältigung eines zunehmend steigenden Portfolios an Anforderungen sind Professionals gefragt, die, ausgestattet mit einem breiten Skillsset, zur Weiterentwicklung der Hochschule aktiv beitragen. Durch verstärkte Symbiosen zwischen wissenschaftlichem und administrativem Bereich, spielen Third Space Professionals als Expert*innen eine Rolle als innovative Intermediäre und leisten dadurch einen wesentlichen Beitrag zum Hochschulmanagement. Es geht um die Übersetzungstätigkeit an Schnittstellen, welche unter anderem auch die Einzigartigkeit dieses Bereiches ausmacht. Dadurch können Third Space Professionals als strategische Partner*innen für eine innovative Hochschulentwicklung gesehen werden, die damit den Hochschulsektor aktiv weiterentwickeln.

Literatur

Armbruster, B. (2008). Professionelles Schnittstellenmanagement: Die Hochschule als Team. In B. Kehm, E. Mayer & U. Teichler (Hrsg.), *Hochschulen in neuer Verantwortung: strategisch, überlastet, divers?* (S. 179–180). Internationales Zentrum für Hochschulforschung Kassel, Lemmens Medien GmbH, Bonn.

Busse, S. (2020). Hybride Organisationen führen – das Beispiel Hochschule. *Organisationsberatung, Supervision, Coaching, 27*(3), 347–364. https://doi.org/10.1007/s11613-020-00664-6

Carstensen, D. (2015). *Third Space in Hochschulen. Ein Raum für neue Aufgaben.* Abgerufen von https://www.wissenschaftsmanagement.de/dateien/dateien/weiterbildung/downloaddateien/wim_2015_01_doris_carstensen_third_space_in_hochschulen.pdf

Eisoldt, F. & Bauer, N. (2010). Third-Space – First Place: Qualitätssprung für das Management von Lehre und Forschung. *Zeitschrift für Hochschulentwicklung, 5*(4). https://doi.org/10.3217/zfhe-5-04/04

Enders, J., de Boer, H. & Weyer, E. (2013). Regulatory autonomy and performance: the reform of higher education re-visited. *Higher Education, 65*(1), 5–23. https://doi.org/10.1007/s10734-012-9578-4

Hochmuth C., Krempkow, R., Sankowsky, H., Thelen, U. , Tschaut, A., & Wadzack, A. (2020). Wissenschaftsmanagement als Grundlage für strategisches Planen, Handeln und Führen in wissenschaftlichen Einrichtungen. In *Positionspapier des Netzwerks Wissenschaftsmanagement e. V.* Abgerufen von https://netzwerkwissenschaftsmanagement.de/index.php?article_id=130

Jenert, T. & Brahm, T. (2010). „Blended Professionals“ als Akteure einer institutionsweiten Hochschulentwicklung. *Zeitschrift für Hochschulentwicklung, 5*(4). https://doi.org/10.3217/zfhe-5-04/11

Kehm, B., Mayer, E., & Teichler, U. (Hrsg.). (2008*). Hochschulen in neuer Verantwortung. Strategisch, überlastet, divers? Experten für das Hochschulsystem: Hochschulprofessionen zwischen Wissenschaft und Administration* (S. 169–171). Bonn: Lemmens.

Kehm, B., Merkator N., & Schneijderberg, C. (2010). Hochschulprofessionelle?! Die unbekannten Wesen. *Zeitschrift für Hochschulentwicklung, 5*(4), 23–39. https://doi.org/10.3217/zfhe-5-04/03

Klumpp, M. & Lenk, T. (2004). *New Public Management am Beispiel der Hochschulen in Österreich und der Schweiz.* Universität Leipzig Institut für Finanzen, Finanzwissenschaften. Arbeitspapier, No. 30: Leipzig. Abgerufen von https://www.econstor.eu/obitstream/10419/52366/1/672213540.pdf

Klumpp, M. & Teichler, U. (2008). Experten für das Hochschulsystem: Hochschulprofessionen zwischen Wissenschaft und Administration. In B. Kehm, E. Mayer, & U. Teichler (Hrsg.), *Hochschulen in neuer Verantwortung,* (S. 169–171). Bonn: Lemmens.

Krempkow, R., Harris-Huemmert, S., Hölscher, M., & Janson, K. (2019). Wissenschaftsmanagement, quo vadis? Ansätze zur Definition, Personal- und Organisationsentwicklung. *Personal in Hochschule und Wissenschaft entwickeln, 4*, 17–29.

Krücken, G., Blümel, A. & Kloke, K. (2010). Hochschulmanagement – auf dem Weg zu einer neuen Profession?. *wsi-Mitteilungen, 63*(5), 234–241. https://doi.org/10.5771/0342-300X-2010-5-234

Nickel, S. (2011). Governance als institutionelle Aufgabe von Universitäten und Fachhochschulen. In T. Brüsemeister & M. Heinrich (Hrsg.), *Autonomie und Verantwortung. Governance in Schule und Hochschule* (S. 123–144). Münster: Monsenstein und Vanderdat.

Nickel, S. (2012). Engere Kopplung von Wissenschaft und Verwaltung und ihre Folgen für die Ausübung professioneller Rollen in Hochschulen. In U. Wilkesmann, C. J. Schmid, *Hochschule als Organisation*, (S. 279–291). Wiesbaden: Springer VS.

Nickel, S. & Ziegele, F. (2010). *Karriereförderung im Wissenschaftsmanagement – nationale und internationale Modelle. Eine empirische Vergleichsstudie.* CHE Centrum für Hochschulentwicklung GmbH. Abgerufen von https://www.uniheidelberg.de/md/journal/2011/11/studie_karrierefoerderung_im_wissenschaftsmana gement_band_1.pdf

Mayring, P. (2015). *Qualitative Inhaltsanalyse. Grundlagen und Techniken.* 12. überarbeitete Auflage. Weinheim und Basel: Beltz.

Pasternack, P., Schneider S., Trautwein, P., & Zierold, S. (2018). *Die verwaltete Hochschulwelt: Reformen, Organisation, Digitalisierung und das wissenschaftliche Personal. Hochschul- und Wissenschaftsforschung.* Halle-Wittenberg: Berliner Wissenschafts-Verlag.

Schmidlin, S., Bühlmann, E., & Muharremi, F. (2020). *Next Generation und Third Space: neue Karriereprofile im Wissenschaftssystem.* Schweizerischen Akademie der Geistes- und Sozialwissenschaften. https://doi.org/10.5281/zenodo. 3923494

Schneijderberg, C., Merkator, N., Teichler, U., & Kehm, B. (2013). *Verwaltung war gestern? Neue Hochschulprofessionen und die Gestaltung von Studium und Lehre.* Frankfurt am Main: Campus 87.

Schneijderberg, C, & Schneider, N. (2013). Rollen und berufliche Identitäten von Hochschulprofessionellen. In C. Schneijderberg, N. Merkator, U. Teichler & B. Kehm. (2013). *Verwaltung war gestern: Neue Hochschulprofessionen und die Gestaltung von Studium und Lehre,* (S. 245–281). Kassel.

Schneijderberg, C., Schneider, N. & Teichler, U. (2014). *Die Berufssituation von Hochschulprofessionellen: Aufgaben, Tätigkeiten, Kompetenzen, Rollen und berufliche Identität.* International Centre for Higher Education Research Kassel. Universität Kassel.

Whitchurch, C. (2008). Shifting Identities and Blurring Boundaries: the Emergence of Third Space Professionals in UK Higher Education. *Higher Education Quarterly, 62*, 377–396. https://doi.org/10.1111/j.1468–2273.2008.00387.x

Whitchurch, C. (2009). The rise of the blended professional in higher education: a comparison between the United Kingdom, Australia and the United States. *Higher Education, 58*(3), 407–418. https://doi.org/10.1007/s10734-009-9202-4

Wissenschaftsrat. (2018). *Empfehlungen zur Hochschulgovernance.* Drs. 7328–18. Abgerufen von https://www.wissenschaftsrat.de/download/archiv/7328-18.pdf?__blob=publication File&v=1

Zahir, A. (2010). Third Space Professionals as Policy Actors. *Zeitschrift für Hochschulentwicklung, 5*(4). https://doi.org/10.3217/zfhe-5-04/05

Zellweger Moser, F., & Bachmann, G. (2010). Zwischen Administration und Akademie-Neue Rollen in der Hochschullehre. *Zeitschrift für Hochschulentwicklung, 5*(4). https://doi.org/10.3217/zfhe-5-04/01

Krise als Katalysator?

Wechselwirkungen zwischen „Digitaler Lehre“ und gesellschaftlichen Entwicklungen – ein theoretisch informierter Werkstattbericht

Paul Reinbacher

Abstract: Dieser Beitrag interpretiert die Tendenzen der Digitalisierung im Bereich hochschulischer Lehre (kurz: „Digitale Lehre“) nicht wie verbreitet üblich als Folge hochschulpolitischer Strategien oder hochschuldidaktischer Anstrengungen, sondern als Ausdruck gesellschaftlicher Entwicklungen mit der „Corona Krise“ als wesentlichem Katalysator. Dies führt auf der einen Seite zu Effizienz- und Effektivitätssteigerungen (kurz: „adaptive upgrading“ mit Talcott Parsons), auf der anderen Seite zu systemischen Spannungen („integrative strains“). Als anschauliches Beispiel für damit einhergehende Veränderungen in der Gesellschaft und an Hochschulen dient darüber hinaus der bekannte Online-Versandhändler, sodass wir außerdem von einem Prozess der „Amazonisierung“ sprechen können.

Keywords: Digitale Lehre, Gesellschaft, Wertewandel

1. Intro

Von den zahlreichen, das 21. Jahrhundert tiefgreifend prägenden Transitions- und Transformationsprozessen sowie den damit einhergehenden bzw. dadurch ausgelösten Krisen wurde im *Call for papers* zur vierten Tagung des Netzwerks Hochschulforschung Österreich ausdrücklich jene extensive Digitalisierung der hochschulischen Lehre, also „Distanzlehre“ bzw. „Digitale Lehre“ adressiert, die zur Bewältigung der Covid-19-Pandemie maßgeblich beigetragen hat, und die *post coronam* nachhaltiger etabliert ist als Proponent*innen neuer Lehr-/Lern-Technologien bis vor wenigen Jahren zu hoffen gewagt hätten (z. B. Wang et al., 2010; Johnston et al., 2018; Wipper & Schulz, 2021). In diesem Licht betrachtet wird die „Corona-Krise“, so unsere Vermutung aus sozialwissenschaftlicher, insbesondere sozial- und gesellschaftstheoretisch informierter (also nicht aus pädagogisch-didaktischer oder aus techn(olog)isch-ingenieurwissenschaftlicher) Perspektive, zu einem Katalysator für ganz grundlegende gesellschaftliche Entwicklungen der *longue durée* (vgl. zu dieser Idee ausführlicher bereits Reinbacher, 2021a).

Mit etwas anderen Worten: Umfangreiche Digitalisierung und vor allem „Digitale Lehre“ (zu der wir in weiterer Folge zunächst eher großzügig alle technologisch vermittelten Formate, und das heißt vor allem: sowohl synchrone als auch asynchrone Lehr-/Lern-Settings) zählen, sollten daher einerseits keineswegs nur als das intendierte Ergebnis von hochschulpolitischen und hochschuldidaktischen Strategien, sondern noch grundlegender als (nicht intendierte und mehr oder weniger reflektierte)

Epiphänomene eines gesamtgesellschaftlichen Werte- und Strukturwandels, der sich unter anderem im Hochschulsektor bemerkbar macht, verstanden werden. Sie sollte aber zugleich andererseits keineswegs nur als unilineare Folge dieses gesamtgesellschaftlichen Werte- und Strukturwandels, sondern zugleich als eine der Ursachen für das Voranschreiten dieses Wandels sowie letztlich als ein Katalysator für soziale und kulturelle Entwicklungen in verschiedenen Bereichen der Gesellschaft, wie beispielsweise im Hochschulsektor, interpretiert werden.

Wir vermuten demnach also, dass zwischen hochschulischer Digitalisierung bzw. sogenannter „Digitaler Lehre" einerseits und grundlegenden gesellschaftlichen Entwicklungen andererseits Wechselwirkungen bestehen. Diese Wechselwirkungen werden zwar sowohl von konkreten Ereignissen wie der „Corona-Krise" (Stichwort: *emergency remote teaching*) als auch von Strategien konkreter Akteur*innen (z.B. BMBWF, 2022) beeinflusst, lassen sich aber keineswegs darauf reduzieren.

Unser Essay geht diesen Vermutungen im Rahmen eines „Werkstattberichts" gewissermaßen „in Echtzeit" nach und analysiert unter Rückgriff auf die klassische system- und handlungstheoretische Heuristik von Talcott Parsons als „Werkzeug" die Wechselwirkungen zwischen hochschulischer Digitalisierung bzw. sogenannter „Digitaler Lehre" sowie den sozialen und kulturellen Tiefenstrukturen von Gesellschaft und Hochschulbetrieb (z.B. Parsons & Platt, 1973; dazu Reinbacher, 2019, 2021). Er zeigt damit sowohl theoretisch als auch praktisch an konkreten Beispielen aus dem Hochschulalltag, weshalb und inwiefern die von Parsons identifizierte instrumentelle und individuelle (kognitive) Rationalität durch die Digitalisierung als Megatrend bzw. „Muster" (Nassehi, 2019) verstärkt und mittlerweile möglicherweise sogar durch eine infantilisierende (expressive) Rationalität ergänzt wird (z.B. Adorno, 1955, 1963, 1970; Anders, 1956; 1961; auch Huxley, 1932, Pfaller, 2017, eher polemisch Kissler, 2020).

Der sozialtheoretisch informierte Blick des gegenständlichen Beitrages zeigt auf, dass die extensive Digitalisierung und allen voran der extensive Einsatz von Digitaler Lehre zwar (1) auf der einen Seite zu wünschenswerten Effizienz- und Effektivitätssteigerungen („*adaptive upgrading*" nach Talcott Parsons) führt, aber dass dies zugleich (2) auf der anderen Seite wenig wünschenswerte Wirkungen („*integrative strains*") hat. Hinzu kommen (3) paradoxe Effekte, wie beispielsweise sowohl zunehmende „Familienfreundlichkeit" als auch zunehmende „Familienunfreundlichkeit" hochschulischer Lehre (weil Studium und familiäre Betreuungspflichten sich zwar besser vereinbaren lassen aber zugleich der Eindruck entsteht, das eine ließe sich „nebenbei" erledigen, was es vor allem jungen Müttern erschwert, Raum und Zeit für das Studium zu erkämpfen). Vor allem aber handelt es sich (4) dabei zugleich um die Ursache und die Wirkung der schon seit längerer Zeit zu beobachtenden individualisierenden, instrumentalisierenden und mittlerweile auch infantilisierenden Tendenzen in der Gesellschaft sowie in weiterer Folge auch im Hochschulbetrieb (Stichworte: „MOOCs", „Micro-Credentials", „Gamification" etc.), sodass nicht nur die Corona-Pandemie, sondern Digitalisierung und „Digitale Lehre" diese Entwicklungen wie unter einem Brennglas bündeln (Reinbacher, 2021b).

2. Theorie

Der Rückgriff auf die system- und handlungstheoretische Heuristik von Talcott Parsons (z. B. Parsons & Platt, 1973; Parsons, 2007, 2023; Reinbacher, 2021a) erlaubt einerseits die analytische Unterscheidung und synthetische Verschränkung verschiedener Ebenen wie der Gesamtgesellschaft, der Hochschullandschaft mit ihren Teilsektoren, der einzelnen Hochschulen sowie der handelnden Akteur*innen und andererseits die Berücksichtigung der verschiedenen Dimensionen des Handelns dieser Akteur*innen, also der sozialen und kulturellen Strukturen (Werte und Normen als kollektive Komponenten) sowie der psychischen und behavioralen Elementen (Motive und Verhalten als individuelle Aspekte) samt der dazwischen bestehenden Wechselwirkungen.

Im Zentrum der Überlegungen steht dabei der soziale Doppel- bzw. Dreifachcharakter von Hochschule als Interaktion, als Institution und zunehmend als Organisation. Wenn im Alltag von „Hochschule" (als Universität und Fachhochschule einschließendem Überbegriff) die Rede ist, so kommen zuerst ja meist unmittelbar Erlebnisse in den Blick, die auf der Ebene von Interaktion angesiedelt sind: Man bezieht sich auf Situationen in der Lehre, auf Auseinandersetzungen mit Student*innen, auf die Zusammenarbeit mit Kolleg*innen, Vorgesetzten oder Gremien und dergleichen mehr. Selten werden diese persönlichen, individuellen Erfahrungen auch mit gesellschaftlichen Erwartungen, also mit sozialen Normen, Rollen etc. abgeglichen – obwohl doch (zumindest aus Sicht der Sozialwissenschaften) gerade die Hochschule noch um einiges grundlegender eine Institution darstellt, also eine auf Dauer angelegte Einrichtung zur Lösung fundamentaler gesellschaftlicher Bestandsprobleme, die zwar unter spezifischen historischen, geographischen, sozialen und kulturellen Bedingungen jeweils unterschiedliche Gestalt annimmt, aber dennoch ab einem gewissen Grad der sozialen Komplexität als universell gelten kann. Hinzu kommt als dritter Aspekt die Hochschule als Organisation, mithin als zweckrationales Mittel, und damit zugleich als ein augenscheinlicher Ausdruck jener gesellschaftlichen Entwicklungen, nämlich als einer in der klassischen Tradition der Moderne stehenden „Rationalisierung" (Weber, 1920 [1904/1905]), die Talcott Parsons am doppelten Wertmuster aus *institutionalized individualism* und *instrumental activism* festgemacht hat. Diese Perspektive (z. B. Pellert, 1998; Wilkesmann & Schmid, 2012) ist eine verhältnismäßig neue und bringt zum Ausdruck, dass soziale Zusammenhänge, wie beispielsweise die Hochschule, heute zunehmend als instrumentelle Mittel zum Zweck der Maximierung individueller Nutzenerwartungen verstanden werden – womit der Sachverhalt, dass soziale Beziehungen auch um ihrer selbst willen gepflegt werden wollen bzw. soziale Gebilde auch über einen ihnen inhärenten Selbstzweck verfügen (im Hochschulbetrieb klassisch als *universitas magistrorum et scholarium*), sehr oft zumindest ins Hintertreffen gerät.

Bestes Beispiel für diesen Sachverhalt ist die flächendeckende Implementierung von Qualitätsmanagement, das die Qualität einer Hochschule daran festmacht, inwieweit sie der Erfüllung von Erwartungen dienlich ist (Stichwort: Effektivität, Effizienz oder gar Exzellenz), und das diese damit vorrangig als Organisation (griech. organon, Werkzeug) im Dienste von Anspruchsgruppen und ihrer Anforderungen betrachtet. Auf der interaktionalen Ebene kommt diese Sichtweise ebenfalls dort zum Ausdruck, wo in sogenannten „Lehrveranstaltungsevaluierungen" die Zufriedenheit der Student*innen mit dem Angebot abgefragt und als Ansatzpunkt für Maßnahmen (zum Beispiel hochschuldidaktische Fortbildung für Dozent*innen) genommen wird. Mit anderen Worten: Wir haben es zunächst einmal mit dem Ergebnis eines gesamtgesellschaftlichen Wertewandels (und erst indirekt mit geänderten bildungspolitischen Strategien) zu tun, wenn – um auf eine Unterscheidung von Niklas Luhmann (1990, S. 635 ff.) zurückzugreifen – in unserer heutigen Zeit die Leistungsbeziehungen zwischen den einzelnen Subsystemen der Gesellschaft (die sich wechselseitig als Mittel für die eigenen Zwecke betrachten) den Vorrang gegenüber Funktionsbeziehungen zwischen den Subsystemen und der Gesellschaft (die sich am Beitrag der Teile zum Ganzen orientieren) beanspruchen (dazu ausführlicher z. B. Reinbacher, 2019, 2021a).

In weiterer Folge und jüngerer Zeit wird diese Dominanz der instrumentellen und individuellen, vorrangig kognitiven Rationalität im Modus der Mittel und Zwecke, also die an Effektivität (Wirksamkeit) und Effizienz (Wirtschaftlichkeit) orientierte Zweckrationalität (ausführlich Reinbacher, 2023) durch die Digitalisierung als Megatrend bzw. „Muster" (Nassehi, 2019) gesellschaftlicher Entwicklung verstärkt, sowie damit einhergehend durch eine infantile, (selbst-)infantilisierende, vorrangig expressive Rationalität ergänzt – wenn nicht in Teilen ersetzt (neben Kissler, 2020 z. B. Postman, 1985; Bly, 1996; Wertheimer, 2001; Barber, 2007). Statt um objektive, sachliche Begründungen geht es um subjektive, persönliche Bedürfnisse, die Beschwerde ersetzt die Kritik und Gefühle gewinnen in einer Art „Gegenaufklärung" an Bedeutung: Die prinzipiell unwiderlegbare Autorität der ersten Person immunisiert sich gegen kritische Auseinandersetzung. Widerspruch wird kurzerhand als Kränkung interpretiert. Das dünnhäutige Ich will beschützt werden vor der Welt, vor sich selbst und vor den Anstrengungen des Erwachsenwerdens (Dusini & Edlinger, 2012; dazu Reinbacher, 2021b, S. 35 ff., 2022).

Wenn heute eine Befriedigung von Bedürfnissen „auf Knopfdruck" und gewissermaßen „in Echtzeit" erwartet wird, so entspricht dies jenem Zeitgeist, der sich in der Rolle des Kunden oder gar des Konsumenten gut gefällt, und der sich in diesem kindlichen (bzw. besser: kindischen) Rollenverständnis eines trotzigen „willhaben" gemütlich eingerichtet hat, den Blick auf der Suche nach Bedürfnisbefriedigung dabei meist auf einen Bildschirm gerichtet, denn: Digitalisierung beschleunigt die Kommunikation und hebt das Anspruchsniveau, Antwortzeiten werden immer kürzer – Warten nervt.

3. Evidenz

Die Folgen dieser Entwicklungen für den (tertiären) Bildungsbetrieb sind zwar kaum zu übersehen, und doch werden sie in aller Regel eher zur Kenntnis genommen als in Hinblick auf ihre sozialstrukturellen Implikationen hin analysiert. Demgegenüber vermuten wir an dieser Stelle, dass (1) an „Digitaler Lehre“ als einem relativ neuen Interaktionsformat tiefgreifende gesellschaftliche Transformationsprozesse, die nun auch im Hochschulbetrieb Fuß fassen, sich quasi *en miniature* beobachten lassen, dass (2) die Pandemie zwar auf der Mikroebene als Problem der physischen Präsenz aufgefasst werden kann, doch die mit Vehemenz vorangetriebene Virtualisierung der Lehre zusätzlich als Katalysator für Veränderungen der *longue durée*, denen Hochschulen auf der Makroebene ausgesetzt sind, wirkt, sowie dass letztlich (3) die damit einhergehenden Wirkungen und Nebenwirkungen für Betroffene einen herausfordernden Balanceakt darstellen. Einerseits gibt es Effizienz- und Effektivitätssteigerungen im Sinne eines *adaptive upgrading*. Diese resultieren zum Beispiel aus Filterung der Selbstdarstellung durch reduzierte Wahrnehmungsmöglichkeiten in Videokonferenzen (Sozialdimension), aus einer Fokussierung auf Inhalte durch verengte Kommunikationskanäle (Sachdimension) oder aus einer Flexibilisierung der Abhaltungsformate (Zeitdimension). Erkauft wird dies durch *integrative strains*, zum Beispiel aufgrund einer Vernachlässigung des akademischen Ethos (Sozialdimension), einen Verzicht auf kreative Exkurse (Sachdimension) oder eine Verkürzung der Aufmerksamkeitsspannen (Zeitdimension).[1]

Wenn das entweder optimistisch als Fortschritt begrüßt oder kulturpessimistisch als Verfall beklagt wird, tritt allerdings leider meist auf, was der Physiker und Philosoph Herbert Pietschmann (2016) als „H-X-Verwirrung“ bezeichnet hat: Jede der beiden Seiten konzentriert sich einerseits auf die Vorteile der eigenen Position und arbeitet sich andererseits an den Nachteilen der Gegenseite und deren Position ab, statt vor allem die eigene Position möglichst selbstkritisch und ausgewogen zu betrachten. Beispielsweise betonen die Proponent*innen digitaler Technologien, dass damit ein Studium für jene, die aufgrund geographischer Distanz zur Hochschule und/oder familiärer Betreuungspflichten andernfalls darauf eher verzichten würden, leichter möglich würde, während die Opponent*innen darauf hinweisen, dass „Digitale Lehre“ den Eindruck vermittle, Kinderbetreuung ließe sich nebenbei bewerkstelligen, was insbesondere für weibliche Student*innen erschwere, von der Familie ausdrücklich Zeit für das Studium zugestanden zu bekommen.

Weitere Beispiele lassen sich ausgehend von dem vorhin beschriebenen analytischen Schema einer zunehmenden individuellen und instrumentellen sowie infantilen Rationalität identifizieren (z. B. Krainz & Csar, 2022; siehe dazu außerdem die Abbildung 1): Individualisierung zeigt sich zunächst beispielsweise ganz banal an dem hierzulande seit „Bologna“ üblichen und heute kaum mehr hinterfragten Sammeln von ECTS-Punkten in einem gesamteuropäischen System, das unter anderem zu dem von Stefan Kühl (2012) beschriebenen „Sudoku Effekt“ führt. Vorher hat dies aber

1 Hinter dieser Denkfigur liegt die Parsons'sche Idee eines Analyseschemas mit vier Systemfunktionen (Anpassung, Zielerreichung, Integration und Mustererhaltung; englisches Akronym: AGIL): Während durch „Distanzlehre“ die (externen) adaptiven Funktionszusammenhänge gestärkt werden, geraten die „gegenüberliegenden“ (internen) integrativen Aspekte unter Druck, was das System unter Spannung setzt.

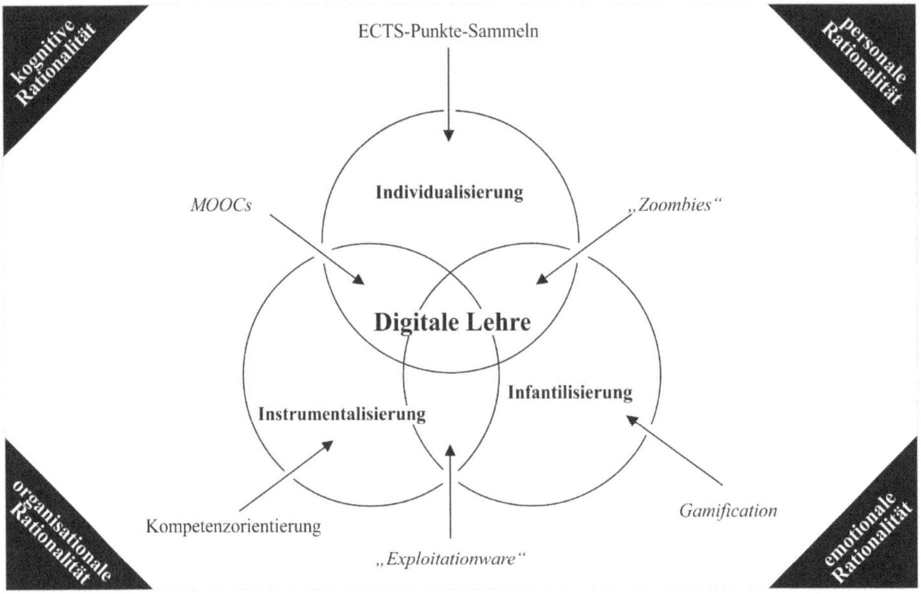

Abb. 1: Beispiele für die Folgen einer zunehmenden individuellen und instrumentellen sowie infantilen Rationalität im Fall der Digitalen Lehre

noch zur Folge, dass das Ergebnis von Bildung als Phänomen auf Ebene einzelner, am Bildungsprozess beteiligter Personen verstanden wird. Instrumentalisierung tritt, daran anschließend, in der mittlerweile vorrangigen Ausrichtung von Bildungsprozessen an der Aneignung von explizit als Kompetenzen beschriebenen Inhalten bei gleichzeitigem Ausblenden der impliziten Sozialisation in einer *universitas magistrorum et scholarium* zutage. Im Seminar kommt der Gruppe aus Dozent*innen und Kommiliton*innen nur ein Wert zu, wenn sie sich als Mittel zum Zweck der Aneignung von Wissen nutzen lässt. Infantilisierung sehen wir an der Übertragung von Prinzipien des Spielens auf institutionelle Bildungskontexten unter der Bezeichnung *gamification*. Was zunächst wie eine harmlose Behübschung an der Oberfläche aussieht, entpuppt sich bei näherem Hinsehen als *edutainment*, das nicht mehr Emanzipation (gegenüber extrinsischen Motivatoren im Zuge der emotionalen Entwicklung) durch Bildung unterstützt, sondern einen verführerischen Echtzeit-Ersatz bietet.

In der Schnittmenge von Individualisierung und Infantilisierung finden wir, wie im Zuge der Corona-Pandemie gut zu sehen, (emotionale) Vereinsamung vor den Bildschirmen der diversen Endgeräte und damit einhergehend den Verlust von Gelegenheiten der Vergemeinschaftung (wofür man in doppelter Anspielung auf die bekannte Software für Videokonferenzen und das gleichnamige *science-fiction-horror-movie* den Begriff der *zoombies* geprägt hat). In der Schnittmenge von Individualisierung und Instrumentalisierung ist der Trend in Richtung sogenannter *massive open online courses* zu verorten. Diese treiben die zeitliche Ent-Grenzung, die soziale Ent-Bettung und die sachliche De-Kontextualisierung auf die Spitze. Maximale Flexibilität bei der Aneignung von Wissen (oder zumindest Aufnahme von Informationen) wird erkauft mit dem Verzicht auf Zusammenhänge zwischen Themen, Situationen und Personen. In der Schnittmenge von Instrumentalisierung und Infantilisierung kippt das *edutainment* durch *gamification* in sogenannte *exploitationware* (Bogost, 2013), indem stark simplifizierte und standardisierte Praktiken des Spielens unter die Räder einer demokratiefeindlichen, kapitalistischen Logik geraten. Sie werden zu einer Suggestion des Spiels, die menschliche Emotionen benutzt, um das Subjekt zu manipulieren und dessen Autonomie zu unterminieren.

Darüber hinaus erschweren zumindest zwei Spannungsfelder den Umgang mit diesen Entwicklungen zusätzlich. Einerseits bewegt sich „Digitale Lehre" zwischen den beiden Polen der kognitiven und der expressiven Rationalität, was bedeutet, dass sie sowohl der Steigerung von Effektivität und Effizienz verpflichtet ist als auch der Emotionalität der beteiligten Personen, also unmittelbar der Student*innen in ihrer Rolle als Nutzer*innen und Kund*innen (bzw. Konsument*inen) sowie mittelbar der Dozent*innen in ihrer Rolle als Produzent*innen gerecht werden sollte, weil sich daraus die Bestimmung von Qualität speist – kurz: Zielerreichung und Zufriedenheit. Andererseits ist „Digitale Lehre" verortet zwischen den Polen der organisationalen und der personalen Rationalität, was bedeutet, dass tertiäre Lehr-/Lern-Prozesse in unserer Zeit stets in einem organisierten bzw. organisationalen Rahmen stattfinden, zugleich aber die jeweils beteiligten individuellen Personen als Prämisse von Bedeutung sind, weshalb das Gelingen der Lehre auch in Zeiten der Digitalisierung weiterhin ein paradoxes Unterfangen darstellt, ganz im Sinne der Kantischen Frage „Wie kultiviere ich die [personale] Freiheit bei dem [organisationalen] Zwange?"

4. „Amazonisierung" der Gesellschaft

Treten wir nun noch einmal einen Schritt zurück, so erkennen wir in der oben unter Rückgriff auf Talcott Parsons und andere beschriebenen gesellschaftlichen Entwicklung einer durch „Digitalisierung" verstärkten Individualisierung, Instrumentalisierung und Infantilisierung ein Muster, das wir als „Amazonisierung" sowohl der Gesellschaft als auch des in die Gesellschaft eingebetteten Hochschulsektors bezeichnen können (dazu ausführlicher Reinbacher, 2024). Da sich außerdem die Entwicklung der Gesellschaft auf den Hochschulsektor (Stichwort: „Digitale Lehre") auswirkt und diese Entwicklung im Hochschulsektor wegen dessen Einbettung in die Gesellschaft wiederum umgekehrt auf diese zurückwirkt, haben wir es mit einem sich selbst verstärkenden Wechselwirkungszusammenhang zu tun (siehe auch hier wieder Abbildung 2).

Mit dem von Konzepten wie „McDonaldisierung" und „Disneysierung" (Ritzer, 1993; Bryman, 2004; für Hochschulen z. B. Hartley, 1995; Parker & Jary, 1995; Hayes & Wynyard, 2002) inspirierten Begriff der gesellschaftlichen „Amazonisierung" ist dabei zunächst einmal nicht nur eine (letzten Endes stets äußerlich bleibende) „Amazonifikation" in dem Sinne gemeint, dass der bekannte Online-Versandhändler als global agierendes Unternehmen mit seinen Produkten und Dienstleistungen, Plattformen und Diensten die Welt des Warenhandels (sowie in weiterer Folge die Welt

Abb. 2: Wechselseitige Verstärkung von Entwicklungen in der Gesellschaft und im Hochschulsektor

darüber hinaus; z.B. Bauman, 2007; Misik, 2009) ökonomisch kapert und ästhetisch überformt, politisch desavouiert sowie letztlich moralisch deformiert. Vielmehr geht es noch grundlegender um die Durchdringung der Gesellschaft und ihrer Institutionen, also ihrer sozialen und kulturellen Strukturen mit jenen Prinzipien, auf denen der Erfolg von Amazon beruht.

Daran wird schon deutlich, dass es sich bei den tiefenstrukturellen Veränderungen einerseits nicht um eine von außen oder oben aufgezwungene Unterwerfung (durch Jeffrey „Jeff" Bezos als Unternehmensgründer oder eine andere neoliberale Weltverschwörung bzw. „Weltregierung"), sondern um eine vielfach bereitwillig mit offenen Armen aufgenommene Umgestaltung der Verhältnisse handelt, und dass diese andererseits weniger das Ergebnis einer gezielten Gestaltung, sondern eher emergent aus selbstorganisiert vonstattengehenden Wechselwirkungen zwischen Faktoren des *push* und des *pull* sind (weshalb beispielsweise das Bargeld über weite Strecken weniger *top-down* durch Anordnungen abgeschafft, als vielmehr freiwillig *bottom-up* zugunsten bargeldloser Kartenzahlung als einer auf den ersten Blick attraktiven Alternative aufgegeben zu werden scheint, oder weshalb alltägliche Annehmlichkeiten der „Digitalen Lehre" wie der Entfall von Wegzeiten für Student*innen oder von Heizkosten für Hochschulen mindestens so wirkmächtig sind wie die strategischen Papiere der Politik).

Die These ist also, dass der bekannte Online-Versandhändler den aktuellen Zeitgeist zwar keineswegs „erfunden" hat, ihn allerdings idealtypisch zum Ausdruck bringt (und zugleich für die eigene Geschäftstätigkeit brillant zu nutzen imstande ist). Bei diesem Zeitgeist handelt es sich um die Etablierung von *Convenience* als axialem Prinzip und damit einhergehend um „bequem/unbequem" als strukturbildende Differenz, weshalb es ziemlich naheliegend erscheint, im Fall unserer zeitgenössischen

Gesellschaft von einer „Bequemlichkeitsgesellschaft" zu reden und die damit einhergehenden Implikationen für den Hochschulbetrieb zu skizzieren. Selbstverständlich ist an dieser Stelle der Vollständigkeit halber festzuhalten, dass die Rede von einer „Bequemlichkeitsgesellschaft" keineswegs bedeutet, anzunehmen, dass heute paradiesische Zustände herrschen, unter denen es sich alle bequem machen können. Im Gegenteil: Über weite Strecken wird es angesichts der an allen Ecken und Enden auftauchenden Krisen zusehends unbequem.

Das gilt in vergleichbarer Weise für den Hochschulsektor, wo der Druck auf (zunehmend im Beruf stehende und zugleich mit familiären Betreuungsaufgaben belastete) Student*innen oder (in einem System des *publish-or-perish* prekär beschäftigten) Dozent*innen stetig steigt. Die Interpretation gesellschaftlicher und damit einhergehend zugleich auch hochschulischer Entwicklungen als „Amazonisierung" und die Identifikation von *Convenience* als axialem Prinzip deuten hier darauf hin, dass es sich um charakteristische Strukturmerkmale handelt, die soziale Zusammenhänge ausgehend von der Differenz „bequem/unbequem" maßgeblich und zugleich sehr widersprüchlich prägen.[2]

Deutlich wird dies bereits an den von Jeffrey „Jeff" Bezos propagierten und selbst praktizierten Prinzipien – allen voran an jener *customer obsession*, die der Amazon-Gründer bereits 1997 in seinem ersten *letter to the shareholders* als zentrales Element allen Denkens und Handelns im Unternehmen präsentiert hat: *Obsess Over Customers: From the beginning, our focus has been on offering our customers compelling value*, und: *We will continue to focus relentlessly on our customers.*

Wenngleich wir in vielen Bereichen der Gesellschaft und auch im Hochschulbetrieb (noch) weniger von Konsument*innen oder Kund*innen sprechen, sondern den Begriff *stakeholder* verwenden, so erkennen wir das dahinterliegende Prinzip der *convenience*. Denken wir nur an das oben genannte Beispiel des Qualitätsmanagements, das „Qualität" im derzeit die Diskussion dominierenden Paradigma auf Basis der DIN-EN-ISO definiert, nämlich als „Grad, in dem ein Satz inhärenter Merkmale Anforderungen erfüllt", was letztlich zur Zufriedenheit der Anspruchsgruppen führen soll. Diese stehen im Mittelpunkt aller Prozesse (und daher, wie ein böses *bonmot* sagt, allen anderen im Weg), weil sich alles um die Erhebung *ex ante* und die Erfüllung *ex post* ihrer Wünsche dreht.

2 Vergleichbares trifft auf andere Versuche der Etikettierung zu. Wir leben heute zwar in einer „Wissensgesellschaft", während es weiterhin vielerorts Unwissen und Ignoranz gibt, was aber nicht der Tatsache widerspricht, dass Anwendung und Abwesenheit von Wissen die Gesellschaft insgesamt stärker prägen, als dies früher der Fall gewesen ist. In ähnlicher Weise bedeutet die Rede von einer „Organisationsgesellschaft" ja nicht, dass Familien und Freundeskreise keine Bedeutung mehr haben oder dass Netzwerke keine immer wichtigere Rolle spielen, sondern dass die Unterscheidung zwischen formal organisierten und informellen Zusammenhängen die Gesellschaft stärker prägt, als dies früher der Fall gewesen ist. Vgl. zu weiteren Beispielen auch Kneer, 1997.

Aber auch die weiteren Prinzipien der „Bezonomics" (Dumaine, 2020; auch Bryar & Carr, 2020; Stone, 2013) sind heute gesamtgesellschaftlich weitgehend akzeptiert und werden darüber hinaus im Rahmen von *new public management* (anstelle von *old public administration*) unter anderem im Hochschulbetrieb großflächig implementiert: Konsequentes Innovationsstreben, langfristiges Denken und operative Exzellenz – wer könnte da schon etwas dagegen haben? Und äußert man Skepsis, so macht man sich damit zumindest in hohem Maße verdächtig. Keine Hochschule kann es sich heute leisten, auf Visionen, Leitbilder, Strategien, Qualitätsmanagement, Controlling und dergleichen zu verzichten, was der soziologische Neoinstitutionalismus (z. B. Hasse & Krüger, 2020; Baumeler, 2009 sowie dort zitierte Literatur) als Phänomen der Anpassung interpretiert (Stichwort: „Mimetischer Isomorphismus"). Dies begründet jener nicht zuletzt damit, dass die Anwendung als legitim geltender Mittel gewissermaßen eine Art von Versicherungsschutz bietet, weil die Verantwortlichen im Fall ihres Scheiterns immerhin darauf verweisen können, dass die „verbreitet üblichen" Vorkehrungen getroffen worden sind und man zumindest in dieser Hinsicht „richtig" gehandelt bzw. entschieden hat.

Bereits bei etwas näherem Hinsehen treten allerdings die Widersprüchlichkeiten deutlich zutage. Vor allem sehen wir, dass die Bequemlichkeit (beispielsweise für Student*innen als Konsument*innen) auf der einen Seite nicht selten mit Unbequemlichkeit (für Dozent*innen als Produzent*innen) auf der anderen Seite „erkauft" wird – wie ja auch im Fall des Online-Versandhandels die bequemen Einkaufsbedingungen für Kund*innen (allen voran die rasche Lieferung, oft über Nacht und binnen weniger Stunden) auf der einen Seite mit bestenfalls als „unbequem" zu bezeichnenden, mitunter sogar unmenschlichen Arbeitsbedingungen für Mitarbeiter*innen in den Logistikzentren sowie vor allem für (scheinbar) Selbständige im Auftrag der Paketlieferdienste erkauft werden.

5. „Amazonisierung" der Hochschule

Zusammengenommen zeigen unsere – zugegeben: kursorischen – Überlegungen nun an dieser Stelle, dass sich die hochschulische Digitalisierung und die „Digitale Lehre" als Ausdruck einer allgemeinen „Amazonisierung" des Hochschulbetriebs verstehen lassen und einige Entwicklungen der letzten Jahrzehnte sich daran zwar nicht exklusiv, aber doch in einem besonders deutlichen Ausmaß zeigen.

Dies beginnt bereits beim Wunsch nach Befriedigung individueller, um nicht zu sagen: idiosynkratischer Bedürfnis- und Bedarfslagen, die bisher (abgesehen von klassischen Sonderfällen wie dem *studium irregulare*) im Rahmen von curricular verorteten, meist in physischer Präsenz vor Ort abgehaltenen Lehrveranstaltungen berücksichtigt werden wollten. Hier eröffnet neben der Europäisierung (siehe nur „Transfer" im *European Credit Transfer System*) nun die Digitalisierung neue Möglichkeiten durch Akkumulation von *micro credentials*, *massive open online courses* etc. im Zuge der Ausbildung (sofern man das damit einhergehende additive, mechanistische Denken akzeptiert und nicht ein ganzheitliches, holistisches Bild von Bildung pflegt).

Während die Entwicklung arbeitsmarktgängiger Kompetenzen schon seit Längerem als maßgebliches Kriterium für die Effektivität von Hochschulstudien anerkannt ist, nimmt die Diskussion über Validierung und Anerkennung non-formal und informell erworbener Kompetenzen zwecks Steigerung der Effizienz des Studienbetriebs nun erst an Fahrt auf. Aber nachdem bereits mit der synchronen, umso mehr aber mit der asynchronen „Digitalen Lehre" der institutionelle Rahmen des Wissenserwerbs an Bedeutung verliert, überzeugen auf die Bedeutung des Mitvollziehens und Mitgestaltens diskursiver Prozesse in Lehrveranstaltungen abzielende Argumentationslinien ohnehin immer weniger. Wenn es ausschließlich darum geht, am Individuum feststellbare Kenntnisse, Kompetenzen etc. zu erwerben und nachzuweisen, ist es tatsächlich eine Verschwendung von Ressourcen, diese, sobald sie einmal vorhanden sind, in ein Seminar einzubringen.

Hinzu kommt, dass neben der (beispielsweise geographisch gedachten) Verbreiterung des Zugangs zum Studium die Vereinbarkeit des Studiums mit beruflichen, familiären sowie anderen Verpflichtungen immer wichtiger wird (vgl. die Audits „Hochschule und Familie" in Österreich und „familiengerechte Hochschule" in Deutschland) – nicht zuletzt weil es immer weniger „traditionelle", also ihre Lebens- und Arbeitszeit für eine bestimmte, meist unmittelbar an die Erlangung der Hochschulreife anschließende biographische Zeitspanne vorrangig dem Studium und dem damit einhergehenden sozialen Leben widmende Student*innen gibt. Gründe dafür gibt es wiederum mehrere, einer davon ist aber sicher, dass ebendieses soziale Leben durch die Verlagerung des Studiums in den virtuellen Raum immer weniger am Gelände von Hochschulen sichtbar und spürbar ist. Vor diesem Hintergrund scheint es außerdem immer weniger realistisch (und zugleich immer weniger legitim), Beiträge von Seiten der Student*innen zur *universitas* zu erwarten oder gar einzufordern. Nicht umsonst haben Interessenvertretungen (wie ÖH, AStA und VSS) mit sinkender Beteiligung zu kämpfen. Wenn Arbeitgeber*innen den (unter anderem auf solch ausbleibendes studentisches Engagement zurückzuführenden) Mangel an Sozialkompetenz bei Absolvent*innen kritisieren, reagieren die Hochschulen mit der Aufnahme einschlägiger Lehrveranstaltungen in die Curricula (und kompensieren damit wohl in Teilen auch ein Defizit, das sie durch die Engführung ihrer Studienpläne erzeugt haben).

Darüber hinaus sind Digitalisierung und „Digitale Lehre" gut geeignet, die kognitive Komponente der Bequemlichkeit zu unterstützen. Im Rahmen von hochtechnologischen Lehr-/Lern-Umgebungen, die zunehmend von einer (bis dato noch die Illusion der Beherrschbarkeit erweckenden) künstlichen Intelligenz bespielt werden und die im Gegenzug immer weniger auf die fehleranfällige natürliche Intelligenz angewiesen sind, lassen sich Prozesse auf der Grundlage großer Datenmengen nun in einem bisher nicht vorstellbaren Ausmaß kontrollieren und evaluieren. Damit einher geht eine Kalkulierbarkeit, die Überraschungen und Unvorhersehbarkeit reduziert, womit zu guter Letzt auch Transparenz und Fairness gefördert werden – man denke nur an immer wieder aufbrechende Diskussionen über unterschiedliche, „unfair" genannte Leistungsanforderungen in den parallel geführten Gruppen ein und derselben

Lehrveranstaltung im Curriculum: Hier bietet insbesondere die – künstlich intelligent verarbeitete – Datafizierung eine Vielzahl an neuen Möglichkeiten, um ohne die mit menschlichen Dozent*innen einhergehenden Beschränkungen und Risiken einerseits eine neue Skalierbarkeit von Formaten, andererseits eine neue Steuerbarkeit von Inhalten zu erreichen.

Vor diesem Hintergrund erscheint Digitalisierung bzw. „Digitale Lehre" weniger als Revolution im Sinne disruptiver Innovation und vielmehr als Schritt im Zuge der sozialen Evolution mit dem Potential, früher oder später über diese hinauszugehen, indem mit künstlicher Intelligenz eine technologische Emergenzebene *sui generis* entsteht (nach der organischen Ebene, also Leben, der psychischen Ebene, also Denken und der sozialen Ebene, also Kommunizieren; Luhmann, 1984; Baecker, 2018; Helbig, 2018; in diesem Sinne auch Reinbacher, 2017). Diese wird weiterhin auf die darunter liegenden, genuin „menschlichen" Ebenen der Emergenz bzw. Existenz angewiesen sein – jene jedoch im kybernetischen Sinne nach ihrer eigenen, „von unten" nicht mehr (vollständig) durchschaubaren Logik kontrollieren. Nur naive Geister gehen heute nämlich noch davon aus, dass die neue, künstliche sich durch die alte, natürliche (organische, psychische, soziale) Intelligenz nur als Mittel für unsere Zwecke einsetzen lässt, um beispielsweise nach dem Modell des „E-Bike" oder des „Exoskeletts" die Effektivität und Effizienz der natürlichen durch Einsatz der künstlichen Intelligenz zu steigern.

6. Outro

Digitalisierung bzw. „Digitale Lehre" sind demnach nicht nur (und vielleicht nicht einmal vorrangig) eine Frage der verfügbaren Technologie und der (im Angesicht von zu bewältigenden Krisen) verfolgten Strategien einzelner Akteur*innen, sondern auch (und vielleicht sogar vorrangig) ein Epiphänomen jener gesellschaftlichen Entwicklungen, die sich zusammenfassend als „Amazonisierung" beschreiben lassen: Durch die voranschreitende Implementierung einer individuellen, instrumentellen und letztlich infantilen Rationalität gerät auch der Hochschulsektor als Teil der „amazonisierten" Gesellschaft unter Druck, diese Entwicklungen nachzuvollziehen. Auf Seiten der Hochschulen lässt sich damit einerseits Legitimität durch Anpassung herstellen, während andererseits mit internen Spannungen zu rechnen ist. Diese veränderten Bedingungen an Hochschulen wirken dann außerdem als Sozialisationsinstanz für künftige Generationen, die wiederum die Gesellschaft prägen. Als strukturbildende Differenz greift nicht nur in der Gesellschaft, sondern zunehmend auch im Hochschulbetrieb jene von „bequem/unbequem" um sich: Student*innen möchten als Kund*innen oder sogar als Konsument*innen in einer bequemen, auf ihre spezifischen Bedürfnisse und Lebensumstände zugeschnittenen Weise möglichst unmittelbar „praktisch" anwendbare Kompetenzen erwerben. Dies bezieht sich nicht nur auf physische, körperliche Komponenten (z. B. Wegfall von Wegzeiten zur Hochschule durch Studieren vom Schreibtisch zuhause), sondern auch auf psychische, kognitive (z. B. Anbringen von *trigger warnings* und Einrichtung von *safe spaces*, um unangenehme Irritation zu vermeiden). Die Hochschule wird in erster Linie als Mittel für die jeweiligen eigenen Zwecke (sei es Entfaltung, Emanzipation oder „Employability") betrachtet, weniger jedoch als Selbstzweck, für den es sich im Interesse von Gemeinschaft und Gesellschaft nicht unmittelbar rentable Mühen zu unternehmen lohnt, anerkannt.[3]

Als *game changer* wird sich in diesem Zusammenhang die künstliche Intelligenz erweisen, die mit ihren Algorithmen imstande ist, die unteren Ebenen der Emergenz – und damit einhergehend der menschlichen Existenz – zu kontrollieren (z. B. Baecker, 2018, Nassehi, 2019). Dabei mögen derlei emergente, also ungeplante und sprunghafte Entwicklungen für Technologie-Expert*innen wie beispielsweise Sundar Pichai, seines Zeichens CEO von Google, überraschend erscheinen[4] – aus sozialwissenschaftlicher Sicht und vor allem aus Sicht der sozialwissenschaftlichen Systemtheorie sind sie demgegenüber weniger aufsehenerregend (man möchte sogar sagen: nahezu naheliegend).

Literatur

Adorno, Th. W. (1955). *Prismen: Kulturkritik und Gesellschaft*. Berlin: Suhrkamp.

Adorno, Th. W. (1963). Kann das Publikum wollen? In A. R. Katz (Hrsg.), *Vierzehn Mutmaßungen über das Fernsehen: Beiträge zu einem aktuellen Thema* (S. 202–208). München: dtv.

Adorno, Th. W. (1970). *Erziehung zur Mündigkeit: Vorträge und Gespräche mit Hellmut Becker 1959–1969*. Frankfurt a. M.: Suhrkamp.

Anders, G. (1956). *Die Antiquiertheit des Menschen*. München: C. H. Beck.

Anders, G. (1961). *Maschinelle Infantilisierung: Thesen für ein Rundfunkgespräch über Massenmedien*. in: Merkur 15 (7), 627–635.

Baecker, D. (2018). *4.0 oder Die Lücke die der Rechner lässt*. Leipzig: Merve.

Baumeler, C. (2009). Entkopplung von Wissenschaft und Anwendung: Eine neo-institutionalistische Analyse der unternehmerischen Universität. *Zeitschrift für Soziologie*, *38*(1), S. 68–84.

Barber, B. R. (2007). *Consumed: How Markets Corrupt Children, Infantilize Adults, and Swallow Citizens Whole*. New York: Norton.

Bauman, Z. (2007). *Consuming Life*. Cambridge: Polity Press.

Bezos, J. P. (1997). *Letter to Shareholders*. https://ir.aboutamazon.com/annual-reports-proxies-and-shareholder-letters/default.aspx

Bly, R. (1996). *The Sibling society*. London: Hamilton.

Bogost, I. (2013). Exploitationware. In R. Colby, M. S. S. Johnson & R. Shultz Colby (Hrsg.), *Rhetoric/Composition/Play through Video Games: Reshaping Theory and Practice of Writing* (S. 139–147). New York: Palgrave Macmillan.

Bryar, C. & Carr, B. (2020). *Working Backwards*. London: Macmillan.

---

3 Dies trifft im Übrigen auch auf Hochschulangehörige zu, die Hochschulen als Mittel zum Zweck ihres individuellen Karrierewegs betrachten und in diesen daher instrumentell zu gebrauchende „Infrastrukturen" sehen.

4 https://www.cbsnews.com/news/google-artificial-intelligence-future-60-minutes-transcript-2023-04-16 [abgerufen am 6.7.2023]

Bryman, A. (2004). *The Disneyization of Society*. London: Sage.
Bundesministerium für Bildung, Wissenschaft und Forschung (BMBWF) (2022). *Universitäten und digitale Transformation 2030*. Wien, im Dezember 2022.
Dumaine, B. (2020). *Bezonomics: How Amazon is Changing Our Lives, and What the World's Best Companies are Learning from It*. London: Simon & Schuster.
Dusini, M. & Edlinger, Th. (2012). *In Anführungszeichen: Glanz und Elend der Political Correctness*. Berlin: Suhrkamp.
Hartley, D. (1995). The "McDonaldization" of Higher Education: Food for Thought? *Oxford Review of Education, 21*(4), S. 409–423.
Hasse, R. & Krüger, A.K. (Hrsg.) (2020). *Neo-Institutionalismus: Kritik und Weiterentwicklung eines sozialwissenschaftlichen Forschungsprogramms*. Bielefeld: Transcript.
Hayes, D. & Wynyard, R. (Hrsg.) (2002). *The McDonaldization of Higher Education*. Westport: Bergin and Garvey.
Helbig, H. (2018). Welträtsel aus Sicht der modernen Wissenschaften. In *Wunder der Technik und das Problem der Künstlichen Intelligenz* (S. 473–569). Berlin: Springer.
Huxley, A. (1932). *Brave New World*. London: Chatto & Windus.
Johnston, B., MacNeill, S. & Smyth, K.L. (2018). *Conceptualising the Digital University: The Intersection of Policy, Pedagogy and Practice*. Cham: Palgrave Macmillan
Kant, I. (1803). *Über Pädagogik*. Königsberg: Friedrich Nicolovius.
Kissler, A. (2020). *Die infantile Gesellschaft: Wege aus der selbstverschuldeten Unreife*. Hamburg: Harper Collins.
Kneer, G. (1997). *Soziologische Gesellschaftsbegriffe: Konzepte moderner Zeitdiagnosen*. München: Fink.
Kühl, St. (2012). *Der Sudoku-Effekt: Hochschulen im Teufelskreis der Bürokratie. Eine Streitschrift*. Bielefeld: Transcript.
Krainz U. & Csar M. (2022). Digitale Lehre und kommunikative Qualität. In P. Reinbacher (Hrsg.), *Qualitätsmanagement in der Krise? Paradoxien, Probleme und Perspektiven im Universitäts- und Hochschulbetrieb* (S. 211–230). Weinheim: Beltz Juventa.
Luhmann, N. (1984). *Soziale Systeme: Grundriß einer allgemeinen Theorie*. Frankfurt/M.: Suhrkamp.
Luhmann, N. (1990). *Die Wissenschaft der Gesellschaft*. Frankfurt/M.: Suhrkamp.
Misik, R. (2009). *Alles Ware: Glanz und Elend der Kommerzkultur*. Berlin: Aufbau.
Nassehi, A. (2019). *Muster: Theorie der digitalen Gesellschaft*. München: C.H. Beck.
Parker, M. & Jary, D. (1995). The McUniversity: Organization, Management and Academic Subjectivity. *Organization, 2*(2), 1–20.
Parsons, T. (2007). *American Society: A Theory of the Societal Community*. Edited and introduced by Giuseppe Scortino. Boulder: Paradigm.
Parsons, T. (2023), *Zur Theorie sozialer Systeme*. Herausgegeben, eingeleitet und kommentiert von Helmut Staubmann und Paul Reinbacher. Wiesbaden: VS Verlag für Sozialwissenschaften
Parsons, T. & Platt, G.M. (1973). *The American University*. Cambridge: Harvard University Press.
Pellert, A. (1998). *Die Universität als Organisation: Die Kunst, Experten zu managen*. Wien: Böhlau.
Pfaller, R. (2017). *Erwachsenensprache: Über ihr Verschwinden aus Politik und Kultur*. Frankfurt a.M.: Fischer.

Pietschmann, H. (2016). *Eris & Eirene: Anleitung zum Umgang mit Widersprüchen und Konflikten.* Wien: Ibera.

Postman, N. (1985). *The Disappearance of Childhood: How TV is Changing Children's Lives.* London: Allen & Co.

Reinbacher, P. (2017). Digitalisierung: Diskurs und Normativität. *Der Standard,* 20.7.2017, S. 27.

Reinbacher, P. (2019). *Qualität und Qualitätsmanagement im Universitäts- und Hochschulbetrieb: Plädoyer für einen Paradigmenwechsel.* Weinheim: Beltz Juventa.

Reinbacher, P. (2021a). Transformationsprozesse im Universitäts- und Hochschulbetrieb. Eine Analyse am Beispiel von »Qualitätsmanagement« unter Rückgriff auf das Parsons'sche Theoriemodell. In A. Pausits, R. Aichinger, M. Unger, M. Fellner & B. Thaler (Hrsg.), *Rigour and Relevance: Hochschulforschung im Spannungsfeld zwischen Methodenstrenge und Praxisrelevanz* (S. 113–130). Münster: Waxmann.

Reinbacher, P. (2021b). *Fehlvereinfachungen: Komplikationen und Korrekturen.* Wien: Passagen.

Reinbacher, P. (2022). Die Angst vor der drohenden Katastrophe: Eine Einleitung. In P. Reinbacher (Hrsg.), *Qualitätsmanagement in der Krise? Paradoxien, Probleme und Perspektiven im Universitäts- und Hochschulbetrieb* (S. 9–31). Weinheim: Beltz Juventa.

Reinbacher, P. (2023). Management als gesellschaftliche Institution: Eine soziologische Analyse von Funktionen und Folgen in system- und handlungstheoretischer Perspektive. *Soziale Welt, 74*(4), S. 479–530.

Reinbacher, P. (2024). *Amazonisierung: Beobachtungen der Bequemlichkeitsgesellschaft.* Marburg: Metropolis.

Ritzer, G. (1993). *The McDonaldization of Society: An Investigation into the Changing Character of Contemporary Social Life.* Thousand Oaks: Pine Forge.

Stone, B. (2013). *The Everything Store: Jeff Bezos and the Age of Amazon.* London: Bantam.

Wang, F. L., Fong, J. & Kwan, R. C. (2010). *Handbook of Research on Hybrid Learning Models: Advanced Tools, Technologies, and Applications.* Hershey: Information Science Reference.

Wipper, A & Schulz, A. (2021). *Digitale Lehre an der Hochschule: Vom Einsatz digitaler Tools bis zum Blended-Learning-Konzept.* Opladen: Barbara Budrich.

Weber, M. (1920). Die protestantische Ethik und der Geist des Kapitalismus [1904/1905]. In *Gesammelte Aufsätze zur Religionssoziologie I* (S. 17–206). Tübingen: Mohr.

Wertheimer, J. (2001). *Strategien der Verdummung: Infantilisierung in der Fun-Gesellschaft.* München: Beck.

Wilkesmann, U. & Schmid, Ch. J. (Hrsg.) (2012). *Hochschule als Organisation.* Wiesbaden: VS Verlag für Sozialwissenschaften.

Citizen Science, Quintuple Helix und Netzwerkanalyse

Ein Potpourri für innovative Kooperationen zwischen Hochschulen und außeruniversitären Partner*innen

Miriam Voigt & Inka Engel

Abstract: Der vorliegende Beitrag ist ein theoretisch fundierter Werkstattbericht, der als institutionelles Fallbeispiel Hochschulentwicklung im Bereich der Third Mission reflektiert. Dabei wird mit dem zugrundeliegenden Forschungsansatz des vorgestellten Praxisbeispiels Citizen Science als eine innovative Kooperationsform von universitären und außeruniversitären Stakeholdern reflektiert. Das Projekt erzeugt einen Lernprozess, der bei Bürgerwissenschaftler*innen durch ihr Mitwirken zu einem vertieften Verständnis von Wissenschaft führt. Somit wird nicht nur für den jeweiligen Forschungsgegenstand wissenschaftliches Denken und verantwortungsvolles Handeln erzeugt, welches wieder in die Hochschulentwicklung rückgespiegelt werden kann. Citizen Science regt daher nicht nur das individuelle und soziale, sondern auch das institutionelle Bildungs- und Entwicklungspotential an. Die Interaktion von fünf unterschiedlichen Funktionsbereichen steht dabei im Mittelpunkt: die Wissenschaft, die Wirtschaft, die Politik, die Zivilgesellschaft und als Kontext die (natürliche und ebenso kulturell gestaltete) Umwelt. Die sogenannte Quintuple Helix fragt nach dem für die Entstehung von Innovationen notwendigen Wissens- und Technologietransfer und weist den Akteur*innen der Funktionsfelder bestimmte Aufgaben in diesem Prozess zu. Dabei zielt die Quintuple Helix auf eine Win-Win-Situation zwischen Ökologie, Wissen und Innovation, die Synergien zwischen Wirtschaft, Gesellschaft und Demokratie nutzt. Als Modell hilft sie zu verstehen, wie Wissen für eine gemeinschaftliche Hochschul- und Innovationsentwicklung geschaffen und ausgetauscht werden kann. Ausgangspunkt des Werkstattberichts ist die Bundesgartenschau 2029 (BUGA 2029) im Oberen Mittelrheintal. Als Großveranstaltung schafft sie nicht nur Infrastrukturmaßnahmen, die beispielsweise den Tourismus anregen und einen Strukturwandel auf Basis der Maßnahmen für die BUGA 2029 ermöglichen, sondern auch die Möglichkeit im Sinne einer innovativen Hochschulentwicklung die Sichtbarkeit der Universität in der Region zu verbessern und neue außeruniversitäre Kooperationen zu schaffen beziehungsweise zu verbessern. Dabei dient Citizen Science, also Bürgerwissenschaften, als Forschungsansatz, um erste Optimierungen in der Beziehung der Universität und weiteren Stakeholdern der Region zu eruieren.

Keywords: Citizen Science, Quintuple-Helix, Netzwerkanalyse, Network analysis

1. Einführung

Der Beitrag beschreibt ein institutionelles Fallbeispiel im Kontext von Transition and Transformation in Higher Education aus dem Bereich der Third Mission an der Universität Koblenz. Dabei werden der notwendige dynamische Wandel und die transformative Entwicklung im Hochschulbereich, die weitreichende Auswirkungen auf Strukturen, Lehrmethoden und die Rolle der Hochschulen in der Gesellschaft haben, reflektiert. Der Bericht dient dabei als exemplarisches Modell für die Integration von innovativen Ansätzen in die Hochschulentwicklung, insbesondere im Bereich der Third Mission anhand von Citizen Science, der Quintuple-Helix und der Netzwerkanalyse. Diese drei werden als Potpourri für innovative Kooperationen zwischen Hochschulen und außeruniversitären Partner*innen im ersten Schritt folgend vorgestellt, danach anhand eines Praxisbeispiels erläutert sowie zuletzt zusammenfassend in Bezug auf die Transition and Transformation in Higher Education reflektiert.

2. Third Mission als innovativer Motor von Transition and Transformation in Higher Education

Die Dynamik in der Higher Education wird zunehmend durch den Übergang zu neuen Paradigmen und die Transformation traditioneller Hochschulstrukturen bestimmt. In diesem Kontext erweist sich die Third Mission, der Transfer von, in und an Hochschulen, als entscheidender Treiber für den Wandel. Wie im vorliegend beschriebenen Beispiel, ist Transfer ein Garant für die regionale Entwicklung und die notwendige Sichtbarkeit von Hochschulen. Die Third Mission erweitert das klassische Verständnis von Hochschulen als Orte der Forschung und Lehre und ist als gleichwertiger Funktionsbereich anerkannt. Transfer wird dabei als ein reziproker Dialog auf Augenhöhe mit Partner*innen aus Wirtschaft, Politik, Gesellschaft, Umwelt und, interdisziplinär sowie hochschulübergreifend mit anderen Wissenschaftler*innen, verstanden. Transferprozesse sollen integrativ (Forschung, Lehre und Transfer werden gleichwertig angesehen), dialogisch und partizipativ (Transfer aus der und in die Gesellschaft), reflexiv (Transfer wird praktiziert und zugleich erforscht) und pluralinterdisziplinär (unterschiedliche Fächer- und Transferkulturen werden beachtet) sein (Universität Koblenz, 2021). Die Bedeutung der Third Mission im Wandel der Higher Education liegt in ihrer Fähigkeit, Hochschulen zu dynamischen Akteur*innen zu machen, die nicht nur Wissen generieren, sondern auch aktiv zur Lösung gesellschaftlicher und wirtschaftlicher Herausforderungen beitragen. Der Transfer von Wissen und Technologie in die Wirtschaft, Gesellschaft, Umwelt und Politik ermöglicht es Hochschulen, eine direkte Verbindung zu ihrem sozialen Umfeld herzustellen. Gleichzeitig eröffnet die Integration externer Inputs in die Hochschulaktivitäten, wie es durch Kooperationen mit Industrie, Gemeinden und Nichtregierungsorganisationen geschieht, neue Perspektiven und innovative Ansätze, die den traditionellen akademischen Rahmen erweitern (Altenschmidt & Miller, 2016; Würmseer, 2016).

2.1 Die Quintuple-Helix: grundlegendes Modell des innovativen Transfers

Die Frage nach dem für die Entstehung von Innovationen notwendigen Wissens- und Technologietransfer ist von zentraler Bedeutung für die Entwicklung von Gesellschaften und Hochschuleinrichtungen. Diese Fragestellung wird durch verschiedene theoretische Modelle und wissenschaftliche Erkenntnisse unterstützt, die den Fokus auf den Austausch von Wissen und Technologien legen. Die Quintuple-Helix, als Innovations- und Transfermodell, betont die Interaktion von fünf verschiedenen Funktionsbereichen. Sie erweitert das vorherige Triple-Helix-Modell, das die klassische Verbindung von Wissenschaft, Wirtschaft und Politik darstellt, um zwei zusätzliche Dimensionen: Zivilgesellschaft und die (natürliche und kulturell gestaltete) Umwelt. Diese fünf Akteursgruppen bilden ein integriertes Netzwerk, das nicht nur den Wissensaustausch, sondern auch eine umfassende Zusammenarbeit in den Mittelpunkt stellt. Die Quintuple-Helix schafft somit eine Plattform für den Dialog und die gemeinsame Entwicklung von Innovationen. Diese Interaktion fördert nicht nur Innovation, sondern auch Bildung und Entwicklung auf institutioneller sowie individueller Ebene (Carayannis & Campbell, 2012). Die Quintuple-Helix basiert dafür auf mehreren grundlegenden Prinzipien: Erstens betont sie die gleichberechtigte Einbindung aller Akteursgruppen, um sicherzustellen, dass unterschiedliche Perspektiven und Kompetenzen effektiv genutzt werden. Zweitens fördert sie offene Innovationsprozesse, die den freien Fluss von Wissen und Ideen zwischen den Akteursgruppen

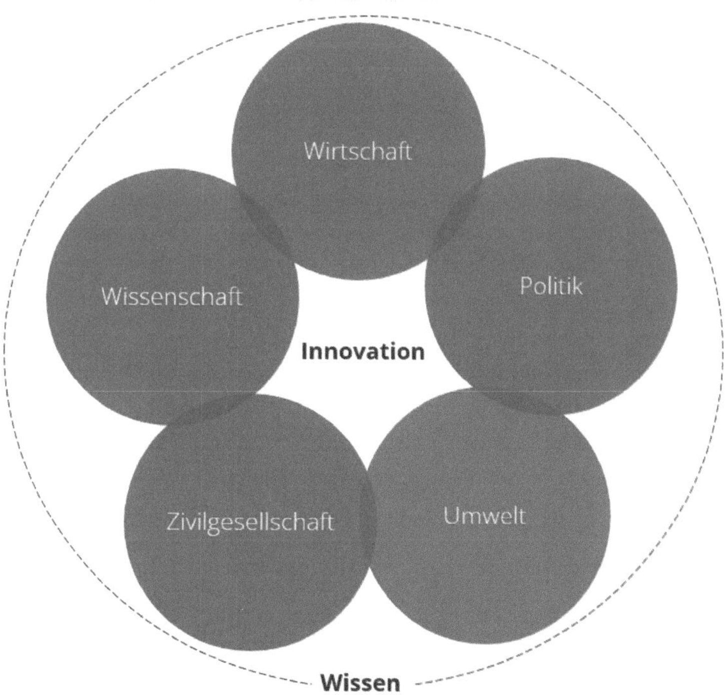

Abb. 1: Quintuple Helix (eigene Darstellung in Anlehnung an Carayannis & Campbell, 2012)

ermöglichen. Drittens strebt sie nach Nachhaltigkeit, indem sie Umweltaspekte als wichtigen Bestandteil von Innovation und Entwicklung impliziert. Diese Prinzipien machen die Quintuple-Helix zu einem dynamischen und integrativen Modell für den Transfer von Innovation an Hochschulen.

Den Akteur*innen beziehungsweise Funktionsbereichen werden bestimmte Aufgaben oder Verantwortungsbereiche in ihrer Rolle in der Quintuple-Helix zugeschrieben, die jedoch lediglich als Orientierung und nicht als starre Angabe gesehen werden sollte. Die Wissenschaft ist in diesem Kontext verantwortlich für die Generierung neuen Wissens durch die Einbindung der anderen Funktionsfelder. Hier werden Forschungsprojekte initiiert, durchgeführt und die Ergebnisse in Form von neuen Erkenntnissen, Technologien oder Methoden produziert. Die Wirtschaft ermöglicht und profitiert zugleich von einem Zugang zu neuen Ideen, Talenten und innovativen Lösungen. Sie ist darauf ausgerichtet, Innovationen aus der Forschung in marktfähige Produkte oder Dienstleistungen zu überführen. Hierzu gehören Technologietransferaktivitäten, Gründungsunterstützung und die Zusammenarbeit mit Hochschulen, um innovative Lösungen für unternehmerische Herausforderungen zu entwickeln. Die Zusammenarbeit kann so wirtschaftliche Entwicklung fördern und den Austausch zwischen Wissenschaft, Wirtschaft und den anderen Akteur*innen stärken. Das politische Funktionsfeld ist für die Entwicklung und Umsetzung von politischen Maßnahmen verantwortlich, die die Schnittstelle zwischen Wissenschaft, Wirtschaft und Gesellschaft bzw. Umwelt regulieren. Dies umfasst unter anderem Förderprogramme, Rahmenbedingungen für Innovationen und die Schaffung eines förderlichen Umfelds für die anderen Akteur*innen. Die Gesellschaft hat die Aufgabe, aktiv am Innovationsprozess teilzunehmen. Dies kann durch die Einbindung von Bürger*innen in Forschungsprojekte (wie bei Citizen Science), die Identifizierung von Bedürfnissen und die Nutzung von Innovationen für das Gemeinwohl erfolgen. Der Akteur ‚Umwelt' konzentriert sich auf ökologische Aspekte, wie beispielsweise die Förderung nachhaltiger Technologien und Praktiken, die als erweiterte Rahmenbedingungen gesehen werden können. Effiziente Nutzung von Ressourcen und die Berücksichtigung ökologischer Auswirkungen bei Forschung und Entwicklung liegen beispielsweise im Aufgabenbereich der Umwelt. Er fokussiert ökologische Aspekte von Transfer, wie die Entwicklung von nachhaltigen Technologien und Praktiken, um negative Umweltauswirkungen zu minimieren. Als Kontextfaktor betont die Quintuple-Helix die Wechselwirkungen zwischen den genannten Funktionsbereichen und ihrer Umwelt (Leydesdorff, 2011; Carayannis & Campbell, 2012).

2.2 Citizen Science: innovativer Forschungsansatz und Methode der Third Mission

In Zeiten des Wandels in der Hochschullandschaft wird zunehmend erkannt, dass Hochschulen eine entscheidende Rolle bei der Bewältigung gesellschaftlicher Herausforderungen spielen (Senat der HRK, 2018). Eine wissenschaftliche Grundlage für die Integration von Bürger*innen in Forschungsprozesse liefert das Konzept der partizipativen Wissenschaft. Dieses betont die Zusammenarbeit zwischen Forschenden und der breiten Öffentlichkeit, um gemeinsam relevante Forschungsfragen zu identifizieren und Daten zu sammeln. In Bezug auf die Hochschulentwicklung hebt dies die Bedeutung einer offenen, partizipativen Kultur hervor, in der Wissen nicht nur produziert, sondern auch geteilt und gemeinsam gestaltet wird. Eine Möglichkeit partizipativ zu forschen, bietet der methodische Ansatz von Citizen Science, kurz Bürgerwissenschaften. Die Integration von Citizen Science als innovative methodische Kooperationsform zwischen universitären und außeruniversitären Stakeholdern steht dabei im Fokus dieses Berichts. Citizen Science repräsentiert eine Form der Zusammenarbeit, die über die traditionelle expertenbasierte Forschung hinausgeht. Hierbei werden Bürger*innen aktiv in den wissenschaftlichen Forschungsprozess einbezogen, wodurch eine partizipative Gestaltung von Wissenschaft und ein breiter Zugang zu Forschung ermöglicht werden. Dabei ist essentiell, dass sowohl die Gesellschaft als auch die Wissenschaft sowie alle Beteiligten an Citizen-Science-Projekten einen Mehrwert erzielen. Für die Gesellschaft sollen gesellschaftlich relevante Forschungsfragen generiert und kommuniziert werden, es soll ein Perspektivwechsel für alle Beteiligten gestaltet und Forschungsergebnisse sollen besser in die Praxis übertragen werden, wenn gesellschaftliche Akteur*innen frühzeitig eingebunden werden. Ziel ist es, die Zivilgesellschaft sowie Verwaltung zu stärken. Der Mehrwert für die Wissenschaft impliziert die Inspiration und Generierung von Forschungsfragen durch das Einbringen neuer Ideen und Methoden durch die Gesellschaft. Auch ermöglicht Citizen Science größere Datensätze und durch die Partizipation von Bürger*innen in den Forschungsprozess höhere Auswertungskapazitäten. Für alle Beteiligten, also sowohl Wissenschaftler*innen als auch Bürgerwissenschaftler*innen, bietet ein Citizen-Science-Projekt die Möglichkeit, einen Beitrag zu wissenschaftlichen Erkenntnissen zu leisten, innovative Ideen einzubringen, wissenschaftliche Ergebnisse kritisch zu hinterfragen und letztlich zu mehr Akzeptanz und Verständnis von gesellschaftlichen Herausforderungen zu gelangen und die Umwelt bzw. Gesellschaft aktiv mitzugestalten (Bonn et al., 2022).

Grundsätzlich gibt es verschiedene Stufen der Beteiligung von Bürger*innen an Citizen Science Projekten. Die Partizipation reicht von dem Melden von Daten an Forschungsinstitutionen (bspw. das Melden der Apfelblüte in den verschiedenen Regionen) bis hin zur aktiven Beteiligung der Definition der Forschungsfrage und der Interpretation der gewonnenen Daten in Kollaboration mit den Wissenschaftler*innen (Bonn et al., 2022). Im Kontext der Transition und Transformation in Higher Education wird deutlich, dass diese Form der Zusammenarbeit nicht nur ein innovatives Modell für die Wissensproduktion darstellt, sondern auch die Beziehung zwischen Hochschulen und der umgebenden Gesellschaft neu definiert. Citizen Science hat in den letzten Jahren immens an Bedeutung gewonnen, so dass auch im Koalitionsvertrag von 2021 Citizen Science verankert ist (Koalitionsvertrag 2021–2025, S. 24). Solche partizipativen Ansätze bereichern nicht nur die Forschung, sondern tragen auch zur Förderung der wissenschaftlichen Bildung und zum besseren Verständnis der Bürger*innen für Wissenschaft bei. Der Lernprozess, der durch die Mitwirkung von Bürgerwissenschaftler*innen initiiert wird, trägt nicht nur zu einem vertieften Verständnis von Wissenschaft bei, sondern fördert auch eine breitere Akzeptanz und Anwendung wissenschaftlichen Denkens in der Gesellschaft. Diese Verbindung zwischen Bürger*innenbeteiligung, Wissensvermittlung und gesellschaftlicher Transformation hebt die Bedeutung von Citizen Science als Instrument zur Förderung der Third Mission innerhalb der aktuellen Transformation der Higher Education hervor. Bei allen Citizen-Science-Projekten gilt es, verschiedene Prinzipien zu beachten, die bereits 2015 von der European Citizen Science Association (ECSA) formuliert wurden. Wichtig ist es u. a. die Bürger*innen aktiv in wissenschaftliche Prozesse einzubinden, rechtliche und ethische Aspekte zu beachten, das Projekt wissenschaftlich zu evaluieren und die Ergebnisse open access zur Verfügung zu stellen.

Die Integration von Bürgerwissenschaftler*innen in Forschungsprozesse erzeugt nicht nur für den spezifischen Forschungsgegenstand wissenschaftliches Denken und verantwortungsvolles Handeln, sondern trägt auch zur Weiterentwicklung der Hochschule bei. Durch die Öffnung der Forschung für die breite Öffentlichkeit wird nicht nur zusätzliches Wissen generiert, sondern auch ein Verständnis für den gesellschaftlichen Kontext und die Bedürfnisse geschaffen, was wiederum in die Planung und Ausrichtung der Hochschule einfließen kann. Dieser Rückkopplungsmechanismus zwischen partizipativer Forschung und Hochschulentwicklung unterstreicht die Bedeutung von Citizen Science als Instrument für eine nachhaltige und gesellschaftsorientierte Hochschulpraxis (Altenschmidt & Miller, 2016).

2.3 Netzwerkanalyse: innovatives Erhebungs- und Darstellungsmoment der Third Mission

Die Netzwerkanalyse eröffnet neue Perspektiven für die Untersuchung von Kooperationen, die Identifikation von Schlüsselakteur*innen und die Sichtbarmachung von Transferstrukturen sowie der Transformation im Bereich Higher Education. Als Erhebungs- und Darstellungsmoment ermöglicht die Netzwerkanalyse nicht nur die Erhebung von Beziehungen zwischen Akteur*innen, sondern auch die Visualisierung komplexer Netzwerkstrukturen, die entscheidend für den Transfererfolg sind.

Die Netzwerkanalyse ist eine interdisziplinäre Methode, die sich auf die Untersuchung von Beziehungen und Interaktionen zwischen Akteur*innen in einem Netzwerk konzentriert (Jansen, 1999). Dies können Personen, Organisationen oder andere Einheiten sein. Die Methode basiert auf der Annahme, dass die Struktur von Beziehungen Einfluss auf das Verhalten und die Leistung der Akteur*innen im Netzwerk hat. Die Netzwerkanalyse findet vielfältige Anwendungsfelder im Wissenstransfer. Durch die Analyse von Kooperationsnetzwerken können Schlüsselpersonen identifiziert werden, die eine zentrale Rolle im Transferprozess spielen. Darüber hinaus ermöglicht sie die Erkennung von Engpässen und die Optimierung von Strukturen, um den Wissenstransfer effizienter sowie transparenter zu gestalten. Netzwerkanalyse kann auch genutzt werden, um den Einfluss von externen Faktoren, wie politischen Rahmenbedingungen oder technologischen Entwicklungen, auf den Transfer zu verstehen. Die Erhebung von Netzwerkdaten kann sowohl qualitativ durch Interviews oder Beobachtungen erfolgen als auch quantitativ mit standardisierten Befragungen oder Dokumentenanalysen. Vorliegend wurde sich für die Kombination der qualitativen strukturalen Analyse (QSA) nach Herz et al. (2015) und der Durchführung von Leitfadeninterviews, die nach Mayring (2002) ausgewertet wurden, entschieden.

Die qualitative strukturale Analyse nach Herz et al. (2015) ist eine Methode, die sich besonders für die Untersuchung von Netzwerkstrukturen und deren Einfluss auf die Umsetzung der Third Mission eignet. Die Methode ermöglicht es, qualitative Daten in strukturierte Kategorien zu organisieren und soziale Strukturen sowie Wechselwirkungen zwischen verschiedenen Akteur*innen zu identifizieren. Durch die Integration von Netzwerkanalyse-Techniken bietet diese Methode einen ganzheitlichen Blick auf die Verbindungen zwischen Hochschule, Wirtschaft, Politik, Zivilgesellschaft und Umwelt im Kontext der Third Mission. Die qualitative Sozialforschung nach Mayring (2002), speziell im Rahmen von Leitfadeninterviews, fokussiert sich außerdem auf die Erfassung individueller Perspektiven und Erfahrungen. Leitfadeninterviews ermöglichen es, gezielt relevante Themen zu erkunden, während gleichzeitig Raum für die Entfaltung individueller Standpunkte bleibt. Die Methode ist besonders geeignet, um die Vielfalt der Wahrnehmungen und Interpretationen der Akteur*innen während der Erstellung der Netzwerkkarten zu erfassen. Diese methodologische Kombination ermöglicht eine tiefgreifende Erforschung der komplexen Beziehungen und Strukturen, die im Rahmen des Transfers existieren. Durch die QSA können nicht nur individuelle Perspektiven, sondern auch institutionelle Verflechtungen und ihre Auswirkungen auf die Third Mission umfassend verstanden werden. Der Einsatz dieser Methoden trägt dazu bei, einen facettenreichen Einblick in die Herausforderungen, Potenziale und Dynamiken der Third Mission zu gewinnen und bildet somit eine solide Basis für weiterführende Forschung und praxisrelevante Empfehlungen im Bereich der Hochschulentwicklung.

3. Die Bundesgartenschau 2029 – ein Praxisbeispiel für innovative Kooperationen

Das vorgestellte Projekt dient als anschauliches Beispiel des zuvor theoretisch erläuterten Potpourris für innovative Kooperationen zwischen Hochschulen und außeruniversitären Partner*innen. Ausgangspunkt des Werkstattberichts ist die Bundesgartenschau 2029 im Welterbe Oberes Mittelrheintal. Dieses Großereignis initiiert nicht nur bedeutende Infrastrukturmaßnahmen, die den Tourismus anregen und einen nachhaltigen Strukturwandel in der Region ermöglichen, sondern bietet auch die Chance, die Sichtbarkeit der Universität im Sinne einer innovativen Hochschulentwicklung zu steigern und neue außeruniversitäre Kooperationen zu etablieren. Dieser Ansatz wird durch den Einsatz von Citizen Science als Forschungsansatz unterstützt, um erste Erkenntnisse über die Optimierung der Beziehung zwischen der Universität und den verschiedenen Stakeholdern in der Region zu gewinnen. Unterstützt wird dieser

Ansatz durch wissenschaftliche Erkenntnisse zu den Potenzialen von Großveranstaltungen für die regionale Entwicklung. Veranstaltungen wie Bundesgartenschauen können nicht nur kurzfristige wirtschaftliche Impulse bringen, sondern auch langfristige Veränderungen in der Infrastruktur und im regionalen Bewusstsein bewirken (Rast & Storch, 2018). Dieser strukturverändernde Effekt bietet eine einzigartige Gelegenheit für Hochschulen, ihre Rolle in der Region zu stärken und nachhaltige Partnerschaften zu etablieren. Dabei dient Citizen Science als Forschungsansatz, um erste Optimierungen in der Beziehung der Universität und weiteren Stakeholdern der Region zu eruieren. Im Fokus des Berichts steht die Verbandsgemeinde Rhein-Mosel, insbesondere die Orte Rhens, Spay und Brey. Die drei Orte sind Teil der Verbandsgemeinde Rhein-Mosel und erst seit 2014 eine Verwaltungseinheit. Die Orte sind wenig miteinander verbunden, die Vereine und das Engagement der Einwohner*innen beziehen sich oft auf den Ort selbst. Hier wird die Herausforderung eines geringen Zusammenhalts und einer fehlenden Verbindung zwischen den Orten identifiziert. Auch eine Beziehung zur Universität Koblenz bestand bisher nicht. Dies unterstreicht die Notwendigkeit einer detaillierten Analyse der vorhandenen Netzwerke und der Beziehungen, sowohl zwischen den Orten als auch zwischen den Orten und der Universität. Entsprechend der vorangegangenen Eigenschaften entschied man sich daher für die Methode der Qualitativen strukturalen Analyse zur Netzwerkerhebung. Außerdem fiel die Entscheidung, Citizen Science als Forschungsansatz zu verwenden, da dieser nicht nur zur wissenschaftlichen Erkenntnis beiträgt, sondern auch eine aktive Beteiligung der Bürger*innen an Forschungsprozessen ermöglicht und lokale Gemeinschaften stärkt. Diese Beteiligung kann entscheidend sein, um nachhaltige Veränderungen auf lokaler Ebene anzustoßen. Insgesamt zielt die leitende Fragestellung des Werkstattberichts darauf ab, wie Netzwerke zur Universität Koblenz mithilfe von Netzwerkanalysen durch Citizen Science sichtbar werden können und wie diese Sichtbarkeit gezielt für die BUGA 2029 genutzt werden kann. Die Implikation dieses Vorhabens besteht außerdem darin, die Netzwerke aller fünf Felder der Quintuple-Helix sichtbar zu machen, um eine solide Grundlage für zukünftige Projekte im Kontext der Bundesgartenschau 2029 zu schaffen.

Hierzu wurde seitens der Universität Kontakt über die Verbandsbürgermeisterin gesucht, die wiederum die Ortsbürgermeister sowie aktive Gemeindemitglieder für einen ersten Workshop an der Universität gewinnen konnte. In diesem Workshop mit zehn Akteur*innen aus den drei Orten sowie drei Wissenschaftlerinnen der Universität wurde gemeinsam ein Leitziel für die Netzwerkanalysen formuliert sowie ein thematischer Schwerpunkt definiert. In einem ersten Schritt erarbeiteten die Bürgerwissenschaftler*innen gemeinsam mit dem universitären Projektteam die Leitfragen für die Interviews und erprobten die Erstellung der Netzwerkkarten in weiteren Workshops anhand ihrer eigenen Netzwerke. Hiernach suchten sich die Bürgerwissenschaftler*innen eine definierte Anzahl an Freiwilligen, mit denen sie dann die visuellen Netzwerkkarten und das Interview durchführen. In einem weiteren gemeinsamen Arbeitstreffen wurden die vorhandenen Netzwerkkarten analysiert und das weitere Vorgehen im Projekt besprochen. Die Verwendung der Qualitativen

Strukturalen Analyse als Methode zur Netzwerkanalyse bietet eine robuste Grundlage für die Erfassung von Beziehungen und Strukturen in komplexen sozialen Systemen (Herz, Peters & Truschkat, 2015). Die QSA ermöglicht eine tiefgreifende Analyse der sozialen Verflechtungen, die für die Untersuchung von Netzwerken im Rahmen des Citizen-Science-Projekts von entscheidender Bedeutung ist. Die Nutzung von Netzwerkanalysen im Kontext von Citizen Science wird durch Studien gestützt, die die Effektivität solcher Methoden bei der Visualisierung und Analyse von Beziehungen in komplexen sozialen Strukturen betonen (Werner et al., 2021; Amarasinghe et al., 2021). Diese Analysen können nicht nur bestehende Netzwerke sichtbar machen, sondern auch Potenziale für zukünftige Kooperationen und Innovationen identifizieren. Die qualitative Sozialforschung und Leitfadeninterviews nach Mayring (2002) ergänzen diesen Ansatz, indem sie einen strukturierten Rahmen für die Datenerhebung und -analyse bieten. Leitfadeninterviews ermöglichen es, tiefergehende Einblicke in die Perspektiven der Teilnehmer*innen zu erhalten und tragen zur Kontextualisierung der Netzwerkanalysen bei (Mayring, 2002). Dieser methodologische Ansatz betont die Bedeutung der Interpretation von sozialen Phänomenen in ihrer natürlichen Umgebung.

Die aktive Einbindung der Bürgerwissenschaftler*innen in den Forschungsprozess hebt das Projekt auf das Level 3 der partizipativen Forschung (Haklay, 2013). Diese Stufe betont die Mitbestimmung und aktive Beteiligung der Bürger*innen nicht nur in der Fragestellung, sondern auch in der Datenerhebung. Partizipative Forschungsmethoden haben sich als wirkungsvoll erwiesen, um eine breitere Perspektive und ein tieferes Verständnis der erforschten Phänomene zu gewährleisten (Pettibone & Ziegler, 2016). Die Netzwerkkarten wurden während des Projekts absichtlich einfach gehalten. Die Effektivität von visuellen Methoden bei der Kommunikation komplexer sozialer Strukturen sollten nicht nur dazu beitragen, die Ergebnisse verständlicher zu machen, sondern auch das Bewusstsein für die Netzwerkdynamik schärfen. Dabei wirken die Ortsbürgermeister der drei Gemeinden als Multiplikator*innen. Die Entscheidung, politische engagierte Bürger*innen als Multiplikator*innen einzubeziehen, basiert auf der Annahme, dass lokale Führungspersönlichkeiten eine zentrale Rolle bei der Mobilisierung von Gemeinschaften spielen können. Das Citizen-Science-Team wird vom Projektteam der Universität in der Gestaltung von visuellen Netzwerkarten und Interviewführung geschult. Die gemeinsame Erarbeitung von Leitfragen für die Interviews in Workshops zwischen den Bürgerwissenschaftler*innen und dem Projektteam fördert nicht nur den Wissensaustausch, sondern ermöglicht auch eine gezielte Ausrichtung der Forschungsfragen an den lokalen Kontext und die spezifischen Bedürfnisse der Gemeinden. Durch das Citizen-Science-Projekt wurde den Bürgerwissenschaftler*innen die Bedeutung von Netzwerken vor allem zwischen den vorhandenen Vereinen und Orten bewusst. Es wurde herausgearbeitet, dass lose informelle Verbindungen zwischen den Orten weitaus mehr vorhanden waren als vorher angenommen. Diese wurden durch die Netzwerkanalysen nachhaltig gestärkt und ausgebaut.

Nur durch gemeinsame Anstrengungen, auch zwischen den Orten, kann die Sichtbarkeit in einem solchen Mega-Projekt wie der BUGA 2029 gewährleistet werden. Aus der Inspiration des Projektes heraus sind lokale Arbeitsgemeinschaften entstanden, die aktuelle kleinere Projekte initiieren und sich um Fördergelder bewerben. Das Thema Citizen Science hat allgemein, durch das hier beschriebene Projekt, Bekanntheit in der Region erlangt, was u. a. dazu führte, dass ein weiteres Citizen-Science-Projekt gemeinsam mit der Universität Koblenz erfolgreich eingeworben wurde. Auch die Verbindungen zur Universität wurden ausgebaut und intensiviert. Citizen Science konnte sich u. a. durch dieses Projekt als wissenschaftlicher Forschungsansatz in der Universität etablieren, so dass nicht nur Mitarbeiter*innen auf die Methode aufmerksam wurden, sondern auch eigene Transferprojekte damit umsetzen.

Besondere Herausforderungen in diesem Citizen-Science-Projekt ist der wechselseitige Austausch auf Augenhöhe. Oftmals besteht allerdings bei den Bürgerwissenschaftler*innen eine Hemmschwelle vor wissenschaftlichem Arbeiten bzw. vor der Universität als wissenschaftlicher Institution. Es wurde in diesem Projekt implizit erwartet, dass die Mitarbeitenden der Universität die Leitung des Projekts übernehmen und auch die Projektschritte klar definieren. Dies soll bzw. muss in einem Citizen-Science-Projekt aber nicht zwangsweise so der Fall sein. Wichtig ist hierbei, dass darüber offen kommuniziert wird und die Rollen und Aufgaben besprochen werden. Hinzu kommt der zeitliche Aspekt. Die Mitarbeit in Citizen-Science-Projekten basiert bei den Bürgerwissenschaftler*innen auf ehrenamtlichen Engagement, während die Mitarbeit der Wissenschaftler*innen in dem Projekt hauptamtlich erfolgt. Daher spielt der Zeitaufwand eine große Rolle. Ein Citizen-Science-Projekt muss also von Beginn an effizient und ressourcenschonend geplant sein, zudem muss der Mehrwert für die beteiligten Bürgerwissenschaftler*innen klar erkennbar sein. Daher ist also auch der Austausch auf Augenhöhe von besonderer Bedeutung, so dass ein Mehrwert für alle Beteiligten generiert werden kann.

4. Zusammenfassung/Ausblick

Das gewählte Potpourri fungiert in diesem Kontext als wegweisendes Fallbeispiel für einen möglichen Weg der Transformation im Bereich Higher Education. Ihr Einsatz zielt darauf ab, diese Komponenten in einen umfassenden Rahmen der innovativen Hochschulentwicklung einzubinden, insbesondere im Bereich der sogenannten Third Mission. Diese strategische Ausrichtung der Hochschulen, jenseits von Forschung und Lehre, besonders gesellschaftliche Verantwortung zu übernehmen, erfährt durch die Verbindung von Citizen Science und Netzwerkanalyse eine herausragende Umsetzung.

Insgesamt wird durch das vorliegende Beispiel, das Citizen Science und Netzwerkanalyse als Forschungsansatz und Methode miteinander verknüpft, eine innovative Hochschulentwicklung im Bereich der Third Mission angestrebt. Transferprojekte, die im Sinne der Quintuple Helix alle Transferakteur*innen (Wirtschaft, Wissenschaft, Zivilgesellschaft, Politik und Umwelt) miteinander in Verbindung bringen, stärken die Umsetzung der Third Mission und sind ein wichtiger Motor für die regionale Entwicklung. Die wissenschaftliche Unterstützung dieser beiden Ansätze sowie ihre Integration in einen umfassenden Kontext unterstreichen die Relevanz und das Potenzial dieser methodischen Kombination für die zukünftige Ausrichtung von Hochschulen, auch im Dienste der Gesellschaft. Die erzielten Erkenntnisse und die entwickelten Modelle im Rahmen dieses Beispiels bieten nicht nur Einblicke in die konkrete Hochschulentwicklung im Bereich der Third Mission, sondern haben auch übergeordnete Implikationen für den transformierenden Charakter der Higher Education. Die Integration von partizipativen Ansätzen wie Citizen Science kann als Wegweiser für zukünftige Entwicklungen dienen und verdeutlicht, wie Hochschulen in Zeiten des Wandels ihre gesellschaftliche Rolle stärken und innovative Lehr- und Forschungsmethoden fördern können.

Literatur

Altenschmidt, K. & Miller, J. (2016). Service Learning – Ein Konzept für die dritte Mission. *Die Hochschule: Journal Für Wissenschaft Und Bildung, 25*(1), 40–51. https://doi.org/10.25656/01:16201

Amarasinghe, I., Manske, S., Hoppe, H. U., Santos, P., Hernández-Leo, D. (2021). Using Network Analysis to Characterize Participation and Interaction in a Citizen Science Online Community. In D. Hernández-Leo, R. Hishiyama, G. Zurita, B. Weyers, A. Nolte, H. Ogata (Hrsg.), *Collaboration Technologies and Social Computing.* CollabTech 2021. Lecture Notes in Computer Science (), vol 12856. Springer, Cham. https://doi.org/10.1007/978-3-030-85071-5_5

Bonn, A., Brink, W., Hecker, S., Herrmann, T.M., Liedtke, C., Premke-Kraus, M., Voigt-Heucke, S.L., Von Gönner, J., Altmann, C., Bauhus, W., Bengtsson, L., Büermann, A., Brandt, M., Bruckermann, T., Dietrich, P., Dörler, D., Eich-Brod, R., Eichinger, M., Ferschinger, L., Woll, S. (2022). *Weißbuch Citizen Science Strategie 2030 für Deutschland.* https://doi.org/10.31235/osf.io/ew4uk

Carayannis, E.G. & Campbell, D.F. (2012). *Mode 3 knowledge production in quadruple helix innovation systems.* New York: Springer.

ECSA (European Citizen Science Association). (2015). *Ten Principles of Citizen Science.* Berlin. http://doi.org/10.17605/OSF.IO/XPR2N

Haklay, M. (2013). Citizen Science and Volunteered Geographic Information: Overview and Typology of Participation. In D. Sui, S. Elwood, M. Goodchild (Hrsg.), *Crowdsourcing Geographic Knowledge: Volunteered Geographic Information (VGI) in Theory and Practice* (S. 105–122). Dordrecht: Springer. https://doi.org/10.1007/978-94-007-4587-2_7

Herz, A., Peters, L. & Truschkat, O. (2015). How to do qualitative strukturale Analyse? Die qualitative Interpretation von Netzwerkkarten und erzählgenerierenden Interviews. *Forum Qualitative Sozialforschung, 16.* FQS. Verfügbar unter https://www.qualitative-research.net/index.php/fqs/article/view/2092/3746

Jansen, D. (1999). *Einführung in die Netzwerkanalyse.* Wiesbaden: Springer.

Koalitionsvertrag 2021–2025 zwischen der Sozialdemokratischen Partei Deutschlands (SPD), BÜNDNIS 90 / DIE GRÜNEN und den Freien Demokraten (FDP). Verfügbar unter:

https://www.bundeskanzler.de/resource/blob/1830100/1990812/93bd8d9b17717c35163363 5f9d7fba09/2021-12-10-koav2021-data.pdf?download=1

Leydesdorff, L. (2011). The Triple Helix, quadruple Helix, . . ., and an N-Tuple of Helices: Explanatory Models for analyzing the Knowledge-Based Economy? *Journal of the Knowledge Economy, 3*(1), 25–35. https://doi.org/10.1007/s13132-011-0049-4

Mayring, P. (2002). *Einführung in die qualitative Sozialforschung.* Weinheim: Beltz.

Pettibone, L. & Ziegler, D. (2016). Citizen Science: Bürgerforschung in den Geistes- und Kulturwissenschaften. In K. Oswald & R. Smolarski (Eds.), *Bürger Künste Wissenschaft: Citizen Science in Kultur und Geisteswissenschaften* (S. 57–69). Computus Druck Satz & Verlag. https://doi.org/10.22032/dbt.39056

Rast, C. & Storch, A. (2018). Gartenschauen als Instrument der Tourismus- und Stadtentwicklung. In *Forum Wohnen und Stadtentwicklung vhw FWS, 2* (März–April 2018). Verfügbar unter: https://www.vhw.de/fileadmin/user_upload/08_publikationen/verbandszeitschrift/FWS/2018/2_2018/FWS_2_18_Rast_Storch.pdf

Senat der Hochschulrektorenkonferenz. (2018). *Die Hochschulen als zentrale Akteure in Wissenschaft und Gesellschaft.* Verfügbar unter: https://www.hrk.de/fileadmin/redaktion/hrk/02-Dokumente/02-01-Beschluesse/HRK_-_Eckpunkte_HS-System_2018.pdf

Universität Koblenz (2021). *Transferstrategie.* Verfügbar unter: https://www.uni-koblenz.de/de/transfer/downloads/transfer_strategie_dez.pdf/

Werner, A. P. H., Richter, A., Mahdavi, P. & Herden, M. (2021). Etablierung einer digitalen Aktions- und Vernetzungsplattform Citizen Science am Thünen-Institut. *EconStor.* https://doi.org/10.3220/wp1636531008000

Würmseer, G. (2016). Third Mission als Auftrag für Universitäten? *Die Hochschule: Journal für Wissenschaft und Bildung, 25*(1), 23–31.

Self-Assessment zur Förderung der Selbstreflexion und Resilienz von Studienanfänger*innen

Silke Preymann, Carrie Kovacs & Julia Mayr

Abstract: Soziale Integration, Achtsamkeit, Selbst-Mitgefühl und selbstregulatorische Fähigkeiten – von Selbst-/Zeitmanagement bis hin zu Stressabbau – spielen nicht nur für physische und psychische Gesundheit eine Rolle. Sie gelten auch als aussagekräftige Prädiktoren für Studienerfolg. Von diesen Befunden ausgehend, wurde im Rahmen des von Erasmus+ finanzierten ENTRANTS-Projekts ein Self-Assessment Tool entwickelt, das Studierende bei der Reflexion über ihr eigenes Erleben und Verhalten unterstützt und auf mögliche Strategien zur Verbesserung der persönlichen Resilienz und des eigenen Wohlbefindens aufmerksam macht.

Das Online-Tool erfasst das selbstberichtete Ausmaß an Achtsamkeit (*mindfulness*), Selbst-Mitgefühl (*self-compassion*), Prokrastination (*procrastination*), Zugehörigkeitsgefühl an der Hochschule (*college belongingness*), Resilienz (*resilience*) und Wohlbefinden (*well-being*). Die Erfassung dieser Merkmale ermöglicht es den Studierenden, bereits zu Beginn ihrer akademischen Laufbahn über eigene Stärken, aber auch mögliche Herausforderungen nachzudenken. An der Fachhochschule (FH) Oberösterreich wird das Self-Assessment über eine interaktive Studierenden-App vor allem Studienanfänger*innen bekannt gemacht. Es ist einfach und anonym zugänglich, um einerseits hohe Teilnahmequoten zu erzielen und andererseits Othering bzw. Stigmatisierung von Studierenden aufgrund ihrer Antworten vorzubeugen.

Nach dem Ausfüllen des Fragebogens erhalten die Studierenden eine automatisch generierte Rückmeldung über ihre Ergebnisse sowie kurze Erklärungen für alle sechs Eigenschaften und individuell darauf abgestimmte Informationen über passende, niederschwellige und anonym verfügbare Unterstützungsangebote, wie zum Beispiel Videos, Online-Übungen oder Beratungsmöglichkeiten durch lokale Organisationen. An der FH OÖ sind alle Angebote zusätzlich sehr niederschwellig über https://kompass.fh-ooe.at/ zugänglich. Die Website ist auf die Bedürfnisse von Studienanfänger*innen ausgerichtet und bietet Informationen über das Studierendenleben im Allgemeinen.

Keywords: Self-Assessment, Übergangsbewältigung, Wohlbefinden; self-assessment, transition management, well-being

1. Einleitung

Zahlreiche Studien bestätigen eine Verschlechterung des studentischen Wohlbefindens sowie eine Zunahme von psychischen Belastungen und psychosozialen Problemen bei Studierenden (vgl. Doolan et al., 2021; van de Velde et al., 2021; Backhaus et al., 2020; Zick, 2023). Gleichzeitig werden Studierende in aktuellen Studien immer häufiger als „very high-risk population for mental health problems and disorders" (vgl. Slimmen et al., 2022, S. 1; Baik et al., 2019, S. 674) bezeichnet. Insbesondere Leistungsdruck und Stress haben bei gleichzeitiger Abnahme sozialer Unterstützung durch Mitstudierende in den vergangenen Jahren sukzessive zugenommen (vgl. van de Velde et al., 2021; Hartley, 2011). Studien deuten darauf hin, dass Stress die akademischen Leistungen von etwa einem Drittel der Studierenden beeinträchtigt und Schlaf- und Essstörungen, körperliche Beschwerden sowie Angstzustände und Depressionen verursacht und zu erhöhtem Burnout-Risiko beiträgt (vgl. Hartley, 2011; Versteeg & Kappe, 2021; Baik et al., 2019). Insbesondere in der Studieneingangsphase finden sich viele Studierende hochemergenten Handlungskontexten gegenüber, die es zu bewältigen gilt (vgl. Versteeg & Kappe, 2021; Baik et al., 2017). Der Eintritt ins Hochschulstudium und die damit verbundene Anpassung an die Anforderungen eines neuen hochschulischen Lernumfelds gehen mit einer bedeutenden Lebensveränderung mit potenziell negativen Auswirkungen auf das Wohlbefinden einher (vgl. Miller, 2016). Die Interaktion mit einer Vielzahl neuer Menschen und Umgebungen, hoher Leistungsdruck, die Abwesenheit von vertrauten Unterstützungsnetzen wirken sich auf das Wohlbefinden von Studierenden oftmals negativ aus (Backhaus et al., 2020; Baik et al., 2019).

Die COVID-19-Pandemie hat diese Problematik durch Maßnahmen wie *Social Distancing* und Online-Lehre verschärft (vgl. Doolan et al., 2021, Douwes et al., 2023, Salimi et al., 2023). Studien zeigen, dass Studierende aufgrund von Online-Unterricht vermehrt unter Einsamkeit, psychischen Problemen und Stress leiden (vgl. Salimi et al., 2023; Pandya & Lodha, 2022). Schätzungen gehen davon aus, dass die Prävalenz psychischer Probleme unter Studierende bei über 30% liegt; insbesondere unter jüngeren Studierenden treten psychische Probleme noch häufiger auf (vgl. Versteeg & Kappe, 2021, S. 2; Sheldon et al., 2021). Gleichzeitig ist das Zugehörigkeitsgefühl von Studierenden zur eigenen Hochschule gering und mit Stress und Leistungsdruck verbunden (vgl. Tice et al., 2021).

Die emotionale und psychische Gesundheit von Studierenden rückt somit immer mehr in den Fokus sowohl von den Studierenden selbst als auch von Hochschulen und politischen Entscheidungsträger*innen. Um Studierende effektiv bei der Bewältigung von Stress und psychischen Problemen zu unterstützen, bedarf es geeigneter Ressourcen. Studierende mit Depressionen oder Angstzuständen, die keine Unterstützung in Anspruch nehmen, weisen mitunter darauf hin, nicht ausreichend über verfügbare Dienste informiert zu sein. Studierende, die unter hohem Leidensdruck stehen, sind möglicherweise weniger in der Lage, effektiv nach Hilfe zu suchen. Die Kenntnis über die Verfügbarkeit von vorhandenen Ressourcen zur Verbesserung der mentalen Gesundheit und des Wohlbefindens an Hochschulen einschließlich Online-Ressourcen sollte daher verbessert werden (vgl. Versteeg & Kappe, 2021).

Unter Berücksichtigung dieser Befunde, war es Ziel des von Erasmus+ finanzierten ENTRANTS-Projekts das Zugehörigkeitsgefühl von Studierenden insbesondere in der Studieneingangsphase zu stärken.

Unter der Arbeitshypothese, dass ein erhöhtes Zugehörigkeitsgefühl als protektiver Faktor gegen die Entwicklung von psychischen Störungen wirkt, wurde ein Selbsteinschätzungsinstrument entwickelt. Dieses soll es ermöglichen, die individuellen Stressbewältigungsressourcen von Studierenden zu identifizieren und gezielte Interventionsmaßnahmen einzuleiten. In diesem Zusammenhang wurde folgende Forschungsfrage formuliert: Wie können Resilienz und Wohlbefinden im hochschulischen Kontext gefördert werden?

2. Inhalte des Self-Assessments

Soziale Integration (Richardson et al., 2012), Resilienz (Hofman et al., 2020), Achtsamkeit (Bishop et al., 2004), Selbst-Mitgefühl (*self-compassion*; Neff, 2003) und selbstregulatorische Fähigkeiten (van Dinther et al., 2011) – von Selbst-/Zeitmanagement bis hin zu Stressabbau – spielen nicht nur für physische und psychische Gesundheit sowie Wohlbefinden eine Rolle (z. B., Cohen, 2004; Ramadan, 2021; Sirois & Pychyl, 2016). Sie gelten auch als aussagekräftige Prädiktoren für Studienerfolg (Petri, 2020; De Clercq et al., 2013; Mantzios et al., 2020).

Die Auswirkungen dieser Stressoren auf das Wohlbefinden hängen von individuellen Bewältigungsstrategien ab, die darauf abzielen, Stress zu verringern (vgl. Hartley, 2011, S. 596). Ayala und Manzano (2018, S. 1331) stellten fest, dass "academic performance of first-year students depended greatly upon the skills, knowledge, abilities and initiative that they possessed and which enabled them to feel capable of achieving their goals, feel that they had control over their lives, and that they were personally responsible for their own results." Studierende sollten somit frühzeitig im Studium Kompetenzen entwickeln, die dafür geeignet sind, das eigene Wohlbefinden zu steigern, Stress zu reduzieren, um so bessere akademische Leistungen zu erzielen (vgl. Huppert, 2009, 2014; Ayala & Manzano, 2018).

Das von Egan et al. (2022) inspirierte Self-Assessment bildet eine Selbsteinschätzung der eigenen Resilienz ab und ermöglicht es den Studierenden, bereits zu Beginn ihrer akademischen Laufbahn über eigene Stärken aber auch mögliche Herausforderungen nachzudenken. Das Self-Assessment Tool umfasst folgende Funktionalitäten:

- Erfassung des selbstberichteten Ausmaßes an: Achtsamkeit (*mindfulness*), Selbstmitgefühl (*self-compassion*), Prokrastination (*procrastination*), Zugehörigkeitsgefühl an der Hochschule (*college belongingness*), Resilienz (*resilience*), Wohlbefinden (*well-being*).
- Automatisiertes Feedback zum Abschneiden in den einzelnen Themenfeldern (unterdurchschnittlich, durchschnittlich, überdurchschnittlich)
- Kurze Erklärung der einzelnen Konstrukte und deren Zusammenhang mit Resilienz und Studienerfolg
- Niederschwellige Informationen und weiterführende Ressourcen zur Verbesserung der eigenen mentalen Stärke

Das Tool liefert auf Basis der Angaben der Teilnehmenden ein umfassendes automatisiertes und anonymes Feedback. Es unterstützt bei der Reflexion des eigenen Verhaltens und zeigt mögliche Strategien zur Verbesserung der persönlichen Resilienz und des eigenen Wohlbefindens auf. Es unterstützt selbstreguliertes Handeln und verweist auf Tipps und Informationen; somit werden hilfreiche Ressourcen sehr niederschwellig zur Verfügung gestellt. Gleichzeitig wird auf psychologisches Beratungsangebot hingewiesen und betont, dass es in bestimmten Situationen wichtig ist, zusätzliche Hilfe zu suchen.

Achtsamkeit (*mindfulness*) eröffnet ein facettenreiches Verständnis von geistiger Gesundheit und Wohlbefinden. Sie umfasst einen bewussten Fokus auf den gegenwärtigen Moment, gepaart mit der unaufgeregten Wahrnehmung und Akzeptanz von Gefühlen, Gedanken und körperlichen Empfindungen (vgl. Baer et al., 2006; Burzler et al., 2019). Achtsamkeit unterstützt die Anpassungsfähigkeit (Silberstein et al., 2012), ermöglicht bessere Entscheidungsfindung (Silberstein et al., 2012; Karelaia & Reb, 2015) und steht im positiven Zusammenhang mit der Resilienz von Studierenden (Pidgeon & Keye, 2014; Liu et al., 2022). Achtsamkeitsbasierte Interventionen stärken die Widerstandsfähigkeit gegenüber Stress (Galante et al., 2018; Grossmann et al., 2004) und fördern das Wohlbefinden sowie die Selbstwirksamkeit (Meiklejohn et al., 2012). Achtsamkeit und Resilienz sind darüber hinaus bedeutsame Prädiktoren für psychologisches Wohlbefinden (Pidgeon & Keye, 2014), was auf ihre entscheidende Rolle in der Förderung mentaler Gesundheit und des Wohlbefindens hinweist.

Selbstmitgefühl (*self-compassion*) umfasst die Dimensionen *self-kindness, common humanity* und *mindfulness* (vgl. Neff, 2003) und beinhaltet einen freundlichen und verständnisvollen Umgang mit sich selbst in Zeiten von Schmerz oder Misserfolg, das Wahrnehmen eigener unangenehmer Erfahrungen als normales menschliches Erleben und den bewussten Umgang mit schmerzhaften Gedanken und Gefühlen. Die Fähigkeit, eigene Fehler und Schwächen zu verzeihen, ohne sie zu leugnen, steht im Zentrum dieses Konstrukts. Zahlreiche Studien zeigen einen positiven Zusammenhang zwischen Selbst-Mitgefühl und Resilienz, emotionaler Gesundheit und Wohlbefinden (Bluth et al., 2018). Ein höheres Selbst-Mitgefühl korreliert zudem mit einem gesteigerten kognitiven, psychologischen und affektiven Wohlbefinden (Zessin et al., 2015). Selbst-Mitgefühl könnte auch positiv auf Ängste einwirken, die mitunter den akademischen Erfolg beeinflussen können (Zhang et al., 2021).

Prokrastination (*procrastination*) bezeichnet eine schädliche und freiwillige Form der Verzögerung, die eine wichtige Aufgabe umfasst und in der Regel negative Konsequenzen nach sich zieht. Prokrastination birgt erhebliche Auswirkungen auf die mentale Gesundheit und das Wohlbefinden (Sirois, 2022). Sie wird auch als eine Form des Selbstregulationsversagens definiert, bei der kurzfristig Emotionsregulation nachhaltigeren Problembewältigungsstrategien vorgezogen wird („regulat[ing] the mood of the present self at the expense of the future self", Sirois & Pychyl, 2013, S. 118). Studien zeigen, dass Studierende, die höhere Prokrastinationsniveaus aufweisen, im Allgemeinen schlechtere akademische Leistungen erbringen (vgl. Egan et al., 2022). Eine höhere Resilienz ist mit einer geringeren Häufigkeit von prokrastinativem Verhalten verbunden (Ko & Chang, 2019). Bei Prokrastinierenden ist niedrige Achtsamkeit ein Risikofaktor für geringes Wohlbefinden (Sirois & Tosti, 2012). Es wird angenommen, dass Selbstmitgefühl den Zusammenhang zwischen Prokrastination und Stress abschwächen, und somit eine Negativspirale unterbinden könnte (Sirois, 2014).

Das *Zugehörigkeitsgefühl* zur Hochschule (*college belongingness*) wird definiert als das subjektive Empfinden, respektiert, akzeptiert, eingeschlossen und von anderen im sozialen Umfeld Hochschule unterstützt zu werden (Goodenow, 1993; Yorke, 2016). Das Bedürfnis nach sozialer Eingebundenheit wird als grundlegend für das menschliche Wohlbefinden betrachtet (Ryan & Deci, 2000; Maslow, 1943). Das Gefühl der Ausgrenzung hingegen wird als äußerst unangenehm empfunden (Bastian & Haslam, 2010; Sjåstad et al., 2021). Zahlreiche Studien legen nahe, dass ein starkes Zugehörigkeitsgefühl positiv mit der akademischen Leistung, der Studienfortsetzung und der Verfolgung individueller Bildungsziele korreliert (vgl. Strayhorn, 2012; Johnson, 2022; Glass & Westmont, 2014). Positive soziale Beziehungen fördern intrinsische Motivation (Ryan & Deci, 2000), die auch im akademischen Umfeld von großer Bedeutung ist (Guay et al., 2008). Das Zugehörigkeitsgefühl trägt wesentlich zur psychischen Gesundheit und zum Wohlbefinden der Studierenden bei (Arslan, 2021; Grüttner, 2019) und steht positiv mit Resilienz in Beziehung (Grüttner, 2019).

Resilienz (*resilience*) bezeichnet die erfolgreiche Anpassung an schwierige oder herausfordernde Lebenserfahrungen (vgl. Ayala & Manzano, 2018). Resilienz gilt als entscheidende Kompetenz für Studierende (vgl. Hofmann et al., 2020) und als wichtiger Prädiktor für Prokrastinationsverhalten, Selbstmitgefühl, Achtsamkeit und Zugehörigkeitsgefühl (vgl. Egan et al., 2022). Resilienz gilt als bedeutsam, um das allgemeine Wohlbefinden zu steigern, angemessene akademische Leistungen zu erzielen und Stress zu reduzieren (vgl. Ayala & Manzano, 2018; Hartley, 2011; Versteeg & Kappe, 2021; Harding et al., 2019).

Auch wenn *Wohlbefinden* (*well-being*) aus verschiedenen Blickwinkeln betrachtet werden kann (siehe z. B. Ryff & Singer, 2008 bzw. Sonnentag, 2015), definieren Noble et al. (2008) schulisches/studentisches Wohlbefinden als nachhaltigen mentalen Zustand, der von vorwiegend positiver Stimmung und Einstellung, positiven (Hoch-) Schulbeziehungen, Resilienz, Selbstoptimierung sowie einem hohen Maß an Zufriedenheit mit den gesammelten Lernerfahrungen gekennzeichnet ist (S. 30). Sagone und De Caroli (2014) postulieren einen positiven Zusammenhang zwischen Wohlbefinden und einer optimistischen Grundhaltung, während ein niedriges Wohlbefinden mit Hilflosigkeit und Entfremdung assoziiert ist, was den Studienerfolg negativ beeinflussen kann. Zudem wird angenommen, dass positive Bewältigungsstrategien, insbesondere problemlösungsorientiertes *Coping*, das Wohlbefinden steigern und somit den Studienerfolg fördern können. Die Scores zu Wohlbefinden sind ein besonderer Gradmesser im Hinblick auf allgemeine psychische Gesundheit, nicht nur im Sinne der positiven Lebensgestaltung, sondern auch bei problematischen Belastungen. So stellt die eingesetzte Skala der Weltgesundheitsorganisation WHO ein effektives Screening-Instrument für klinische Depression dar (Henkel et al., 2003).

3. Tool-Entwicklung

Bei der Entwicklung des Self-Assessment Tools wurden eine Reihe wissenschaftlicher und praktischer Qualitätsaspekte beachtet. Es ging darum, ein Instrument zu schaffen, das wissenschaftlich fundierte Inhalte möglichst zugänglich und nützlich für eine heterogene Studierendengruppe aufbereitete, ohne die vorhandenen Entwicklungs- und Wartungsressourcen zu übersteigen.

3.1 Technische Umsetzung und optische Gestaltung

Um eine niederschwellige Erreichbarkeit, Anonymität in Durchführung und Auswertung sowie schnelle personalisierte Rückmeldungen zu erlauben, wurde das Tool als Online-Umfrage konzipiert. Umgesetzt wurde diese mithilfe der Umfragesoftware Unipark (https://www.unipark.com/) der Firma Questback, die durch einen Firmensitz in Deutschland und entsprechenden DSGVO-konformen Vertragsbedingungen einen hohen Grad an Datensicherheit für Umfrageteilnehmende bietet.

Um die Umfrage möglichst einladend und beruhigend wirken zu lassen, wurde ihr optisches Design mit einer neutral-warmen Farbpalette und starker visuellen Unterstützung durch Fotos gestaltet. Jede Fragengruppe wurde durch zwei bildschirmüberspannende Fotos auf einer Seite oben und unten umrandet. Die Fotos wurden in einem mehrstufigen Entscheidungsprozess ausgewählt: Im ersten Schritt wurden für jedes Konstrukt sechs möglichst ansprechende und thematisch passende (sowie lizenzgebührenfreie) Bilder durch zwei Projektmitglieder mithilfe einer Internetsuche ausfindig gemacht. Diese wurden anschließend vom ganzen Projektteam sowie von weiteren zehn Studierenden in Bezug auf Ästhetik und Passung zum jeweiligen Konzept beurteilt. Auf Basis dieser Ratings wurden pro Konstrukt jeweils zwei passende Bilder gewählt.

3.2 Sprache

Um das Tool sowohl für österreichische als auch für internationale Studierende zugänglich zu machen, wurden parallel eine deutschsprachige und eine englischsprachige Version des Fragebogens entwickelt. Dies erwies sich in Bezug auf die wissenschaftliche Fundierung als sehr große Herausforderung, da nur wenige passende psychometrische Skalen in validierter, mehrsprachiger Kurzform vorliegen. Auch dann, wenn mehrsprachige Übersetzungen validiert werden, ergeben sich schnell inhaltliche Unstimmigkeiten zwischen Frageninhalten, was einerseits für die Inhaltsvalidität problematisch sein kann und andererseits eine massive Gefahr für die Augenscheinvalidität – und somit auch für die Akzeptanz eines Verfahrens durch Anwender*innen – darstellt (vgl. Kubinger, 2006, Moosbrugger & Keleva, 2020). Letztendlich war es für einige – aber weit nicht alle – Konstrukte möglich, parallele validierte Skalenversionen in englischer und deutscher Sprache aufzuspüren. Dort wo dies nicht gelang, wurden bevorzugt validierte deutschsprachige Kurzformen englischer Skalen übernommen, aus denen dann eine analoge englischsprachige „Kurzversion“ anhand der Originalitems (ohne Validierungsstudie) zusammengestellt werden konnte.

3.3 Messung der Konstrukte

Zur Erfassung von Achtsamkeit wurde die deutsche Kurzversion von Baers (2006) *Five Facet Mindfulness Questionnaire* verwendet (FFMQ-23; Burzler et al., 2019). Die *General Procrastination Scale* von Lay (1989) wurde in Form einer validierten, an Studierende gerichteten deutschsprachigen Kurzversion (GPS-K; Klingsieck & Fries, 2012) übernommen, um Prokrastination abzubilden. Auch in Bezug auf Resilienz konnte eine validierte deutschsprachige Kurzversion der *Brief Resilience Scale* von Smith et al. (2008) herangezogen werden (BRS; Chmitoritz et al., 2018). Zur Erfassung von Selbstmitgefühl wurde die deutsche Übersetzung (Hupfeld & Ruffieux, 2011) der 26-Item Langform der *Self-Compassion-Scale* von Neff (2003b) herangezogen und analog zur englischsprachigen Kurzversion (SCS-12; Raes et al., 2011) auf 12 Items reduziert. Um das auf die eigene Hochschule bezogene Zugehörigkeitsgefühl abzubilden, wurde die *Social-Acceptance*-Subskala des *College Belongingness Questionnaire* (CGQ; Arslan, 2021) ins Deutsche übersetzt, mit Rückübersetzung durch eine zweisprachige Person, gefolgt von Diskussion und Auflösung von Abweichungen im Projektteam. Das subjektive Wohlbefinden wurde mithilfe der deutsch- und englischsprachigen Versionen des Fragebogens der Weltgesundheitsorganisation (WHO-5; Topp et al., 2015) erfasst.

Neben den zentralen inhaltlichen Konstrukten wurden zu Forschungszwecken auch soziodemografische Daten (Geschlecht, Alter) sowie Angaben zum Studium (Studiendauer, Fachbereich, Art des Studiums, …) erfragt. Auch ergänzende Fragen zu wiederholter Teilnahme am Self-Assessment und zu Gründen für die Teilnahme (ernsthafte Bearbeitung, Bearbeitung zum Spaß, …) wurden gestellt, um eine anschließende Datenbereinigung zu erleichtern. Diese Ergänzungsfragen können problemlos von Teilnehmer*innen übersprungen werden.

3.4 Personalisierte Rückmeldungen

Scores von Teilnehmenden werden entsprechend der vorhandenen Validierungsdaten als überdurchschnittlich (geschätzte obere 16%, d.h. persönlicher Wert ist größer als das arithmetische Mittel der Normstichprobe *M* plus eine Standardabweichung *SD*), durchschnittlich (mittlere 68%, d.h. persönlicher Wert liegt innerhalb des Bereichs $M \pm 1\ SD$) oder unterdurchschnittlich (untere 16%, d.h. persönlicher Wert ist kleiner als $M - 1\ SD$) klassifiziert. Dort, wo mehrere Normwerte aus unterschiedlichen Gruppen oder Skalenübersetzungen vorliegen, wird ein gerundeter Durchschnittswert gebildet. Diese Klassifizierung bestimmt die Formulierung der individuellen Rückmeldungen; allerdings erhalten alle Teilnehmenden immer kurze Erklärungen für alle sechs Eigenschaften sowie Hinweise auf passende, niederschwellige Unterstützungsangebote (siehe Kapitel „Umsetzung“ bzw. Abbildung 1).

Self-Compassion

Wie liebevoll und freundschaftlich gehst du mit dir selbst um?

Self-Compassion - wörtlich "Selbst-Mitgefühl" - bezeichnet eine wertschätzende und tolerante Haltung gegenüber sich selbst. Es umfasst die Fähigkeit, eigene Fehler und Schwächen verzeihen zu können, ohne sie dabei zu verleugnen. Hohe Werte in diesem Bereich helfen dir dabei, eine bessere Beziehung zu dir selbst aufzubauen. Das steht im Zusammenhang mit besseren akademischen und beruflichen Leistungen und führt zu einem gesünderen und erfüllteren Leben.

Geringere Werte deuten darauf hin, dass du weniger liebevoll und freundschaftlich mit dir selbst umgehst. Das kann auch bedeuten, dass du viel über deine Unzulänglichkeiten oder Misserfolge aus der Vergangenheit nachdenkst, was nicht immer hilfreich ist. Ein besserer Weg damit umzugehen ist es, mehr auf die Gegenwart zu fokussieren und darauf zu achten, was du aktuell tun kannst, um die Situation zu verbessern.

Laut deinen Angaben im Fragebogen hast du im Vergleich zu anderen Personen **ungefähr gleich viel** Toleranz und Mitgefühl mit dir selbst. Es könnte sich lohnen, auf diese solide Basis aufzubauen. In den nachfolgenden Quellen findest du Tipps und Übungen, wie du noch wertschätzender mit dir selbst umgehen kannst.

Deine Empfehlungen für mehr Self-Compassion:

- Mindful Self-compassion - Mediationen & Übungen
- Guided Practices - Dr. Kristin Neff (EN)
- Übungen - Dr. Kristin Neff (EN)
- Compassionate Mind Foundation (EN)
- Audios der Compassionate Mind Foundation (EN)

- Krick, A., Felfe, J. & Renner, K.-H. (2018). *Stärken- und Ressourcentraining.* Hogrefe. Kapitel 5.2.2 Umgang mit schwierigen Gedanken, S. 110ff
- Krick, A., Felfe, J. & Renner, K.-H. (2018). *Stärken- und Ressourcentraining.* Hogrefe. Kapitel 5.6.2 Umgang mit schwierigen Gefühlen, S. 122ff

Abb. 1: Beispiel zur individualisierten Rückmeldung

3.5 Umsetzung

An der FH Oberösterreich wird das Self-Assessment über eine interaktive Studierenden-App den Studierenden bekannt gemacht. Das Self-Assessment ist einfach (per Link) und anonym zugänglich, um einerseits hohe Teilnahmequoten zu erzielen und andererseits Othering bzw. Stigmatisierung von Studierenden vorzubeugen. Nach dem Ausfüllen des Fragebogens erhalten die Studierenden eine automatisch generierte Rückmeldung über ihre Ergebnisse (siehe Abbildung 1).

Die Form des Feedbacks ist unabhängig von den erreichten Werten für alle Teilnehmende gleich aufgebaut: Alle Teilnehmenden erhalten kurze Erklärungen zu allen gemessenen Konstrukten und warum diese Eigenschaften in Bezug auf Studienerfolg bedeutsam sind. Zusätzlich wird auf passende, niederschwellige Unterstützungsangebote und Kontakte (z. B. lokale studentische Beratung und psychologische Unterstützung, Helplines, Ansprechpersonen innerhalb der Hochschule) verwiesen. Aber auch frei zugängliche und anonym verfügbare Online-Angebote und Übungen (z. B. Videos, Anleitungen) sowie weiterführende Informationen (z. B. Podcasts und Websites) werden genannt.

Die Reihenfolge der Rückmeldungen erfolgt grundsätzlich analog zur Reihenfolge der entsprechenden Fragen im Fragebogen, mit einer Ausnahme: Zeigen Teilnehmende einen klinisch auffällig niedrigen Wohlbefindenswert (d. h. ≤ 7 auf einer Skala von 0 bis 25; Löwe et al., 2004), so bekommen sie als erste Rückmeldung einen Hin-

Abb. 2: Individualisierte Rückmeldung bei klinisch auffälligen Wohlbefindenswerten

weis auf diesen Wert und einen Appel, externe Hilfe und Beratung aufzusuchen (siehe Abbildung 2). Die Scores zu Wohlbefinden können auf problematische psychische Belastungen hinweisen. Leider erlaubt das niederschwellige Format des Self-Assessments kaum andere Handlungsmöglichkeiten.

Zusätzlich sind an der FH OÖ alle Angebote und Informationen sehr niederschwellig über https://kompass.fh-ooe.at/ zugänglich. Die Website ist auf die Bedürfnisse von Studienanfänger*innen ausgerichtet und bietet Informationen über das Studierendenleben im Allgemeinen. Sie ist in drei Bereiche unterteilt: Leben (z. B. wie man Gleichgesinnte findet, Angebote neben dem Studium), Studium (z. B. wie man mit dem akademischen Arbeitspensum umgeht) und Orientierung (z. B. wie man sich auf dem Campus zurechtfindet).

4. Normwerte

Die Daten einer Gruppe von Studierenden ($N = 278$), die bis zum 31.01.2024 die Items des Self-Assessment beantworteten, wurden statistischen Analysen unterzogen. Neben der Analyse der Mittelwerte und Standardabweichungen und darauf aufbauender Analysen zum Zusammenhang der Konstrukte untereinander, erfolgte auch ein Vergleich der gewonnenen Daten mit Normwerten anderer Stichproben. Zumeist wurden hierfür die erhobenen Normwerte der Validierungsstudien herangezogen, um die Werte der Studierenden mit den Werten anderer Populationen zu vergleichen.

In Bezug auf die Variable *Achtsamkeit* zeigte sich in der aktuellen Stichprobe ein Mittelwert von 3,15 (auf einer 5-stufigen Skala), über alle Subskalen des *Five Facet Mindfulness Questionnaire (FFMQ-23; Burzler et al., 2019)* hinweg. Verglichen mit der Allgemeinbevölkerung im DACH-Raum liegt die Achtsamkeit der oberösterreichischen Studierenden etwas niedriger. Beispielsweise ergab die Validierungsstudie von Burzler et al. (2019) mit $N = 1.133$ Personen einen Mittelwert von 3,44 über alle Subskalen hinweg.

Betrachtet man die Variable *Selbst-Mitgefühl* zeigte die aktuelle Stichprobe an Studierenden einen Mittelwert von 2,94 auf der *Self-Compassion-Scale* von Neff (2003b) – einer 5-stufigen Antwortskala. Aus der Validierungsstudie von Neff (2003b) konnte aus einer Stichprobe von $N = 391$ amerikanischen Studierenden ein Vergleichs-Mittelwert von 3,04 abgeleitet werden. Wobei eine weitere Stichprobe von praktizierenden Buddhisten einen weit höheren Mittelwert aufwies ($M = 3{,}87$). Der Wert der aktuellen österreichischen Stichprobe lag daher unter beiden Vergleichswerten. Auch der Vergleichs-Mittelwert einer deutschsprachigen Gelegenheitsstichprobe von Dreisoerner et al. (2021) fiel mit Werten von 3,02, 3,13 bzw. 3,10 vor der Intervention je nach Gruppe deutlich höher aus.

Im Hinblick auf die Werte der aktuellen Stichprobe bei der Variable *Prokrastination* zeigte sich ein Mittelwert von 2,52 auf der *General Procrastination Scale* (Lay, 1989) mit einer Skala zwischen 1 und 4, wobei ein höherer Wert auf eine höhere Neigung zu prokrastinierendem Verhalten hindeutet. Im Vergleich dazu ergaben sich in einer Reihe von Stichproben einer englischsprachigen Validierungsstudie von Sirois, Yang und van Eerde (2019) Mittelwerte zwischen 2,92 und 3,42. Damit zeigten sich hier deutlich niedrigere Werte in Bezug auf die Studierendenpopulation aus Österreich. Aus der deutschsprachigen Validierungsstudie von Klingsieck und Fries (2012), lässt sich an deutschen Studierenden ein Vergleichs-Mittelwert von 2,49 ableiten. Dieser Wert wiederum liegt nahe an der österreichischen Stichprobe.

Das *Zugehörigkeitsgefühl* wiederum wies in der aktuellen Studie einen Mittelwert von 5,18 auf (auf einer Skala zwischen 1 und 7), während sich in der Validierungsstudie von Arslan (2021) in einer Stichprobe von 333 türkischen Studierenden ein Mittelwert von 4,66 zeigte. Demnach lagen die Werte der österreichischen Studierenden bei dieser Variable höher als die der türkischen Studierenden.

Auch die *Resilienz* der Studierendenstichprobe kann mit Normwerten verglichen werden. Während die Resilienz der österreichischen Stichprobe auf der Skala zwischen 1 und 5 bei einem Mittelwert von 3,21 angesiedelt war, lag der Mittelwert in einer repräsentativen deutschen Stichprobe von 1.128 Personen (Kunzler et al., 2018) bei 3,35. Die österreichische Stichprobe lag daher nur leicht unter diesem Vergleichswert.

Abschließend zeigte ein Vergleich der Mittelwerte der Studierenden in der Variable *Wohlbefinden* mit dem Normwert der deutschen WHO-5 Validierungsstudie (repräsentative Stichprobe bis 40 Jahre) einen deutlich niedrigeren Mittelwert der österreichischen Stichprobe aus Studierenden ($M = 3{,}22$) im Vergleich mit dieser allgemeinen Stichprobe ($M = 4{,}67$). Dabei reichte die Skala von 0 (zu keinem Zeitpunkt) bis 5 (die ganze Zeit).

5. Conclusio

Die vorliegende Studie unterstreicht die dringende Notwendigkeit, das psychische Wohlbefinden von Studierenden in den Fokus zu rücken. Im Allgemeinen lässt sich aus dem Vergleich der Normwerte eine besondere Belastung der Studierendenpopulation im Vergleich zur repräsentativen Gesamtbevölkerung ableiten. Vor allem bei Achtsamkeit und Selbst-Mitgefühl, aber auch in Bezug auf das allgemeine Wohlbefinden zeigen sich hier beträchtliche Unterschiede. Die Ergebnisse bestätigen die in der Literatur vielfach beschriebene Prävalenz psychischer Belastungen in der Studierendenschaft.

Das entwickelte Self-Assessment-Tool bietet einen vielversprechenden Ansatz, um Studierende bei der Förderung ihrer psychischen Gesundheit zu unterstützen. Durch die Messung relevanter Konstrukte wie Achtsamkeit, Selbstmitgefühl, Resilienz und Zugehörigkeitsgefühl und die Bereitstellung individueller Rückmeldungen ermöglicht es Studierenden, ihre persönlichen Stärken und Schwächen besser einzuschätzen und gezielte Maßnahmen zur Verbesserung ihres Wohlbefindens zu ergreifen. Die ersten Anwendungsergebnisse deuten darauf hin, dass das Tool gut angenommen wird und einen positiven Beitrag zur Stärkung der psychischen Gesundheit leisten kann.

Die gewonnenen Daten stellen einen wichtigen ersten Schritt zur Etablierung von Normwerten für die Studierendenstichprobe dar. Zwar sind die bisherigen Vergleiche mit anderen Populationen aufgrund von Unterschieden in den Stichproben nur bedingt aussagekräftig, dennoch können die erhobenen Daten als Grundlage für zukünftige Untersuchungen dienen. Durch regelmäßige Erhebungen und Vergleiche können langfristige Trends im psychischen Wohlbefinden von Studierenden identifiziert und entsprechende Maßnahmen zur Verbesserung der Studiensituation entwickelt werden.

Zusammenfassend kann festgehalten werden, dass der Bedarf an sozialer Unterstützung von Bildungseinrichtungen für soziale und akademische Integration sowie Wohlbefinden und Erfolg der Studierenden wächst. Um die psychische Gesundheit von Studierenden nachhaltig zu fördern, sind neben individuellen Interventionen auch strukturelle Veränderungen an Hochschulen erforderlich. Niederschwellige Online-Angebote, die allen Studierenden bereits zu Studienbeginn bekannt gemacht werden und selbstreguliertes Agieren unterstützen, können dabei gute Dienste leisten.

Acknowledgements

The European Commission support for the production of this publication does not constitute an endorsement of the contents which reflects the views only of the authors, and the Commission cannot be held responsible for any use which may be made of the information contained therein.

Literatur

Arslan, G. (2021). Loneliness, college belongingness, subjective vitality, and psychological adjustment during Coronavirus pandemic: Development of the College Belongingness Questionnaire. *Journal of Positive School Psychology*, 5(1), 17–31.

Ayala, J. C. & Manzano, G. (2018). Academic performance of first-year university students: The influence of resilience and engagement. *Higher Education Research & Development*, 37(7), 1321–1335.

Backhaus, I., Varela, A. R., Khoo, S., Siefken, K., Crozier, A., Begotaraj, E., Fischer, F., Wiehn, J., Lanning, B., Lin, P., Jan, S., Zaranza Monteiro, L., Al-Shamli, A., La Torre, G. & Kawachi, I. (2020). Associations between social capital and depressive symptoms among college students in 12 countries: Results of a cross-national study. *Frontiers in Psychology*, 11, 644.

Baer, R. A., Smith, G. T., Hopkins, J., Krietemeyer, J. & Toney, L. (2006). Using self-report assessment methods to explore facets of mindfulness. *Assessment*, 13(1), 27–45.

Baik, C., Larcombe, W. & Brooker, A. (2019). How universities can enhance student mental wellbeing: the student perspective. *Higher Education Research & Development*, 38(4), 674–687.

Baik, C., Naylor, R., Arkoudis, S. & Dabrowski, A. (2017). Examining the experiences of first-year students with low tertiary admission scores in Australian universities. *Studies in Higher Education*, 44(3), 526–538.

Bastian, B. & Haslam, N. (2010). Excluded from humanity: The dehumanizing effects of social ostracism. *Journal of Experimental Social Psychology*, 46(1), 107–113.

Bishop, S. R., Lau, M., Shapiro, S., Carlson, L., Anderson, N. D., Carmody, J., Segal, Z. V., Abbey, S., Speca, M., Velting, D. & Devins, G. (2004). Mindfulness: A proposed operational definition. *Clinical Psychology: Science and Practice*, 11(3), 230–241.

Bluth, K., Mullarkey, M. & Lathren, C. (2018). Self-compassion: A potential path to adolescent resilience and positive exploration. *Journal of child and family studies*, 27, 3037–3047.

Burzler, M. A., Voracek, M., Hos, M. & Tran, U. S. (2019). Mechanisms of mindfulness in the general population. *Mindfulness*, 10(3), 469–480.

Chmitorz, A., Wenzel, M., Stieglitz, R.-D., Kunzler, A., Bagusat, C., Helmreich, I., Gerlicher, A., Kampa, M., Kubiak, T., Kalisch, R., Lieb, K. & Tüscher, O. (2018). Population-based validation of a German version of the Brief Resilience Scale. *PLOS ONE*, 13(2)m e0192761.

Cohen, S. (2004). Social relationships and health. *American Psychologist*, 59(8), 676–684.

De Clercq, M., Galand, B., Dupont, S. & Frenay, M. (2013). Achievement among first-year university students: An integrated and ontextualized approach. *European Journal of Psychology of Education*, 28, 641–662.

Doolan, K., Barada, V., Buric, I., Krolo, K., Tonkovic, Z., Schmidt, N. S., Napier, R. & Darmanin, M. (2021). *Student life during the COVID-19 pandemic lockdown: Europe-wide insights. European Students' Union.* Verfügbar unter: https://esu-online.org/wp-content/uploads/2021/04/0010-ESU-SIderalCovid19_WEB.pdf [18.02.2024].

Douwes, R., Metselaar, J., Pijnenborg, G. H.M & Boonstra, N. (2023). Well-being of students in higher education: The importance of a student perspective, *Cogent Education*, 10(1), 2190697.

Dinther, M. van, Dochy, F. & Segers, M. (2011). Factors affecting students' self-efficacy in higher education. *Educational Research Review*, 6(2), 95–108.

Dreisoerner, A., Junker, N. M. & van Dick, R. (2021). The Relationship Among the Components of Self-compassion: A Pilot Study Using a Compassionate Writing Intervention to Enhance Self-kindness, Common Humanity, and Mindfulness. *Journal of Happiness Studies*, 22, 21–47 (2021).

Egan, H., O'Hara, M., Cook, A. & Mantzios, M. (2022). Mindfulness, self-compassion, resiliency and wellbeing in higher education: a recipe to increase academic performance. *Journal of Further and Higher Education*, 46(3), 301–311.

Galante, J., Dufour, G., Vainre, M., Wagner, A. P., Stochl, J., Benton, A., Lathia, N., Howarth, E. & Jones, P. B. (2018). A mindfulness-based intervention to increase resilience to stress in university students (the Mindful Student Study): A pragmatic randomised controlled trial. *The Lancet Public Health*, 3(2), e72–e81.

Glass, C. R. & Westmont, C. M. (2014). Comparative effects of belongingness on the academic success and cross-cultural interactions of domestic and international students. *International Journal of Intercultural Relations*, 38, 106–119.

Goodenow, C. (1993). The psychological sense of school membership among adolescents: Scale development and educational correlates. *Psychology in the Schools*, 30(1), 79–90.

Grossman, P., Niemann, L., Schmidt, S. & Walach, H. (2004). Mindfulness-based stress reduction and health benefits: A meta-analysis. *Journal of Psychosomatic Research*, 57(1), 35–43.

Gruttner, M. (2019). Belonging as a resource of resilience: Psychological wellbeing of international and refugee students in study preparation at German higher education institutions. *Student Success*, 10(3), 36–44.

Guay, F., Ratelle, C. F. & Chanal, J. (2008). Optimal learning in optimal contexts: The role of self-determination in education. *Canadian Psychology*, 49(3), 233–240.

Harding, T., Lopez, V. & Klainin-Yobas, P. (2019). Predictors of psychological well-being among higher education students. *Psychology*, 10, 578–594.

Hartley, M. T. (2011). Examining the relationships between resilience, mental health, and academic persistence in undergraduate college students. *Journal of American college health*, 59(7), 596–604.

Henkel, V., Mergl, R., Kohnen, R., Maier, W., Möller, H.-J. & Hegerl, U. (2003). Identifying depression in primary care: A comparison of different methods in a prospective cohort study. *BMJ: British Medical Journal*, 326(7382), 200–201.

Hofmann, Y., Müller-Hotop, R. & Datzer, D. (2020). Die Bedeutung von Resilienz im Hochschulkontext. Eine Standortbestimmung von Forschung und Praxis. *Beiträge zur Hochschulforschung*, 42(1–2), 10–35.

Hupfeld, J. & Ruffieux, N. (2011). Validierung einer deutschen Version der Self-Compassion Scale (SCS-D). *Zeitschrift für Klinische Psychologie und Psychotherapie*, 40(2), 115–123.

Huppert, F. A. (2009). Psychological well-being: Evidence regarding its causes and consequences. *Applied Psychology: Health and Well-Being*, 1(2), 137–164.

Huppert, F. A. (2014). The state of wellbeing science: Concepts, measures, interventions, and policies. In F. A. Huppert & C. L. Cooper (Hrsg.), *Interventions and policies to enhance wellbeing* (S. 1–49). John Wiley & Sons.

Johnson, R. M. (2022). A socio-ecological perspective on sense of belonging among racially/ethnically minoritized college students: Implications for equity-minded practice and policy. *New Directions for Higher Education*, 2022(197), 59–68.

Karelaia, N. & Reb, J. (2015). Improving decision making through mindfulness. In J. Reb & P. W. B. Atkins (Hrsg.), *Mindfulness in Organizations* (S. 163–189). Cambridge University Press.

Klingsieck, K. B. & Fries, S. (2012). Allgemeine Prokrastination: Entwicklung und Validierung einer deutschsprachigen Kurzskala der General Procrastination Scale (Lay, 1986). *Diagnostica*, 58(4), 182–193.

Ko, C.-Y. A. & Chang, Y. (2019). Investigating the relationships among resilience, social anxiety, and procrastination in a sample of college students. *Psychological Reports*, 122(1), 231–245.

Kubinger, K. D. (2006). *Psychologische Diagnostik: Theorie und Praxis psychologischen Diagnostizierens*. Hogrefe.

Kunzler, A. M., Chmitorz, A., Bagusat, C., Kaluza, A. J., Hoffmann, I., Schäfer, M., Quiring, M., Rigotti, T., Kalisch, R., Tüscher, O., Franke, A. G., van Dick, R., & Lieb, K. (2018). Construct Validity and Population-Based Norms of the German Brief Resilience Scale (BRS). *European Journal of Health Psychology*, 25(3), 107–117.

Lay, C. H. (1986). At last, my research article on procrastination. *Journal of Research in Personality, 20*, 474–495. https://doi.org/10.1016/0092-6566(86)90127-3

Liu, X., Wang, Q., & Zhou, Z. (2022). The association between mindfulness and resilience among university students: A meta-analysis. *Sustainability*, 14(16), 10405.

Löwe, B., Spitzer, R. L., Gräfe, K., Kroenke, K., Quenter, A., Zipfel, S., Buchholz, C., Witte, S. & Herzog, W. (2004). Comparative validity of three screening questionnaires for DSM-IV depressive disorders and physicians' diagnoses. *Journal of Affective Disorders*, 78, 131–140.

Mantzios, M., Koneva, A. & Egan, H. (2020). When 'negativity' becomes obstructive: A novel exploration of the two-factor model of the Self-Compassion Scale and a comparison of self-compassion and self-criticism interventions. *Current Issues in Personality Psychology*, 8(4), 289–300.

Maslow, A. H. (1943). A theory of human motivation. *Psychological Review*, 50(4), 370–396.

Meiklejohn, J., Phillips, C., Freedman, M. L., Griffin, M. L., Biegel, G., Roach, A. & Saltzman, A. (2012). Integrating mindfulness training into K-12 education: Fostering the resilience of teachers and students. *Mindfulness*, 3, 291–307.

Miller, T. W. (2016). Coping with life transitions. In J. C. Norcross, G. R. VandenBos, D. K. Freedheim, & N. Pole (Hrsg.), *APA handbook of clinical psychology: Psychopathology and health* (S. 477–490). American Psychological Association.

Moosbrugger, H. & Kelava, A. (Hrsg.) (2020). *Testtheorie und Fragebogenkonstruktion*. Springer.

Neff, K. (2003). Self-compassion: An alternative conceptualization of a healthy attitude toward oneself. *Self and Identity*, 2(2), 85–101.

Neff, K. D. (2003b). The development and validation of a scale to measure self-compassion. *Self and Identity*, 2(3), 223–250.

Noble, T., McGrath, H., Roffey, S., & Rowling, L. (2008). *A scoping study on student wellbeing*. Department of Education, Employment & Workplace Relations.

Pandya, A. & Lodha, P. (2022). Mental health consequences of COVID-19 pandemic among college students and coping approaches adapted by higher education institutions: A scoping review. *SSM-Mental Health*, 2, 100122.

Petri, P. S. (2020). Das Individuum im Fokus: Was wissen wir eigentlich über individuelle Gelingensbedingungen für ein Studium. *Qualität in der Wissenschaft*, 14(2), 33–43.

Pidgeon, A. M. & Keye, M. (2014). Relationship between resilience, mindfulness, and pyschological well-being in University students. *International Journal of Liberal Arts and Social Science*, 2(5), 27–32.

Raes, F., Pommier, E., Neff, K. D. & Van Gucht, D. (2011). Construction and factorial validation of a short form of the Self-Compassion Scale. *Clinical Psychology & Psychotherapy*, 18(3), 250–255.

Ramadan, Dr. H. A. E. (2021). Predictors of well-being among students: A meta-analysis. *Journal of Research in Curriculum Instruction and Educational Technology*, 7(2), 123–154.

Richardson, M., Abraham, C. & Bond, R. (2012). Psychological correlates of university students' academic performance: A systematic review and meta-analysis. *Psychological Bulletin*, 138(2), 353–387.

Ryan, R. M. & Deci, E. L. (2000). Self-determination theory and the facilitation of intrinsic motivation, social development, and well-being. *The American Psychologist*, 55(1), 68–78.

Ryff, C. D. & Singer, B. H. (2008). Know thyself and become what you are: A eudaimonic approach to psychological well-being. *Journal of Happiness Studies*, 9(1), 13–39.

Sagone, E. & Caroli, M. E. D. (2014). A correlational study on dispositional resilience, psychological well-being, and coping strategies in university students. *American Journal of Educational Research*, 2(7), 463–471.

Salimi, N., Gere, B., Talley, W. & Irioogbe, B. (2023) College Students Mental Health Challenges: Concerns and Considerations in the COVID-19 Pandemic. *Journal of College Student Psychotherapy*, 37(1), 39–51.

Sheldon, E., Simmonds-Buckley, M., Bone, C., Mascarenhas, T., Chan, N., Wincott, M., Gleeson, H., Sow, K., Hind, D. & Barkham, M. (2021). Prevalence and risk factors for mental health problems in university undergraduate students: A systematic review with meta-analysis. *Journal of Affective Disorders*, 287, 282–292.

Silberstein, L. R., Tirch, D., Leahy, R. L. & McGinn, L. (2012). Mindfulness, psychological flexibility, and emotional schemas. *International Journal of Cognitive Therapy*, 5(4), 406–19.

Sirois, F. M. (2014). Procrastination and stress: Exploring the role of self-compassion. *Self and Identity*, 13(2), 128–145.

Sirois, F. M. (2022). *Procrastination: What it is, why it's a problem, and what you can do about it*. American Psychological Association.

Sirois, F. M. & Pychyl, T. (2013). Procrastination and the priority of short-term mood regulation: Consequences for future self. *Social and Personality Psychology Compass*, 7(2), 115–127.

Sirois, F. M. & Pychyl, T. A. (2016). *Procrastination, health, and well-being*. Academic Press.

Sirois, F. M. & Tosti, N. (2012). Lost in the moment? An investigation of procrastination, mindfulness, and well-being. *Journal of Rational-Emotive & Cognitive-Behavior Therapy*, 30(4), 237–248.

Sirois, F. M., Yang, S. & van Eerde, W. (2019). Development and Validation of the General Procrastination Scale (GPS-9): A Short and Reliable Measure of Trait Procrastination. *Personality and Individual Differences*, 146, 26–33.

Sjåstad, H., Zhang, M., Masvie, A. E. & Baumeister, R. (2021). Social exclusion reduces happiness by creating expectations of future rejection. *Self and Identity*, 20(1), 116–125.

Slimmen S., Timmermans O., Mikolajczak Degrauwe, K. & Oenema, A. (2022). How stress-related factors affect mental wellbeing of university students. A cross-sectional study to explore the associations between stressors, perceived stress, and mental wellbeing. *PLoS ONE* 17(11), e0275925.

Sonnentag, S. (2015). Dynamics of well-being. *Annual Review of Organizational Psychology and Organizational Behavior*, 2(1), 261–293.

Strayhorn, T. L. (2012). Satisfaction and retention among African American men at two-year community colleges. *Community College Journal of Research and Practice*, 36(5), 358–375.

Tice, D., Baumeister, R., Crawford, J., Allen, K. & Percy, A. (2021). Student belongingness in higher education: Lessons for Professors from the COVID-19 pandemic. *Journal of University Teaching & Learning Practice*, 18(4).

Topp, C. W., Østergaard, S. D., Søndergaard, S. & Bech, P. (2015). The WHO-5 Well-Being Index: A systematic review of the literature. *Psychotherapy and Psychosomatics*, 84(3), 167–176.

Van de Velde, S., Buffel, V., Bracke, P., Van Hal, G., Somogyi, N. M., Willems, B., … & C19 ISWS consortium. (2021). The COVID-19 international student well-being study. *Scandinavian Journal of Public Health*, 49(1), 114–122.

Versteeg, M. & Kappe, R. (2021). Resilience and higher education support as protective factors for student academic stress and depression during Covid-19 in the Netherlands. *Frontiers in Public Health*, 9, 737223.

Yorke, M. (2016). The development and initial use of a survey of student 'belongingness', engagement and self-confidence in UK higher education. *Assessment & Evaluation in Higher Education*, 41(1), 154–166.

Zessin, U., Dickhäuser, O. & Garbade, S. (2015). The relationship between self-compassion and well-being: A meta-analysis. *Applied Psychology: Health and Well-Being*, 7(3), 340–364.

Zhang, J. W., Kessler, E. & Braasch, J. L. G. (2021). Self-compassion mindsets can predict statistics course performance via intelligence mindsets and statistics anxiety. *Learning and Individual Differences*, 90, 102047.

Zick, I. (2023). *Mental-Health-Barometer 2022: Ergebnisse der Studie*. Studo. Verfügbar unter: https://studo.com/at/blog/mental-health-barometer-2022 [05.08.2024].

Übergangserfahrungen und Studienabbruchsneigung

Christian Gehart

Abstract: Die Hochschulen stehen national und international vor der Herausforderung, die Studienabbruchquoten zu senken. Da Studienabbruch mit hohen individuellen und gesellschaftlichen Kosten verbunden ist, beschäftigt sich die Hochschulforschung mit den Ursachen des Studienabbruchs und möglichen präventiven Maßnahmen. Studienabbruchsneigung kann in diesem Zusammenhang als Frühwarnindikator für Studienabbruch interpretiert werden und ist daher für die Hochschulforschung von Relevanz. Der vorliegende Beitrag präsentiert erste Teilergebnisse einer Panelbefragung, bei welcher Bachelorstudierende einer österreichischen Universität mit wirtschafts- und sozialwissenschaftlichem Schwerpunkt (n = 1.000) zu ihren Übergangserfahrungen sowie möglichen Studienabbruchsgedanken befragt wurden. Die Ergebnisse der logistischen Regressionsanalyse zeigen, dass positive Übergangserfahrungen eine präventive Wirkung gegenüber einer Studienabbruchsneigung haben. In Bezugnahme auf „nicht-traditionelle" Studierende (NTS) zeigen die Modellergebnisse, dass eine verlängerte Studiendauer Abbruchsintentionen wahrscheinlicher macht, während ein gutes finanzielles Auskommen Abbruchsintentionen unwahrscheinlicher macht. Im Anschluss an bisherige Erkenntnisse in der Hochschulforschung legen die Ergebnisse nahe, dass eine frühzeitige Vorbereitung auf das Studium, eine aktive Gestaltung des Transitionsprozesses vonseiten der Bildungseinrichtungen sowie finanzielle Unterstützungsprogramme Studienabbruchsintentionen vorbeugen können.

Keywords: Studienabbruchsneigung, Transition, Übergangserfahrungen, nicht-traditionelle Studierende (NTS), Dropout-Prävention, logistische Regression

1. Einleitung

Studienabbrüche werden mit individuellen sowie gesellschaftlichen Folgekosten verbunden, u. a. mit erhöhtem Risiko von Arbeitslosigkeit, niedrigerem Lebenserwerbseinkommen, Fachkräftemangel sowie reduzierten Steuereinnahmen (Nairz-Wirth & Feldmann, 2018, S. 80). Der internationale Vergleich von Studienabbruchsquoten ist schwierig, da Studienabbrüche sowohl unterschiedlich definiert und berechnet werden als auch nationalstaatliche Unterschiede in der Ausgestaltung der universitären Systeme vorliegen (Vossensteyn et al., 2015, S. 7–8). In Österreich bricht rund ein Fünftel der Bachelorstudierenden ihr Studium bereits innerhalb der ersten beiden Semester (*First Year*) ab.[1]

1 Insgesamt beläuft sich die Studienabbruchsquote auf 36% bezogen auf die Bacheloranfänger*innen-Kohorte des Wintersemesters 2012/13 (BMBWF (2021, S. 191); Schubert, Binder, Dibiasi, Engleder und Unger (2020, S. 65)).

In Deutschland wiederum beträgt die Abbruchsquote bei Bachelorstudierenden an Universitäten in etwa ein Drittel (Heublein et al., 2017, S. XV). Die durchschnittliche OECD-Abbruchsquote liegt bei rund 12% innerhalb des ersten Studienjahrs und nach Ablauf der Mindeststudienzeit bei ca. 20% der Bachelorstudierenden (OECD, 2022, S. 198).

Dabei gilt die Gruppe der sogenannten *„nicht-traditionellen" Studierenden* (NTS)[2] als besonders vulnerabel, da sie oft zusätzlichen (Mehr-)Belastungen im Vergleich zu traditionellen Studierenden ausgesetzt sind, wie z. B. erhöhte Erwerbstätigkeit, Betreuungspflichten etc. (Heublein & Wolter, 2011, S. 233; Nairz-Wirth & Feldmann, 2018, 79–80, 85). Ebenso haben Studierende mit einer Studienberechtigungsprüfung und verzögertem Studienbeginn geringere Erfolgschancen, sie sind zu Studienbeginn oftmals bereits älter als ihre Kommiliton*innen, wodurch sich ein weiterer Risikofaktor für einen Studienabbruch ergibt (Schubert et al., 2020, S. 61). In den vergangenen Jahrzehnten ist die Anzahl der NTS in Österreich aufgrund einer Expansion des Hochschulsektors sowie veränderten Anforderungen am Arbeitsmarkt stark angewachsen (Nairz-Wirth & Feldmann, 2018, S. 81; Schuetze & Slowey, 2002, S. 309–310; Unger et al., 2020, 117/241), wodurch diese Gruppe für Hochschulforschung zusätzliche Relevanz bekommen hat.

Die Gründe für das Entstehen eines Studienabbruchs (bzw. einer Studienabbruchsneigung) sind vielfältig. Forschungskonsens besteht darin, dass die Bewältigung des Übergangs an die Universität für die Gruppe der NTS aufgrund von Kapitalmangel oftmals schwierig ist. Dies betrifft nicht nur finanzielle Mittel, sondern auch das Fehlen von sozialem Kapital, wie z. B. Netzwerke, über welche studienrelevante Informationen bezogen werden können (Nairz-Wirth & Feldmann, 2018; Ulriksen, Møller Madsen & Tolstrup Holmegaard, 2017). Der vorliegende Beitrag untersucht daher den Einfluss von Übergangserfahrungen auf die Studienabbruchsneigung von Bachelorstudierenden und berücksichtigt dabei den Einfluss von unterschiedlichen NTS-Merkmalen (z. B. Alter, schulische Vorbildung bzw. Art der Studienberechtigung, Bildungsherkunft etc.). Die Studienabbruchsneigung gilt als ein valider Frühwarnindikator für den Studienabbruch (Deuer & Wild, 2018, S. 81), wodurch sich ihre Relevanz für die Abbruchsforschung begründen lässt. In diesem Beitrag werden nun erste Teilergebnisse einer Studierenden-Panelbefragung (2022–2023) vorgestellt, welche im Rahmen eines umfassenden Hochschulforschungsprojekts durchgeführt wurde. Nach der Präsentation des Forschungsstandes zu Übergang und Studienabbruch werden Forschungsdesign und Analyseergebnisse vorgestellt, welche dann im Kontext beispielhafter institutioneller Maßnahmen kurz reflektiert werden.

2. Forschungsstand

Der Übergang an die Universität ist für Studierende mit vielen Herausforderungen verbunden, und daher eine risikoreiche Phase hinsichtlich eines möglichen Studien-

2 Es existieren diverse Definitionen für NTS, siehe hierzu u. a. Schuetze und Slowey (2002); Isensee und Wolter (2017).

abbruchs (Fourie, 2020, S. 202; van Rooij, Jansen & van de Grift, 2017, S. 535–537). Clercq, Galand und Frenay (2017) verweisen als Ergebnis einer Clusteranalyse auf weitere zentrale Einflussfaktoren, darunter eine informierte Studienwahl, gute schulische Leistungen sowie Selbstvertrauen in die eigene Leistungsfähigkeit. Darüber hinaus konnten Belloc, Maruotti und Petrella (2010) feststellen, dass eine bessere Abschlussnote in der Sekundarstufe II die Wahrscheinlichkeit eines Studienabbruchs erhöht. Dies wird damit erklärt, dass einerseits leistungsstarke Studierende aus mangelndem Interesse schneller das Studienfach wechseln und andererseits empfindlicher gegenüber schlechten Leistungen sind. Prüfungen zu Studienbeginn nehmen eine zentrale Rolle für die Bewältigung des Übergangsprozesses ein. Facheinschlägige Studien zeigen, dass gerade schlechte Prüfungsleistungen zu Studienbeginn die Wahrscheinlichkeit eines Studienabbruchs erhöhen (Belloc et al., 2010, S. 135–136). Frühe Studienleistungen haben somit einen signifikanten Einfluss, d. h. ein Studium wird eher fortgesetzt, wenn von Beginn an gute Noten erzielt werden (Aina, Baici, Casalone & Pastore, 2022). Ebenso korrelieren Studienstress sowie ungenügende akademische Leistungen (zu Studienbeginn) und beeinflussen dabei die Studienmotivation sowie das Abbruchsrisiko (Bennett, 2003, S. 133–139).

Selbstgesteuertes Lernen sowie Selbstwirksamkeitserwartungen spielen im Hochschulbereich eine zentrale Rolle bei der Übergangsbewältigung – aufgrund fehlender Übung im selbstgesteuerten Lernen können unmittelbar zu Studienbeginn bei betroffenen Studienanfänger*innen negative Prüfungserfahrungen sowie erste Gedanken an einen Studienabbruch entstehen (Blackmore, Vitali, Ainscough, Langfield & Colthorpe, 2021, S. 169). Neben entsprechenden Lern- und Arbeitsstrategien korrelieren die Vorbereitung durch die Schule, eine informierte Studienwahl sowie (positive) Schulabschlussnoten positiv mit erfolgreicher Übergangsbewältigung sowie Studienerfolg (Vettori, Vezzani, Pinto & Bigozzi, 2021, S. 1573–1574).

Forschungsfrage

Ausgehend von den dargestellten Überlegungen ergibt sich folgende Forschungsfrage: *Welchen Einfluss haben Übergangserfahrungen unter Berücksichtigung unterschiedlicher NTS-Merkmale auf die Abbruchsneigung von Bachelorstudierenden einer öffentlichen Universität mit wirtschafts- und sozialwissenschaftlichem Schwerpunkt?*

3. Methodik

Datenherkunft und Studiendesign

Für die Beantwortung der Forschungsfrage wurde ein quantitatives Studiendesign gewählt. Die verwendeten Daten stammen aus einem Forschungsprojekt[3], das an einer

3 Dabei handelt es sich um ein drittelmittelfinanziertes Projekt (*Nr. 18454*) des Jubiläumsfonds der *Österreichischen Nationalbank (OeNB)*.

österreichischen öffentlichen Universität mit wirtschafts- und sozialwissenschaftlichem Schwerpunkt durchgeführt wurde. Die Datenerhebung fand im Februar 2022 im Rahmen einer ersten Erhebungswelle einer Längsschnittuntersuchung statt. Alle Bachelorstudierenden der Universität wurden mittels Rundmail kontaktiert und zur Teilnahme an der Befragung eingeladen. Dabei wurde ein Online-Fragebogen ausgesandt, welcher in deutscher und englischer Sprache zur Verfügung gestellt wurde. Insgesamt haben 1.611 Studierende an der ersten Umfrage teilgenommen, was einer Rücklaufquote von etwa 7% entspricht. Der Datensatz wurde um unvollständig ausgefüllte Fragebögen bereinigt, wodurch sich die Stichprobe letztendlich auf exakt n = 1.000 Personen[4] reduzierte.

Die Datenanalyse wurde mittels eines logistischen Regressionsmodells durchgeführt. Dabei diente die Studienabbruchsneigung als abhängige Variable und die Übergangserfahrungen, bestehend aus der wahrgenommenen Vorbereitung auf das Studium sowie der Belastung zu Studienbeginn, als unabhängige Variablen. Zusätzlich wurden im Modell verschiedene NTS-Merkmale[5] als Kontrollvariablen verwendet. Dazu gehören schulische Vorbildung, Studiendauer, Erwerbstätigkeit, finanzielle Situation, sprachlicher Migrationshintergrund, Bildungsherkunft (*First-Generation-Status)*, Geschlecht und Alter.

Messinstrumente

Zu den von den Studierenden subjektiv erlebten Übergangserfahrungen gab es insgesamt zehn Fragestellungen. Diese befassten sich mit der wahrgenommenen Vorbereitung auf das Studium, dem Prüfungserleben zu Studienbeginn sowie der allgemein empfundenen Belastung zu Beginn des Studiums. Die Struktur dieser Frage-Items wurde mit Hilfe einer *explorativen Faktorenanalyse* (*EFA*) ermittelt. In der vorliegenden Stichprobe beträgt *Cronbachs α* für den Faktor „*Vorbereitung auf das Studium*" 0,53 und für den Faktor „*Belastung zu Studienbeginn*" 0,76 (vgl. Streiner, 2003). Die Abbruchsneigung wurde im Fragebogen mithilfe der Frage: „*Kam Ihnen schon einmal der Gedanke, das Bachelorstudium abzubrechen oder zu wechseln?*" erhoben. In der Literatur ist der Zusammenhang zwischen Abbruchsneigung und realisiertem Studienabbruch hinreichend dokumentiert (Baalmann & Speck, 2020, S. 94; Blüthmann, Thiel & Wolfgramm, 2011, S. 112; Deuer & Wild, 2018, S. 13). Die Studienabbruchsneigung kann in diesem Kontext als Frühwarnindikator für einen später realisierten Studienabbruch verstanden werden.

4 In Bezug auf Studienrichtungen, Geschlecht und Alter gab es in der Stichprobenverteilung keine auffälligen Abweichungen von der entsprechenden Gesamtverteilung in der Studierendenpopulation. Daher kann Repräsentativität in Bezug auf diese Variablen angenommen werden (siehe Tabelle 1).

5 In Anlehnung an die definiteren NTS-Merkmale von Schuetze und Slowey (2002) sowie Isensee und Wolter (2017).

Tabelle 1 bietet in weiterer Folge eine Übersicht über alle verwendeten Modellvariablen einschließlich ihrer Operationalisierung, Skalierung sowie Verteilung innerhalb der erhobenen Stichprobe.

Tab. 1: Variablenübersicht einschließlich Operationalisierung, Skalierung und Verteilung.

Variable	**Operationalisierung**	**Kategorien/ Skalierung**	**Verteilung**
Studienabbruchsneigung (AV)*	*„Kam Ihnen schon einmal der Gedanke Ihr Bachelorstudium abzubrechen oder zu wechseln?"*	0 = Nein 1 = Ja	51% 49%
Vorbereitung auf das Studium (UV)**	Index aus 3 Items auf Basis einer EFA; beinhaltet u. a. *„Die Vorbereitung auf das Bachelorstudium durch die Schule/den Ausbildungszweig war sehr gut."* *stimme gar nicht zu (1) – stimme voll zu (4)*	3 (niedrig) – 12 (hoch)	Median = 8 Min = 3 Max = 12
Belastung zu Studienbeginn (UV)**	Index aus 7 Items auf Basis einer EFA; beinhaltet u. a. *„Zu Beginn meines Bachelorstudiums hatte ich Stressgefühle."* *stimme gar nicht zu (1) – stimme voll zu (4)*	7 (niedrig) – 28 (hoch)	Median = 16 Min = 7 Max = 28
	Kontrollvariablen:		
Schulische Vorbildung	Art der Studienberechtigung	AHS BHS Sonstige	53% 40% 7%
Studiendauer	Anzahl der bisher inskribierten Semester im Bachelorstudium	Metrisch	Median = 4 Min = 1 Max = 20
Erwerbstätigkeit	Wöchentliche Arbeitsstunden (im Durchschnitt)	Metrisch	Median = 15 Min = 2 Max = 40
Finanzielle Situation	Index[6] aus 3 Items; beinhaltet u. a. *„Ich kann mir vorstellen, das Bachelorstudium abzubrechen, da ich es mir finanziell nur schwer leisten kann zu studieren."* *stimme voll zu (1) – stimme gar nicht zu (4)*	3 (niedrig) – 12 (hoch)	Median = 12 Min = 3 Max = 12
Sprachliche Herkunft: Migrationshintergrund	Muttersprache bzw. Sprache, welche zu Hause am meisten gesprochen wird/wurde	0 = Deutsch oder Englisch 1 = Sonstiges	86% 14%
Bildungsherkunft: *First-Generation*-Status (FGS)	Weder Vater noch Mutter verfügen über einen akademischen Abschluss.	0 = Kein FGS 1 = FGS	55% 45%
Geschlecht		0 = Männlich 1 = Weiblich	41% 59%
Alter	in Jahren	Metrisch	Median = 21 Min = 17 Max = 52

**AV = Abhängige Variable*
***UV = Unabhängige Variable*

6 Die *EFA* ergab für diese Indexbildung einen *Cronbachs-α*-Wert in der Höhe von 0,91.

4. Ergebnisdarstellung

Für die Datenanalyse wurde ein hierarchisches *logistisches Regressionsmodell* entwickelt. Das erste Modell (M1) untersucht den Einfluss der zwei Variablen zu Übergangserfahrungen (Studienvorbereitung, Belastung zu Studienbeginn) auf die Studienabbruchsneigung. Das zweite Modell (M2) beinhaltet zusätzlich verschiedene Kontrollvariablen. Die Ergebnisse der beiden Modelle sind in Tabelle 2 angeführt.

Sowohl die wahrgenommene *Vorbereitung auf das Studium* als auch die *Belastung zu Studienbeginn* haben einen statistisch signifikanten Einfluss auf die Studienabbruchsneigung (M1; $p<0{,}01$). Eine besser wahrgenommene Vorbereitung auf das Studium verringert demnach die Wahrscheinlichkeit einer Abbruchsintention ($OR=0{,}87$) (c.p.)[7]. Bei der Belastung zu Studienbeginn ist hingegen das Gegenteil zu beobachten. Mit steigender Belastungserfahrung zu Studienbeginn nimmt die Wahrscheinlichkeit einer Abbruchsintention zu ($OR=1{,}18$) (c.p.).

Das zweite Regressionsmodell (M2) wurde um verschiedene NTS-Merkmale als Kontrollvariablen erweitert. Durch die Anwendung eines listenweisen Fallausschlusses (*listwise deletion*) reduzierte sich die Stichprobengröße auf 938 Proband*innen[8]. Die Effekte der Übergangserfahrungen bleiben jedoch stabil signifikant (M2; $p<0{,}01$).

Die Kontrollvariable *Studiendauer (Anzahl der bisher inskribierten Semester im Bachelorstudium)* hat einen statistisch signifikanten Effekt auf die Studienabbruchsneigung ($p>0{,}01$). Mit steigender Studiendauer nimmt somit die Wahrscheinlichkeit einer Studienabbruchsneigung zu ($OR=1{,}14$) (c.p.). Ebenso haben die *finanzielle Situation* sowie der *sprachliche Migrationshintergrund* der Proband*innen einen signifikanten Effekt auf die Abbruchsneigung ($p<0{,}05$). Je besser die finanzielle Situation der Bachelorstudierenden ist, desto unwahrscheinlicher ist eine Abbruchsintention ($OR=0{,}92$) (c.p.). Ein ähnlicher Effekt lässt sich auch beim Einfluss des sprachlichen Migrationshintergrundes feststellen ($OR=0{,}64$)[9] (c.p.).

In Bezug auf die Qualität des Modells ist festzuhalten, dass der *Pseudo-R^2-Wert* im ersten Modell (M1) bei etwa 0.11 liegt und im zweiten Modell (M2) mit der Einbeziehung weiterer Kontrollvariablen auf 0,13 ansteigt. Ein wesentlicher Teil der Erklärungskraft des Modells ist somit auf die Übergangserfahrungen zurückzuführen. Die berechnete *Effektstärke* des gesamten Modells (M2) beträgt $f^2=0{,}15$ (0,13/1-0,13) und ist nach Cohen (1988) als mittelstark einzustufen (vgl. Cohen, 1988, S. 412–414).

7 ceteris paribus

8 In der Stichprobe befinden sich Proband*innen, welche keine Auskunft zum Bildungsstand ihrer Eltern gemacht haben (*missing values*). Dementsprechend verringert sich Anzahl der Beobachtungen im Modell (M2).

9 Dieser auffällige Effekt ist der spezifischen Feld- und Studienstruktur der erforschten Universität geschuldet, da sich innerhalb der Stichprobe mehrere internationale Bachelorstudierende aus akademischem Elternhaus befinden.

Tab. 2: Logistisches Regressionsmodell zur Erklärung der Studienabbruchsneigung.

Abhängige Variable: Studienabbruchsneigung	2022			
	M1		M2	
	Odds Ratio (SE)	*p*	*Odds Ratio (SE)*	*p*
(Intercept)	**0,21 (0,10)****	**0,001**	1,07 (1,14)	0,948
Übergangserfahrungen				
Vorbereitung auf das Studium	**0,87 (0,03)****	**0,000**	**0,87 (0,04)****	**0,001**
Belastung zu Studienbeginn	**1,18 (0,02)****	**0,000**	**1,16 (0,02)****	**0,000**
Kontrollvariablen				
Schulische Vorbildung: AHS			1,22 (0,37)	0,519
Schulische Vorbildung: BHS			1,37 (0,43)	0,312
Anzahl der inskribierten Semester (Studiendauer)			**1,14 (0,04)****	**0,000**
Erwerbstätigkeit (in Wochenstunden)			1,00 (0,01)	0,252
Finanzielle Situation			**0,92 (0,04)***	**0,027**
Sprachliche Herkunft: Migrationshintergrund			**0,64 (0,14)***	**0,040**
Bildungsherkunft: *First-Generation*-Status			0,95 (0,15)	0,747
Geschlecht: weiblich			1,26 (0,19)	0,131
Alter (in Jahren)			0,94 (0,03)	0,056
Beobachtungen	1.000		938	
Pseudo R² (Tjur)	0,105		0,128	
Log Likelihood	-620,02		-566,32	
Akaike Inf. Kriterium	1.246,03		1.156,64	
Bayesian Inf. Kriterium	1.260,76		1.214,76	
	p < 0,01 (**), p < 0,05 (*)			

5. Schlussfolgerung und Ausblick

Die vorliegenden Ergebnisse schließen an bereits bekannte Studien der Hochschulforschung mit ähnlichem Schwerpunkt an. Die Erhebung zeigt, dass die Vorbereitung auf das Studium sowie die wahrgenommene Belastung zu Studienbeginn für den weiteren Studienverlauf relevant sind. Das bedeutet, dass ein positiv erlebter Übergang an die Universität dazu führt, dass die Gedanken an einen Studienabbruch unwahrscheinlicher werden (Bennett, 2003; Blackmore et al., 2021; Clercq et al., 2017; Heublein et al., 2017).

Sozioökonomische bzw. NTS-Merkmale scheinen in Hinblick auf die Studienabbruchsneigung eher eine untergeordnete Rolle zu spielen. Allerdings ist zu erwähnen, dass eine stabile finanzielle Situation die erfolgreiche Absolvierung eines Studiums wahrscheinlicher und Abbruchsgedanken somit unwahrscheinlicher macht. Darüber hinaus zeigt sich erwartungsgemäß, dass mit steigender Studiendauer die Wahrscheinlichkeit von Studienabbruchsintentionen zunimmt.

Unsere Studienergebnisse unterstreichen nochmals die Erkenntnisse aus internationalen Studien und weisen auf Möglichkeiten für Bildungsinstitutionen hin, Studienabbrüchen präventiv entgegenzuwirken. Ein hilfreicher Katalog mit internationalen *Best Practices* zur Dropout-Prävention findet sich in der Studie von Nairz-Wirth, Feldmann und Gehart (2021)[10]. Zwei zentrale Handlungsempfehlungen beziehen sich auf die Vernetzung zwischen Schulen und Hochschulen und das aktive Übergangsmanagement. Dadurch ergeben sich positive Effekte durch eine frühzeitige fachliche sowie informative Vorbereitung auf das Studium. Informationen zu möglichen *Bridging*-Kursangeboten, Mentoringprogrammen, Vernetzungsmöglichkeiten, Stressmanagement-Seminaren etc. sind für ein gelingendes Übergangsmanagement maßgeblich. Abschließend sei noch darauf hingewiesen, dass finanzielle Unterstützungs- sowie Übergangsbewältigungsprogramme für Studierende wirksam zur Vermeidung von Studienabbrüchen beitragen und individuelle und gesellschaftliche Folgekosten verringern.

Limitationen

Es wurde lediglich die Neigung zum Abbruch des Studiums untersucht, da Studienabbruchsdaten nicht zugänglich waren. Daher kann auch nicht festgestellt werden, ob die befragten Studierenden mit einer Abbruchsintention zu einem späteren Zeitpunkt tatsächlich das Studium abgebrochen haben.

Darüber hinaus ist ein Studienabbruch das Ergebnis eines langfristigen Prozesses. Wie sich Einflussfaktoren und die Studienabbruchsneigung über den Zeitverlauf verändert haben, kann mit den hier verarbeiteten Daten nicht ermittelt werden, da sie nur einen Messzeitpunkt umfassen. Des Weiteren sollten die Ergebnisse im Kontext der Corona-Pandemie und den damit verbundenen Erfahrungen mit *Distance Learning* betrachtet werden. Es ist möglich, dass diese Erfahrungen das Antwortverhalten der befragten Bachelorstudierenden beeinflusst haben. Eine bereits laufende Panelerhebung und -analyse kann hierbei hilfreich sein.

Literatur

Aina, C., Baici, E., Casalone, G. & Pastore, F. (2022). The determinants of university dropout: A review of the socio-economic literature. *Socio-Economic Planning Sciences, 79*(2022), 1–16. Verfügbar unter http://dx.doi.org/10.1016/j.seps.2021.101102 [20.03.2024].

Baalmann, T. & Speck, K. (2020). Der Einfluss der Studieneingangs- und der Lernmotivation auf den Studienerfolg und die Abbruchneigung von Studierenden. In M. Feldhaus & K.

10 An dieser Stelle sei zudem auf den Beitrag von Nairz-Wirth und Gehart in diesem Tagungsband verwiesen, der eine aktualisierte Teilfassung dieser Studie darstellt.

Speck (Hrsg.), *Herkunftsfamilie, Partnerschaft und Studienerfolg* (Bd. 35, S. 81–116). Baden-Baden: Ergon.

Belloc, F., Maruotti, A. & Petrella, L. (2010). University drop-out: an Italian experience. *Higher Education, 60*(2), 127–138.

Bennett, R. (2003). Determinants of Undergraduate Student Drop Out Rates in a University Business Studies Department. *Journal of Further and Higher Education, 27*(2), 123–141.

Blackmore, C., Vitali, J., Ainscough, L., Langfield, T. & Colthorpe, K. (2021). A Review of Self-Regulated Learning and Self-Efficacy: The Key to Tertiary Transition in Science, Technology, Engineering and Mathematics (STEM). *International Journal of Higher Education, 10*(3), 169–177.

Blüthmann, I., Thiel, F. & Wolfgramm, C. (2011). Abbruchtendenzen in den Bachelorstudiengängen. Individuelle Schwierigkeiten oder mangelhafte Studienbedingungen? *Die Hochschule: Journal für Wissenschaft und Bildung, 20*(1), 110–126.

Bundesministerium für Bildung, Wissenschaft und Forschung (2021). *Universitätsbericht 2020*, Wien. Verfügbar unter https://www.bmbwf.gv.at/Themen/HS-Uni/Hochschulgovernance/Steuerungsinstrumente/Universit%C3%A4tsbericht.html [27.07.2021].

Clercq, M. de, Galand, B. & Frenay, M. (2017). Transition from high school to university: a person-centered approach to academic achievement. *European Journal of Psychology of Education, 32*(1), 39–59.

Cohen, J. (1988). *Statistical Power Analysis for the Behavioral Sciences* (2. Aufl.). New York: Lawrence Erlbaum Associates.

Deuer, E. & Wild, S. (2018). *Validierung eines Instruments zur Erfassung der Studienabbruchsneigung bei dual Studierenden* (4. Aufl.). Duale Hochschule Baden-Württemberg.

Fourie, C. M. (2020). Risk factors associated with first-year students' intention to drop out from a university in South Africa. *Journal of Further and Higher Education, 44*(2), 201–215. doi: 10.1080/0309877X.2018.1527023

Heublein, U., Ebert, J., Hutzsch, C, Isleib, S., König, R., Richter, J. & Woisch, A. (2017). *Zwischen Studienerwartungen und Studienwirklichkeit. Ursachen des Studienabbruchs, beruflicher Verbleib der Studienabbrecherinnen und Studienabbrecher und Entwicklung der Studienabbruchquote an deutschen Hochschulen.* Hannover: Deutsches Zentrum für Hochschul- und Wissenschaftsforschung (DZHW). Verfügbar unter https://d-nb.info/1133370292/34 [20.03.2024].

Heublein, U. & Wolter, A. (2011). Studienabbruch in Deutschland. Definition, Häufigkeit, Ursachen, Maßnahmen. *Zeitschrift für Pädagogik, 57*(2), 214–236. Verfügbar unter https://www.pedocs.de/volltexte/2014/8716/pdf/ZfPaed_2_2011_Heublein_Wolter_Studienabbruch_in_Deutschland.pdf [18.10.2023].

Isensee, F. & Wolter, A. (2017). Nicht-traditionelle Studierende in internationaler Perspektive. Eine vergleichende Untersuchung. *Hochschule und Weiterbildung,* (1), 13–23. Verfügbar unter https://www.pedocs.de/volltexte/2018/15685/pdf/rss.php [20.03.2024].

Nairz-Wirth, E. & Feldmann, K. (2018). Hochschulen relational betrachtet. In AQ Austria (Hrsg.), *Durchlässigkeit in der Hochschulbildung. Beiträge zur 5. AQ Austria Jahrestagung 2017* (S. 79–94). Wien: Facultas.

Nairz-Wirth, E., Feldmann, K. & Gehart, C. (2021). *STOP dem DROPOUT. Eine Best-Practice-Studie zur Vermeidung von Studienabbruch in Zeiten des Fachkräftemangels.* Wien: Wirtschaftsuniversität Wien.

Organization for Economic Cooperation and Development (2022). *Education at a Glance 2022: OECD Indicators.* Verfügbar unter https://www.oecd-ilibrary.org/education/education-at-a-glance-2022_3197152b-en [22.02.2024].

Schubert, N., Binder, D., Dibiasi, A., Engleder, J. & Unger, M. (2020). *Studienverläufe – Der Weg durchs Studium. Zusatzbericht der Studierenden-Sozialerhebung 2019.* Wien: Institut für Höhere Studien (IHS).

Schuetze, H. G. & Slowey, M. (2002). Participation and Exclusion: A Comparative Analysis of Non-Traditional Students and Lifelong Learners in Higher Education. *Higher Education, 44* (3/4), 309–327. Verfügbar unter http://www.jstor.org/stable/3447490 [27.07.2021].

Streiner, D. L. (2003). Starting at the beginning: an introduction to coefficient alpha and internal consistency. *Journal of Personality Assessment, 80*(1), 99–103. https://doi.org/10.1207/S15327752JPA8001_18

Ulriksen, L., Møller Madsen, L. & Tolstrup Holmegaard, H. (2017). The first-year experience of non-traditional students in Danish science and engineering university programmes. *European Educational Research Journal, 16*(1), 45–61. https://doi.org/10.1177/1474904116678628

Unger, M., Binder, D., Dibiasi, A., Engleder, J., Schubert, N., Terzieva, B., Thaler, B., Zaussinger, S. & Zucha, V. (2020). *Studierenden-Sozialerhebung 2019. Kernbericht.* Wien: Institut für Höhere Studien (IHS). Verfügbar unter https://irihs.ihs.ac.at/id/eprint/5383/1/2020-ihs-report-unger-studierenden-sozialerhebung-2019.pdf [20.03.2024].

Van Rooij, E. C. M., Jansen, E. P. W. A. & van de Grift, W. J. C. M. (2017). Factors that contribute to secondary school students' self-efficacy in being a successful university student. *Research in Post-Compulsory Education, 22*(4), 535–555.

Vettori, O., Vezzani, C., Pinto, G. & Bigozzi, L. (2021). The predictive role of prior achievements and conceptions of learning in university success: evidence from a retrospective longitudinal study in the Italian context. *Higher Education Research & Development, 40*(7), 1564–1577.

Vossensteyn, H., Kottmann, A., Jongbloed, B., Kaiser, F., Cremonini, L., Stensaker, B., Hovdhaugen, E. & Wollscheid, S. (2015). *Dropout and Completion in Higher Education in Europe. Main Report.* Luxembourg: Publications Office of the European Union. Verfügbar unter https://op.europa.eu/en/publication-detail/-/publication/4deeefb5-0dcd-11e6-ba9a-01aa75ed71a1/language-en [28.09.2023].

„Wer entscheidet sich schon gern bewusst gegen die Familie?“

Passungsprozesse und familiale Distanzerfahrungen von First-in-Family-Studierenden

Franziska Lessky

Abstract: Auf Basis einer Re-Analyse zweier Forschungsprojekte zu Studienerfahrungen von First-in-Family-Studierenden wird der Forderung nachgekommen, Passungsprobleme von Bildungsaufsteiger*innen und familiale Distanzierungsprozesse im Laufe der universitären Sozialisation nicht als gegeben anzunehmen, sondern empirisch offen zu rekonstruieren. Die Ergebnisse, welche auf Basis narrativer Interviews und mittels hermeneutischer Analyseverfahren generiert wurden, zeigen, dass die Art und Weise, inwiefern Distanz zur Herkunftsfamilie wahrgenommen wird, mit der subjektiven Bedeutung des Studiums zusammenhängt und maßgeblich von familialen Dynamiken geprägt ist. Zudem wird aufgezeigt, dass Studierende potenzielle (An)Passungs- und Distanzierungsprozesse aktiv bearbeiten, und das Studium eine Form dieser Bearbeitung darstellen kann. Dies verweist nicht nur auf die aktive Konstruktionsleistung der Studierenden, sondern gibt auch Einblicke dahingehend, in welchen Kontexten sie Passung und Zugehörigkeit herstellen wollen. Damit leistet diese Forschungsarbeit einen wichtigen Beitrag zum Verständnis der Entstehung von familialen Distanzerfahrungen im Kontext von Bildungsaufstieg und verweist auf die aktive Rolle der Studierenden hinsichtlich der Bearbeitung dieses Prozesses.

Keywords: First-in-Family-Studierende, kulturelle Passung, Bildungsaufstieg, first-in-family students, cultural fit, educational upward mobility

1. Einleitung

Als besonders einflussnehmend auf die Persistenz von Bildungsungleichheiten gilt die soziale Vererbung von Bildungserfolg. Damit ist gemeint, dass das Bildungsniveau der Eltern maßgeblich das Bildungsniveau des Kindes bestimmt, wie in aktuellen nationalen und internationalen Statistiken ersichtlich ist (OECD, 2022; Statistik Austria, 2023; Zucha et al., 2024). Innerhalb der bildungssoziologischen Forschung zum Thema ‚Bildungsungleichheiten in der Hochschulbildung‘ wird häufig auf die theoretischen Konzepte von Pierre Bourdieu (1983, 1990) zurückgegriffen. Bildungsaufstiegsprozesse von Studierenden, die als erste innerhalb ihrer Familie ein Studium aufnehmen (First-in-Family-Studierende), werden aus dieser Perspektive als entgegengesetzte Prozesse gegenüber der Reproduktion des Herkunftsmilieus im Sinne des elterlichen Erbes betrachtet.

Studien haben in diesem Zusammenhang gezeigt, dass es im Zuge solcher Bildungsaufstiegsprozesse zu Spannungsverhältnissen mit der Herkunftsfamilie kommen kann (Crozier et al., 2019; El-Mafaalani, 2014a; O'Shea, 2021). Die Entstehung von Distanzerfahrungen gegenüber der Herkunftsfamilie, in der Literatur auch als Entfremdungsprozesse bezeichnet, wird überwiegend mit der universitären (fachkulturellen) Sozialisation in Verbindung gebracht, im Rahmen derer es zu Habituskonflikten (Friedman, 2016; Nairz-Wirth et al., 2017) und Habitustransformationen (El-Mafaalani, 2012; Lehmann, 2013; von Rosenberg & Florian, 2017) seitens der Studierenden kommen kann. Infolgedessen können Entfremdungsprozesse durch die wahrgenommene Distanz zwischen akademischem Milieu und Herkunftsmilieu sowie durch die mit der universitären Sozialisation verbundene Anpassung an den dominanten Habitus im Feld entstehen.

Trotz dieser bildungssoziologischen Befunde blieb bisher wenig beachtet, welche handlungspraktische Rolle Studierenden im Hinblick auf familiale Distanzerfahrungen und potenzielle Entfremdungsprozesse zukommt. Dieser Beitrag untersucht auf der Basis von zwei qualitativen Forschungsprojekten (Lessky, 2023; Lessky & Wernet, 2023) folgende Forschungsfrage: *Inwiefern nehmen First-in-Family-Studierende familiale Distanzerfahrungen wahr und wie bearbeiten sie diese?*

Die Ergebnisse zeigen, dass Distanzierungsprozesse in familiale Dynamiken eingebettet sind, die bereits häufig vor Eintritt in das universitäre Feld wahrgenommen werden und nicht notwendigerweise mit der ‚Distanz' zwischen Herkunfts- und akademischem Milieu zu tun haben. Zudem wird aufgezeigt, dass Studierende mittels ‚Passungsarbeit' diese Prozesse aktiv mitgestalten. Der Begriff Passungsarbeit wird eingeführt, um zu betonen, dass es sich bei Distanzierung und Entfremdung um keinen passiven Prozess handelt, der Studierenden ‚widerfährt', sondern dass diese aktiv (jedoch nicht gleichzusetzen mit bewusst) an der Ausgestaltung dieser Prozesse beteiligt sind. Damit leistet diese Forschungsarbeit einen wichtigen Beitrag zum Verständnis der Entstehung von familialen Distanzerfahrungen im Kontext von Bildungsaufstieg und verweist auf die aktive Rolle der Studierenden hinsichtlich der Bearbeitung solcher Prozesse.

Im Folgenden werden zuerst theoretische Überlegungen zum Konzept der kulturellen Passung im Zusammenhang mit Bildungsaufstieg näher erläutert (siehe Kapitel 2). Anschließend wird der aktuelle Stand der Forschung zum Thema Passungsprozesse und Distanzerfahrungen von First-in-Family-Studierenden diskutiert (siehe Kapitel 3). Darauffolgend werden die Datengrundlage und die methodische Vorgehensweise der beiden Forschungsprojekte vorgestellt, auf deren Basis dieser Beitrag verfasst wurde (siehe Kapitel 4). Im Ergebniskapitel wird aufgezeigt, inwiefern die subjektive Bedeutung, die Studierende ihrem Studium verleihen, in familiale Dynamiken eingebettet ist, und wie diese die Passungsarbeit von First-in-Family-Studierenden anleitet (siehe Kapitel 5). Darauf aufbauend folgt eine Diskussion, welche die Ergebnisse dieses Beitrags in Beziehung zu bisherigen Forschungsergebnissen setzt (siehe Kapitel 6), und der Beitrag schließt mit einer Conclusio (siehe Kapitel 7).

2. Konzeptionelle Überlegungen: kulturelle Passung und Bildungsaufstieg

Bourdieus Modell der kulturellen Passung (1987) wird häufig herangezogen, um Bildungserfahrungen im Zusammenhang mit Aufstiegsprozessen zu analysieren (Stenhouse & Ingram, 2024). Im Kontext von Bildungsaufstiegsprozessen wird argumentiert, dass es zu Irritationen im Zusammenhang mit Passungsverhältnissen kommen kann, wenn der in der Herkunftsfamilie bzw. dem Herkunftsmilieu erworbene Habitus („primärer Habitus“) im Kontrast zur dominierenden Kultur der jeweiligen Bildungsinstitution („sekundärer Habitus“) steht (Bourdieu & Passeron, 1977; Heil et al., 2019; Helsper et al., 2014; Kramer & Helsper, 2011). Unter Habitus wird „eine allgemeine Grundhaltung, eine Disposition gegenüber der Welt, die zu systematischen Stellungnahmen führt“ verstanden, die sich darauf auswirkt, „wie einer spricht, tanzt, lacht, liest, was er liest, was er mag, welche Bekannte und Freunde er hat usw. [...]“ (Bourdieu, 1992, S. 31–32). Ein Individuum verkörpert mit seinem Habitus also auch die soziale Welt, von der es umgeben ist, und der Habitus erzeugt im Sinne einer generativen Grammatik Haltungen, Gewohnheiten, Vorlieben und Praktiken, die ein Individuum innerhalb unterschiedlicher Sozialisationskontexte erlernt hat (Helsper et al., 2014; Rehbein & Saalmann, 2009).

In der Hochschule wird von Studierenden vor allem implizit das Beherrschen einer bestimmten Kultur bzw. eine Affinität zu dieser erwartet. Der primäre Habitus eines*einer Studierenden kann sich hinsichtlich seiner „Nähe, Entsprechung und Kompatibilität“ gegenüber dem hochschulischen Habitus unterscheiden“ (Kramer, 2017, S. 193). In diesen Unterschieden können sich differente Passungsverhältnisse manifestieren, welche „Überbrückungsarbeit“ bzw. Akkulturationsprozesse seitens der Studierenden verlangen (Bremer & Lange-Vester, 2019; Kramer, 2017). Wenig bis kaum Überbrückungsarbeit ist von jenen Studierenden zu leisten, die am ehesten an die Anforderungen von Bildungsinstitutionen anknüpfen können, d.h. deren primärer Habitus bereits jene Haltungen, Praktiken und Orientierungen enthält, die im schulischen bzw. hochschulischen Feld anerkannt und belohnt werden. Für jene Studierenden, deren primär habitualisierte Haltungen und Praktiken in einem Spannungsverhältnis zu den schulischen bzw. universitären Anforderungen stehen, ist diese Überbrückungsarbeit intensiver zu leisten (Helsper et al., 2014).

Differente Passungsverhältnisse können in unterschiedlichen Kontexten stattfinden. Kramer (2014) argumentiert, dass z.B. Schüler*innen im Verlauf ihrer Schüler*innenbiographie unterschiedliche Passungskonstellationen in der Spannung zwischen Schule(n), Peers und Familie durchlaufen. So können beispielsweise Orientierungen, die innerhalb der Familie erworben wurden (primärer Habitus), in der Bewährung gegenüber feldspezifischen Anforderungen (sekundärer Habitus) irritiert werden. Dieser Irritation kann eine Erweiterung in Form von ‚Habitusbildung‘ folgen (Kramer, 2014; Thiersch, 2020). Eindimensional gedachte Passungskonzepte greifen in jedem Fall zu kurz, weil die Entstehung sowie die Persistenz von Bildungsungleichheiten nur in komplexen Relationen aufgeschlossen werden können (Kramer, 2017).

Thiersch (2020, S. 41) schlägt daher vor, die eigensinnigen Strukturen von Familie, Schule und Peer-Group als Interaktionsräume zu beleuchten, um „biographische und handlungspraktische Bewährungsprozesse und die damit verbundenen Mühen, Belastungen und Bewältigungen, für das werdende Selbst empirisch in Bildungsverläufen zu untersuchen". Mit dem Fokus auf die Sozialisationspraktiken der Akteur*innen könne so das Zustandekommen und die Transformation von Passungsverhältnissen besser beschrieben bzw. verstanden werden. Damit erfolgt eine Erweiterung des Konzepts der kulturellen Passung, welches die Vermittlung von Milieu- und Subjektperspektive zum Ziel hat sowie die handlungspraktische und subjektive Seite der Akteur*innen stärker berücksichtigt. Kulturelle Passungen sind „als ein kontinuierliches Aushandlungs- und Positionierungsgeschehen (z. B. Diskussion über Schulleistungen in Familien) auf zwei Ebenen zu betrachten: Erstens müssen sich Familien und ihre Heranwachsenden in der Auseinandersetzung mit dem sozialen und kulturellen Erbe sozial situieren und Abweichungen und Diskontinuitäten (z. B. Auf- und Abstiege) bearbeiten. Zweitens stellen sich in diesem Prozess Fragen der subjektiven Realisierung und Integration des schulischen Bildungsverlaufs und der Passung in das werdende Selbst der Kinder und Jugendlichen in der Dialektik von Individuation und Generativität" (ebd., S. 26 f.). Ein eher dichotom gedachtes Modell feldkonformer bzw. -abstoßender Passungen sollte daher um eine schul-, familien- und biographietheoretische Perspektive erweitert werden (Thiersch & Wolf, 2020). Und vor allem familiale Konfliktdynamiken werden bisher zu wenig berücksichtigt (Kramer, 2017; Rademacher & Wernet, 2014; Thiersch, 2020; Thiersch & Wolf, 2020).

In der Hochschulforschung wurden mithilfe des Passungskonzeptes vor allem studienbezogene Erfahrungen von First-in-Family-Studierenden bzw. Bildungsaufsteiger*innen beim Übergang an die Universität untersucht (Hermes et al., 2023; Reay et al., 2010; Wilson & Devereux, 2018). In den Fokus gerückt wurde dabei die Analyse von Passungsdynamiken zwischen dem Habitus, den First-in-Family-Studierende an die Universität mitbringen, und jenem Habitus, der im jeweiligen Studium dominiert und anerkannt wird (Nairz-Wirth & Feldmann, 2019; Nairz-Wirth et al., 2017). Passung wird nicht als fixes oder statisches Verhältnis gedacht, sondern als Herstellungsprozess (Heil et al., 2019). Dieser Prozess wird bereits bei der Studienfachwahl wirkmächtig, in welche die in Familie und Herkunftsmilieu erworbenen Einstellungen gegenüber institutioneller Bildung und der Einübung eines darauf bezogenen Habitus einfließen (Bremer & Lange-Vester, 2019; Hermes & Lotze, 2020; Hermes et al., 2023; Nairz-Wirth & Feldmann, 2018).

Aufbauend auf diesen theoretischen Übelregungen liegt der Forschungsertrag dieses Beitrags darin, den Beitrag familialer Konstellationen und Bildungsorientierungen im Zusammenhang mit Passungsprozessen zu analysieren. Es wird daran angeknüpft, dass es komplexerer, stärker an Individuen und deren Lebenspraxis gebundene, empirische Rekonstruktionen von Passungsprozessen bedarf, in welchen familiale Dynamiken in den Blick genommen werden und die aktive Bearbeitung solcher Prozesse seitens der Studierenden rekonstruiert wird. Innerhalb der Hochschulforschung und im Kontext fortwährender Bildungsungleichheiten stellt die Erforschung der Komplexität von Passungsprozessen von First-in-Family-Studierenden nicht nur ein höchst relevantes, sondern auch besonders innovatives Forschungsvorhaben dar.

3. Stand der Forschung: First-in-Family-Studierende, Passung und familiale Distanzerfahrungen

Zahlreiche Studien zu First-in-Family-Studierenden haben gezeigt, dass diese Studierendengruppe mit bestimmten Herausforderungen beim Übergang an die Universität konfrontiert sein kann, die Studierende aus akademisch gebildeten Elternhäusern nicht in der gleichen Form bzw. demselben Ausmaß widerfahren (Li & Jackson, 2023; Patfield et al., 2022). Begründet wird dies u. a. mit der potenziellen Distanz, die First-in-Family-Studierende zwischen ihrer sozialen Herkunft und den damit verbundenen habituellen Prägungen auf der einen Seite, und den Anforderungen einer intellektuell-bildungsbürgerlich geprägten Universität auf der anderen Seite, wahrnehmen können, welche in Folge zu einer als gering wahrgenommenen Passung führen kann (Bremer & Lange-Vester, 2019; Heil et al., 2019).

Eine als gering wahrgenommene Passung kann sich zum Beispiel in Form eines geringen Zugehörigkeitsgefühls zur Universität äußern (Gillen-O'Neel, 2019) und zu (An)Passungsprozesse seitens der Studierenden an den dominanten Habitus des universitären Feldes führen (Lehmann, 2013). Im Zuge solcher habituellen Veränderungsprozesse kann es dann auch zu einer Entfremdung vom Herkunftsmilieu bzw. der Herkunftsfamilie kommen (El-Mafaalani, 2014a; Gerhartz-Reiter, 2015). Auf der Suche nach neuen Zugehörigkeiten kann der Prozess der Distanzierung als Fremdwerden bzw. Entfremdung oder auch als Überlegenheit gegenüber dem Herkunftsmilieu von den betroffenen Studierenden gedeutet werden (El-Mafaalani, 2017a).

Es gibt jedoch auch Forschungsarbeiten, die einwenden, dass First-in-Family-Studierende nicht zwingend eine geringe Passung zur jeweiligen universitären Fachkultur aufweisen müssen (Ecarius et al., 2014; Miethe et al., 2015; O'Shea, 2016; O'Shea et al., 2024; Spiegler, 2015). Weiters wird argumentiert, dass bisherige Studien angenommen hätten, dass potenzielle Passungsprobleme von den betroffenen Studierenden ausschließlich negativ gedeutet werden würden, wobei Forschungen gezeigt haben, dass diese durchaus auch als neutral erlebt werden (Käpplinger et al., 2019; Miethe, 2017). Zudem ist die Kapitalausstattung von First-in-Family-Studierenden überaus heterogen und auch die jeweilige fachspezifische Kultur an der Universität kann höchst unterschiedlich sein (Groves et al., 2022; O'Shea, 2023). Zusammenfassend kann daher gesagt werden, dass Studien ein überaus diverses Bild hinsichtlich der habituellen Passung beim Übergang von First-in-Family-Studierenden an eine universitäre Institution zeichnen.

Ein Versuch, diese Heterogenität besser verstehen zu können, besteht darin, familiale Beziehungskonstellationen und -dynamiken in die Analysen miteinzubeziehen (Covarrubias et al., 2019; Gofen, 2007, 2009). Forschungsergebnisse konnten in diesem Zusammenhang die Bedeutung familialer Dynamiken für die Ausgestaltung von potenziellen Entfremdungsprozessen aufzeigen (Maschmann, 2021; Rademacher & Wernet, 2014; Silkenbeumer & Wernet, 2012; Thiersch, 2020). Es wird argumentiert, dass „sowohl die subjektiven Motive des Aufstiegs als auch die Art und Weise des Umgangs mit diesem Aufstieg [...] wesentlich von einem subjektiven Habitus geprägt [ist], der sich im Rahmen und auf der Grundlage familialer Beziehungen gebildet hat“ (Rademacher & Wernet, 2014, S. 176–177). Spannungen, die im Kontext eines Bildungsaufstiegs auf dem Subjekt lasten können (wie zum Beispiel wahrgenommene Entfremdungsprozesse von der Familie), sind damit nicht einfach als ein Ausdruck der biographisch zu überwindenden Spanne zwischen Herkunfts- und Gründungsmilieu anzusehen, sondern auch im Sozialisationsraum der Familie anzusiedeln.

In bisherigen Aufstiegsstudien im schulischen Kontext konnte gezeigt werden, dass sich Jugendliche bereits während der Phase der Adoleszenz im Individuationsprozess in und gegenüber der Familie zwischen den Polen von Abgrenzung und Trennung sowie Orientierung und Gebundenheit verorten müssen (Labede et al., 2020). „Dabei geht es zum einen um die Bearbeitung der Aufforderung zur sozialen Situierung in der Auseinandersetzung mit dem sozialen und kulturellen Erbe der Familie, zum anderen aber auch um die Frage nach der subjektiven Integration des schulischen Bildungsverlaufs in das werdende jugendliche Selbst“ (Labede et al., 2020, S. 185–186). Im Rahmen dieser Individuation wird also das familiale „Erbe“ in einer je eigenen Logik weitergegeben (Thiersch, 2014, S. 208). Während dieses Prozesses erfolgt also keine identische Inkorporierung elterlicher Haltungen, sondern es können auch spannungsvolle oder gar widersprüchliche Dynamiken entstehen, die den Bildungserfolg des Kindes letztendlich sogar begünstigen können. Dies geschieht z. B. dann, wenn sich die Entscheidung ein Studium aufzunehmen, entgegengesetzt den elterlichen Erwartungen und Vorstellungen formiert (Labede et al., 2020; Silkenbeumer et al., 2017; Silkenbeumer & Wernet, 2012).

Die Familie ist damit ein Beziehungs- und Bildungsort, der zwar nicht losgelöst von soziokulturellen und milieutypischen Wahrnehmungs- und Handlungsformen gedacht werden kann, der sich jedoch als etwas Eigenes konstituiert (Labede et al., 2020, S. 187). Forschungsertrag einer solchen Perspektive ist, den Beitrag familialer Konstellationen und Bildungsorientierungen für die Bildungsbiographie herausarbeiten zu können (Helsper et al., 2014; Silkenbeumer & Wernet, 2017). Diese Perspektive erscheint daher als geeignet, um in vorliegendem Beitrag potenzielle Entfremdungsprozesse von First-in-Family Studierenden besser verstehen und die aktive Rolle seitens der Studierenden in diesem Prozess herausarbeiten zu können.

4. Methodische Vorgehensweise

Die Datengrundlage dieses Beitrags bilden 26 biographisch-narrative Interviews, die mit First-in-Family-Studierenden an vier verschiedenen Universitäten in Österreich zwischen 2017 und 2024 im Rahmen von zwei Forschungsprojekten durchgeführt wurden. Das erste Forschungsprojekt ist ein Dissertationsprojekt, in welchem 14 Interviews mit First-in-Family-Studierenden an drei österreichischen Universitäten durchgeführt wurden (Lessky, 2023). Im Rahmen des zweiten Forschungsprojekts wurden weitere 13 Interviews mit First-in-Family-Studierenden an einer österreichischen Universität erhoben (Lessky & Wernet, 2023).

In beiden Projekten wurde die Form des narrativen Interviews gewählt, da das Erkenntnisinteresse in den Biographien der Individuen, den darin verankerten familialen Dynamiken und auf dem Prozesscharakter von Bildungsaufstiegen First-in-Family-Studierender liegt (Froschauer & Lueger, 2020; Küsters, 2009). Die Befragten waren zum Zeitpunkt der Interviews zwischen 20 und 44 Jahre alt und befanden sich in unterschiedlichen Phasen des Studiums zwischen dem 3. und 17. Semester. Hinsichtlich des Geschlechts identifizierten sich 18 Personen als weiblich und acht Personen als männlich. Die Interviews wurden an der jeweiligen hochschulischen Institution (oder in deren Nähe) durchgeführt. Die Dauer der Interviews betrug in der Regel zwischen 90 und 240 Minuten. Die Interviews wurden aufgenommen und wortwörtlich mithilfe der Transkriptionsrichtlinien nach Lueger (2010, S. 259) und der Software f4 verschriftlicht.

Analysiert wurde das Datenmaterial unter Rückgriff auf die hermeneutischen Analyseverfahren der Feinstrukturanalyse und der Objektiven Hermeneutik (Froschauer & Lueger, 2020; Lueger, 2010; Oevermann, 1996; Wernet, 2014). Ziel hermeneutischer Verfahren ist es, latente Sinnstrukturen, die hinter dem betreffenden Text stehen, sichtbar zu machen. Diese werden von den handelnden Personen nicht willentlich erzeugt, sondern sind in den Strukturen des – den Äußerungen zugrunde liegenden – Kontexts begründet (Kleemann et al., 2009, S. 114). Diese Verfahren erscheinen für vorliegenden Beitrag geeignet, da Passungsverhältnisse und damit verbundene potenzielle familiale Distanzerfahrungen aus einer akteur*innenzentrierten Perspektive, welche die Deutungen und das Handeln der Individuen in den Mittelpunkt stellt, betrachtet werden können.

5. Ergebnisse: subjektive Bedeutung des Studiums und Passungsarbeit von First-in-Family-Studierenden

In diesem Kapitel werden drei verschiedene subjektive Bedeutungsdimensionen des Studiums vorgestellt, die sich im Kontext familialer Interaktion konstituieren und sich als entscheidend für die Art und Weise der Bearbeitung von Passungsverhältnissen erwiesen haben: (1) Studium als Erfüllung familialer Vorstellungen, (2) Studium als Ausbruch aus familialen Verhältnissen, und (3) Studium als Weg der Emanzipation von familialen Lebensentwürfen. Die rekonstruierten Bedeutungsdimensionen vollziehen sich im Kontext von Familienorientierung und Aufstiegsorientierung. Diese Orientierungen wirken auf die subjektive Bedeutung des Studiums ein, indem sie als Teil von Ablösungs- und Individuationsprozessen verstanden werden können, die sich idealtypisch zwischen familial bindenden und abstoßenden Kräften vollziehen (Labede et al., 2020). Die Rekonstruktion dieser subjektiven Bedeutungsdimensionen stützt sich sowohl auf bisherige Vorarbeiten (Lessky, 2023) als auch das Datenmaterial aus dem zweiten Forschungsprojekt (Lessky & Wernet, 2023). Im Hinblick auf die Analyse von familialen Distanzerfahrungen hat sich gezeigt, dass die subjektive Bedeutung des Studiums eine erhebliche Rolle dahingehend spielt, inwiefern Studierende potenzielle Distanzerfahrungen zur Familie wahrnehmen und wie sie diese bearbeiten. Im Folgenden wird daher die Typologisierung von subjektiven Bedeutungsdimensionen hinsichtlich des Studiums vorgestellt und deren Bedeutung bezüglich der Ausgestaltung von Passungsprozessen aufgezeigt.

5.1 Passungsarbeit im Kontext des Studiums als Erfüllung familialer Vorstellungen

Die Analyse der Interviews hat hervorgebracht, dass einige Studierende ihr Studium stark im Einklang mit elterlichen Vorstellungen konzipieren. Sie treffen ihre Studienrichtungswahl zum Beispiel so, dass diese auf Anerkennung in der Familie stößt, und sie damit auch emotionale und finanzielle Unterstützung von ihren Eltern erhalten. Studierende mit starker familialer Bindungskraft bzw. Gebundenheit an die Familie setzen Handlungen, die potenziellen Entfremdungsprozessen entgegenwirken, indem sie zum Beispiel viel Zeit mit ihrer Familie und Freunden außerhalb der Universität verbringen sowie einen Studienort wählen, der aufgrund der örtlichen Nähe einen regelmäßigen Beziehungsaustausch mit diesen zulässt bzw. erleichtert. Dies kommt anhand des folgenden Zitates einer Studierenden der Erziehungswissenschaft zum Ausdruck:

> Interviewer*in: Und so Studienorte weiter weg?
>
> Studierende: Das habe ich mir nicht angeschaut, weil ich bin dann trotzdem irgendwie/ (unverständlich) dass ja meine Mama mit mir halt lebt. Weil die Eltern ja getrennt sind, hänge ich halt ziemlich an ihr und sie halt auch an mir und dann ist halt die Distanz nicht so groß, wenn man jetzt sagt: Okay, ich fahre übers Wochenende nach Hause. Das sind so drei Stunden, das kann man schon machen. Und hingegen, wenn man jetzt in [Stadt] oder so wäre, da würde man viel seltener nach Hause fahren, weil halt einfach die Zeit halt viel länger ist, bis man mit dem Zug dann, dreimal umsteigen. (Studierende, Bildungswissenschaft, 25 Jahre alt, Universität D)

Aufgrund familialer Bindungskräfte erscheint für diese Studierenden vor allem die akademische (d. h. in Bezug auf die Leistungserbringung) Integration an der Universität bedeutend. Eine soziale (An)Passungsorientierung wird nicht notwendigerweise vorgenommen. Potenziell als gering wahrgenommene Passungen an der Universität werden weniger mit habituellen Anpassungsleistungen bearbeitet, sondern anderweitig rationalisiert:

> Von der Studienzeit her, hab' ich wie g'sagt, da ham sich nicht so oage Freundschaften entwickelt, schon so Kollegen, mit denen man sich trifft, mit denen man was unternimmt auch, aber Freundschaften würd' ich's nicht definier'n. Weiß nicht warum. Ich hatte meine Freunde schon und irgendwie war meine Zeit schon voll, das is' jetz' mal

> ein Grund, den ich mir denke. Ja. (Studierende, Humanmedizin, 30 Jahre alt, Universität B)

Studierende, die ihr Studium im Kontext der Erfüllung elterlicher Vorstellungen konzipieren, orientieren sich somit eher an ihren Beziehungen außerhalb der Universität und mobilisieren diese in Form von finanzieller und emotionaler Unterstützung. Sie leisten Passungsarbeit dahingehend, dass sie familialen Differenzerfahrung präventiv entgegenwirken, indem sie sich während des Studiums auf das Aufrechterhalten dieser Beziehungen konzentrieren. Sie vollziehen mittels Studium zwar ebenso Individuations- bzw. Ablösungsprozesse, jedoch bleiben sie stärker an die Familie gebunden. Familiale Bindungskräfte werden demnach – zumindest nach außen hin – nicht aufgelöst, sondern das Aufstiegsprojekt „Studium“ wird kompatibel mit den familialen Vorstellungen konzipiert. Ihr Habitus leistet Passungsarbeit, welche Entfremdungsprozessen entgegenwirkt. Allerdings können auch Spannungsdynamiken zwischen familialen Ablösungstendenzen bei gleichzeitiger familialer Gebundenheit entstehen. Die Individuation bzw. Ablösung von der Familie wird beispielsweise dann mittels studienbegleitender Erwerbstätigkeit vollzogen, um durch eine finanzielle Unabhängigkeit den elterlichen Einfluss auf das Studium zu minimieren.

5.2 Passungsarbeit im Kontext des Studiums als Ausbruch aus familialen Verhältnissen

Studierende, für die das Studium die subjektive Bedeutung des Ausbruchs aus familialen Verhältnissen repräsentiert, erzählen darüber, dass ihre Eltern in der Kindheit oft explizite Erwartungen an die Bildungskarriere zum Ausdruck gebracht haben („du sollst später einmal studieren gehen“). Die Studierenden lösen diese Erwartungen zwar ein, erachten es im Kontrast zu den Studierenden, die ihr Studium in enger Abstimmung mit der Familie konzipieren, jedoch als notwendig, sich stärker von der Familie abzulösen. Sie haben in ihrer Kindheit und Jugend familiale Beziehungsstrukturen als eher brüchig erlebt (z. B. durch die Trennung der Eltern), und Ablösungstendenzen sind häufig von konfliktbeladenen Beziehungen geprägt. Dies kommt beispielsweise in folgendem Zitat zum Ausdruck:

> […] meine Mutter – hat weder Wä- Wäsche gewaschen, noch Essen gemacht, noch ää irgendwas sauber gemacht, das heißt, ich m- hab’ – war wirklich . ääm für mich selbst verantwortlich und für andere quasi auch, […]. Ich war eigentlich in der 4.Klasse im Gymnasium recht auch zurückgezogen, war ich da. Und ähm. Dann war diese Scheidungszeit und dann ging das. Musste ich mich hocharbeiten und durch dieses Hocharbeiten hab‘ ich dann mehr Selbstbewusstsein aufgebaut. Und für mich gelernt, ich muss für mich kämpfen und da bin ich eigentlich am Ende vom Abitur halt so geworden, wie ich heute eigentlich bin. (Studierender, Humanmedizin, 27 Jahre alt, Universität B)

Die subjektive Bedeutung des Studiums als Form des Ausbruchs aus familialen Verhältnissen lässt die Brüchigkeit sozialer Kontakte als mobilitätsfördernden Faktor erscheinen. Aufgrund einer ‚inneren' Ablösung von der Familie sowie einer ‚äußeren' Ablösung in Bezug auf die soziale Stellung der Eltern, weisen diese Studierenden eine hohe akademische sowie soziale (An)Passungsorientierung an den universitären Kontext auf. Sie orientieren sich vor allem an ihren Beziehungen innerhalb der Universität und mobilisieren diese zur Unterstützung ihres Aufstiegsprozesses. Die Aufstiegs- und Leistungsorientierung ist damit handlungspraktischer Ausdruck eines subjektiven Habitus, welcher eine überaus zielgerichtete akademische sowie soziale Integration an der Universität betreibt, während familiale Distanzierungsprozesse im Laufe des Studiums fortgeführt werden. Diese starke soziale Anpassungsorientierung an das universitäre Feld kann jedoch auch zu intrapersonalen Spannungen führen, die dadurch zum Ausdruck kommen kann, dass Studierende davon berichten zu beobachten, sich zu verändern:

> Weil . ich weiß irgendwie vom Innerlichen her, bin ich es nicht. Von meinem Charakter her, von ganz früher, wie ich mich entwickelt habe, bin ich nicht so, vielleicht nicht so stark gerade, wie ich mich gebe oder so. (Studierender, Humanmedizin, 25 Jahre alt, Universität B)

Diese Studierenden nehmen die im universitären Kontext formulierten Erwartungen und sozial konstruierten Regeln wahr und versuchen diesen zu entsprechen. Hier kommen habituelle Spannungen zum Ausdruck, die mit dem Ziel des sozialen Aufstiegs mittels Bildungsaufstieg verbunden sind und sich auf die aktive Passungsarbeit in Bezug auf den akademischen Kontext bzw. die akademische Fachkultur beziehen. Die Fähigkeit, wahrgenommenen Spannungen resilient zu begegnen bzw. diese anerkennen zu können, wird bei diesen Studierenden hinsichtlich des „Arrangierens im Inneren" der Person sichtbar und dieser Prozess wird unter anderem durch kritische Selbstreflexion im Konkreten ausverhandelt.

5.3 Passungsarbeit im Kontext des Studiums als Weg der Emanzipation von familialen Lebensentwürfen

Studierende, für die das Studium eine Möglichkeit der Emanzipation von familialen Lebensentwürfen darstellt, berichten in den Interviews davon, dass ihre Eltern eine eher ablehnende Haltung hinsichtlich der Studienentscheidung einnehmen. Sie beziehen auch kaum emotionale sowie finanzielle elterliche Unterstützung in Bezug auf das Studium. Ihr Motiv des Bildungsaufstiegs konstituiert sich also vor dem Hintergrund der Skepsis der Familie gegenüber dem Studium. Die Studienentscheidung kann als Fortführung des Umgangs mit familialen Distanzerfahrungen verstanden werden, die bereits in der Kindheit und Adoleszenz erfahren werden, wie in folgendem Zitat illustriert:

> Ja, also das war ein großes Thema, weil ich ja sehr schnell selbständig war und halt irgendwie sein halt müssen, weil eben meine Mama hat quasi, jetzt übertrieben, zwei Kinder gestillt und eines an der Hand gehabt. Wie kann man da alle Bedürfnisse befriedigen? (Studierende, Bildungswissenschaft, 29 Jahre alt, Universität C)

In Bezug auf die Aufstiegsorientierung zeigt sich, dass diese überwiegend als Prozess der Selbstfindung bzw. -verwirklichung und des Auslebens eigener Interessen gedeutet wird. Die Aufstiegsorientierung ist insofern von familialen Dynamiken geprägt, indem sich die Interessensorientierung gegen die elterlichen Vorstellungen und Orientierungen richtet. In den Interviews haben einige Studierende darüber berichtet, dass eigene Wünsche und Vorstellungen von Lebensführung auf wenig Verständnis innerhalb der Familie stoßen. Die Wahrnehmung von geringer Zuwendung und Anerkennung durch die Familie werden als Legitimation herangezogen, sich mittels Studium von den innerhalb der Familie gelebten Lebensentwürfen zu emanzipieren. Familiale Distanzerfahrungen finden bei diesen Studierenden also bereits häufig vor dem Studium statt und sie beschreiben die Zeit, die sie mit der Familie verbringen, als spannungsgeladen:

> Weil für mich dann einfach Familienfeiern immer schwieriger worden sind, weil ich mir . Wenn die dann zum Diskutieren angefangen haben und ich einfach immer gewusst hab', das stimmt so nicht, was die diskutieren, ja. […]. Und das war eigentlich das, was ich dann irgendwie empfunden hab'. Dieses so: „OK, was passiert, wenn ich jetzt weitermach?“ Weil wenn ich mich jetzt schon distanziere. „Näher werden wir uns nicht kommen“ war damals in meinem Kopf irgendwie. Erm. Aber wer entscheidet sich schon gern bewusst gegen die Familie? (Studierende, Bildungswissenschaft, 33 Jahre alt, Universität C)

Aufgrund einer eher schwachen familialen Bindungskraft erscheint eine starke Anpassungsorientierung an Lebensentwürfen außerhalb der Familie entscheidend. Den Orientierungsrahmen dafür bieten die Universität sowie die Peer-Beziehungen innerhalb der Universität. Diese Studierenden wollen sich akademisch und sozial an der Universität integrieren, jedoch nicht aus karrierebezogenen Überlegungen, sondern um freundschaftliche Beziehungen aufzubauen und sich persönlich weiterzuentwickeln. Diese Studierenden haben in den Interviews tendenziell seltener von Konflikten in Bezug auf die Passung zur fachspezifischen studentischen Kultur gesprochen, jedoch häufiger Spannungen in Bezug auf die Passungserfahrungen innerhalb der Familie thematisiert:

> Aber so aus diesem Arbeitsalltag und dieser Routine für mi auszubrechen war schon extrem schwierig. Mir des quasi a zugestehen „Ok. I kann jetzt nur studieren und es reicht quasi.“ I muss jetzt ned nu arbeiten dazu, damit's irgendwie Anerkennung findet. Grad bei meiner Familie halt. . . . Ja. . . . (Studierende, Bildungswissenschaft, 28 Jahre alt, Universität C)

Für Studierende, die sich mittels Studium von elterlichen Lebensentwürfen und Erwartungen emanzipieren wollen, erscheint aufgrund der eher spannungsgeladenen familialen Dynamiken die Passung zur studentischen Kultur als besonders wichtig. Die Identifikation mit der studentischen Kultur unterstützt sie dabei, resilient gegenüber wahrgenommenen familialen Spannungen zu agieren und sie deuten ihren Umgang mit diesen Spannungen als Teil ihrer Emanzipation von den dominierenden Lebensentwürfen bzw. -vorstellungen innerhalb ihrer Familie.

6. Diskussion der Ergebnisse

Die Ergebnisse des vorliegenden Beitrags zeigen, dass handlungsleitende Logiken, welche potenzielle Passungs- und Entfremdungsprozesse im Kontext von Bildungsaufstieg anleiten, in familiale Dynamiken eingebettet sind. Die Wahrnehmung von Distanzerfahrungen zur Herkunftsfamilie wird von einigen der interviewten Studierenden im Kindesalter bzw. im Laufe der Schullaufbahn verortet. Das Absolvieren eines Studiums stellt somit eine Bearbeitungsform dieser Erfahrungen dar und nimmt nicht erst in der universitären Sozialisation ihren Ursprung. Das bedeutet, dass Entfremdungsprozesse nicht notwendigerweise durch die universitäre Sozialisation entstehen, sondern Studierende den universitären Raum als Ort zur Bearbeitung solcher Prozesse nutzen.

Um die aktive Konstruktionsleistung der Studierenden in Bezug auf Passungs- und Entfremdungsprozesse in den Blick zu nehmen, wurde der Begriff der ‚Passungsarbeit' eingeführt. Dieser soll verdeutlichen, dass Studierende familiale Passungserfahrungen aktiv (das bedeutet jedoch nicht notwendigerweise bewusst) mitgestalten. Angeleitet von studienbezogenen Sinnzuschreibungen setzen Studierende Handlungen, um einer potenziellen familialen Entfremdung entgegenzuwirken (z. B. Wahl des Studiums im Einklang mit elterlichen Vorstellungen, Widmung von Zeit für familiale Interaktion, Orientierung an sozialen Beziehungen außerhalb der Universität) oder diese fortzuführen (z. B. Orientierung an sozialer Integration an Universität, intentionale Herstellung von Passung zu akademischem Kontext).

Sofern die interviewten Studierenden von Spannungen hinsichtlich ihrer Passungserfahrungen berichten, zeigt sich, dass sich diese auf unterschiedliche Bereiche beziehen können. Studierende, die ihr Studium in Kontext der Erfüllung elterlicher Vorstellungen betreiben, wirken zwar auf die Minimierung von familialen Differenzerfahrungen ein, indem sie z. B. während des Studiums engen Kontakt zu ihrer Familie und ihren Freunden außerhalb der Universität pflegen (Hurst, 2010; King & Koller, 2009), es können allerdings auch Legitimationsprobleme entstehen (Mayr et al., 2014). Diese können sich unter anderem dadurch äußern, dass die Sinnhaftigkeit des Studiums in Frage gestellt wird oder der elterliche Einfluss auf das Studium und die eigene Lebensführung als zu dominierend wahrgenommen wird (Lessky, 2023).

Studierende, die mittels Studium aus familialen Verhältnissen ausbrechen wollen, haben vor allem von Spannungen in Bezug auf die Familie und die akademische Fachkultur berichtet, in welche sie sich zu integrieren versuchen. Damit im Zusammenhang entstehende intrapersonale Konflikte werden in der Literatur häufig als ‚Habituskonflikte‘ bezeichnet, die Ausdruck eines ‚divided habitus‘, ‚cleft habitus‘ oder von ‚Habitustransformationen‘ sein können (El-Mafaalani, 2012; Friedman, 2016; Lehmann, 2013; Nairz-Wirth et al., 2017; O'Shea, 2021). Studierende, die in ihrem Studium die Möglichkeit der zunehmenden Emanzipation von elterlichen Lebensentwürfen sehen, thematisieren wahrgenommene Spannungen ebenso hinsichtlich ihrer Familien. Sie setzen sich häufig auch auf bewusster Ebene mit der wahrgenommenen Differenz gegenüber ihrer Familie auseinander (z. B. im Rahmen einer Gesprächstherapie oder Reflexionsgesprächen mit Freunden) und streben mittels Studium einen Autonomiezuwachs an (Alheit & Schömer, 2009; Truschkat, 2002). Allerdings äußern sie auch Ängste sich noch weiter von ihren Herkunftsfamilien zu entfernen („Wer entscheidet sich schon gerne gegen die Familie?“; „vom Innerlichen her, bin ich es nicht“).

7. Conclusio

Aus bisherigen Forschungsarbeiten geht hervor, dass es im Zuge von Bildungsaufstiegsprozessen zu einer Distanzierung – bis hin zu einer Entfremdung – von der Herkunftsfamilie kommen kann (siehe u. a. El-Mafaalani, 2012, 2014b, 2017b; Lehmann, 2007, 2013). Distanzierungsprozesse können entstehen, wenn mit dem Eintritt in das universitäre Feld Sozialisationsprozesse in Gang gesetzt werden, die (An)Passungsprozesse an den dominanten Habitus im akademischen Feld generieren, welche dann eine wahrgenommene Distanz zur Herkunftsfamilie- bzw. -milieu erzeugen können. Demgegenüber haben Studien gezeigt, dass Entfremdungsprozesse zwischen First-in-Family-Studierenden und ihrem familialen Umfeld nicht notwendigerweise stattfinden müssen (Miethe, 2017) bzw. diese unterschiedlich intensiv ausgeprägt sein können (King et al., 2019). Trotz dieser bildungssoziologischen Befunde blieb bisher wenig beachtet, welche handlungspraktische Rolle Studierenden im Hinblick auf potenzielle familiale Distanzerfahrungen zukommt und inwiefern diese in familiendynamische Strukturen eingebettet sind.

Dieser Beitrag schließt an der skizzierten Forschungslücke an und hat untersucht, inwiefern First-in-Family-Studierende familiale Distanzerfahrungen wahrnehmen und wie sie diese bearbeiten. Die Ergebnisse haben gezeigt, dass sich im familialen Kontext nicht nur das Bildungsmotiv bzw. die subjektive Bedeutung des Studiums als solche konstituiert, sondern auch die Wahrnehmung von Distanzerfahrungen und der Umgang mit diesen angelegt ist. Wie Studien für den schulischen Kontext bereits gezeigt haben, erweist sich die Struktur der Familie – neben der Struktur der sozialen Lage – als entscheidende Dimension hinsichtlich der Ausgestaltung des Bildungswegs und damit auch der Konstitution potenzieller Distanzierungsprozesse (Labede et al., 2020; Labede & Thiersch, 2014; Silkenbeumer & Wernet, 2012). Potenzielle Entfremdungsprozesse stehen zudem mit der subjektiven Bedeutung des Studiums in Verbindung, da diese enthält, inwieweit die Studienentscheidung bereits als Ausdruck familialer Distanzerfahrungen zu sehen ist. Spannungen, die im Kontext eines Bildungsaufstiegs auf dem Subjekt lasten können, sind damit nicht einfach als ein

Ausdruck der biographisch zu überwindenden ‚Spanne' zwischen Herkunfts- und Gründungsmilieu anzusehen, sondern auch im Sozialisationsraum der Familie selbst anzusiedeln (Rademacher & Wernet, 2014). Die Entstehung von Entfremdungsprozessen im Laufe des Studiums ist dann weniger in der universitären Sozialisation zu verorten, sondern vielmehr Ausdruck einer kontinuierlichen Bearbeitung von Distanzerfahrungen im Kontext der Familie.

Zudem konnten die Ergebnisse die aktive Bearbeitung der Studierenden im Hinblick auf potenzielle Distanzerfahrungen aufzeigen. Studierende setzen Handlungen, die einer Distanzierung entgegenwirken können (z. B. starke Eingebundenheit in das familiale und außeruniversitäre Umfeld in Form von regelmäßigem Austausch und gemeinsamer Freizeitgestaltung). Für andere ist das Studium jedoch eine Möglichkeit, bereits vorhandene Distanzierungsprozesse zu bearbeiten bzw. fortzuführen. Dies zeigt nicht nur die aktive Konstruktionsleistung der Studierenden in diesem Prozess auf, sondern auch in welchen Kontexten sie Passung herstellen wollen. Während manchen eher eine soziale Integration an der Universität wichtig erscheint, um andere Lebensentwürfe kennenzulernen, ‚die Spielregeln des Feldes' zu verstehen, oder emotionale Unterstützung im Studium zu erhalten, fokussieren andere eher auf die akademische Integration im Sinne der Leistungserbringung, um nach ihrem Abschluss in das familiale Umfeld zurückkehren zu können. Dies zeigt auf, dass im Zusammenhang mit der subjektiven Bedeutung des Studiums auch unterschiedliche Formen von Zugehörigkeit bzw. ‚Sense of Belonging' einhergehen. Ajjawi et al. (2023) und Gravett et al. (2023) betonen, dass diese unterschiedlichen Formen im hochschulischen Diskurs jedoch bisher wenig Beachtung gefunden haben und schlagen daher vor: „We advocate for critical discussions between staff and students related to the affordances of embracing the multiple ways students choose to belong, at different times and in different spaces." (Ajjawi et al., 2023, S. 1).

Literatur

Ajjawi, R., Gravett, K. & O'Shea, S. (2023). The politics of student belonging: identity and purpose. *Teaching in Higher Education*, 1–14. https://doi.org/10.1080/13562517.2023.2280261

Alheit, P. & Schömer, F. (2009). *Der Aufsteiger. Autobiographische Zeugnisse zu einem Prototypen der Moderne von 1800 bis heute*. Campus Verl.

Bourdieu, P. (1983). Ökonomisches Kapital, kulturelles Kapital, soziales Kapital. In R. Kreckel (Hrsg.), *Soziale Ungleichheiten* (S. 183–198). Schwartz.

Bourdieu, P. (1987). *Die feinen Unterschiede: Kritik der gesellschaftlichen Urteilskraft*. Suhrkamp.

Bourdieu, P. (1990). *The Logic of Practice*. Stanford University Press.

Bourdieu, P. (1992). *Die verborgenen Mechanismen der Macht*. VSA-Verlag.

Bourdieu, P. & Passeron, J.-C. (1977). *Reproduction in Education, Society and Culture*. SAGE Publications.

Bremer, H. & Lange-Vester, A. (2019). Studienfachwahl im Kontext von Habitus und sozialer Auslese im Bildungswesen. In Y. Haffner & L. Loge (Hrsg.), *Frauen in Technik und Naturwissenschaft: Eine Frage der Passung: Aktuelle Erkenntnisse und Einblicke in Orientierungsprojekte* (S. 21–42).

Covarrubias, R., Valle, I., Laiduc, G. & Azmitia, M. (2019). "You Never Become Fully Independent": Family Roles and Independence in First-Generation College Students. *Journal of Adolescent Research*, *34*(4), 381–410. https://doi.org/10.1177/0743558418788402

Crozier, G., Reay, D. & Clayton, J. (2019). Working the Borderlands: working-class students constructing hybrid identities and asserting their place in higher education. *British Journal of Sociology of Education*, *40*(7), 922–937. https://doi.org/10.1080/01425692.2019.1623013

Ecarius, J., Miethe, I. & Tervooren, A. (2014). Bildungsentscheidungen im Lebenslauf. Dis/Kontinuitäten, Paradoxien und soziale Ungleichheit: Eine Einleitung. In I. Miethe, J. Ecarius & A. Tervooren (Hrsg.), *Bildungsentscheidungen im Lebenslauf: Perspektiven qualitativer Forschung* (S. 9–15). Verlag Barbara Budrich.

El-Mafaalani, A. (2012). *BildungsaufsteigerInnen aus benachteiligten Milieus: Habitustransformation und soziale Mobilität bei Einheimischen und Türkeistämmigen*. VS Verlag für Sozialwissenschaften. https://doi.org/10.1007/978-3-531-19320-5

El-Mafaalani, A. (2014a). Der Bildungsaufstieg als Distanzierung von Herkunftsfamilie und -milieu. In B. Citlak, A. Engelbert, D. H. Gehne, R. Himmelmann, A. Schultz & H. Wunderlich (Hrsg.), *Lebenschancen vor Ort: Familie und Familienpolitik im Kontext* (S. 125–142). Barbara Budrich.

El-Mafaalani, A. (2014b). *Vom Arbeiterkind zum Akademiker: Über die Mühen des Aufstiegs durch Bildung*. Konrad-Adenauer-Stiftung e. V.

El-Mafaalani, A. (2017a). Sphärendiskrepanz und Erwartungsdilemma. Migrationsspezifische Ambivalenzen sozialer Mobilität. *Zeitschrift für Pädagogik*, *63*(6), 708–725. https://doi.org/10.25656/01:18823

El-Mafaalani, A. (2017b). Transformationen des Habitus: Praxeologische Zugänge zu sozialer Ungleichheit und Mobilität. In M. Rieger-Ladich & C. Grabau (Hrsg.), *Pierre Bourdieu: Pädagogische Lektüren* (S. 103–128). Springer VS.

Friedman, S. (2016). Habitus Clivé and the Emotional Imprint of Social Mobility. *The Sociological Review*, *64*(1), 129–147. https://doi.org/10.1111/1467-954X.12280

Froschauer, U. & Lueger, M. (2020). *Das qualitative Interview* (2., vollständig überarbeitete und erweiterte Auflage). Facultas.

Gerhartz-Reiter, S. (2015). *Bildungsaufstieg und Bildungsausstieg: Eine Studie zu Gelingensbedingungen formaler Bildungskarrieren* [Dissertation]. Universität Innsbruck, Innsbruck.

Gillen-O'Neel, C. (2019). Sense of Belonging and Student Engagement: A Daily Study of First- and Continuing-Generation College Students. *Research in Higher Education*. Vorab-Onlinepublikation. https://doi.org/10.1007/s11162-019-09570-y

Gofen, A. (2007). *Family Capital: How First-Generation Higher-Education Students Break the Intergenerational Cycle: Discussion Paper no. 1322–07.*

Gofen, A. (2009). Family Capital: How First-Generation Higher Education Students Break the Intergenerational Cycle. *Family Relations*, *58*, 104–120.

Gravett, K., Ajjawi, R. & O Shea, S. (2023). Topologies of belonging in the digital university. *Pedagogy, Culture & Society*, 1–15. https://doi.org/10.1080/14681366.2023.2256342

Groves, O., O'Shea, S. & Delahunty, J. (2022). 'I don't understand it': first in family graduates recognising and mobilising capitals for employment. *Journal of Education and Work*, *35*(3), 293–306. https://doi.org/10.1080/13639080.2022.2059454

Heil, K., Pape, N., Bremer, H. & Lange-Vester, A. (2019). Studienzweifel und Studienabbruch als Ausdruck von Passungsverhältnissen zwischen Habitus und Studium. *QiW*(3+4).

Helsper, W., Kramer, R.-T. & Thiersch, S. (2014). Habitus – Schule – Schüler: Eine Einleitung. In W. Helsper, R.-T. Kramer & S. Thiersch (Hrsg.), *Schülerhabitus: Theoretische und empirische Analysen zum Bourdieuschen Theorem der kulturellen Passung* (S. 7–32). Springer VS.

Hermes, M. & Lotze, M. (Hrsg.). (2020). *Bildungsorientierungen: Theoretische Reflexionen und empirische Erkundungen.* VS Verlag für Sozialwissenschaften. https://doi.org/10.1007/978-3-658-28187-8

Hermes, M., Petzold-Rudolph, K. & Lotze, M. (2023). Familiale Bildungsorientierungen von First Generation Studierenden. *Zeitschrift für Bildungsforschung.* Vorab-Onlinepublikation. https://doi.org/10.1007/s35834-023-00402-9

Hurst, A. L. (2010). *The Burden of Academic Success: Loyalists, Renegades, and Double Agents.* Lexington Books.

Käpplinger, B., Miethe, I. & Kleber, B. (2019). Fremdheit als grundlegendes Erleben von Bildungsaufsteiger/-innen im Hochschulsystem? *Zeitschrift für Soziologie der Erziehung und Sozialisation (ZSE), 39*(3), 296–311.

King, S., Luzeckyi, A. & McCann, B. (2019). *The Experience of Being First in Family at University. Pioneers in Higher Education.* Springer.

King, V. & Koller, H.-C. (Hrsg.). (2009). *Adoleszenz – Migration – Bildung. Bildungsprozesse Jugendlicher und junger Erwachsener mit Migrationshintergrund.* Springer.

Kleemann, F., Krähnke, U. & Matuschek, I. (2009). *Interpretative Sozialforschung: Eine praxisorientierte Einführung.* VS Verlag für Sozialwissenschaften.

Kramer, R.-T. (2014). Kulturelle Passung und Schülerhabitus – Zur Bedeutung der Schule für Transformationsprozesse des Habitus. In W. Helsper, R.-T. Kramer & S. Thiersch (Hrsg.), *Schülerhabitus: Theoretische und empirische Analysen zum Bourdieuschen Theorem der kulturellen Passung* (S. 183–204). Springer VS.

Kramer, R.-T. (2017). „Habitus" und „kulturelle Passung": Bourdieusche Perspektiven für die ungleichheitsbezogene Bildungsforschung. In M. Rieger-Ladich & C. Grabau (Hrsg.), *Pierre Bourdieu: Pädagogische Lektüren* (S. 183–206). Springer VS.

Kramer, R.-T. & Helsper, W. (2011). Kulturelle Passung und Bildungsungleichheit – Potenziale einer an Bourdieu orientierten Analyse der Bildungsungleichheit. In H.-H. Krüger, U. Rabe-Kleberg, R.-T. Kramer & J. Budde (Hrsg.), *Studien zur Schul- und Bildungsforschung. Bildungsungleichheit revisited: Bildung und soziale Ungleichheit vom Kindergarten bis zur Hochschule* (2., durchgesehene Auflage, S. 103–126). VS Verlag für Sozialwissenschaften.

Küsters, I. (2009). *Narrative Interviews: Grundlagen und Anwendungen* (2. Aufl.). VS Verlag für Sozialwissenschaften.

Labede, J., Silkenbeumer, M., Thiersch, S. & Wernet, A. (2020). Selbstpositionierungen im Bildungsaufstieg – Bildungsselbst, Familiale Dynamiken und adoleszente Transformationsprozesse. In S. Thiersch, M. Silkenbeumer & J. Labede (Hrsg.), *Individualisierte Übergänge: Aufstiege, Abstiege und Umstiege im Bildungssystem* (S. 185–206). Springer Fachmedien Wiesbaden. https://doi.org/10.1007/978-3-658-23167-5

Labede, J. & Thiersch, S. (2014). Zur familialen Genese schulischer Bildungsentscheidungen – Sozialisationstheoretische Überlegungen und empirische Analysen jenseits rationaler Entscheidungsmodelle. In I. Miethe, J. Ecarius & A. Tervooren (Hrsg.), *Bildungsentscheidungen im Lebenslauf: Perspektiven qualitativer Forschung* (S. 65–84). Verlag Barbara Budrich.

Lehmann, W. (2007). "I just didn't feel like I fit in": The role of habitus in university dropout decisions. *Canadian Journal of Higher Education*, *37*(2), 89–110.

Lehmann, W. (2013). Habitus Transformation and Hidden Injuries: Successful Working-class University Students. *Sociology of Education*, *87*(1), 1–15. https://doi.org/10.1177/0038040713498777

Lessky, F. (2023). *Studium als Balanceakt: Alltägliche Lebensführung von erwerbstätigen First-in-Family Studierenden*. Springer VS.

Lessky, F. & Wernet, A. (2023). *Biografische und familiale Aspekte des Bildungsaufstiegs. Fallrekonstruktive Explorationen der Bildungswege von First-in-Family Studierenden. Proposal.* Institut für Psychosoziale Intervention und Kommunikationsforschung der Universität Innsbruck.

Li, I. W. & Jackson, D. (2023). Influence of entry pathway and equity group status on retention and the student experience in higher education. *Higher Education.* Vorab-Onlinepublikation. https://doi.org/10.1007/s10734-023-01070-4

Lueger, M. (2010). *Interpretative Sozialforschung: Die Methoden.* Facultas.

Maschmann, T. (2021). *Bildungsaufstieg, Biografie und familiale Figuration: eine intergenerationale Studie. Rekonstruktive Bildungsforschung.* Springer VS.

Mayr, E., Miko, K., Reiter, C. & Lueger, M. (2014). *Studienverläufe wenig aktiver Bachelor studierender an der Wirtschaftsuniversität Wien: Abschlussbericht zur Studie.*

Miethe, I. (2017). Der Mythos von der Fremdheit der Bildungsaufsteiger_innen im Hochschulsystem. *Zeitschrift für Pädagogik*, *63*(6), 686–707.

Miethe, I., Soremski, R., Suderland, M., Dierckx, H. & Kleber, B. (2015). *Bildungsaufstieg in drei Generationen: Zum Zusammenhang von Herkunftsmilieu und Gesellschaftssystem im Ost-West-Vergleich*. Barbara Budrich.

Nairz-Wirth, E. & Feldmann, K. (2018). Hochschulen relational betrachtet. In AQ Austria (Hrsg.), *Durchlässigkeit in der Hochschulbildung* (S. 79–94). Facultas.

Nairz-Wirth, E. & Feldmann, K. (2019). Übergang und Bildung. In E. Niederer & N. Jäger (Hrsg.), *Bildungsbenachteiligung: Positionen, Kontexte und Perspektiven* (S. 100–114). Studienverlag.

Nairz-Wirth, E., Feldmann, K. & Spiegl, J. (2017). Habitus conflicts and experiences of symbolic violence as obstacles for non-traditional students. *European Educational Research Journal*, *16*(1), 12–29. https://doi.org/10.1177/1474904116673644

OECD. (2022). *Education at a Glance 2022: OECD Indicators.* https://doi.org/10.1787/3197152b-en

Oevermann, U. (1996). Theoretische Skizze einer revidierten Theorie professionalisierten Handelns. In A. Combe & W. Helsper (Hrsg.), *Pädagogische Professionalität: Untersuchungen zum Typus pädagogischen Handelns* (S. 70–182). Suhrkamp.

O'Shea, S. (2016). Avoiding the manufacture of 'sameness': First-in-family students, cultural capital and the higher education environment. *Higher Education*, *72*(1), 59–78. https://doi.org/10.1007/s10734-015-9938-y

O'Shea, S. (2021). "Kids from here don't go to uni": Considering first in family students' belonging and entitlement within the field of higher education in Australia. *European Journal of Education*, *56*(1), 65–77. https://doi.org/10.1111/ejed.12434

O'Shea, S. (2023). 'It was like navigating uncharted waters': exposing the hidden capitals and capabilities of the graduate marketplace. *Journal of Higher Education Policy and Management*, 1–14. https://doi.org/10.1080/1360080X.2023.2180161

O'Shea, S., May, J., Stone, C. & Delahunty, J. (2024). *First-in-Family Students, University Experience and Family Life: Motivations, Transitions and Participation* (2. Aufl.). Springer International Publishing; Imprint Palgrave Macmillan. https://doi.org/10.1007/978-3-031-34451-0

Patfield, S., Gore, J. & Weaver, N. (2022). On 'being first': the case for first-generation status in Australian higher education equity policy. *The Australian Educational Researcher*, *49*(1), 23–41. https://doi.org/10.1007/s13384-020-00428-2

Rademacher, S. & Wernet, A. (2014). „One Size Fits All" – Eine Kritik des Habitusbegriffs. In W. Helsper, R.-T. Kramer & S. Thiersch (Hrsg.), *Schülerhabitus: Theoretische und empirische Analysen zum Bourdieuschen Theorem der kulturellen Passung* (S. 159–182). Springer VS.

Reay, D., Crozier, G. & Clayton, J. (2010). 'Fitting in' or 'standing out': workingclass students in UK higher education. *British Educational Research Journal*, *36*(1), 107–124. https://doi.org/10.1080/01411920902878925

Rehbein, B. & Saalmann, G. (2009). Habitus (habitus). In G. Fröhlich & B. Rehbein (Hrsg.), *Bourdieu Handbuch. Leben-Werk-Wirkung* (S. 110–118). J. B. Metzler.

Silkenbeumer, M., Thiersch, S. & Labede, J. (2017). Zur Aneignung des Schulaufstiegs im Kontext adoleszenter Individuation und familialer Interaktion. *Diskurs Kindheits- und Jugendforschung*, *12*(3), 343–360. https://doi.org/10.3224/diskurs.v12i3.06

Silkenbeumer, M. & Wernet, A. (2012). *Die Mühen des Aufstiegs: Von der Realschule zum Gymnasium: Fallrekonstruktionen zur Formierung des Bildungsselbst. Pädagogische Fallanthologie, Band 9*. Barbara Budrich.

Silkenbeumer, M. & Wernet, A. (2017). *Die Mühen des Aufstiegs: Fallrekonstruktionen zur familialen und bildungsbiografischen Dynamik „erwartungswidriger" Schulkarrieren*. Abschlussbericht.

Spiegler, T. (2015). *Erfolgreiche Bildungsaufstiege: Ressourcen und Bedingungen*. Beltz Juventa.

Statistik Austria. (2023). *Bildung in Zahlen 2021/22: Schlüsselindikatoren und Analysen.*

Stenhouse, R. L. & Ingram, N. (2024). Private school entry to Oxbridge: how cultural capital counts in the making of elites. *British Journal of Sociology of Education*, 1–17. https://doi.org/10.1080/01425692.2024.2315117

Thiersch, S. (2014). Schülerhabitus und familialer Bildungshabitus – Zur Genese von Bildungskarrieren und -entscheidungen. In W. Helsper, R.-T. Kramer & S. Thiersch (Hrsg.), *Schülerhabitus: Theoretische und empirische Analysen zum Bourdieuschen Theorem der kulturellen Passung* (S. 205–224). Springer VS.

Thiersch, S. (2020). Habitus, Bildung und Bewährung – Anfragen und Differenzierungen zum Konzept der kulturellen Passung von Familie und Schule aus subjekttheoretischer Perspektive. In M. Hermes & M. Lotze (Hrsg.), *Bildungsorientierungen: Theoretische Reflexionen und empirische Erkundungen* (S. 25–46). VS Verlag für Sozialwissenschaften.

Thiersch, S. & Wolf, E. (2020). Anmerkungen zur habitussensiblen Pädagogik: Reflexionsprobleme und professionalisierungstheoretische Widersprüche eines soziologisch-pädagogischen Programms. *spw – Zeitschrift für sozialistische Politik und Wirtschaft*(3), 63–72.

Truschkat, I. (2002). *„Meine Eltern sind beide keine Akademiker". Herkunftsbedingungen und habituelle Logiken von Studierenden als Reproduktionsfaktoren sozialer Ungleichheit. Eine biographieanalytische Untersuchung*. Göttinger Beiträge zur erziehungswissenschaftlichen Forschung.

von Rosenberg & Florian. (2017). Ambivalenzen von Habitustransformationen: Praxeologische Bildungstheorie und Bildungsforschung im Anschluss an Pierre Bourdieu. In M. Rieger-Ladich & C. Grabau (Hrsg.), *Pierre Bourdieu: Pädagogische Lektüren* (S. 299–314). Springer VS.

Wernet, A. (2014). Hermeneutics and Objective Hermeneutics. In U. Flick (Hrsg.), *The SAGE Handbook of Qualitative Data Analysis* (S. 234–246). SAGE Publications.

Wilson, K. & Devereux, L. (2018). Funded, fed and fit, and academically disadvantaged: First in Family students and cultural mismatch in higher education. *Proceedings STARS Conference 2018*, 1–10.

Zucha, V., Engleder, J., Haag, N., Thaler, B., Unger, M., & Zaussinger, S. (2024). *Studierenden-Sozialerhebung 2023. Kernbericht.* Wien: Institut für Höhere Studien.

Herausgebende, Autorinnen und Autoren

Sonja Berger, *Mag. MSc.*, Geschäftsführerin der Volksbank Akademie, Wien. Derzeit leitet sie die Aus- und Weiterbildungsakademie des Volksbanken-Verbundes. Vor ihrer Tätigkeit an der Akademie war sie am IMC Krems u. a. als Lehrende am Department of Business, Leiterin des International Language Centers und zuletzt interimistische Studiengangsleitung des Studiengangs Tourism & Leisure Management tätig. Ihr Forschungsschwerpunkt liegt im Hochschul- und Wissenschaftsmanagement.

Susanna Boldrino, *Mag. (FH)*, seit Beginn 2024 freiberuflich beratend tätig sowie Vortragende an Fachhochschulen für Qualitätsmanagement, Wissensmanagement, Projektmanagement und Resilienz, war zuvor rund 20 Jahre Leiterin der Akademischen Hochschulentwicklung an der FH Campus Wien. Inhaltlich widmet sie sich insbesondere den Themen Zukunftsszenarien und Umfeldanalysen sowie Recognition of Prior Learning.

Sandra Dohr, MA, ist Mitarbeiterin der Abteilung Akademische Hochschulentwicklung an der FH Campus Wien und beschäftigt sich schwerpunktmäßig mit Studienprogrammentwicklung und -weiterentwicklung sowie Marktanalysen im hochschulischen Umfeld. Ihr akademischer Hintergrund umfasst Soziologie und Pädagogik mit einem Schwerpunkt auf bildungssoziologischen Themen. Ihre berufliche Erfahrung in Österreich und den Niederlanden reicht von Qualitätssicherung und -entwicklung im Hochschulbereich über international vergleichende Bildungsstudien.

Inka Engel, *Dr.*, bildet mit Miriam Voigt das Transferteam der Universität Koblenz und ist zuständig für Projekte mit Unternehmen, wissenschaftliche Organisationen, politischen AkteurInnen sowie BürgerInnen. Arbeitsschwerpunkte sind u. a. Citizen Science, Wissenschaftskommunikation, Modelle und Methoden der Transferforschung und Netzwerkanalysen.

Magdalena Fellner, *Dr.*, ist Senior Researcher im Forschungsbereich „Studierende und Absolvent*innen" am International Center for Higher Education Research (INCHER) der Universität Kassel. Sie ist Post-Doc Track Fellow der Österreichischen Akademie der Wissenschaften (ÖAW) und Sprecherin des österreichischen Netzwerks für Nachwuchswissenschaftler*innen in der Hochschulforschung (JuHoFo). Ihr besonderes Forschungsinteresse gilt der Analyse der vielfältigen Verbindungen zwischen Bildung, Bildungsinstitutionen und sozialer Ungleichheit.

Christian Gehart, *MSc (WU)*, Universitätsassistent prae doc, ist seit 2020 an der Abteilung für Bildungswissenschaft der Wirtschaftsuniversität Wien tätig. Seine Forschungsschwerpunkte umfassen die Prävention von Bildungsabbrüchen im schulischen und hochschulischen Kontext sowie die Untersuchung von Good-Practice-Beispielen zur Verbesserung der Schul- und Hochschulentwicklung. Darüber hinaus befasst er sich mit den Herausforderungen von nicht-traditionellen Studierenden und Lernenden sowie inklusiven Bildungssystemen. Neben der Forschung ist er seit Jahren in der Lehre tätig und unterrichtet Erwachsene im zweiten Bildungsweg.

Elke Gornik, *Mag. MBA*, verantwortet an der FH OÖ den Fachbereich Wissenschaftliche Weiterbildung am Center of Lifelong Learning (CoL3). Sie ist Mitglied der Abteilung Hochschulforschung und -entwicklung mit den Forschungsschwerpunkten Wissenschaftliche Weiterbildung, Lifelong Learning und Hochschulentwicklung. Seit 2022 leitet sie den weiterbildenden „MBA – General Management" an der FH OÖ und lehrt zu den Themenfeldern Future Skills und New Learning.

Anett Hermann, *Dr.*, ist Sozial- und Wirtschaftswissenschaftlerin sowie interimistische Leiterin des Institutes für Gender und Diversität in Organisationen an der Wirtschaftsuniversität Wien (WU). Sie studierte u. a. an der Handelshochschule Leipzig (HHL) und der Technischen Universität Dresden (TUD) und lehrt(e) an unterschiedlichen deutschsprachigen Hochschulen. Ihre Forschungsschwerpunkte umfassen Gender- und Diversitätsmanagement in der Karriere- und Teamforschung. 2012 gründete sie ihre Organisationsberatung mit Schwerpunkt auf Beratung und Coaching für Wissenschaftler*innen.

Theresa Herzog-Abusaeeda, *MA*, ist Doktorandin am Institut für Sozialpolitik der Wirtschaftsuniversität Wien. Ihr Forschungsschwerpunkt liegt auf Bildungsungleichheit geflüchteter Personen in Österreich. Zuvor studierte sie Middle Eastern Studies an der Universität Groningen, Global Studies an der Donau-Universität Krems und Publizistik an der Universität Wien und arbeitete im Sozialbereich und Journalismus.

Maria Keplinger ist promovierte Politikwissenschaftlerin und Abteilungsleiterin von Abteilung IV/13 – Evidenzbasierte Hochschulentwicklung im Bundesministerium für Bildung, Wissenschaft und Forschung, Österreich. Zu ihren Aufgaben zählen Expertisen zur Hochschulentwicklung (u. a. Evaluierungen, Situation von Studierenden und Absolvent*innen) sowie Vernetzungsmaßnahmen zur Hochschulforschung.

Judith Kohlenberger, *Dr.*, ist Migrationsforscherin an der Wirtschaftsuniversität Wien, dem Österreichischen Institut für Internationale Politik (oiip) und dem

Jacques Delors Centre Berlin. Sie ist Mitglied des Integrationsrats der Stadt Wien, Mitherausgeberin der *Zeitschrift für Flucht- und Flüchtlingsforschung* und Host des Podcasts *Aufnahmebereit*. Mit *Das Fluchtparadox* (2022) war sie für den Deutschen Sachbuchpreis nominiert.

Carrie Kovacs, Studium der Psychologie an der Brown University und an der Universität Wien, Promotion im Themenbereich psychologisch-pädagogische Diagnostik an der Universität Luxemburg, ist Professorin für Organisationsentwicklung im Studiengang Kommunikation, Wissen, Medien der FH Oberösterreich. Ihre Forschungs- und Arbeitsschwerpunkte liegen an der Schnittstelle zwischen Mensch, Technik und Organisation, aktuell mit Fokus auf Arbeit und Wohlbefinden in einer digitalen Welt, Bedingungen effektiver virtueller Zusammenarbeit und neue Messmethoden im Personalwesen.

Karl Ledermüller, *Mag. Dr.*, hat Wirtschaftspädagogik an der Wirtschaftsuniversität Wien (WU) studiert und am Institut für Operations Research, an einer Text-Mining-Anwendung promoviert. Er leitet die Abteilung für Evaluierung und Qualitätsentwicklung an der WU und ist dort für die Koordination der internen Qualitätssicherung sowie den Betrieb und die Weiterentwicklung von evaluativen Instrumenten an der WU zuständig. Sein Forschungsinteresse liegt im Institutional Research und im Qualitätsmanagement, wobei er sich insbesondere auf Predictive Analytics bzw. die Integration innovativer Methoden (wie bspw. Text Mining, Educational Data Mining sowie psychometrischen Verfahren) in Evaluierungsdesigns fokussiert.

Bianca Lehrner, *MSc (WU)*, war nach Absolvierung ihres Betriebswirtschaftsstudiums 20 Jahre selbständig als Eventmanagerin tätig. Von 2020 bis 2023 hat sie das Masterstudium der Wirtschaftspädagogik an der Wirtschaftsuniversität Wien (WU) absolviert, um das pädagogische und didaktische Know-How für den Unterricht von wirtschaftlichen Fächern zu erwerben. Seit 2021 unterrichtet sie an der HTL Wien 10 und an der Graphischen die Fächer Wirtschaft und Recht, Unternehmensführung, Projektmanagement sowie Medienwirtschaft.

Karl-Heinz Leitner, *Univ.-Prof. Dr.*, Studium der Wirtschaftsinformatik, ist Senior Scientist am Center for Innovation Systems & Policy am Austrian Institute of Technology und Professor für Innovationsmanagement und öffentliche Institutionen an der Karl-Franzens-Universität Graz. Inhaltliche Schwerpunkte seiner Arbeit sind Strategieentwicklung, Entrepreneurship und Forschungspolitik. Er hat unter anderem in Higher Education und International Journal of Foresight and Innovation Policy publiziert.

Franziska Lessky, *PhD,* ist Assistenzprofessorin am Institut für Psychosoziale Intervention und Kommunikationsforschung an der Universität Innsbruck. Sie forscht und lehrt zu den Themen Soziale Dimension in der Hochschulbildung, Übergänge in den Arbeitsmarkt und Student Engagement sowie Karrierewege und Ungleichheiten im Wissenschaftssystem. Zudem engagiert sie sich im Vorstand der Gesellschaft für Hochschulforschung (GfHf) und der Bourdieu Study Group der British Sociological Association (BSA).

Julia Mayr, *MSc BA*, ist Psychologin und hat ihre Ausbildung an der Paris Lodron Universität Salzburg und der Johannes Kepler Universität Linz absolviert. Im Rahmen eines Forschungspraktikums an der Fachhochschule Oberösterreich erhielt sie wertvolle Einblicke in die Hochschulforschung zu Resilienz und Wohlbefinden. Ihre Masterarbeit verfasste sie zu Prädiktoren von Resilienz bei Studierenden.

Erna Nairz-Wirth leitet seit 2007 die Abteilung für Bildungswissenschaft an der Wirtschaftsuniversität Wien. Im Jahr 2013 war sie Gastforscherin an der University of Cambridge (UK). Sie lehrt und forscht zu folgenden Themen: Bildung und Ungleichheit, Schul- und Hochschulabbruch, Schul- und Hochschulentwicklung, Professionalisierung. Erna Nairz-Wirth war Expertin im EU-FP7-Projekt „Reducing Early School Leaving. R.ESL.", an dem neun Länder beteiligt waren. Sie ist Mitglied des Expertennetzwerks NESET II (https://nesetweb.eu/) und des internationalen Beirats des Educational Disadvantage Centre (EDC Dublin). Erna Nairz-Wirth war von 2015 bis 2023 Redaktionsmitglied des "Toolkit for Schools" zur Prävention des vorzeitigen Schul- und Ausbildungsabbruchs des European School Education Gateways. Sie publiziert unter dem Namen Erna Nairz-Wirth und ist Gutachterin für zahlreiche nationale und internationale wissenschaftliche Zeitschriften und Buchverlage.

Larissa Neuburger, *PhD,* ist wissenschaftliche Mitarbeiterin am Department of Communication an der FHWien der WKW. In dieser Funktion ist sie Teil eines Forschungsteams, das innovative Online-Brückenkurse für wissenschaftliches Arbeiten entwickelt und die Learning Analytics und Lernerfolge der Studierenden untersucht. Davor arbeitete sie als Professorin für Marketing an der IMC Fachhochschule Krems. Seit Anfang 2023 ist Dr. Larissa Neuburger Editorin der ‚Zeitschrift für Tourismuswissenschaft'.

Daniela Nömeyer, *Mag.*, ist Leiterin der Abteilung Qualitätsentwicklung und -management an der FH Oberösterreich. Zusätzlich ist sie Lektorin für Qualitätsmanagement und Nachhaltigkeit, zu ihren Forschungsschwerpunkten zählen – neben Qualität und Nachhaltigkeit – die Themenbereiche Third Mission, Corporate Social Responsibility (CSR) sowie Diversity und Inklusion.

Maria Pöschl, *MSc, BSc*, hat ihr Studium der Sozial- und Wirtschaftswissenschaften an der Wirtschaftsuniversität Wien abgeschlossen. Dort war sie Projektmitarbeiterin in einem Forschungsprojekt, welches auf nicht-traditionelle Studierende fokussierte. Ihre Forschungsinteressen sind die Resilienz Studierender sowie das Informationskapital.

Helga Posset ist stellvertretende Abteilungsleiterin von Abteilung IV/13 – Evidenzbasierte Hochschulentwicklung im Bundesministerium für Bildung, Wissenschaft und Forschung, Österreich. Zu ihren Aufgaben zählen Expertisen zur Hochschulentwicklung (u. a. Evaluierungen, Situation von Studierenden und Absolvent*innen; auch Teilnahme an internationalen Projekten wie Eurostudent und Eurograduate) sowie die Arbeit in internationalen hochschulpolitischen Gremien (OECD Group of National Experts Higher Education GNE-HE; div. Arbeitsgruppen der europ. Bologna Follow-Up Group).

Silke Preymann, Dr., ist Leiterin des MA-Studiengangs Human Resource Management und wissenschaftliche Leiterin der Abteilung Diversity Management an der Fachhochschule Oberösterreich. Zu ihren Forschungsschwerpunkten zählen Veränderungsprozesse, organisationales Lernen an Hochschulen sowie Leadership und Führungseffektivität. Sie ist Mitglied des Executive Committees der EAIR – The European Higher Education Society.

Verenea Régent, Dr., ist Sozialwissenschafterin und seit 2021 als wissenschaftliche Mitarbeiterin bei der WPZ Research GmbH tätig. Darüber hinaus ist sie Lehrbeauftragte an mehreren österreichischen Hochschulen und Gutachterin bei der Research Executive Agency der Europäischen Kommission. Ihre Forschungsschwerpunkte umfassen Bereiche wie Hochschulforschung, Forschungs- und Innovationspolitik sowie Wissens- und Technologietransfer.

Paul Reinbacher, *Dr.*, arbeitet nach Studien der Sozial- und Wirtschaftswissenschaften sowie nach diversen beruflichen Positionen in der Privatwirtschaft derzeit auf einer Professur für Bildungs- und Qualitätsmanagement an der Pädagogischen Hochschule Oberösterreich in Linz vor allem zu Fragen der Management- und Organisationssoziologie.

Lisa Scheer, *Mag. Dr.phil.*, promovierte Soziologin, verbindet in ihrer Arbeit im Zentrum für Lehrkompetenz der Universität Graz soziologische und hochschuldidaktische Perspektiven. Als Hochschuldidaktikerin beschäftigt sie sich insbesondere mit Fragen zur diversitätssensiblen und diskriminierungskritischen Lehre, mit Beforschung und Reflexion von Lehre und hochschuldidaktischer Weiterbildung sowie mit prüfungsdidaktischen Anliegen.

Tobias Schnitzler, *Dr.*, arbeitet beim World University Service (WUS), Graz, Austria. Er forscht zu Sozioökonomie und Organisationsentwicklung, um einen Beitrag zu Programmmanagement und ergebnisorientierten Management zu leisten sowie an der Umsetzung der SDGs zu arbeiten.

Christiane Schopf, *Assoz.Prof. Dr.*, ist assoziierte Professorin und stellvertretende Leiterin des Instituts für Wirtschaftspädagogik an der Wirtschaftsuniversität Wien (WU) sowie stellvertretende Programmdirektorin des WU-Masterprogramms Wirtschaftspädagogik. Sie forscht derzeit hauptsächlich in den Bereichen Erklären, Erklärvideos und Erklärungskompetenz. Zudem beschäftigt sie sich seit vielen Jahren mit der Erprobung und Evaluierung unterschiedlicher Lehr-/Lernmethoden in der Wirtschaftsdidaktik.

Bianca Thaler, *Mag.*, Hochschulforscherin am Institut für Höhere Studien (IHS). Sprecherin JuHoFo – Junge Hochschulforschung Österreich. Ihre Forschungsschwerpunkte umfassen: Studienverläufe und Studiendauern, Faktoren für Studienerfolg und Studienabbruch, Arbeitsmarktperformance von Universitätsabsolvent*innen und -abbrecher*innen, Aufnahmeverfahren an Universitäten sowie Soziale Ungleichheit in der (Hochschul-)Bildung.

Martin Unger leitet die Hochschulforschung am Institut für Höhere Studien (IHS) in Wien und forscht v. a. zu Bildungsverläufen, Studierenden und Absolvent*innen in Österreich und Europa. Seit 2005 arbeitet er in der Social Dimension Working Group des Bologna-Prozesses mit, seit 2014 ist er im Vorstand der GfHf und er ist einer der Sprecher des Netzwerks Hochschulforschung in Österreich.

Miriam Voigt, *Dr.*, bildet mit Inka Engel das Transferteam der Universität Koblenz und ist zuständig für Projekte mit Unternehmen, wissenschaftlichen Organisationen, politischen Akteur*innen sowie Bürger*innen. Arbeitsschwerpunkte sind u. a. Citizen Science, Wissenschaftskommunikation, Modelle und Methoden der Transferforschung und Netzwerkanalysen.

Sabine Weiß, *PhD*, ist Post Doc am Institut für Bildungswissenschaft im Arbeitsbereich Inklusive Pädagogik an der Universität Wien. Zuvor war sie an der Abteilung für Bildungswissenschaft der Wirtschaftsuniversität Wien tätig, wo sie ihre Dissertation zum Thema „Zugehörigkeitsgefühl von Working-class-Studierenden an der Universität“ verfasste, die mit dem ÖFEB-Dissertationspreis 2024 ausgezeichnet wurde.

Über die Studienreihe Hochschulforschung Österreich

Die Studienreihe dokumentiert die Weiterentwicklung der Hochschulforschung in Österreich und trägt zur Sichtbarkeit, Diskussion und zum evidenzgestützten Austausch zwischen Hochschulpolitik, -forschung und -management bei.

Die Bände dieser Reihe bieten Einblick in ein breites thematisches Spektrum und eröffnen so die Möglichkeit, einen wesentlichen Beitrag zur Theorie- und Modellentwicklung zu leisten und anhand von Überblicksforschung sowie am Beispiel konkreter Fallstudien Relevanz für beteiligte und betroffene Akteurinnen und Akteure in Österreich zu erbringen. Die Beiträge sollen das österreichische Hochschulwesen aus unterschiedlichen Perspektiven – systemisch, institutionell und akteur*innenbezogen – beleuchten und so zum Erkenntnisgewinn auf verschiedenen Ebenen beitragen. Die Reihe begrüßt sowohl international-vergleichende Forschungsarbeiten als auch Publikationen mit einem klaren geographischen bzw. sektorspezifischen oder auch institutionellen Bezug.

Die *systemische Perspektive* beinhaltet u. a. Forschungsarbeiten, die das gesamte Hochschulsystem, die Beziehung zwischen Politik und Hochschulen oder den Hochschulen untereinander thematisieren. Die *institutionelle Perspektive* stellt die Forschung über innerhochschulische Konzepte und Fragstellungen, u. a. zur Governance, Forschung, Lehre und Third Mission, in den Fokus. Beiträge zur *akteur*innenzentrierten Perspektive* können sich zum Beispiel auf Studierende, Absolvent*innen, Lehrende, Forschende oder administratives Personal beziehen oder auf externe Akteur*innen (wie z. B. Unternehmen) und ihre Relation mit Hochschulen abzielen.

Die Bände werden entweder durch in Österreich tätige Forschende erstellt oder haben einen inhaltlichen Österreichbezug. Bei den bildungswissenschaftlichen Forschungsarbeiten handelt es sich insbesondere um Dissertationen und Habilitationen, doch auch weitere Studien, Monografien und Sammelbände finden Eingang in die Reihe.